O Trivium Clássico

O Lugar de Thomas Nashe no Ensino de Seu Tempo

Copyright © 2005 Estate of Corinne McLuhan
Introdução do editor e introdução dos capítulos, copyright © 2005 W. Terrence Gordon
Publicado por meio de acordo com a Gingko Press
Todos os direitos reservados
Copyright da edição brasileira © 2012 É Realizações
Título original: *The Classical Trivium – The Place os Thomas Nashe in the Learning os His* Time

Editor
Edson Manoel de Oliveira Filho

Produção editorial, capa e projeto gráfico
É Realizações Editora

Preparação de texto
Renata Truyts

Revisão
Geisa Mathias de Oliveira e Liliana Cruz

Crédito de imagem da capa
Septem artes liberales (as sete artes liberais: trivium e quadrivium) do
Hortus Deliciarum, de Herrad von Landsberg (aprox. 1180 d.C.).
[No alto da gravura, a gramática. Seguindo no sentido horário, a retórica e a dialética (lógica),
que formam o trivium. A filosofia, no centro das artes liberais.]

Reservados todos os direitos desta obra. Proibida toda e qualquer reprodução
desta edição por qualquer meio ou forma, seja ela eletrônica ou mecânica, fotocópia,
gravação ou qualquer outro meio de reprodução, sem permissão expressa do editor.

DADOS INTERNACIONAIS DE CATALOGAÇÃO NA PUBLICAÇÃO (CIP)
(CÂMARA BRASILEIRA DO LIVRO, SP, BRASIL)

McLuhan, Marshall, 1911-1980
 O trivium clássico : o lugar de Thomas Nashe no ensino de seu tempo / Marshall McLuhan ; organizado por W. Terrence Gordon ; traduzido por Hugo Langone. -- São Paulo : É Realizações, 2012.

 Título original: The classical trivium : the place of Thomas Nashe in the learning of his time
 Bibliografia
 ISBN 978-85-8033-072-4

 1. Educação - Inglaterra - História - Século 16 2. Educação clássica - História - Século 16 3. Inglaterra - Vida intelectual - História 4. Nash, Thomas, 1567-1601 - Conhecimento e aprendizagem I. Gordon, W. Terrence. II. Título.

11-14831   CDD-828.309

ÍNDICES PARA CATÁLOGO SISTEMÁTICO:
1. Inglaterra : Século 16 : Educação : História   828.309

É Realizações Editora, Livraria e Distribuidora Ltda.
Rua França Pinto, 498 · São Paulo SP · 04016-002
Caixa Postal: 45321 · 04010-970 · Telefax: (5511) 5572 5363
atendimento@erealizacoes.com.br · www.erealizacoes.com.br

Este livro foi impresso pela Paym Gráfica e Editora em outubro de 2017. Os tipos são da família Fairfield LH e Weiss.
O papel do miolo é o Avena 80 g, e o da capa Ningbo C2 250 g.

O Trivium Clássico

O Lugar de Thomas Nashe no Ensino de Seu Tempo

Marshall McLuhan

Organizado por W. Terrence Gordon

Traduzido por Hugo Langone

2ª impressão

Esta obra é uma edição da tese de doutorado apresentada por Herbert Marshall McLuhan à Universidade de Cambridge, sob o título O Lugar de Thomas Nashe no Ensino de Seu Tempo. *Com exceção das páginas 240 a 248 desta edição, publicadas como "Cicero and the Renaissance Training for Prince and Poet" (*Renaissance and Reformation Studies*, IV, 3, 1970, p. 38-42), nada mais chegou a ser lançado. O principal texto deste livro foi desenvolvido após correções tipográficas e ortográficas na versão datilografada da tese, enviada e aprovada no ano de 1943. Quando necessário, o conteúdo citado por McLuhan foi cotejado com suas fontes e retificado. Da mesma forma, foram recuperados trechos despropositadamente suprimidos do manuscrito hológrafo.*

– O editor

Sumário

Introdução do editor   7
Introdução   19

CAPÍTULO 1
O *TRIVIUM* ATÉ SANTO AGOSTINHO
A. Gramática   27
B. Dialética   51
C. Retórica   75

CAPÍTULO 2
O *TRIVIUM* DE SANTO AGOSTINHO A ABELARDO
A. Gramática   99
B. Dialética   127
C. Retórica   135

CAPÍTULO 3
O *TRIVIUM* DE ABELARDO A ERASMO
A. Gramática   157
B. Dialética   205
C. Retórica   229

CAPÍTULO 4
THOMAS NASHE
A. Gramática   257
B. Dialética   287
C. Retórica   293

Bibliografia   323
Índice Analítico   339

Deves possuir todas as histórias antigas à ponta dos dedos.
— Thomas Nashe

É por serem desfrutados a sós que são tão pouco compreendidos os autores do século XVI ainda lidos; nenhum auxílio se busca naqueles que ao lado deles, ou antes, viveram.
— Samuel Johnson a Thomas Warton

[A] Lógica [é a] fonte da eloquência, pela qual o sábio que compreende as supraditas ciências e disciplinas principais pode dissertar sobre elas de modo mais preciso, verdadeiro e elegante: preciso, pela Gramática; verdadeiro, pela Dialética; elegante, pela Retórica.
— São Vicente de Beauvais

A escrita de Nashe é tão eficaz em comunicar a materialidade intratável das palavras e a natureza imprevisível de sua própria empreitada estilística que acabamos por imaginá-lo continuamente presente (...), comprometido, ainda quando lemos, com a falibilidade de suas próprias criações linguísticas.
— Lorna Hutson, *Thomas Nashe in Context*

No início há o vazio, em meio à desordem há a sonora dança, e, por fim, você está no desconhecido de novo, e vice-versa.
— James Joyce, *Finnegans Wake*

Introdução do editor

Marshall McLuhan sempre esteve preocupado com uma visão global. No presente trabalho, escrito mais de vinte anos antes de ter ganhado fama por seus abrangentes estudos sobre a mídia, ele desempenha o papel de um historiador da cultura clássica, de um leitor de Thomas Nashe (1567-1601) atento às palavras de Johnson, de um arquiteto que possui um projeto educacional para as gerações futuras. Além disso, McLuhan é um jardineiro que cultiva mudas – uma mistura de hastes e raízes filosóficas antigas –, plantas que amadureceriam na análise midiática apresentada nas décadas de 1960 e 1970. Olhando para o estudo sobre Nashe nesses anos tardios, mas sem nunca abandonar o projeto perpetuamente adiado de publicá-lo, o autor registrou anotações abundantes – muitas relacionando o que escrevera sobre Nashe ao seu trabalho mais recente. McLuhan esboça vínculos entre suas leis da mídia, a tipologia das causas de Aristóteles e as divisões da retórica clássica. Suas anotações ostentam a frase "exegese multimidiática das Escrituras e do Livro da Natureza". *Exegese multimidiática* é o McLuhan de sempre, o qual fornece uma definição conveniente da dinâmica e do objetivo do *trivium* integrado que fundamenta seu estudo sobre Thomas Nashe.

McLuhan quase se esquivara de Nashe ao buscar um tema para sua tese. O desejo de ser o mais abrangente possível, de abarcar ao máximo o que aprendera em Cambridge sobre a literatura inglesa, o levou primeiro a considerar a utilização de *On the Continuity of English Prose* (1932), de Raymond Wilson Chambers, como ponto de partida. McLuhan planejava ampliar o escopo de Chambers e estender sua análise de Thomas More ao final do século XVI, incluindo Thomas Stapleton, o cardeal William Allen, Robert Parsons, Edmund Champion e outros. McLuhan saboreou a tarefa de examinar um material hercúleo, saído da pena de teólogos, pregadores, panfletários, historiadores, romancistas e cronistas, assim como de autores de informativos e panfletos, incluindo Thomas Nashe.

Chambers lhe servia como inspiração e modelo devido ao âmbito de seu trabalho, mas os pressupostos oportunos que fundamentavam a tese e o título de sua obra logo se mostraram inquietantes para McLuhan. Segundo Chambers, a fecunda diversidade de prosadores no século XVI não passava de uma anomalia diante da longa tradição literária inglesa. Somente após ter limitado o escopo de sua tese ao estudo de Thomas Nashe é que McLuhan descobriu a fonte e a importância das múltiplas tradições encontradas nos escritos do autor, reconhecendo também a miopia da perspectiva de Chambers. Ezra Pound já publicara *How to Read* [Como Ler], Mortimer Adler logo lançaria *Como Ler Livros* e I. A. Richards, um dos mentores de McLuhan em Cambridge, estava prestes a publicar sua retificação à abordagem de Adler, com seu *How to Read a Page* [Como Ler uma Página]. Na época, McLuhan, com sua tese já em estágio avançado, tinha sua própria correção a oferecer, e deve ter se sentido tentado a dar ao seu trabalho o subtítulo *How to Read Thomas Nashe* [Como Ler Thomas Nashe].

Ao longo do século XIX, os especialistas em literatura elisabetana viram Nashe como um marginal, útil apenas para documentar e ilustrar edições de peças teatrais e pesquisas históricas. Quando McLuhan deu início a seu estudo, a visão predominante sobre Nashe o tornava pouco (quiçá nada) mais do que um jornalista por excelência. McLuhan era incapaz de conciliar esse ponto de vista com a riqueza e o talento estilístico de seu objeto de estudo. Enquanto a maioria dos comentaristas havia encarado Nashe sob uma luz trivial, McLuhan logo o veria à luz do *trivium*.

McLuhan suspeitou de que, na prosa estonteante de trabalhos como *The Anatomie of Absurditie* e *Pierce Penilesse*, havia mais do que um simples traço de *sprezzatura*. Tal suspeita foi confirmada quando da leitura da obra de Morris Croll sobre John Lyly, contemporâneo de Nashe, e isso o levou a investigar escritores patrísticos e medievais em busca de modelos de retórica permanentes. Os indícios de que Nashe recebera menos atenção do que deveria se acumularam ainda mais quando McLuhan se debruçou sobre a clássica edição das obras do autor organizada por Ronald McKerrow, editor que se revelava impaciente com as piruetas de Nashe e indisposto a contextualizá-las. McLuhan dedicou-se a um estudo sistemático da teoria e da prática retórica na época de Nashe. Essa era a primeira parte do arcabouço tripartite de que necessitava para colocar o autor em seu lugar de direito.

McLuhan realizou uma pesquisa intensa e ampla sobre a retórica concebida e praticada em todas as formas literárias do século XVI. Sua investigação abarcava não apenas os escritores ingleses, mas também professores e profissionais da Itália, França, Espanha e Alemanha. A amplitude de seu estudo confirmava novamente a conclusão que começara a tomar forma lá no início: a de que o século XVI fora um século da retórica. Por si só, tal descoberta pouco ajudava a tirar Nashe das sombras. No entanto, McLuhan tornou a ampliar o escopo de sua busca, indo além do cânone retórico e englobando as formas de educação praticadas nos séculos que separam Cícero de Nashe. Esse aditamento logo gerou outro: o da complementaridade entre a retórica, a dialética e a gramática, os três componentes do *trivium* desde a Antiguidade clássica. Esse modelo para o estudo das artes tornou-se também um modelo para a tese de McLuhan.

A construção do gigantesco mecanismo exigido pelo estudo de Nashe ameaça colocar o autor em segundo plano, como McLuhan francamente admite. Porém não havia para ele alternativa senão iniciar uma análise em que a consciência da dinâmica interna do *trivium* desempenhasse, para o leitor instruído, o mesmo papel que tivera para Nashe na composição de suas obras. Era essa a crítica prática que McLuhan assimilara em Cambridge e que agora se vinculava aos encargos do historiador do intelecto. Tal combinação garantia que as faltas encontradas na obra de Chambers, McKerrow e outros autores seriam retificadas, e que Nashe poderia desfrutar da reputação que merecia.

McLuhan almejava mais do que a mera elucidação de Nashe. A essência do modelo educacional a que dedicou os anos seguintes de sua vida já se encontrava em sua tese. Foi o mesmo McLuhan que escreveu *Os Meios de Comunicação como Extensões do Homem*, que dirigiu o Centro de Cultura e Tecnologia da Universidade de Toronto e que se mostrou calmo e imparcial ao observar as agitações da década de 1960 quem escreveu: "Acredito ser possível demonstrar que o tumulto e a fusão cultural generalizada do último século têm favorecido o renascimento da *grammatica* em seu sentido clássico – um sentido ainda mais amplo do que aquele tomado por Vives ou Bacon, e também mais profundo do que o suscitado pelos estudos semânticos atuais". Ele continuou: "A busca por uma ordem psicológica em meio ao caos político e material é a essência da *grammatica*. Dessa forma, o simbolismo moderno encontrado na arte e na literatura corresponde à alegoria antiga". Tais reflexões culminam em uma conclusão que retorna aos fundamentos da dissertação de Nashe: "Obviamente, a fraqueza da *grammatica* se encontra no fato de ela nunca parecer capaz de tirar proveito do auxílio oferecido pela dialética e pela filosofia". Eis o clamor inequívoco por um programa educacional baseado na reintegração ambiciosa e sublime do *trivium* clássico.

Como ficará claro ao longo deste trabalho, a *grammatica* – ou gramática – não deve ser entendida em função das partes do discurso, da estrutura frasal ou de qualquer outro sentido restrito encontrado tanto na gramática normativa quanto na linguística moderna. Em seu sentido mais amplo, e em especial em sua relação com a dialética e a retórica – ao lado das quais constitui as três dimensões do ideal de conhecimento clássico –, a gramática é a arte de interpretar não apenas textos literários, mas todos os fenômenos. Antes de qualquer coisa, ela envolve uma ciência exegética, ou interpretativa, fartamente articulada. A dialética representa, de modo variado, uma forma de testar afirmações, um modo de estudar os tipos de provas possíveis a determinado argumento, um método de diálogo ou, simplesmente, a lógica. A retórica, obviamente, inclui os artifícios retóricos que em geral lhe são atribuídos hoje – a aliteração, por exemplo. Porém, como demonstrará McLuhan nas páginas seguintes, ela se mostra um traço bastante complexo do discurso, envolvendo cinco subdivisões: a *inventio* (invenção); a *dispositio* (disposição); a *memoria* (memória); a *elocutio* (elocução) e a *pronunciatio* (proferimento). A dinâmica do *trivium* clássico pressupõe a ciência da exegese, ou interpretação, e predispõe os autores a se envolverem nas controvérsias históricas que circundam essa mesma dinâmica. Tudo isso é desenvolvido em *O Lugar de Thomas Nashe no Ensino de Seu Tempo*.

McLuhan enfatiza, sobretudo, a mescla das artes triviais, delimitando cada fase da complexa história do tema. Os sofistas gregos descrevem a dialética em termos gramaticais, valendo-se de uma perspectiva retórica; os dialéticos subordinam a gramática e a retórica à sua arte; os retóricos submetem a dialética à *inventio* e à *dispositio*. No entanto, a harmonia caracteriza alguns períodos: a física dos estoicos encontra-se tão ligada à gramática que se torna praticamente inseparável da dialética.

Casos como esse são exceções. Na maioria das vezes, as polêmicas minam deliberadamente o funcionamento integral do *trivium*, ou então alguns mal-entendidos involuntariamente o desmantelam. McLuhan registra com cautela um desses exemplos e mostra como, no período que se seguiu ao Renascimento, os principais historiadores da retórica empobreceram inconscientemente seus estudos, conservando os preconceitos da época e ignorando a Idade Média.

Aqui, McLuhan retifica a situação e demonstra como o ideal ciceroniano do Renascimento não surgiu de um impulso repentino que buscava recuperar os ensinamentos do orador, mas de uma tradição que perpassou o período medieval. A partir dos indícios dessa longa tradição, o autor pode apresentar o chamado embate entre antigos e modernos como uma continuação do conflito de Cícero com os filósofos e da contenda medieval entre os especialistas em dialética e os especialistas em gramática.

Já nas primeiras páginas deste trabalho é possível encontrar os temas que McLuhan continuaria a evocar ao longo de toda a sua carreira:

> Os grandes alquimistas (...) eram gramáticos. Da época dos neoplatônicos e de Santo Agostinho à época de Boaventura e de Francis Bacon, o mundo era visto como um livro cuja linguagem, perdida, mostrava-se análoga àquela do discurso humano. Dessa forma, a arte da gramática possibilitou não apenas a abordagem que o século XVI deu ao Livro da Vida na exegese bíblica, mas também a abordagem dada ao Livro da Natureza.

Aqui, McLuhan articula pela primeira vez aquela que, mais de quatro décadas depois, se tornaria a ideia central de seu póstumo *Laws of Media*.

De maneira semelhante, ao desenvolver uma visão revisionista da história intelectual, McLuhan articula a observação que acabará utilizando como pilar de sua análise midiática: "A atenção dada ao ideal e à tradição ciceroniana (...) se estabelece como de crucial importância na história da cultura ocidental, e sua negligência comparativa deve ser atribuída à imperceptibilidade do que é abundante, e não à simples indiferença dos pesquisadores". *Imperceptibilidade do que é abundante*. Com o passar dos anos, a retórica pedante da expressão, que pertence ao McLuhan da década de 1930, acabou por dar lugar a um estilo mais aberto a aforismos; sua gramática foi conservada pelo McLuhan de *The Mechanical Bride* e perseverou até *Laws of Media*.

Como é a partir de Nashe que McLuhan traça seu amplo retrato do humanismo do século XVI, ele inclui aqui um relato completo do papel desempenhado pela Igreja na manutenção da educação clássica ao fim da Idade Média: "A gramática e a cultura clássica foram preservadas pela Igreja após a queda do Império porque a gramática era indispensável à teologia. O advento da dialética, portanto, trouxe um ganho absoluto para a teologia, mas quase derrocou por completo a gramática". Também aqui McLuhan se vê obrigado a reler intelectuais da patrística a partir da perspectiva do *trivium* integrado. Dessa forma, Hugo de São Vítor, se visto como membro de uma tradição gramatical que vai de Platão a Francis Bacon, pode ser coerentemente interpretado como adversário da escolástica radical.

McLuhan não cessa de encontrar preconceitos críticos e de tentar retificar os equívocos que surgiram com a distorção do legado de atritos e embates dados entre aqueles que, aderindo à gramática ou à dialética, defendiam a exclusão do rival.

> A visão moderna de que a alegoria é produto da escolástica medieval contraria por completo os fatos. A descrença moderna na alegoria e na parábola tem raízes demonstráveis na predominância dos modos matemáticos de abstração difundidos no século XVII, mas não é menos característica de Abelardo e dos dialéticos. São os cartesianos que suspeitam da fantasia, com suas metáforas, alegorias e símiles. Assim como os gramáticos desconfiavam da abstração, os dialéticos desprezavam os modelos concretos da linguagem.

Se a tese de McLuhan tem como objetivo fornecer uma nova ferramenta para os pesquisadores, ela também os desafia a realizar tarefas copiosas. Ao facilitar a compreensão das consequências geradas pela distinção básica entre gramática e dialética, este trabalho abre caminho para a reformulação da história da literatura europeia do século XV em diante. Assim, por exemplo, toda a época de ouro das letras espanholas pode ser reinterpretada como expressão da exegese e da retórica patrísticas. Tal revisão exige a superação das questões estilísticas e a abordagem de problemas metodológicos mais fundamentais, bem como a realização de um estudo completamente novo a partir da abrangente perspectiva oferecida por McLuhan.

Esclarecida a história do *trivium*, McLuhan se dedica inteiramente à descrição dos escritos de Nashe. No entanto, essa descrição também serve como teste para o aparato crítico que sua história revisionista envolve. Ele começa com uma revisão das fontes que abordam o método e o estilo de Nashe – questão que se desdobra em outra mais ampla, acerca de seus objetivos como membro do grupo patrístico da Igreja Anglicana. Os adversários de Nashe acabam por ser calvinistas partidários no seio da Igreja, dotados de um método teológico escolástico e defendendo as delimitações dadas por Pierre de la Ramée à dialética e à retórica. McLuhan rapidamente estabelece corretivas para a interpretação tradicional do antagonismo entre Nashe e Gabriel Harvey: "É um equívoco supor que, opondo-se a Harvey, Nashe parecesse reacionário aos olhos de seus contemporâneos; afinal, no século XVI, Harvey parecia vinculado ao escolástico Pierre de la Ramée, enquanto Nashe pertencia ao grupo de antigos que defendiam a teologia gramatical reformada de Erasmo".

McLuhan fornece também a solução para um enigma: é a visão antirramista da arte o vínculo entre Nashe e as *Parnassus Plays*. Do mesmo modo, ele descarta outra questão: o repúdio de Nashe à pseudoeloquência daquilo que ele mesmo chama de "verso vazio e bazófio" não se mostra anormal quando os principais temas de sua escrita são encarados como parte de um interesse abrangente na combinação de poesia, eloquência e teologia. Para McLuhan, Nashe é o "protagonista completamente esclarecido de uma antiga contenda", a saber: a batalha pela supremacia entre dialética e gramática, a qual constitui o centro da história do *trivium* elaborada por McLuhan.

Nessa batalha, segundo esclarece McLuhan, a doutrina não estava em questão, mas, sim, os métodos interpretativos da teologia e das pregações. Alguns católicos e alguns protestantes sustentavam pontos de vista patrísticos, enquanto outros adotavam perspectivas escolásticas. Como consequência, Nashe poderia se alinhar a Erasmo, More e Rabelais, por exemplo, sem ser acusado de defender posições católicas. Ao mesmo tempo, e em completa coerência com sua perspectiva patrística, Nashe poderia censurar a "tolice abundante" e a "néscia pedantice" de Harvey, julgando-as vestígios da filosofia escolástica medieval.

No último segmento de seu trabalho, McLuhan não cansa de retornar ao complexo arcabouço que construiu para estudar Nashe, demonstrando como tal estrutura ilumina os escritos do autor e como, por sua vez, tais escritos consolidam o mesmo arcabouço: "A defesa que Nashe faz de Aristóteles se dá sempre com referência a Pierre de la Ramée. Ela nunca o vincula ao monopólio dado a Aristóteles em algumas das escolas medievais tardias. (...) [O] historiador responsável deveria se resguardar de repetir a afirmação de que a 'autoridade de Aristóteles' chegou a ser absoluta em algum momento da história do pensamento europeu". Mesmo em comentários textuais específicos, o exame de Nashe encontra-se enraizado no *trivium* e no lugar que ele ocupa na história das ideias. Além disso, a diversidade de estilos da escrita de Nashe também é explicada em termos históricos. Assim, por exemplo, McLuhan vê *The Unfortunate Traveller* como sátira das novelas medievais, constituindo parte dos ataques de Nashe contra Duns Escoto e os calvinistas.

Torna-se claro que, ao mesmo tempo, Nashe valida a história do *trivium* de McLuhan e personifica o argumento de sua indivisibilidade. Essa conclusão tem origem não em uma posição qualquer desenvolvida por McLuhan, mas no peso da leitura atenta dos textos de Nashe. McLuhan percebeu que a força do escritor transcende o simples domínio de uma variedade circunspecta de estilos e abarca a habilidade de remodelar sua gama de ferramentas verbais. Nesse aspecto, Nashe pode ter fornecido ao menos parte da inspiração inicial que originou as fórmulas aforísticas chamadas, pelo McLuhan tardio, de *sondas*. De todo modo, aproximando-se a conclusão de sua tese, mostra-se vigorosa, em meio às alegorias, às hipérboles, aos paradoxos, às metáforas e aos artifícios dramáticos de Nashe, a influência de I. A. Richards, o mentor de McLuhan em Cambridge: "Talvez muito já tenha sido dito para que percebamos que qualquer solução para o problema da estatura artística e profissional de Nashe deve ser procurada na natureza e no intuito de sua retórica".

O diálogo entre a arte e a erudição que McLuhan considerou inevitável e indispensável emerge com clareza quando o autor resume as perspectivas promovidas para transcender os pontos de vista convencionais acerca de Nashe e da produção literária de seu tempo: "Talvez precisássemos do advento de alguém como James Joyce, devoto bem-sucedido da segunda sofística, para que a literatura elisabetana começasse a ser compreendida pelos eruditos". Empunhando sua tese de doutorado sobre Thomas Nashe, McLuhan possibilita que os eruditos comecem a compreender James Joyce e muito mais.

Se o interesse de McLuhan por Nashe quanto à abordagem do autor no contexto do legado patrístico coincide com sua recente conversão ao catolicismo, isso é algo que deve continuar como objeto de especulações. Porém, segundo os materiais de arquivo relacionados à sua tese, não há dúvidas de que McLuhan estudara profundamente a retórica antes de Nashe se tornar o centro de sua atenção. Esse conteúdo inclui registros de nomes para figuras de linguagem, com as expressões latinas cautelosamente cotejadas com suas expressões gregas. Apenas um punhado desses termos trabalhosos acabou por figurar na tese sobre Nashe. Contudo, um material amplo, destinado a um possível estudo sobre Philip Sidney, encontra-se essencialmente reunido e organizado no mesmo formato que McLuhan lhe dera ao optar por Nashe.

As referências a Sidney nas páginas que se seguem sugerem que uma tese nele focada seria pouco útil para transcender a retórica e alcançar a gramática e a dialética. Nashe claramente exigia um estudo tripartite, estabelecendo um desafio intelectual grande o suficiente para seduzir o instinto de McLuhan. (Os autores que McLuhan menciona, em seu capítulo introdutório, como substitutos igualmente adequados ao seu objetivo são Bacon e Donne, não Sidney.) A atenção dada à história da Igreja e ao papel por ela desempenhado ao longo dos séculos – fosse ela incidental ou crucial para a escolha definitiva de seu tema – foi, desde o começo, tão primordial para este trabalho como o próprio Nashe. Materiais de arquivo indicam que, na época em que esboçou sua tese, McLuhan havia reunido muito mais material sobre os aspectos da herança patrística do que conseguiria ou desejava usar.

Entre os materiais mais importantes a serem conservados e retrabalhados na elaboração da tese estava o aglomerado de anotações realizadas durante a leitura do professor católico Étienne Gilson (ver p. 101, nota 5, para uma nota de interesse histórico). Todos os livros de Gilson já publicados quando da conclusão da obra de McLuhan são cuidadosamente comentados em seus arquivos. Com exceção de *Reason and Revelation*,[1] todos são também mencionados na tese. Gilson e McLuhan acabariam por se tornar colegas por mais de trinta anos na Faculdade de St. Michael, na Universidade de Toronto. O respeito e a admiração que sentiam um pelo outro não impediram que McLuhan estimulasse Gilson da mesma forma como poderia estimular um desafortunado aluno de graduação, assim como não impediu Gilson de se exasperar com a retórica do colega.

A influência de Gilson sobre o candidato ao doutoramento talvez se mostre com maior clareza no âmbito do Logos – ou razão universal –, que colocava a gramática no centro da física estoica e da teologia cristã primitiva. Ao discutir a dinâmica que une a gramática, a dialética e a retórica, McLuhan enfatiza que, enquanto a recepção da doutrina do Logos pelo cristianismo foi regularmente indicada pelos pesquisadores, os estágios intermediários de tal assimilação, realizada por meio do treinamento gramatical, eram geralmente negligenciados. Ele também enfatiza o caráter metafísico do Logos, e é nesse aspecto que a obra de Gilson lhe ofereceu auxílio, o que é prontamente admitido. A diferença fundamental entre as escolas gramaticais e dialéticas, por exemplo, começa a ser delineada por McLuhan com a ajuda de uma citação crucial feita por Gilson acerca da filosofia de São Boaventura.

---

[1] Nova York, Charles Scribner's Sons, 1938.

Gilson observa que, na ordem da revelação, o papel das coisas como sinais lhes garantem o mesmo papel na ordem da natureza. Uma vez estabelecida, essa transferência opera por meio de um método que a distingue radicalmente da dialética. McLuhan caracteriza o contraste: "O *monsieur* Gilson demonstra, então, que esses princípios interpretativos norteadores são manejados não na aplicação que lhes é dada pela lógica da dialética de Aristóteles, que se adequa à análise de um mundo de naturezas e nos deixa 'sem instrumentos para explorar os segredos de um universo simbólico como aquele da tradição agostiniana', mas pelo discurso da analogia". Aqui, é possível distinguir uma fonte comum tanto ao princípio das sondas quanto à preferência de McLuhan pelo analógico, e não pelo lógico. Assim também, pode-se detectar uma visão de mundo que exige uma técnica baseada em relações – visão de mundo partilhada por McLuhan e os antigos membros da escola gramatical. Ele reconhece espontaneamente esse vínculo ao perceber que, em sua essência, a história do *trivium* é a história da rivalidade entre os adeptos da gramática, da retórica e da dialética, acrescentando, ainda, que ela não pode ser escrita sem que a perspectiva de um deles seja adotada. Para os analogistas, as palavras e os fenômenos se inter-relacionavam por proporções e etimologias – uma visão preservada e retrabalhada por McLuhan muito após a redação da tese que entregou à Universidade de Cambridge.

W. Terrence Gordon
Halifax, 2004

HERBERT MARSHALL McLUHAN

abril de 1943

*O Lugar de
Thomas Nashe
no Ensino de
Seu Tempo*

O breve capítulo introdutório de McLuhan quase dispensa comentários. A ênfase dada às formas de educação e às tradições de ensino indicam claramente que o objetivo de seu trabalho encontra-se além da análise dos escritos de Nashe. Ele evoca a integridade do trivium *e destaca o período em que ela se desmantelou: "Ao longo do século XVIII, ainda eram encontrados resquícios significativos daquelas disciplinas, o bastante para tornar Nashe mais compreensível a [Thomas] Warton do que a [Ronald] McKerrow [editor dos escritos de Nashe no século XX]; porém, a ligeira substituição das disciplinas linguísticas pelas disciplinas matemáticas — e por aquelas relacionadas à matemática — se deu em uma atmosfera tão controversa que até mesmo os pesquisadores acabaram por menosprezar a educação e os escritores do século XVI". Em dado momento, as palavras de McLuhan se aplicam tanto a ele mesmo quanto ao seu tema: "Nashe nunca foi julgado por seus méritos, e hoje ele é estimado por razões que o teriam desconcertado e aborrecido".*

– O editor

Introdução

No primeiro estágio deste estudo, Nashe sequer era tomado como objeto de atenção. Uma vez considerado, passou a submergir vezes sem conta naquilo que inicialmente parecia um emaranhado de temas conflitantes. Aos poucos, alguma ordem começou a se delinear em meio às várias tradições e interesses do período que ele reflete, e de tais percepções fortalecedoras a figura de Nashe começou a assumir uma forma definitiva. Uma breve história desse processo apresentará melhor os objetivos do presente estudo.

O primeiro objetivo contemplado foi o de ampliar o livro *On the Continuity of the English Prose*, do professor R. W. Chambers, para além do período de More, abarcando também o final do século XVI. A tese proposta recebeu o título de "The Arrest of Tudor Prose". Fiel à certeza nutrida por Chambers de que o humanismo inglês fora severamente solavancado pelo algoz de Henrique VIII, investiguei prosadores que vão de [Thomas] More e [Hugh] Latimer a [Thomas] Stapleton, o cardeal [William] Allen, [Robert] Parsons e [Edmundo] Campion. Nenhum escritor reconhecido foi negligenciado. Teólogos, pregadores, panfletários, autores de cartas e memórias, historiadores, romancistas, cronistas e autores anônimos de panfletos e informativos também foram sucessivamente examinados. Ao final de dois anos, todo o meu interesse na tese de Chambers se dissipara, pois ela parecia insinuar que a riqueza da prosa daquela época, com exceção dos escritores religiosos e dos tradutores bíblicos, constituía uma mera anomalia diante da principal tradição prosaica inglesa. Abandonando, assim, minha tese original, voltei-me para "o jornalista Nashe".

Nashe, por razões que espero aqui esclarecer, tem fascinado mais de uma classe de leitores nos últimos anos, mas não serviu como objeto de nenhum estudo sério. No século XIX, ele era uma importante fonte para o pesquisador elisabetano que, nele, procurava formas de documentar e ilustrar edições de peças e outras pesquisas históricas. A grande edição de R. B. McKerrow (1904-1910) deu fim a essa fase de estudos sobre Nashe, preparando-nos para o estágio a que este trabalho gostaria de se juntar. Porém o início de uma tarefa raramente impressiona tanto quanto a conclusão que se encontra a anos de distância, e à qual muitos pesquisadores devem contribuir.

Hoje, Nashe é visto sobretudo como o jornalista de seu tempo. Por isso, supus que minha tarefa fosse a de relacionar suas técnicas prosaicas às técnicas empregadas por escritores menos conhecidos e menos bem-sucedidos. A investigação proposta por essa abordagem não conduz a lugar algum. Quanto mais se considera a variedade e a virtuosidade dos estilos de Nashe, menos é possível deduzi-los, seriamente, da prática jornalística de seu tempo e de todos os outros. A consciência precisa que Nashe demonstra da natureza de sua atividade e de sua função como escritor gradualmente se impôs. Como ficará claro, seu desejo de recorrer apenas à própria e "impulsiva veia", sua coruscação aparentemente espontânea não é apenas uma pose, mas uma pose convencional. O prefácio de Morris W. Croll a *Euphues*[1] já havia indicado como se fazia necessário um exame extenso dos modelos patrísticos e medievais de eufuísmos, e seu vínculo com Nashe se tornou mais e mais claro à medida que o estudo da retórica antiga e medieval teve continuidade. McKerrow afirma[2] que Nashe, a exemplo de "quase todos os prosadores de seu tempo, optou deliberadamente por produzir uma espécie de composição artística, seguindo, em alguma medida, os preceitos da retórica então adotados". A impaciência de McKerrow com esse aspecto de Nashe, assim como sua deliberada recusa em aprofundá-lo, mostram perfeitamente os limites que não apenas ele, mas muitos pesquisadores futuros, estabeleceram para si próprios. Ainda que somente uma artificialidade intencional resultasse das claras técnicas retóricas de Nashe, elas continuariam a merecer uma investigação acadêmica; afinal nenhuma avaliação legítima de um autor pode ser dada em termos que excluem seus pressupostos básicos como artista. Nashe nunca foi julgado por seus méritos, e hoje ele é estimado por razões que o teriam desconcertado e aborrecido.

O estudo do estilo de Nashe envolveu a investigação da teoria e da prática retórica no século XVI. Por motivos que devem ficar claros nas páginas a seguir, Nashe começou a parecer irrelevante. Eu estava pouco preparado para a opulência de doutrinas retóricas e para a exemplificação variada e consciente dessas mesmas doutrinas em todos os níveis de expressão existentes no século XVI – não apenas na Inglaterra, mas também, e quiçá de maneira mais completa, na Itália, na França, na Espanha e na Alemanha. Não somente com

---

[1] Lyly, *Euphues*. Eds. Morris W. Croll e Harry Clemons.
[2] Ver 5.111.

relação à prosa, mas também à poesia, tornou-se claro que o século XVI foi um século da retórica. O impacto dessa descoberta fez com que, durante certo tempo, Nashe parecesse bastante trivial.

Quase todos os manuais de retórica do século XVI provinham de fontes de predileção medieval: Hermógenes, *Ad Herennium*, Cícero e Quintiliano. Muitas das inumeráveis adaptações e compêndios desses tratados permaneceram, no século XVI, tão populares quanto os seus originais. Isso torna obrigatória a leitura de todos os textos disponíveis, assim como a investigação de sua popularidade e de sua transmissão da Antiguidade para os tempos modernos, passando pelo período medieval. Inúmeras e difusas monografias tornaram essa tarefa possível, e é ao grande avanço dos estudos sobre a Idade Média, em especial na França, que o estudante do Renascimento ver-se-á agradecido hoje.

O estudo do cânone retórico que vai de Cícero a Nashe se tornou o estudo dos modelos de saber praticados ao longo desses séculos. Os tratados retóricos pouco têm a oferecer se apartados de toda a tradição educacional antiga e medieval. Uma vez que é a natureza do material investigado o que impõe adequadamente os métodos e os limites da tarefa, o passo seguinte foi o de examinar, além da retórica, a gramática e a dialética. Nem Nashe nem seu tempo são compreensíveis sem um conhecimento farto das disciplinas do *trivium*, na época tão avidamente cultivadas. Ao longo do século XVIII, ainda eram encontrados resquícios significativos daquelas disciplinas, o bastante para tornar Nashe mais compreensível a Warton do que a McKerrow; porém a ligeira substituição das disciplinas linguísticas pelas disciplinas matemáticas – e por aquelas relacionadas à matemática – se deu em uma atmosfera tão controversa que até mesmo os pesquisadores acabaram por menosprezar a educação e os escritores do século XVI. Essa atitude não aprimorou nosso conhecimento. A educação de Dryden não era comparável, em seu escopo, à educação de Donne, mas era pouco diferente em gênero. Os historiadores da literatura ainda não estão prontos para compreender as amplas consequências da observação, feita por A. F. Leach em 1911, de que "está longe de ser um exagero dizer que os temas e os métodos de ensino permaneceram os mesmos dos dias de Quintiliano aos dias de Arnold, do século I a meados do século XIX da era cristã".[3] A repulsa de Dryden por Donne estava fundamentada no

---

[3] Leach, *Educational Charters and Documents*, p. ix.

conhecimento integral da deliberada dialética de Donne e em sua consciente imitação de Tertuliano. Além disso, Dryden sabia mais sobre Donne do que seus admiradores de hoje, pois ainda precisamos descobrir todos os instrumentos educacionais a que Donne recorreu para alcançarmos seu impacto e sua popularidade. O que este estudo tenta fazer diretamente com Nashe, o faz acidentalmente com todos os seus contemporâneos; assim, se Nashe parece ser uma espécie de apêndice a um capítulo da história da educação, ele na verdade se apresenta como um ponto focal. Em alguns aspectos, Bacon ou Donne serviriam melhor a esse propósito do que Nashe. Teria sido possível relacioná-los de maneira mais elaborada à sua própria época, uma vez que foram escritores mais complexos e abrangentes. Este estudo terá alcançado seu objetivo se conseguir indicar os caminhos pelos quais mais esclarecimentos sobre Bacon e Donne se mostram possíveis.

O problema da compreensão de Thomas Nashe é o mesmo da descoberta das principais tradições educacionais que vão de Zenão, Isócrates e Carnéades a Cícero, Varrão, Quintiliano, Donato, Prisciano, Jerônimo e Agostinho. Uma vez estabelecidas as principais tradições segundo o olhar de Santo Agostinho, descobre-se como perceber a Idade Média. A cultura medieval foi gramatical, e não retórica, porque Santo Agostinho, embora ciceroniano, determinou de uma só vez tanto o método da ciência e da teologia quanto o da gramática. O renascimento carolíngio é um renascimento da gramática. O renascimento do século XII é o renascimento da dialética, um período de conflitos entre dialéticos e gramáticos que viu a dialética conquistar sua completa supremacia em todos os lugares, com exceção da Itália. O Grande Renascimento tradicionalmente associado a Petrarca é, antes de mais nada, a reafirmação da defesa da gramática contra os eruditos godos e hunos de Paris. Da perspectiva do gramático medieval, o dialético era um bárbaro. Assim, foi Petrarca o fulgor da gramática durante os triunfos da dialética nos séculos XII e XIII, os quais forneceram ao jornalista moderno o clichê "o barbarismo da Idade Média". No que diz respeito à revitalização da gramática – tanto como método científico quanto como método teológico –, o Grande Renascimento só se mostrou completamente bem-sucedido no século XVI, quando a grande obra de Erasmo recuperaria a teologia patrística, isto é, a teologia gramatical. Sua relevância, tanto aos seus olhos quanto aos olhos de seu tempo, era a relevância do homem que rejeitava a simplicidade da gramática dos dialéticos e que restaurava a disciplina integral postulada por São Jerônimo, o grande pupilo do importante Donato. O "humanismo", portanto, na visão de [John] Colet, More e Erasmo, era um retorno deliberado aos Pais. No entanto, aquilo que caracteriza o Renascimento moderno e lhe confere um caráter que tem sido extremamente incompreendido é sua "ciência". Os grandes alquimistas, paracelsistas que vão de Raimundo Lúlio a Cornélio Agripa, eram gramáticos. Da época dos neoplatônicos e de Santo Agostinho à época de Boaventura e de Francis Bacon, o mundo era visto como um livro cuja linguagem, perdida, se mostrava análoga àquela do discurso humano. Dessa forma, a arte da gramática possibilitou não apenas a abordagem que o século XVI deu ao Livro da Vida na exegese bíblica, mas também a abordagem dada ao Livro da Natureza.

Por fim, é explicada a visão – que Cícero tomara de Isócrates – da retórica como arte da política pragmática. O conceito ciceroniano de orador cativou por completo Santo Agostinho, que descreve o teólogo ideal com as mesmas palavras que Cícero aplica ao seu modelo de orador: *vir doctissimus et eloquentissimus*. A ideia ciceroniana de um orador que conhecesse a enciclopédia das ciências e que exercitasse a suprema ciência da prudência civil tornou-se ideal para uma enormidade de leigos instruídos. Percorrendo os séculos que separam Alcuíno de Petrarca, devemos registrar como essa grande concepção perdurou na paixão medieval pelas enciclopédias das sete artes liberais. Apenas com o retorno de um comércio opulento à Europa Ocidental e com o aumento de uma laicidade educada é que o conceito ciceroniano do orador ou estadista secular reapareceu. Cícero domina todos os manuais renascentistas sobre a educação de príncipes e nobres. Ele representa o ideal da vida prática, do serviço ao Estado e do exercício de todas as faculdades para a obtenção de glória e sucesso. Quando tivermos testemunhado o extraordinário movimento anticiceroniano que surge com Maquiavel, Vives, Ramée, Montaigne, Muret, Lípsio e Descartes, e que nos legará o mundo pós-renascentista, teremos já dado termo à investigação das revoluções educacionais e culturais que nos conduzem de Isócrates a Nashe. Desse modo, este estudo oferece tão somente outra prova de que, no final, não há estudo possível sobre a sociedade ou a literatura ocidental sem que seja considerada, e constantemente revisitada, toda a sua tradição, desde seu início com os gregos. "Na história da cultura do Ocidente, todo capítulo tem início com os gregos."[4]

---

[4] Gilson, *God and Philosophy*, p. 1.

Faz-se necessária uma nota explicativa a respeito da forma como se dá este estudo. O debate histórico é muitas vezes interrompido por incursões no século XVI e XVII. Geralmente, essas antecipações se encontram na forma de notas, as quais por vezes têm grande extensão. Sem dúvidas, se tiver a sorte de ver este trabalho publicado, optarei por ter essas notas e incursões relegadas ao final do estudo, em suas respectivas posições cronológicas. A localização a que elas dei se deve primeiro ao meu desejo de tornar clara a validade da abordagem histórica, focando-me de imediato na Antiguidade e na Idade Média e passando ao Renascimento tardio. Um segundo motivo é o de que, ao focar-me ao mesmo tempo nos vários aspectos do Renascimento e na elucidação de suas origens antigas, me foi possível, após chegar ao século XVI, passar diretamente de Erasmo a Nashe sem reunir todas as implicações do estudo. Não menos importante foi a iminente possibilidade de ser interrompido, ao longo da redação destes temas, pela oportunidade singular de me envolver em atividades de guerra. Caso fosse interrompido, teria desejado que alguns frutos deste trabalho sobre a compreensão do Renascimento fossem notados, independentemente do quão prematura estivesse a questão.

CAPÍTULO 1

O Trivium *até* Santo Agostinho

A. Gramática

O Trivium *até* Santo *Agostinho*

....

McLuhan começa este capítulo oferecendo uma condensada história da investigação intelectual – indo do Crátilo, de Platão, a Science and Sanity, de Korzybski –, uma vez que ela traz implicações para o componente gramatical do trivium. No que diz respeito aos efeitos negativos da "substituição das disciplinas linguísticas pelas disciplinas matemáticas", este levantamento reafirma as observações do capítulo introdutório. Não menos importantes que as informações fornecidas como respaldo, e mostrando-se cruciais para a abrangente tese de McLuhan, estão os dados que a estrutura de seu raciocínio fornece a seu próprio método. Entre Platão e Korzybski, McLuhan percorre como gramático os domínios da filosofia, da linguística e da semiótica, sem passar de um ao outro como se fossem territórios investigados dialeticamente. Que linguista, de hoje ou do passado, trocaria o rótulo de semântica geral – o qual o próprio Korzybski atribuíra ao seu trabalho – pelo simples rótulo de "estudo linguístico"? No entanto, que linguista já se posicionou como McLuhan diante do "velho sentido da gramática"?

Quando McLuhan afirma que, até Descartes, "a linguagem foi vista como algo que vinculava e harmonizava, simultaneamente, todas as funções físicas e intelectuais do homem e do mundo físico", ele está evocando a linguagem vazia dos matemáticos, a linguagem da forma pura, a fim de sublinhar o eclipse da gramática como método, mas sem negar implicitamente a gramática das formas. Posteriormente, o McLuhan de Os Meios de Comunicação como Extensões do Homem definiria a linguagem como "a primeira tecnologia da qual se valeu a humanidade para se desfazer do ambiente, a fim de compreendê-lo de novas maneiras"; assim, ele exploraria a gramática das formas puras, a mensagem da mídia enquanto mídia, de um modo que permanece em consonância e de acordo com o McLuhan que expõe o trivium clássico.

Muito espaço é dedicado, neste capítulo, ao conceito de Logos. Ele é inseparável do continuum das causas naturais e da ordem da natureza; é indispensável para a compreensão da ideia que o mundo antigo fazia do vínculo entre linguagem e física; é a razão universal; é o equivalente, na filosofia antiga, à Trindade da teologia cristã; é, ao mesmo tempo, a vida e a ordem em todas as coisas e na mente humana. A partir da perspectiva de McLuhan, a compreensão do Logos em todas as suas dimensões serve para corrigir o equívoco, comum entre os pesquisadores, de que os gramáticos antigos viam a linguagem como produto da natureza e a onomatopeia como origem da linguagem. Essa equivocada interpretação dos textos antigos regularmente engendra um indiscriminado desprezo pela ciência no âmbito gramatical, a qual é encarada como uma visão de mundo primitiva. Porém a metafísica resgata do mero animismo a ciência fundamentada na gramática, e, assim, McLuhan pode afirmar que as doutrinas estoicas nutriam com a mitologia não uma relação derivativa, mas aplicativa. (Seria possível dizer que as observações do McLuhan tardio sobre a mídia não derivavam de disciplinas tão distintas como a filosofia e a psicologia, mas as aplicavam de acordo com o seu objetivo.)

Aproximando-se o fim deste capítulo, sua orientação e suas ênfases se mostram decididamente semióticas. Santo Agostinho é mencionado a respeito dos signos vestigiais da natureza e de sua transformação em signos simples, realizada pelas artes liberais sob a orientação da gramática. São Boaventura também é citado quando da abordagem do problema das coisas como sinais na ordem da natureza. O debate permite que McLuhan passe para o primeiro capítulo sobre a dialética com uma referência a Gilson, que demonstra como os princípios da interpretação perdem sua riqueza quando o dialético nega o mundo simbólico, ao mesmo tempo em que os gramáticos antigos tornam esse mundo acessível por meio da analogia.

– O editor

O motivo pelo qual começo este estudo com uma análise da natureza e dos objetivos da antiga arte do *grammaticus* é suficientemente indicado pela recente conclusão do *monsieur* Marrou, que diz que *"la culture chrétienne, augustinienne, emprunte moins à la technique du rhéteur qu'à celle du grammarien"*.[1] Ao longo de seu instigante trabalho, Marrou assinala de maneira definitiva as formas precisas e técnicas pela qual Santo Agostinho manipulou toda a *egkuklios paideia*, ou enciclopédia, das artes consagradas, adaptando-as aos ofícios da eloquência sacra, da exegese bíblica e da teologia. Por razões que serão aqui apresentadas, a gramática assumiu uma posição preeminente na nova ordem das artes e tornou-se a base da cultura medieval. Gravemente desafiada pelo renascimento da dialética nos séculos XII e XIII, ela recuperou seu prestígio na época de Petrarca e reconquistou sua supremacia com a obra exegética de Erasmo. Gostaria de definir nas páginas que se seguem ao menos essas posições. Marrou não avança para além de Agostinho, e sua investigação da arte da gramática no período que antecede o santo não almeja nada mais do que uma avaliação da natureza literária dessa mesma arte. O apelo para que ela fosse vista como um importante pilar do método científico, surgido tanto ao longo da Antiguidade quanto durante o medievo e na obra de Francis Bacon, nunca foi assinalado, acredito, antes deste presente.

No diálogo intitulado em homenagem a Crátilo, seguidor de Heráclito, Platão inclui este colóquio entre Sócrates e o protagonista:

> SÓCRATES: Contudo, se tais coisas são conhecidas apenas por meio dos nomes, como saberemos que aqueles que deram esses nomes eram possuidores de conhecimento, ou então que havia legisladores antes mesmo de existirem nomes – antes, portanto, que pudessem tê-los conhecido?
> CRÁTILO: Tenho para mim, Sócrates, como verdadeira explicação do problema, que uma força superior à humana deu às coisas seus primeiros nomes, os quais são necessariamente os seus nomes verdadeiros.[2]

---

[1] Marrou, *Saint Augustin et la Fin de la Culture Antique*, p. 530.
[2] Jowett, *The Dialogues of Plato*, I, p. 678.

Obviamente, com esse tipo de importância associada ao nome das coisas, dos deuses, dos heróis e dos seres lendários, a etimologia seria uma importante fonte de esclarecimento científico e moral. Foi exatamente isso o que se deu. A copiosa tarefa dos etimólogos, a qual repercute no *Crátilo* de Platão, mas que já tivera início centenas de anos antes e perduraria até o século XVII, é tão importante para o historiador da filosofia e da ciência quanto para o historiador das letras e da cultura. De fato, não foi apenas na Antiguidade, mas também no período que culmina na revolução cartesiana, que a linguagem foi vista como algo que vinculava e harmonizava, simultaneamente, todas as funções físicas e intelectuais do homem e do mundo físico.

Em qualquer período que separa Platão de Francis Bacon, a declaração de Crátilo teria feito sentido, sendo respeitada ainda que suas implicações mais amplas fossem deixadas de lado. Iniciada a era cristã, a doutrina de Crátilo adquiriu nova importância em virtude da exegese bíblica, em especial à luz de Gênesis 2,19:

> Iahweh Deus modelou então, do solo, todas as feras selvagens e todas as aves do céu e as conduziu ao homem para ver como ele as chamaria: cada qual devia levar o nome que o homem lhe desse.

A doutrina dos nomes, claro, é a doutrina das essências, e não uma concepção ingênua de terminologia oral. A exegese bíblica afirmará, segundo afirmou Francis Bacon, que Adão possuía um alto grau de conhecimento metafísico. Para ele, toda a natureza era um livro que poderia ser lido à vontade. Adão perdeu a capacidade de ler tal língua com sua queda, e apenas Salomão, de todos os filhos humanos, chegou a recuperar a possibilidade de interpretá-la. A tarefa da arte é, no entanto, a de recuperar o conhecimento dessa linguagem que outrora o homem possuiu naturalmente, e já entre os filósofos pré-socráticos surgira o problema de qual arte deveria ter prioridade na tarefa de explicar o homem e a natureza. A gramática, ou a exegese alegórica dos fenômenos naturais, dos mitos populares e até dos trabalhos de Homero e Hesíodo, desfrutava de muitas vantagens. No *Crátilo*, Platão defende a superioridade da dialética com relação a essa mesma atividade, mas, como o filósofo geralmente empregava as formas gramaticais da poesia e da mitologia para expressar seu ensinamento esotérico e mais importante, ele está longe da certeza de que a gramática pode ou deve ser completamente substituída. Em breve, porém, em seus *Analíticos Posteriores*, Aristóteles define a natureza do método científico agramatical. Tal façanha não rendeu frutos até o século XII, e até lá a gramática reinou sem concorrentes como a principal forma de ciência e, a partir do período patrístico, também de teologia. Ainda assim, a gramática esteve longe de ser esquecida nas grandes eras da dialética. No século XIII, ao mesmo tempo em que Aristóteles triunfava em Santo Tomás de Aquino, teve lugar a coroação do método gramatical com São Boaventura. (Os grandes gramáticos também são, por razões que esclareceremos, grandes alquimistas.) Dessa forma, não há a menor incoerência no fato de humanistas importantes, como Pico della Mirandola e Cornélio Agripa, serem também alquimistas. O método gramatical na ciência, portanto, persiste enquanto persistir a alquimia, ou seja, século XVIII adentro. Contudo, a partir de Descartes, a principal forma de ciência torna-se claramente matemática. Em nossa própria época, os métodos da antropologia e da psicologia têm encarado a gramática como ao menos uma forma válida de ciência. Uma justificativa completa para essa declaração pode ser encontrada em *Science and Sanity*, do conde Korzybski, cuja defesa do estudo linguístico (o velho sentido da gramática) em muito transcende a modesta posição de Crátilo.

Obviamente, o resumo da história da gramática oferecido acima é algo que requer documentação. No que diz respeito ao período que vai de Homero a Santo Agostinho, faz-se necessário dizer desde o início que, afora o trabalho de Marrou acerca da influência da gramática de Santo Agostinho sobre sua teologia, nada jamais foi feito. Os estudiosos do período clássico têm se mostrado indiferentes ao extraordinário papel desempenhado pela gramática clássica na ciência e na tecnologia do medievo, mostrando-se confusos, portanto, acerca da natureza do Renascimento. O eclipse do método gramatical causado pela matemática depois de Descartes reduziu a arte da gramática a questões de morfologia e sintaxe, fazendo com que essa mesma insignificância tivesse reflexos na gramática antiga. Daí o esforço de Sandys, em seu *A History of Classical Scholarship*, para esclarecer que a expressão indica "um 'estudante de literatura', em especial de literatura poética", e que, segundo às vezes dizem, a *grammatike*, "neste novo sentido do termo, teve início com Teágenes de Régio (fl. 525 a.C.), o primeiro dos intérpretes alegóricos de Homero".[3] Além disso, a luz que Sandys – a exemplo de

---

[3] Sandys, *A History of Classical Scholarship*, I, p. 7.

qualquer outro pesquisador clássico que tive a oportunidade de consultar – é capaz de lançar sobre o tema é quase inteiramente fortuita.

A exegese alegórica de Homero, porém, nos indica um dos melhores caminhos para o problema da origem da arte gramatical como método científico. Com a ascensão da especulação filosófica, Homero, o educador da Grécia, encontrava-se necessariamente no centro da controvérsia. Uma vez que o autor nada tinha que pudesse ser imediatamente interpretado como científico ou filosófico, os filósofos foram obrigados ou a considerá-lo por meio de exegeses e simbolismos inventivos ou, então, a rejeitá-lo completa e radicalmente. Nesse sentido, sua expulsão da *República* platônica pode ser vista como consequência da preferência ética de Platão pela dialética, assim como de sua hostilidade para com o uso do método gramatical na sistematização da ética, meio utilizado pelos estoicos para alinhar Homero às causas da ciência e da moralidade.[4]

Entre as seitas pré-socráticas, a interpretação simbólica de Homero variou de acordo com a ênfase doutrinária da escola, de modo que algumas destacavam sua relevância moral e, outras, sua cosmologia, sua psicologia e sua física. Sandys menciona alguns dos poucos exemplos sobreviventes dessa interpretação primitiva:

> Portanto, segundo sua perspectiva [de Teágenes], Apolo se opunha a Posídon como o fogo à água; Palas se opunha a Ares como a sabedoria à estultícia. (...) Anaxágoras de Clazômenas (c. 500-428 a.C.) viu os raios do sol nas flechas de Apolo. (...) Dizem que ele (...) encontrou na trama de Penélope um emblema das regras da dialética, sendo a urdidura as premissas; o tecido, a conclusão; e a chama das tochas, sob a qual executava sua tarefa, nada mais do que a luz da razão.[5]

Foi por meios como esse que os estoicos salvaram, para a ciência e a ética, não apenas Homero, mas também os símbolos da religião popular e da mitologia tradicional. Nisso eles se distinguiam com clareza dos epicuristas, que se mostravam fortemente iconoclastas. Ao mesmo tempo, eles encontraram concorrentes, em especial no tempo romano, quando, segundo nos conta Sêneca em sua *Carta a Lucílio*, os defensores das quatro escolas clássicas da filosofia lançavam mão do texto de Homero para dar respaldo às suas posições.

---

[4] Marrou, op. cit., p. 495-96; Sandys, op. cit., I, p. 29-30; Bérard, *Introduction à l'Odyssée*, II, p. 315-16; Stern, *Homerstudien der Stoiker*.

[5] Sandys, op. cit., I, p. 30.

A propósito, Bréhier[6] indica como os estoicos, em sua exegese de Homero, enfatizavam a física, enquanto os cínicos e os neopitagóricos se preocupavam basicamente com a ética. Por exemplo, foi em virtude da exegese cínica e do saber popular de Homero que a figura de Ulisses passou a desempenhar um papel importante na educação, pois a exegese alegórica foi rapidamente integrada à corriqueira atividade de instruir os jovens na poesia e nos costumes.

Virgílio passou pelo mesmo processo ainda em vida. Podemos notar, na *Saturnália* de Macróbio, como ele se tornou para os romanos a mesma fonte de sabedoria científica e ética que Homero se tornara para os gregos. Dessa maneira, para o gramático Macróbio, "é o que Virgílio ensina que seduz os homens, e não sua poesia".[7] Como gramático, Macróbio aplicou o método etimológico não apenas a Virgílio, mas também à mitologia, à astronomia e à música das esferas,[8] uma vez que, na Antiguidade, um dos vínculos entre a gramática e a astronomia era a música, ou a harmonia e o ritmo. Como gramático e cientista, Macróbio desfrutou de grande prestígio no medievo, e não há nada melhor do que a completa falta de compreensão de suas ambições e objetivos para mostrar como se faz necessário, hoje, o estudo do método gramatical como instrumento reconhecido da ciência antiga e medieval. Antes de Macróbio, Sérvio e Donato fornecem exemplos da exegese científico-gramatical de Virgílio; contudo, a aplicação de tal método ao autor só se dá completa e sistematicamente ao fim do século V, na obra do mitógrafo Fulgêncio, que talvez tenha sido ainda mais popular na Idade Média do que Macróbio.[9] Faz-se necessário, portanto, deixar de lado as suposições gratuitas e lisonjeiras de que o interesse profundo a escorar os vastos comentários acerca de Homero e Virgílio pode ser visto como uma curiosa aberração do espírito humano. Essas suposições têm embrutecido o estudo histórico ao menos desde o século XVIII; além disso, elas provavelmente impediram qualquer abordagem adequada a Reuchlin, Erasmo, Rabelais e todo o Renascimento.

Uma breve análise da filosofia estoica indicará como o estudo da linguagem e da poesia poderia se misturar por inteiro ao estudo da física e da ética. O refinado estudo de Vernon Arnold sobre o estoicismo romano assinala a

---

[6] E. Bréhier, *Les Idées Philosophiques et Religieuses de Philon d'Alexandrie*, p. 42-43.

[7] Glover, *Life and Letters in the Fourth Century*, p. 181.

[8] Sandys, op. cit., I, p. 227.

[9] Mandonnet, *Dante le Théologien*, p. 171-74.

influência dos caldeus, que "por volta do ano 2800 a.C. mapearam as constelações como hoje as conhecemos, traçaram a órbita dos planetas e previram seus movimentos futuros", com um trabalho "motivado pela crença de que os céus ostentavam uma mensagem escrita dirigida à humanidade".[10] Segundo Arnold, ao mencionar a autoridade de Cícero e Sêneca, do ensinamento caldeu "dois princípios parecem ter sobrevivido: o do laço inexorável entre causa e efeito, chamado 'destino', e o da interdependência dos acontecimentos no céu e na terra".[11] Para os estoicos, no entanto, a doutrina do destino é absolutamente conciliável com a doutrina do governo providencial do mundo; ademais, "além das concepções pessoais e materiais da deidade, eles adotaram e desenvolveram uma concepção que exerceu extraordinária influência sobre outros sistemas, atribuindo o exercício de todos os poderes da deidade à Palavra divina, a qual, por um lado, é a própria deidade e, por outro, é algo que dela emana e de alguma forma se diferencia".[12] Diante da grande doutrina do Logos, talvez seja mais fácil compreender de que forma a gramática e a etimologia devem ser vistas como instrumentos para a investigação da natureza da deidade e das naturezas dos fenômenos.

Inseparável da doutrina do Logos é a visão cosmológica da *rerum natura* – o todo – como *continuum*, sendo ao mesmo tempo uma rede de causas naturais e uma *ordo naturae* que, até mesmo em seus mais ínfimos vestígios, expressa uma mensagem divina. Essa noção, já implícita na cosmologia caldeia, é o fundamento mesmo do *Timeu* de Platão, obra de maior influência do autor na Antiguidade e no medievo. Se devemos explicar por completo a ascendência do diálogo, ele deve ser visto como a afirmação de uma cosmologia que já datava de séculos e que, muito depois da época de Platão, contava com defensores extremamente distintos, como os pitagóricos e os estoicos. A impaciência que demonstra Jowett diante do *Timeu*, alegando ser ele "demasiadamente obscuro e repulsivo ao leitor moderno", se deve tanto à suposição de que o conhecimento de Platão representa "a infância da ciência física" quanto ao desejo platônico de "conceber toda a natureza sem apresentar qualquer conhecimento adequado de suas partes". Por fim, Jowett não consegue perdoar Platão

---

[10] Arnold, *Roman Stoicism*, p. 5.
[11] Ibidem.
[12] Ibidem, p. 19.

por sua exegese gramatical "de semelhanças superficiais" e pela negligência que demonstra diante das "diferenças ocultas ao olhar".[13] Por exemplo, Platão oferece uma complexa interpretação alegórica das partes e funções do corpo humano. Assim,

> as forças criativas tinham ciência de nossa inclinação ao excesso. Desse modo, fazendo a barriga como receptáculo dos alimentos, e portanto evitando que os homens de enfermidades perecessem, formaram a convolução dos intestinos, retardando a passagem da comida pelo corpo a fim de que a humanidade não se absorvesse no comer e no beber e não se tornasse insensível à divina filosofia.[14]

De maneira semelhante, "a visão é a fonte da maior de nossas vantagens; pois se nossos olhos jamais tivessem visto o sol, as estrelas e os céus, essas mesmas palavras que usamos não teriam sido pronunciadas". No entanto, "Deus nos concedeu a faculdade da visão para que capazes fôssemos de contemplar a ordem dos céus e de criar uma ordem correspondente em nossas próprias mentes falíveis. Com a mesma finalidade nos foram dados os dons da fala e da escuta (...)".[15] Nada poderia tornar mais clara a relação que se supunha existir entre a ordem do discurso e da linguagem e a ordem da natureza. Sendo possível enfatizar esse ponto sem que sejam abandonadas as complexidades desse tema inexplorado, será muito mais fácil manter a gramática como foco de nossa atenção.

Para sublinhar a contínua aceitação da cosmologia do *Timeu*, é quase suficiente mencionar Fílon de Alexandria, cujas atividades exegéticas extraordinárias definiram os termos da teologia patrística; Plínio, o Velho, cuja *Naturalis Historia* representa ao mesmo tempo o trabalho de um gramático e o único grande monumento ao método gramatical na interpretação da natureza; e, por fim, o próprio Santo Agostinho, cujo platonismo é proverbial.[16]

---

[13] Jowett, *The Dialogues of Plato*, p. 455.

[14] Ibidem, p. 478.

[15] Ibidem, p. 469.

[16] Quase não é preciso mencionar textos específicos da cosmologia de Santo Agostinho. Exemplos óbvios se encontram em sua *De Civitate Dei*, cap. XII, p. 8; cap. XIV, p. 11. No *Enchiridion*, p. 9, ele discute a investigação da *rerum natura*. No *De Trinitate*, cap. III, p. 2, é expressa sua admiração por aqueles que perscrutam os segredos da natureza.

A doutrina do Logos, tão importante para que seja compreendida a fusão entre linguagem e física no espírito da Antiguidade, parece ter sido adotada pelos estoicos a partir de Heráclito de Éfeso, que a formulou no início do século V. "Pelas opiniões da multidão, iludida pelos sentidos, ele não nutria qualquer respeito; porém nem mesmo o aprendizado garante a inteligência, exceto quando os homens se encontram dispostos a serem guiados pela 'Palavra', a razão universal. Os sentidos nos indicam um fluxo perpétuo no universo: (...) por trás de tais mudanças, a Palavra indica aquilo que é uno e imutável."[17] O Logos, ou a razão universal, é ao mesmo tempo a vida e a ordem que existem em todas as coisas, inclusive na mente do homem. Ao julgarem impossível traduzir o Logos com uma só palavra, os romanos "adotaram a expressão *ratio et oratio* [razão e fala]; na linguagem moderna, ele claramente parece incluir, também, a ampla noção de 'Lei Universal' ou de 'Leis da Natureza'".[18] Muitas vezes já foi assinalada a profundidade com que o cristianismo recebeu a doutrina do Logos; no entanto, ninguém observou que os estágios intermediários dessa transferência se deveram à arte ou disciplina gramatical, comum tanto à física estoica quanto à teologia cristã primitiva.[19]

À luz da doutrina do Logos, o interesse estoico pela etimologia como fonte de conhecimento científico e filosófico se mostra perfeitamente natural. Desse modo, é bastante equivocado aceitar a sugestão de Sandys, que afirma que os estoicos se interessavam pela etimologia porque "viam a linguagem como produto da natureza, tendo a 'onomatopeia' como o princípio de formação das palavras".[20] Sandys parece não reconhecer a importância de suas observações quando, no mesmo trecho, afirma que "suas teorias gramaticais eram conhecidas por Varrão, que (segundo nos relata) mesclou o estudo de Cleantes com o estudo de Aristófanes de Bizâncio". Cleantes, sucessor de Zenão de Cítio, era um dos alegoristas[21] e etimólogos mais destacados; portanto, não é por acaso que, dos seis livros do grande *De Lingua Latina*, três sejam dedicados à etimologia. Seria possível escrever uma descrição precisa do caráter intelectual do medievo a partir dos livros antigos cuja sobrevivência foi garantida. Afinal, a

---

[17] Arnold, *Roman Stoicism*, p. 35.
[18] Ibidem, p. 37.
[19] Sandys, *A History of Classical Scholarship*, I, p. 144.
[20] Ibidem, p. 146.
[21] Ibidem, p. 147.

multiplicação de manuscritos com obras da Antiguidade é um indicador preciso do prestígio de que elas desfrutavam. O corolário, inoportuno para alguns, é o fato de não ter sobrevivido nenhum texto antigo que não fosse lido, de maneira mais ou menos difusa, por toda a Idade Média.

Zenão de Cítio (336-264), com frequência considerado o fundador dos estoicos, possui um tom e uma doutrina "revolucionária e ateísta; ele analisa toda a subversão das práticas religiosas existentes a fim de abrir espaço para um sistema mais puro".[22] Todavia, ele escreveu livros sobre poesia e, também, "cinco obras sobre 'problemas homéricos', repletas de interpretações alegóricas. (...) Para ele, Zeus, Hera e Posídon representavam o éter, o ar e a água, respectivamente; então, ao interpretar a *Teogonia*, de Hesíodo, abusou de suas fantasias etimológicas".[23]

Diante de Cleantes de Assos (331-232), sucessor de Zenão, Sandys observa a mesma utilização de "etimologias lúdicas e alegorias fantasiosas na interpretação do poeta",[24] negligenciando por completo o significado daquela que era não apenas uma atividade séria, mas uma atividade que trazia importantíssimas consequências para a literatura e a ciência. Sandys relata ainda que, "em Cleantes, os mistérios eleusinos são uma alegoria; Homero, se adequadamente compreendido, é uma testemunha da verdade; os próprios nomes dados a Zeus, Perséfone, Apolo e Afrodite apontam para os significados que se encontram velados, mas não deturpados, pela crença em voga, e o mesmo se aplica aos mitos de Héracles e Atlas".[25]

Se comparados a Crisipo (c. 280 - c. 208-204), Zenão e Cleantes eram homens de temperamento rigidamente crítico e hostis à mitologia popular. No entanto, com ele "é estabelecida uma tendência conciliatória; as ingenuidades da etimologia e da interpretação alegórica são aplicadas para mostrar que a velha religião contém, ao menos em formação, a essência da nova".[26] Arnold observa como esse era o início daquela contenda entre a filosofia dogmática e o vago sentimento religioso que culminou no triunfo do último Marco Aurélio.

---

[22] Arnold, *Roman Stoicism*, p. 217.
[23] Sandys, *A History of Classical Scholarship*, I, p. 147.
[24] Ibidem.
[25] Ibidem.
[26] Arnold, *Roman Stoicism*, p. 217.

Até mesmo em Marco Aurélio, porém, verifica-se a doutrina cosmológica básica que inspirou os cientistas a aplicarem os métodos gramaticais:

> Todas as coisas estão entretecidas em laço sagrado; raras são as vezes em que uma se desliga de outra. Devidamente coordenadas, compõem uma única e mesma ordem. O mundo é único, composto de todas as coisas, deus é único e a tudo perpassa, o ser é único e é única a lei, é comum a razão de todos os seres dotados de razão e é única a verdade, uma vez que é ela a perfeição dos seres do mesmo gênero e daqueles dotados da mesma razão.[27]

Nada tem sido dito acerca de Hesíodo (século VIII) ou do movimento "órfico" do século VI, embora ambos tragam implicações muito claras para a cosmologia que seria posteriormente vista como parte da filosofia.[28] É importante, no entanto, explicar que o uso e a continuidade dos métodos alegóricos e etimológicos nos estoicos e em Platão, assim como em Fílon, Santo Agostinho e São Boaventura, não são resquícios de uma visão de mundo primitiva. Se assim considerados, torna-se tentador e fácil concluir, como geralmente se faz, que a cosmologia "poética" e a "ciência" gramatical antiga e medieval ainda traziam uma considerável infusão de mitologias acriticamente defendidas. Essa magia primitiva foi finalmente eliminada ao longo do Renascimento e do período do Iluminismo. Por mais que essa justificativa possa satisfazer as necessidades emocionais do mundo moderno, ela certamente não satisfaz a necessidade de explicações históricas. Os intérpretes estoicos da poesia e da mitologia sabiam muito bem o que estavam fazendo, e assim não derivavam suas doutrinas desses assuntos, mas a eles aplicavam-nas. A doutrina do Logos, longe de ser um exemplo de ingênuo animismo, é naturalmente metafísica. E, como afirma o *monsieur* Gilson em obra recente que coloca muitas dessas questões familiares em nova perspectiva, nós agora "estamos começando a perceber por que não era tão fácil, para um filósofo grego, deificar o princípio primeiro e universal de todas as coisas".[29] A mesma ideia é expressa, de maneira diferente, por Arnold, que diz que "a atmosfera da religião estoica era alheia àquilo em que os deuses da mitologia grega e romana se haviam enraizado. A absorção nominal desses deuses no sistema estoico (...) foi um trabalho

---

[27] Ibidem, p. 123.
[28] Arnold analisa ambos, p. 31-32.
[29] Gilson, *God and Philosophy*, p. 13.

de adaptação política".³⁰ As implicações desse fato não se alteram diante da afirmação estoica de que o significado original e verdadeiro das palavras e dos mitos estava sendo recuperado.

> Os estoicos se empenhavam para transformar os mitos em símbolos de verdades científicas e o rito num incentivo à vida honesta. Essa interpretação era basicamente física; os deuses representam, respectivamente, os corpos celestes, os elementos, as plantas; os amores divinos representam o trabalho contínuo das grandes forças criadoras da natureza. Em menor escala, explicações também são encontradas na sociedade e na história. Essas interpretações encontram um forte respaldo nas etimologias (...).³¹

A importância da influência do estoicismo sobre a educação e a literatura dos períodos romano e medieval pode ser compreendida se olharmos rapidamente para L. Anaeu Cornuto (c. 20-66 d.C.), homem que se tornou professor dos poetas Pérsio e Lucano (ambos estimados pelos medievais). Seu livro *Sobre a Natureza dos Deuses* sobrevive, e nele é desenvolvido o método "seguido por Cícero em *De Natura Deorum* (e baseado em Posidônio), pelo qual se dá a reconciliação entre a física estoica e a mitologia popular. Pela etimologia e a alegoria, tudo o que é incrível ou ofensivo nas antigas lendas divinas se transforma em explicação para os fenômenos do universo".³² Mais uma vez, deve-se observar que o racionalismo não emergiu gradualmente da mitologia; uma vez completamente consolidado, ele teve seus métodos aplicados à mitologia tradicional. Para onde quer que se olhe no ambiente dos grandes gramáticos da Antiguidade, eles provavelmente estarão caracterizados pela fórmula que se aplica a Cornuto. Dessa forma, ao falar sobre Estilo (c. 154 - c. 74 a.C.), o mestre de Varrão, Sandys afirma que suas "investigações gramaticais e, principalmente, etimológicas eram em parte inspiradas por sua devoção à filosofia estoica".³³

M. Terêncio Varrão (116-27 a.C.), sobre quem nos debruçaremos com maior atenção na seção dedicada à retórica, esboçou um complexo relato das grandes disputas gramaticais entre os analogistas e os anomalistas.

---

[30] Arnold, *Roman Stoicism*, p. 229.
[31] Ibidem, p. 230; ver também p. 39-40.
[32] Arnold, op. cit., p. 112.
[33] Sandys, *A History of Classical Scholarship*, I, p. 172.

Os livros VIII-XVI foram dedicados ao assunto, e três deles hoje sobrevivem. Os analogistas defendiam a existência de uma gramática universal, dado que a linguagem é consequência da razão – a qual, por sua vez, é a analogia do Logos universal. No nível das conjugações e das declinações, essa visão tendia a fortalecer a noção de regularidade. Os anomalistas, segundo poderíamos pensar, eram epicuristas que negavam a doutrina do Logos, mas não pude encontrar nenhuma prova disso. Eles declaravam que não há ordem na fala. Tudo se baseia em costumes arbitrários.[34] O *Crátilo* de Platão aborda a questão da analogia e da anomalia de modo a nos mostrar que a disputa já era antiga até mesmo naquela época, mas nele as questões são expressas num nível mais grandioso do que o das conjugações e declinações. Sócrates refuta detalhadamente a superficial doutrina anomalista de Hermógenes, que afirma: "Muitas vezes, tanto com Crátilo quanto com outros, discuti essa questão, sendo incapaz de persuadir a mim mesmo de que existe qualquer princípio de rigor nos nomes, exceto o da convenção e o do acordo (...)". Sócrates responde dizendo que

> tal atribuição de nomes não deve ser um problema tão frívolo quanto imaginas, nem o trabalho de pessoas frívolas ou casuais; ademais, Crátilo tem razão ao afirmar que as coisas possuem nomes por natureza e que nem todo homem é um artífice nominal. Porém apenas aquele que olha para o nome que cada coisa possui, e é, será naturalmente capaz de expressar a forma ideal das coisas por meio de letras e sílabas.[35]

No diálogo, a incredulidade geral acerca da seriedade de Sócrates[36] é um indicador adequado da incapacidade moderna de compreender a natureza da gramática no mundo antigo e medieval; ademais, muito da influência de Platão sobre Santo Agostinho e o espírito medieval se deve a esse respeito grandioso, embora não exclusivo, pela aplicação do método gramatical à filosofia. É praticamente impossível entender o escopo e a intensidade da contenda entre os analogistas e os anomalistas sem que sejam observadas suas consequências filosóficas. Os estoicos, é claro, são unanimemente analogistas, embora o próprio Varrão, a exemplo de Cícero, César, Plínio e

---

[34] Ibidem, p. 175-76.
[35] Jowett, *The Dialogues of Plato*, I, p. 622 e 629.
[36] Ibidem, p. 589-90.

Quintiliano, reconheça espontaneamente a influência dos costumes e das convenções sobre a linguagem.[37]

Até onde fui capaz de descobrir, esse tema não foi abordado por qualquer historiador da filosofia, a cuja esfera pertence; além disso, apenas indico suas implicações, aqui, como forma de mostrar que a gramática e a ciência eram originalmente inseparáveis. O tratamento mais completo dado à afirmação de que a linguagem universal se fundamentava na razão universal teve lugar ao final da Idade Média, nos numerosos trabalhos de gramática especulativa escritos pelos dialéticos. Porém existe ainda uma contínua tradição que vai de Francis Bacon, Thomas Urquhart e os platônicos de Cambridge a James Harris, sem falar de Condillac, Comte e, hoje, do conde Korzybski e da escola de enciclopedistas da Universidade de Chicago.

Até agora, tentei indicar, em um campo amplo e inexplorado, como a ciência e a gramática se vinculavam naturalmente por meio da ideia de linguagem como expressão e analogia do Logos. Chega a hora, então, de dedicarmo-nos à consideração da exegese gramatical propriamente dita, da qual não pode haver testemunho mais fidedigno do que Varrão. Tendo assinalado o domínio da etimologia e da semântica segundo a definição dos gregos, ele declara:

> Devo agora apresentar as origens de cada uma das palavras, para as quais existem quatro níveis de explicação. O mais baixo deles é aquele que até mesmo a gente mais vulgar alcançou. (...) O segundo é aquele que a gramática de outrora praticou, e que mostra como o poeta fabricou cada palavra por ele formada e obtida. (...) O terceiro é o nível a que a filosofia se elevou, começando a revelar, assim que lá aportou, a natureza daquelas palavras de uso comum. (...) O quarto é aquele em que se encontram o santuário e os mistérios do sumo sacerdote; se lá não encontrar completo conhecimento, de todo modo devo buscar uma conjectura (...).[38]

---

[37] Para maiores detalhes acerca dessa controvérsia, ver F. H. Colson, *Quintilian*, livro I, p. 175: "(...) O analogista argumenta a partir da ordem imutável que prevalece nos corpos celestiais, nas marés, na continuidade das espécies (...); a língua é concebida como um mundo em si, à semelhança do modo como concebemos o mundo visível. (...) [O analogista] mostra-se tão seguro (...) quanto o homem da ciência hoje, (...) tão impaciente diante de uma possível desordem (...) que o mundo das palavras exerce, sobre ele, um fascínio e um assombro que não podem recair sobre nós".

[38] *De Lingua Latina*, livro V, p. vii-viii. (Loeb Classical Library)

Essa doutrina dos quatro níveis interpretativos prevalecera por séculos entre os gramáticos, estando intimamente ligada, até mesmo nas declarações de Varrão, aos anseios da física, da ética, da política e da religião. Poucos anos após Varrão, Fílon de Alexandria (c. 20 a.C. - 54 d.C.) realizou sua grande exegese gramatical do Antigo Testamento. Foi ele quem estabeleceu as práticas e as técnicas da teologia patrística – isto é, da teologia realizada da época de Orígenes até a época de Abelardo, e também recuperada por Colet, Fisher, More e Erasmo até o período dos platônicos de Cambridge.[39] "Ele foi o mestre direto daquela que é conhecida como a escola patrística, que buscou mesclar as concepções intelectuais de Platão com as ideias religiosas dos Evangelhos."[40] À semelhança de Orígenes, seu seguidor, Fílon era um gramático profissional, aproximando das Escrituras os vários níveis de significação da arte gramatical:

> Suas obras mais características formam "um cordão triplo" com que ele ata as Escrituras judaicas à cultura grega. Ao populacho de língua grega, ele elaborou uma ampla exposição da lei mosaica; à comunidade douta de Alexandria, fosse judaica ou gentia, uma exegese complexa, na qual a cada personagem e a cada ordenança do Pentateuco era atribuído um valor ético específico; e, por fim, ao círculo esotérico de filósofos greco-judaicos, um estudo teológico e psicológico das alegorias da lei.[41]

Fílon não apenas adapta o platonismo à terminologia bíblica; ele também "auxilia de modo ainda mais direto o estudo do estoicismo, uma vez que absorvera tão completamente o seu sistema que, enquanto outras autoridades nos desapontam, em suas exposições podemos confiar se desejarmos conhecer os detalhes do sistema estoico". O lugar da palavra "sabedoria" no anônimo Livro da Sabedoria "é ocupado, em suas obras, pelo Logos ou 'Palavra'".[42] Certamente foi importante, para a civilização medieval, o fato de o gramático que fora o preceptor de Clemente e Orígenes também ter compreendido por completo a utilidade científica e filosófica do método alegórico há muito praticado pelos estoicos e acadêmicos. A abordagem alegórica que Fílon dá à Bíblia almejava ser tanto uma adaptação das Escrituras à cultura helênica quanto um caminho capaz de conduzir a mente dos judeus alexandrinos altamente instruídos às

---

[39] Fairweather, *Origen and Greek Patristic Theology*, p. 3.
[40] Bentwich, *Philo-Judaeus of Alexandria*, p. 195.
[41] Ibidem, p. 76.
[42] Arnold, *Roman Stoicism*, p. 23.

riquezas filosóficas da Bíblia. Obviamente, para eles não havia nada de novo em tal atitude. "A ideia de que as palavras bíblicas continham significados ocultos remonta à mais primitiva tradição judaica, sendo um dos fundamentos da lei oral."[43] No entanto, jamais foram buscadas, aí, uma teologia e uma ética sistemáticas, as quais foram inicialmente desenvolvidas por Fílon e, depois, pelos Pais. Portanto, é preciso reconhecer que não há surpresas no fato de, "em pouco tempo, o próprio Fílon ter rejeitado a tradição judaica para se tornar um valioso cristão".[44]

Embora extremamente importante e demasiadamente incompreendido, Fílon não deve nos ocupar por muito tempo, pois ele em nada modifica aquilo que o precedeu; além disso, seus métodos encontrarão reflexos na teologia patrística. Contudo, uma contribuição hebraica à exegese alegórica precisa ser mencionada, uma vez que ela não poderia advir do mundo pagão e acabaria por se desdobrar em um estudo de grande abrangência. Enquanto os gregos e os romanos investigavam a analogia da deidade nas formas da natureza e no caráter da própria razão, Fílon "vê a história como uma teodiceia, justificando os desígnios de Deus para o homem (...) e a filosofia como significado interior das Escrituras, revelada por Deus em comunhão mística com Seus santos profetas (...)".[45] Dessa forma, os próprios acontecimentos da história são uma grande e complexa declaração a que é possível aplicar os métodos da exegese gramatical. Esse ponto de vista é tão útil para a compreensão de Dante quanto o é para Milton, sem falar nos assuntos de maior grandeza.[46]

Para aquele que estuda a história da gramática, o século I a.C. é um planalto que oferece fácil acesso ao estudante e uma multiplicidade de perspectivas passíveis de serem aplicadas aos períodos que o precedem e o sucedem. Foram essas razões que me levaram a postergar até aqui a breve explicação da gramática "de sala de aula" que era praticada no mundo antigo e que, em certa medida, continuou a ser praticada até muito depois do Renascimento.[47] Para que

---

[43] Bentwich, op. cit., p. 36.

[44] Ibidem, p. 72.

[45] Ibidem, p. 77.

[46] Para exemplos da exegese de Fílon, ver Bentwich, p. 81-103.

[47] A explicação dos métodos gramaticais do reverendo James Bowyer, incluída no primeiro capítulo da *Biographia Literaria* de S. T. Coleridge, é um testemunho da vitalidade de que desfrutava essa grande tradição no final do século XVIII.

sejam descritos os objetivos e os métodos da gramática ensinada aos jovens do Império Romano, não se faz necessário examinar os estágios anteriores dessa educação na Grécia, uma vez que ambas são muito parecidas e que a transição à gramática medieval se dá pelo latim, e não pelo grego.

Em *Roman Education*, seu fidedigno estudo sobre a educação romana, Aubrey Gwynn afirma que

> o tipo de educação que Quintiliano descreve em suas *Institutio Oratoria* permaneceu por séculos como a única forma de instrução conhecida no mundo greco-romano. Os homens pobres continuavam a enviar seus filhos para as escolas primárias do *ludi magister* e do *calculator*; no entanto, as classes ricas, prósperas e profissionais mandavam os meninos para as escolas de literatura e retórica, contentando-se com as "artes liberais" da *egkuklios paideia*. (...) Da época de Sócrates à queda do Império Romano, não havia outra forma de educação conhecida na Europa; assim, quando a Igreja se tornou a herdeira da civilização greco-romana, ela utilizou as *artes liberales* como estrutura adequada para a nova educação cristã praticada em suas escolas.[48]

Além, portanto, das escolas utilitárias do *ludi magister* e do *calculator*, a educação dos jovens ficava a cargo dos gramáticos. No que diz respeito ao caráter geral da educação gramatical, há uma grande variedade de fatos concordes a nos mostrar que ela corresponde à aplicação simultânea das disciplinas que hoje se encontram associadas à pesquisa e à crítica literária. A etimologia e a semântica, o estudo das figuras de linguagem, do pensamento e das emoções, a prosódia, a crítica textual, a explicação histórica dos textos e a crítica prática eram todos considerados durante a leitura dos poetas – linha por linha, verso por verso. Marrou[49] menciona que, a partir da época de Varrão, tornou-se comum dividir tal estudo em quatro partes: *lectio, emendatio, enarratio* e *judicium*. Sua explicação completa a respeito desses aspectos do ensino é a melhor que temos até agora, o que torna desnecessário, aqui, qualquer esclarecimento ulterior.

Segundo nos mostra Gwynn,[50] os prosadores pouco eram lidos nessas escolas de literatura, embora Suetônio, em seu *De Grammaticis*, afirme que *litteratus*

---

[48] Gwynn, *Roman Education from Cicero to Quintilian*, p. 246.
[49] Marrou, *Saint Augustin et la Fin de la Culture Antique*, p. 20.
[50] P. 102-03.

um dia foi utilizado como equivalente latino para *grammatike*; além disso, Quintiliano[51] verte como *litteratura* a mesma palavra.[52]

Para nós, acostumados como estamos a revoluções e experimentos educacionais frequentes, é difícil acreditar na estabilidade da educação encontrada no mundo greco-romano e medieval. Suspeitamos imediatamente de que se deva à escassez de dados a impressão de continuidade. No entanto, não é isso o que acontece, pois existem informações em abundância. A explicação deve ser procurada, então, na longa prevalência da doutrina discutida há pouco e que reinou até o nominalismo ramista e a matemática cartesiana a destronarem de maneira decisiva. Ao observar esse caráter estranhamente contínuo não apenas da gramática, mas também das outras artes praticadas entre Cícero e Santo Agostinho, Marrou (p. 6) afirma: *"Considérée de façon très générale la conception romaine de la culture frappe par sa stabilité, son identité foncière (...)"*. Definida essa posição, Marrou dá início a um minucioso relato de como, quando criança e jovem, Santo Agostinho estudou a literatura (p. 11 ss). O período de Agostinho foi a época de ouro da gramática: a época de Donato, Carísio, Sérvio – ainda hoje é possível consultar seus manuais. Prisciano surge um século depois, mas Donato, mestre de São Jerônimo, recebe com ele o título de instrutor gramatical da Idade Média.

Durante a *enarratio*, ou comentário, sobre um poeta, o gramático devia oferecer instruções gerais sobre todas as artes: agricultura, medicina, arquitetura, história, retórica, lógica, música, astronomia, geometria, etc. "Dessa forma, a instrução em assuntos gerais era adquirida nas circunstâncias da exegese literária",[53] afirma De Labriolle ao traçar o retrato da exegese quádrupla das Escrituras. Assim também declara Quintiliano, ainda que desconfiado da invasão, por parte dos gramáticos, do domínio da retórica: "Os estágios elementares do ensino da literatura não devem, portanto, ser desprezados por serem triviais. (...) Porém, à medida que gradualmente avista o santuário interior daquele local sagrado, o pupilo perceberá a complexidade do

---

[51] *Inst. Orat.*, ii, 1, 4; 14, 3.

[52] Ver Gwynn, p. 91 ss, para mais informações e dados. O fato de, em sua *Poética* (19.1456h20-1459a23), Aristóteles ter discutido a gramática formal deixou muitos de seus comentaristas confusos. Porém isso indica tão somente que, para ele, a leitura dos poetas estava imediatamente relacionada ao estudo das figuras e das partes do discurso. Era essa a prática comum.

[53] De Labriolle, *History and Literature of Christianity*, p. 6.

tema, uma complexidade que se destina não apenas à acuição da inteligência dos meninos, mas até mesmo ao exercício do mais profundo conhecimento e erudição".[54] Se me for permitido dar um salto temporal e circunstancial considerável, gostaria de assinalar como o gramático ideal de Quintiliano é, para Santo Agostinho, o teólogo ideal. Diante da riqueza inesgotável de uma passagem das Escrituras, Santo Agostinho brada: *"O utinam doctissimum aliquem, neque id tantum, sed etiam eloquentissimum de hoc ambo interrogare possemus!".*[55] A importância de *eloquentissimum*, que corresponde à aceitação sincera do orador ideal de Cícero, deve ser discutida na primeira seção sobre a retórica; porém, no que diz respeito à assimilação pela Igreja dos métodos básicos da cultura antiga, as estarrecedoras consequências dessa declaração foram exploradas por Marrou com um esmero capaz de suscitar a esperança de que muitas monografias semelhantes possam vir a analisar as inúmeras fases da cultura antiga e medieval, até agora extremamente negligenciadas. Somente quando um trabalho assim for produzido é que será possível avaliar de maneira completamente inteligível o Renascimento.

O singular estudo de Marrou, por sua vez, encontra-se fundamentado nos estudos patrísticos mais generalizados do *monsieur* De Labriolle. Seu *History and Literature of Christianity from Tertullian to Boethius* nos oferece um retrato geral e indispensável dos estágios pelos quais a Igreja adotou e modificou as antigas disciplinas das artes liberais. Que esse processo teve início muito precocemente, e que ele logo alcançou proporções grandiosas, parece não ser geralmente reconhecido – embora o *L'Enseignement des Lettres Classiques d'Ausone à Alcuin*, do *monsieur* Roger, tenha indicado já em 1905 os caminhos para uma completa reavaliação de nossas ideias sobre o assunto. Tendo em mente, portanto, a informação fundamental – oferecida por Marrou (*Saint Agustin et la Fin de la Culture Antique*, p. 530) – de que, em seu *De Doctrina Christiana* e alhures, Santo Agostinho lançou as bases da cultura medieval em termos gramaticais, o que resta a ser assinalado nesta seção é uma consequência ulterior desse fato para a ciência antiga e medieval.

Já foi indicado anteriormente como era amplo e inevitável o uso dado pela física antiga aos métodos da exegese gramatical; dessa forma, seria realmente

---

[54] *Inst. Orat.*, i, 4, 6. Ver também II, i, 4-7.

[55] *De Quantitate Animae*, 33 (70), Migne, *Patrologia Latina* (doravante, *P. L.*), vol. 32, col. 1073.

estranho se, ao adotarem os métodos da gramática, os exegetas da patrística não demonstrassem interesse pela mitologia e pela ciência. Neste momento de nosso estudo, Marrou nos deixa na mão, embora De Labriolle (p. 283) muito se aproxime desse importante vínculo ao examinar como o exegético *Examerão*, de Santo Ambrósio, "se tornou o modelo e a principal fonte daqueles *Espelhos* da natureza em que os teólogos da Idade Média representam a imagem do universo, inclusive na ordem da criação". Ele acrescenta que, enquanto a perspectiva exegética se mostra bastante diferente do procedimento que hoje associamos à ciência, o "gênio da Idade Média já soprava na obra exegética de Santo Ambrósio". Este pode parecer um momento estranho para mencionar a autoridade de Erasmo, mas talvez tenha havido poucos homens tão dedicados aos métodos exegéticos de Orígenes e São Jerônimo, sobre quem escreveu em seu prefácio ao Novo Testamento: "Ele também não aplica às Sagradas Escrituras qualquer outro método senão aquele que Donato, ao elucidar o significado dos clássicos, aplica às comédias de Terêncio".[56] De maneira semelhante, e no que diz respeito ao ciclo das artes, a advertência de Erasmo se encontra em perfeita consonância com a de São Jerônimo e Santo Agostinho:

> Seria também proveitoso se os alunos se mostrassem toleravelmente versados em outros ramos do saber [além das línguas]: na dialética, retórica, aritmética, música, astrologia e, principalmente, no conhecimento dos objetos naturais – animais, árvores e pedras preciosas – dos países mencionados nas Escrituras.[57]

De Clemente de Alexandria a Santo Agostinho, os sermões e comentários exegéticos dos Pais estão cheios daquele saber "científico" sobre "os animais, as árvores e as pedras preciosas" que associamos ao nome de Plínio, mas que, na Antiguidade e na Idade Média, era universalmente cultivado como conhecimento científico. O prestígio que ele adquiriria no grande Renascimento se deve diretamente à revitalização da teologia patrística na arte da exegese gramatical, operada por Erasmo e seus seguidores.[58]

---

[56] Citado por F. Seebohm, *The Oxford Reformers*, p. 446.

[57] Seebohm, op. cit., p. 329.

[58] Para estudos completos da predominância, nos Pais, do tipo de "ciência desnatural" de Plínio, ver *Nature-Imagery in the Works of St. Ambrose*, da sra. M. Theresa [Springer]; e *Nature-Imagery in the Works of St. Augustine*, da irmã Mary John [Holman]. Ambos os estudos constituem os volumes xxx e xxxiii dos Estudos Patrísticos da Universidade Católica da América, respectivamente.

De Labriolle nos informa[59] que, enquanto estavam demasiadamente interessados na mitologia pagã, os apologistas cristãos nada acrescentaram às técnicas utilizadas pelos pagãos para interpretá-la e criticá-la. Apesar de o voltairiano *Adversus Nationes* de Arnóbio representar o repertório mais completo de críticas cristãs às lendas do paganismo, foi o *De Natura Deorum* de Cícero a principal fonte de argumentos. Talvez seja Fírmico, autor de *De Errore Profanarum Religionum*, a oferecer o melhor exemplo da aplicação da exegese crítica evemerista às crenças pagãs – em especial àquelas advindas do Oriente, que eram particularmente caras ao sentimento religioso pagão e que, segundo observa De Labriolle,[60] ainda carecem de comentários baseados na antropologia em curso.

Tendo indicado como o escopo da gramática tradicional se encontrava completamente presente na exegese patrística, resta-nos aqui descrever os propósitos específicos dos exegetas cristãos, indicando, assim, o caminho que deve ser seguido ao longo de todos os séculos subsequentes. Não há necessidade de insistir nas diferenças tônicas entre, por exemplo, São Jerônimo e Santo Agostinho. Uma oportunidade mais apropriada a esse tipo de comentário surgirá naturalmente no século XVI, durante a disputa entre o agostiniano Lutero e o jeronimiano Erasmo. Comum a ambos é a posição de Santo Ambrósio, que afirma serem "as Sagradas Escrituras um mar em que se encontram significados profundos e todo o mistério dos enigmas proféticos", que empregou o método alegórico e que sustentava, a exemplo de Orígenes, a perspectiva de que

> a utilidade da alegoria deve ser a de excluir das Escrituras quaisquer contradições e quaisquer improbabilidades, tal como aquelas "pedras de tropeço" (...) que, ao Espírito de Deus, agradou semear "pela fé e pelas testemunhas". Consequentemente, então, ela deve distinguir, das aparências, as verdadeiras intenções dos autores inspirados, fazendo transparecer a substância de seus ensinamentos.[61]

Desse modo, embora estimulasse o uso de dados históricos na elucidação dos textos, São Jerônimo esteve longe de rejeitar a exegese alegórica.[62] Em seu tratado acerca da imortalidade da alma, Santo Agostinho demonstra como as

---

[59] P. 196.
[60] P. 236-37.
[61] De Labriolle, op. cit., p. 282.
[62] Ibidem, p. 361.

artes formais são empregadas sob a orientação da gramática nas funções anagógicas da teologia.

> As *artes naturais* dizem respeito a essas mudanças ordenadamente repetitivas da natureza. Esses são sinais velados ou vestigiais. A tarefa das artes liberais é traduzi-los em signos simples e em fórmulas desses signos, ou seja, em símbolos estáveis e luminosos do pensamento. (...) Por meio das artes liberais, as coisas manejadas pelo homem exterior são formuladas pelo homem interior, com a ajuda da reflexão analítica orientada para a verdade e regulada pelos caminhos formais da linguagem e da matemática.[63]

No que diz respeito à aplicação da doutrina dos níveis de significação, seja por parte dos gramáticos pagãos, seja pelos exegetas das Escrituras, apenas indicações gerais foram fornecidas nesta seção, uma vez que adiante o problema será examinado de modo mais detalhado. Contudo, acerca do princípio aristotélico de que "aquele que considera as realidades em seu primeiro desenvolvimento ou origem, seja um estado ou algo mais, obterá delas uma visão mais clara",[64] foi considerado prudente indicar as origens da gramática até onde esse autor julgou possível. Porém, de acordo com outro princípio de Aristóteles – o de que "consideramos sua natureza tudo aquilo que algo é quando plenamente desenvolvido" –,[65] é preciso buscar no século XIII a natureza da arte da gramática, cujas origens e desenvolvimento foram aqui traçados do século VIII a.C. à época de São Jerônimo e Santo Agostinho. Aquilo que pode ser encontrado na extensa exegese de ambos também pode ser visto, ainda mais perfeitamente, na exegese de São Boaventura:

> Como o universo foi colocado sob seus olhos como um livro a ser lido, e como viu na natureza uma revelação perceptível análoga àquela das Escrituras, os métodos tradicionais de interpretação, que haviam sido sempre aplicados aos livros sagrados, poderiam ser igualmente aplicados ao livro da criação. Assim como existe um sentido imediato e literal no texto sagrado, mas também um sentido alegórico pelo qual descobrimos as verdades de fé indicadas pelas palavras; um sentido tropológico

---

[63] G. G. Leckie, prefácio ao *De Magistro*, de Santo Agostinho, p. xxvii. Para mais informações sobre Santo Agostinho e os quatro níveis, ver seu *De Utilitate Credendi*, 3, 5; Migne, P. L., vol. 42, col. 68.

[64] *Política*, 1252a.

[65] Ibidem, 1252b.

pelo qual encontramos um preceito moral por trás de uma passagem que se mostra como uma narrativa histórica; e um sentido anagógico pelo qual nossas almas são elevadas ao amor e desejo de Deus; não devemos nos prender ao sentido imediato do livro da criação, mas buscar seu sentido interior nas lições teológicas, morais e místicas que ele contém. A passagem de uma dessas duas esferas para a outra é aquela realizada com maior facilidade, pois ambas são, na verdade, inseparáveis. Se as coisas podem ser consideradas sinais na ordem da natureza, é porque elas já desempenham esse papel na ordem da revelação. Os termos empregados por qualquer ciência designam coisas; aqueles que as Escrituras empregam também designam coisas, mas essas coisas, por sua vez, designam verdades que pertencem a uma ordem teológica, moral ou mística. Nós, portanto, ao tratarmos dos corpos e das almas como alegorias da Trindade criadora, nada fizemos senão aplicar ao mundo sensível os métodos de exegese bíblica comumente aceitos. Apenas dessa maneira é que o universo revela seu verdadeiro significado: *"et sic patet quod totus mundus est sicut unum speculum plenum luminibus praesentatibus divinam sapientiam, et sicut carbo effundens lucem"*.[66]

Gilson demonstra, então, que esses princípios interpretativos norteadores são manejados não na aplicação que lhes é dada pela lógica da dialética de Aristóteles, que se adequa à análise de um mundo de naturezas e nos deixa "sem instrumentos para explorar os segredos de um universo simbólico como aquele da tradição agostiniana", mas pelo discurso da analogia.[67] Ao nos reconduzir para o campo dos antigos analogistas gramaticais, Gilson também nos deixa em uma posição conveniente, da qual podemos partir para a investigação de outra esfera do *trivium*.

---

[66] Gilson, *The Philosophy of St. Bonaventure*, p. 229-30 [1965:208].
[67] Ibidem, p. 230.

B. Dialética

O Trivium *até Santo Agostinho*

Vêm de Aristóteles as definições preliminares da dialética como raciocínio ou argumentação provável. Com o avançar do capítulo, o conceito de dialética se mostra muito mais complexo. Nas primeiras páginas dessa exposição, McLuhan enfatiza o vínculo inseparável da dialética com a retórica no que diz respeito às origens e à história de ambas, ressaltando, em seguida, citações de Aristóteles que caracterizam explicitamente a retórica como complemento e resultado da dialética. Isso se dá porque a invenção e a descoberta de todos os argumentos a favor ou contra qualquer posição (a inventio *e a* dispositio *da retórica) se subordinavam não à descoberta da verdade, mas à persuasão retórica. À medida que funcionava como técnica argumentativa e discursiva, a dialética foi automaticamente subsumida à retórica... pelos retóricos. No entanto, os dialéticos subordinavam rigorosamente a retórica e a gramática à sua arte.*

Esses não são apenas relatos de fatos históricos acerca do trivium; *eles também têm valor explicativo do ponto de vista da análise literária, em especial no que tange aos princípios da composição adotados pelos escritores da Antiguidade. McLuhan menciona (na nota 14) o fundamento dialético da retórica primitiva para explicar a dinâmica da prosa altamente padronizada conhecida como gorgiânica. O discurso dos sofistas desenvolvia recursos – como os lugares-comuns (temas gerais) e a mnemônica – que se tornaram norma na dialética e na retórica da Idade Média e do Renascimento.*

McLuhan é claro ao afirmar que sua história do trivium *tem um ponto de vista gramatical porque a análise e a interpretação das doutrinas discutidas constituem um problema que diz respeito à gramática. Ele indica que, com exceção do relato fragmentado de Aristóteles, não há nenhuma história da dialética escrita do ponto de vista dialético. Aristóteles e Platão são agrupados à medida que McLuhan continua a demonstrar tanto a inseparabilidade inerente aos componentes do* trivium *quanto à relação indissociável de sua história e rivalidade: "Platão e Aristóteles eram os maiores inimigos dos retóricos – não tanto por rejeitarem a retórica quanto por afirmarem que, como arte, ela não tinha qualquer controle sobre a dialética".*

Thomas Nashe, de sobreaviso até que McLuhan possa apontar para ele seu holofote, assume o lugar que lhe é devido num pequeno esboço do conflito que se encontra ao centro do espetáculo do trivium:

DIALÉTICA <----> RETÓRICA
MAQUIAVEL <----> CASTIGLIONE
GABRIEL HARVEY <----> THOMAS NASHE

Neste capítulo, um riquíssimo material aborda, em diversos graus, temas perenes da filosofia e, em particular, da filosofia da linguagem: o nominalismo, a palavra mágica ("palavras que condensam e traduzem o impacto mais antigo das coisas sobre nós"), a relação entre lógica e sintaxe, o formalismo, Francis Bacon acerca da manutenção do conhecimento num estado de evolução emergente (conceito que o próprio McLuhan adotou e privilegiou ao usar as formulações aforísticas que chamou de sondas). *Relegadas a longas notas de rodapé estão questões cruciais, como a distinção entre figuras de linguagem e figuras de pensamento.*

No que diz respeito à maciça documentação a que McLuhan recorre com frequência, é de particular interesse um trecho de Léon Robin sobre o problema fundamental da definição da dialética: "Com referência a uma questão específica, de uma resposta 'provável' – isto é, uma resposta aprovada por um interlocutor imaginário, por algum filósofo ou pela opinião comum – você deduz as consequências a ela vinculadas e mostra como essas consequências contradizem umas às outras e a tese inicial, levando a uma tese oposta não menos 'provável' do que a primeira (...)". O excerto sugere que a premissa fundadora da desconstrução pode remontar à Antiguidade clássica. Como tal, ela permite que a contenda entre Nashe e Harvey seja "traduzida" no esquema do discurso desconstrutivo e, seguindo a orientação de McLuhan, que uma nova interpretação da questão Nashe-Harvey seja buscada como situação de teste para a desconstrução.

– O editor

Ao final de *De Sophisticis Elenchis*, Aristóteles oferece aquele que ainda é um dos poucos relatos da história da dialética. Pode-se julgar facilmente que ele não estava de todo satisfeito com o resultado de sua pesquisa:

> Além disso, no que tange o tema da retórica, muito já tem sido dito há tempos, enquanto nada temos de outrora sobre a arte do raciocínio. Isso nos levou a debruçarmo-nos então, por longo período, em pesquisas experimentais. Se, portanto, após inspeção, parecer-vos que, diante da situação de que partimos, nossa investigação se encontra satisfatória se comparada com as outras desenvolvidas pela tradição, restará a todos vós, ou a nossos alunos, a tarefa de conceder-nos vosso perdão pelos revezes da busca e vosso caloroso agradecimento pelas descobertas que dela se seguiram.[1]

Ainda se apresentam a nós as dificuldades que Aristóteles encontrou ao elaborar uma história da argumentação provável, ou dialética. Além disso, a história dessa arte após o seu tempo dificilmente é menos obscura, e os pesquisadores têm se esquivado da questão. No entanto, para o período que antecede Santo Agostinho, é necessário indicar o caráter da dialética; se, porém, não menos que isso puder ser almejado, é racional o receio de que menos pode ser alcançado.

Em uma obra bastante distinta, o pesquisador francês Léon Robin menciona um fragmento de Aristóteles que mostra Zenão de Eleia (fl. 465 a.C.) como o "inventor" da dialética.[2]

> O método de Zenão, com tamanha exatidão definido, é aquele que, desde Aristóteles, tem sido chamado de "dialético". Com referência a uma questão específica, de uma resposta "provável" – isto é, uma resposta aprovada por um interlocutor imaginário, por algum filósofo ou pela opinião comum – você deduz as consequências a ela vinculadas e mostra como essas consequências contradizem umas as outras e a tese inicial, levando a uma tese oposta não menos "provável" do que a primeira. (...) A seu método

---

[1] Aristóteles, *De Sophisticis Elenchis*. Trad. de W. A. Pickard-Cambridge, p. 184a-b.
[2] Léon Robin, *Greek Thought and the Origins of the Scientific Spirit*, p. 92.

devemos, se não a aplicação do diálogo à investigação filosófica, ao menos uma determinada forma de desenredar e debater questões, a qual é igualmente encontrada na retórica dos sofistas e na filosofia socrática.³

A íntima relação entre a dialética e as origens da retórica pode ser encontrada, mais uma vez, em Empédocles de Acragas (fl. 450 a.C.).⁴

> Tímon o chamava de "guizo do mercado". Talvez esteja aí a origem da lenda de que foi Empédocles o inventor da retórica e o mestre dos outros sicilianos hoje reconhecidos por tomarem parte na criação da arte: Córax, Tísias e, por fim, Górgias, certamente influenciado por Empédocles. Ele [Empédocles] fora treinado na dialética dos eleatas, e para desenvolver a partir dela uma técnica da fala lhe foi necessário apenas adaptá-la a propósitos mais amplos, junto com outros métodos.⁵

Desse momento em diante, a história da dialética e a ascensão dos sofistas coincidem. A razão crítica e as técnicas investigativas, uma vez descobertas, foram logo aplicadas indistintamente a todos os tipos de questões, fossem elas metafísicas e especulativas, fossem elas prudenciais e práticas. Desse modo, é preciso modificar aquela visão dos sofistas sustentada pelos diálogos platônicos, dado que tanto Sócrates quanto Platão são produtos claros da dialética sofista. Platão se distancia da tradição tanto pela magnitude de sua façanha quanto pela razão de seus métodos investigativos. Os sofistas se assemelhavam a Sócrates na recusa a confiar suas discussões à escrita. A maioria das informações que deles temos vem de Platão e Aristóteles, inimigos confessos. "Segundo Platão, o primeiro homem que cogitou intitular-se 'sofista', a fim de indicar que era um mestre da sabedoria e que a sabedoria era a sua 'arte' ou especialidade, foi Protágoras de Abdera."⁶ Protágoras era cerca de vinte anos mais novo que Sócrates, a exemplo de Górgias, Pródigo de Céos e Hípias de Elis, igualmente célebres. Ao se referir às declarações de Platão acerca de Hípias, Robin observa que "ele era um virtuose enciclopédico, daquele tipo picaresco gerado pelo Renascimento italiano (...)".⁷

---

³ Ibidem.

⁴ *Acragas* é a atual *Agrigento*. (N. E.)

⁵ Robin, op. cit., p. 99.

⁶ Ibidem, p. 135.

⁷ Ibidem, p 136. É uma das principais finalidades deste estudo mostrar como o ideal sofístico do ensino e do conhecimento enciclopédico – outrora adotado

Como a descrição dos sofistas apresentada por Robin é, de longe, a melhor que já pude encontrar, simplesmente resumirei o que de sua caracterização se mostra relevante à compreensão da influência da dialética sobre a retórica. Importante, nesse aspecto, é a implicação que traz a dialética às causas políticas e judiciais, uma vez que

> o movimento sofista do século V representa uma soma de esforços independentes que visa a satisfazer, por meio de métodos semelhantes, as mesmas necessidades. Tais necessidades são aquelas de uma época e um país em que cada cidadão pode tomar parte na administração dos afazeres da cidade, tornando-se influente apenas por meio das palavras; em que a concorrência de atividades individuais suscita conflitos numerosos perante os populares tribunais de justiça; em que todo homem deseja asseverar, aos olhos de todos, a superioridade de sua "virtude" [*arete*] – isto é, de seu talento e sua capacidade para governar a própria vida e a dos outros.[8]

Os produtos desse ambiente buscavam, ao seu redor, meios de alcançar sucesso, riqueza e poder; então, encontravam os "sofistas", que ensinavam a ciência da "virtude" como forma de sobrepujar pessoas rivais.

Os sofistas se davam a conhecer pela demonstração de suas mercadorias em grandes festivais. Eles falavam sobre temas gerais ou, então, improvisavam, desenvolviam e adornavam questões que lhes eram propostas: o elogio de Helena, cântaros, piolhos, doenças. Temas pertencentes a todas as artes e ciências eram abordados, e dessa atividade dois importantes traços transpareciam: os "lugares-comuns" e a mnemônica. No intuito de manipular um conhecimento enciclopédico, fazia-se necessário organizá-lo ao redor de temas ou "lugares" básicos de argumentação; e, no intuito de conservá-lo, "o sistema mnemônico de Hípias era de grande importância".[9] Esses dois traços do desenvolvimento primitivo da sofística continuaram a influenciar fundamentalmente o caráter da dialética e da retórica em todo o período medieval e renascentista.

---

por Cícero como modelo para o orador e para o estadista ideal, e que ingressa na tradição cristã através de Santo Agostinho — continua a ser aprimorado ao longo de todos os séculos que antecedem o Renascimento, quando então é restaurado o ambiente no qual, numerosa e instruída, a laicidade recupera as ambições e os objetivos da eloquência secular. Werner Jaeger também indica a similaridade entre os sofistas e os homens do Renascimento em sua *Paideia*, p. 294. Trad. Highet. Nova York, 1939.

[8] Robin, op. cit., p. 138.

[9] Ibidem, p. 139.

Ao estudar a história da dialética e da retórica, assim como a da gramática, é inevitável a adoção do ponto de vista de uma dessas artes. Além disso, a história do *trivium* é, em grande parte, uma história de sua disputa por supremacia. Desejando tornar-se a arte da interpretação dos fenômenos, a gramática antiga competia com a dialética de Platão e, em especial, com a de Aristóteles. Como método da teologia patrística, a gramática desfrutou de ininterrupta superioridade até o renascimento da dialética proporcionado, nos séculos XI e XII, por Gerbert, [João] Roscelino e Abelardo. Com a decadência da teologia dialética ou escolástica nos séculos XIV e XV, tanto os gramáticos quanto os retóricos tornam a se destacar, coroando seu triunfo com a obra e a influência de Erasmo, restaurador da filosofia patrística e da disciplina gramatical humanista em que ela se apoia. Por outro lado, a guerra entre os dialéticos e os retóricos teve início assim que os sofistas tentaram subordinar a dialética à arte da persuasão. Platão e Aristóteles eram os maiores inimigos dos retóricos – não tanto por rejeitarem a retórica quanto por afirmarem que, como arte, ela não tinha qualquer controle sobre a dialética. Após Aristóteles, são os estoicos, contudo, os principais defensores da dialética contra a retórica. Foram eles que, em muitas ocasiões, deixaram Cícero extremamente constrangido, e é aos estoicos que ele, como retórico, dirige a maior parte de seu ataque. É nos termos do desprezo estoico pela persuasão, assim como de seu amor pela expressão misteriosa e condensada, que se faz possível compreender a antiga rivalidade entre os estilos áticos e asiáticos – posteriormente, entre os seguidores de Sêneca e os de Cícero. A guerra entre essas facções literárias equivale basicamente à oposição entre a dialética e a retórica, ambas buscando controlar as formas de composição literária. Da mesma forma, tanto na Antiguidade quanto no Renascimento, as ramificações dessa oposição adentram os domínios da ética e da política. Por exemplo, a oposição ética, política e estilística entre Maquiavel e Castiglione e entre Harvey e Nashe se deve, tanto no fundo quanto na superfície, a uma reconstituição das rivalidades antigas entre a dialética e a retórica. Embora Harvey e Nashe quase não possam ser comparados aos outros dois, a relevância de ambos para este estudo é tal que, neste momento, torna-se importante colocá-los no centro da discussão.

Com a oposição essencial entre as artes do *trivium* frequentemente colocando umas contra as outras, e assim trazendo implicações da maior importância, é útil reconhecer que a presente exposição da história do *trivium* está sendo feita a partir de um ponto de vista gramatical. A exposição e a interpretação das doutrinas citadas são problemas gramaticais; além disso, a filosofia derivativa e quase todas as histórias filosóficas são elaboradas por gramáticos. Não existe uma história da dialética elaborada por um dialético, exceção feita às breves observações de Aristóteles. O problema se complica ainda mais, nesta seção, na medida em que a dialética é descrita em termos gramaticais, mas a partir de um ponto de vista retórico; afinal, é a isso que equivale uma exposição da dialética segundo o emprego que lhes davam os sofistas.

O *monsieur* Robin assume a voz do gramático quando questiona:

> Qual, exatamente, era o espírito e o método de seu ensinamento? Como o objetivo deles era preparar o pupilo para todo conflito que, no nível do pensamento ou da ação, era capaz de surgir com a vida social, o método utilizado era essencialmente o da "antilogia" ou controvérsia, com a oposição das teses possíveis – ou "hipóteses" – acerca de determinados temas sendo adequadamente definida e classificada. O pupilo devia aprender como criticar e argumentar, como organizar uma "junta" de razões contra razões. O sofista podia não ser um "argumentador", mas ensinava seu pupilo a se tornar um. Não importava se a oposição se estabelecia entre dois longos discursos ou entre as perguntas e respostas de um colóquio. Esse método é a aplicação prática do dinâmico contraste heraclíteo entre juízos sucessivos, assim como a aplicação prática do processo argumentativo pelo qual Zenão estabeleceu o antagonismo, estático, de juízos simultâneos sobre noções fundamentais da experiência. Agora, era o heraclitismo que fornecia a Protágoras sua base teórica, com o eleatismo desempenhando o mesmo papel para Górgias. O fato de as obras de Protágoras incluírem Controvérsias e uma Arte do Debate mostra que foi ele quem deu origem a esse método de moldagem do intelecto.[10]

Antes de Sócrates, portanto, os sofistas ensinavam seus pupilos a debaterem

> o bem e o mal; o belo e o feio; o justo e o injusto; o verdadeiro e o falso; a tolice e a sabedoria; a ignorância e o conhecimento; se o conhecimento e a virtude poderiam ser transmitidos; se as magistraturas deveriam ser distribuídas por lote ou por capacidade; como o homem mais apto a aplicar as leis era o dialético, pois conhecia todas as oposições; assim como o fato de ser o sistema mnemônico a melhor de todas as invenções.[11]

---

[10] Robin, op. cit., p. 140.

[11] Ibidem. No *Orator* (xxvii, 95-96), Cícero declara que os sofistas representam a escola filosófica, e não forense, da oratória.

Ainda assim, essa arte de inventar ou descobrir todos os argumentos a favor ou contra qualquer posição estava subordinada não à descoberta da Verdade, mas à persuasão retórica. "Desse modo, assumindo ou não, o sofista era sempre um professor da arte da fala ou da escrita, um mestre de retórica."[12] Como veremos, de maneira mais notável no *De Oratore* de Cícero, a ambição do retórico não é o conhecimento, mas o poder político: "Seu objetivo era permitir que o pupilo assumisse um ar de maestria técnica em qualquer assunto, no intuito de contestar ou defender a posição dos outros e de falar a artífices como se fosse um perito. Isso, segundo Platão (*Sofista*, 232d-233a), parece ter sido o propósito do tratado *Sobre a Palestra*, de Protágoras".[13] O ideal enciclopédico da Idade Média, embora muito devesse a Cícero, sem dúvida tinha raízes no ideal sofístico. Nessa tradição, a dialética é usada não para descobrir a verdade, mas para dispor e ordenar o que já é conhecido. Isso se aplica também a um retórico ciceroniano como João de Salisbury ou a um gramático como São Boaventura. Ainda assim, os dialéticos eram igualmente rigorosos na subordinação da gramática e da retórica à sua arte.

É injusto pressupor que, por subordinarem a dialética desse modo e, assim, transformarem-na em uma serva da *inventio* e da *dispositio* – as duas primeiras divisões da retórica –, os retóricos se mostravam cínicos a respeito da finalidade pela qual exerciam a retórica. Eles afirmavam, com toda a seriedade, que estavam ensinando os caminhos que culminavam na sabedoria. De alguma forma, e a exemplo do que acontecia com a eloquência, a sabedoria era vista como um subproduto da erudição. Era essa certeza que irritava Platão, que lhes dirige refutações dialéticas no *Górgias* e em outros diálogos.

A técnica da antilogia se mostrou universalmente aplicável não apenas na elaboração de argumentos, mas também de discursos completos. Uma vez dominada, ela propiciava o desenvolvimento ou a abreviação de temas, permitindo que o falante discorresse acerca de temas desconhecidos.

> Górgias e Hípias procuraram obter do público esse teste decisivo à sua arte. O mecanismo que adotaram aparece claramente na *Oração Fúnebre* proclamada por Górgias em honra dos que haviam falecido na guerra, ou então no discurso de Agaton no *Banquete* platônico. "O que faltava naqueles homens que não deveriam faltar nos homens? E o que eles

---

[12] Robin, op. cit., p. 141.
[13] Ibidem, p. 143.

possuíam que não deveriam possuir?" E assim por diante. Esse equilíbrio entre palavras e frases antitéticas é o processo pelo qual o falante fragmenta seu pensamento e o desenvolve, sem fundamento, em um plano puramente formal.[14]

Com Sócrates, os instrumentos sofísticos não são alterados. "A antilogia dos sofistas e o exame socrático são variações do método da refutação, pelo qual o oponente era envolvido em contradições, levado a trocar sua tese original pela antítese e, depois, por meio de contradições ulteriores, a admitir que a antítese era igualmente insustentável, caindo enfim no desconcerto."[15] Sócrates, contudo, não busca o objetivo dos sofistas, para o qual a dialética era apenas um meio. Ele é um dialético, não um retórico, rejeitando, portanto, a erudição sofística. Para Sócrates, a dialética é uma forma de testar informações, não de organizar fatos. Ele não vê o homem sábio ou sensato como um "velho eloquente". Ao contrário dos sofistas e, depois, de Isócrates e Cícero, ele não concebe a sabedoria como uma eloquência discursiva copiosa, mas como a posse de uma virtude intelectual adquirida pela constante investigação crítica da natureza das coisas.

O professor Robinson publicou recentemente um estudo sobre a dialética da fase inicial de Platão.[16] Ele em nada contribui para a história de suas origens, mas serve como um guia útil para o mutável escopo que o filósofo atribuía à arte ao longo de seus diálogos.

> Em seu período intermediário, Platão enfatizava que a dialética era não somente o método mais nobre, mas também o mais útil. No entanto, ele não define com clareza os domínios a que se estende sua utilidade. Algumas passagens parecem indicar que ele é útil em qualquer estudo,

---

[14] Ibidem, p. 141-42. O fundamento dialético da retórica primitiva explica, portanto, um de seus traços mais curiosos: os padrões verbais. "Gorgiano" é um adjetivo há muito usado para indicar uma forma de prosa altamente padronizada, a qual pode ser encontrada na Antiguidade, em Santo Agostinho, nos sermões medievais e em *Euphues*. (W. Rhys Roberts sugere algo parecido em *Greek Rhetoric and Literary Criticism*. Nova York, 1928, p. 39.) É possível demonstrar que, em todos esses exemplos, são as figuras de pensamento que predominam, não as de linguagem – e, como tais, elas eram especificadas nos manuais de retórica. As figuras ou esquemas vocabulares aparecem, mas com uma frequência menor do que se supõe. R. C. Jebb, em *The Attic Orators* (II, p. 284 ss), ilustra as diferenças entre as figuras de pensamento e as figuras de linguagem.

[15] Robin, op. cit., p. 158.

[16] *Plato's Earlier Dialetic*. Nova York, 1941.

arte ou prática. Desse modo, Platão afirma que "tudo o que já foi descoberto a respeito da ciência se tornou claro por meio desse método" (*Filebo*, 16c). De qualquer modo, em seu período intermediário, o filósofo evidentemente considerou a dialética útil à linguística (*Crátilo*, 390), à matemática (*República*, 510-511), à retórica e à psicologia (*Fedro*, 269-273), assim como a todo conhecimento e conduta ética e política. Mais para o fim de sua vida, isso foi alterado em alguma medida. As *Leis* não enfatizam a importância da dialética para a cidade virtuosa, e o *Filebo* parece abandonar a visão de que é ela o método mais fecundo, ao mesmo tempo em que reitera o fato de ser a mais clara e verdadeira (58c).[17]

Em geral, embora bastante acostumado a usar essa arte do modo como fora praticada antes dele, Platão amplia o termo até que se torne quase idêntico à filosofia, em especial à metafísica. Posteriormente, Aristóteles esclarece a situação indicando como a lógica e a dialética dizem respeito à verdade dos enunciados, e não, como a metafísica, à essência ou à natureza das coisas.

> O fato é que a palavra "dialética", em Platão, tendia fortemente a significar "o método ideal, *fosse ele qual fosse*". Na medida em que era apenas um título honorífico, Platão o aplicou, por toda a vida, a todo procedimento que lhe parecesse o mais promissor. Da mesma forma, ele aplicava os ofensivos termos "erístico" e "sofisma" sempre que algo lhe parecia o principal perigo a ser evitado.[18]

É interessante notar a íntima relação entre o refinamento da dialética e a expressão literária coexistente. Dessa forma, as fases do desenvolvimento do método antilógico com dois e, depois, três interlocutores podem muito bem ter estimulado o teatro grego.[19] Sem dúvidas, a forma que assume o diálogo platônico é uma função da arte dialética, e não um recurso retórico empregado para chamar a atenção.

> Além disso, as palavras do dialético são sempre dispostas na forma descontínua do colóquio. (...) O *Protágoras* desaprova veementemente os

---

[17] Robinson, op. cit., p. 73.

[18] Ibidem, p. 74.

[19] Em *The Attic Orators*, p. xcviii (Londres, 1893), R. C. Jebb afirma que, com Eurípides, a "Dialética Retórica irrompeu na Tragédia e o fundamento religioso, a doutrina da Nêmesis, foi abandonado em prol de outras distrações possíveis ao poeta. No que dizia respeito aos enredos, Eurípides era muito fecundo. É a isso que Aristóteles se refere ao usar *tragikotatos*, aludindo especialmente às repentinas e patéticas reviravoltas circunstanciais".

discursos extensos; a *Carta VII* e o *Fedro* desaprovam completamente a redação da filosofia. Ao longo de toda a sua vida, Platão esteve absolutamente certo de que o método supremo se resumia tão somente ao colóquio e de que poderia nomeá-lo a partir disso; o método "dialético" equivale ao método coloquial, e Platão representa um oponente da filosofia resumindo-o a "sussurros entre três ou quatro garotos em um canto". (*Górgias*, 485 D)[20]

O professor Robinson certamente não é justo com Aristóteles ao escrever: "Nos *Tópicos*, a dialética se tornou uma técnica capaz de ser apreendida por si só, à parte do estudo de qualquer realidade. Ela é, portanto, igualmente aplicável a todos os estudos ou a nenhum. Ao isolá-la da fonte de sua inspiração, Aristóteles fez com que a dialética deixasse de ser a atividade intelectual mais importante e se transformasse em um jogo de debates".[21]

É um pouco estranho reclamar do fato de Platão nunca ter conseguido separar a dialética de sua matéria imediata (Robinson, p. 73 *supra*) e, depois, acusar Aristóteles de tê-lo feito de maneira extremamente eficiente. Num conhecido trecho do *Górgias* (465 A), Sócrates afirma que, a exemplo da culinária, a retórica não é uma arte, mas apenas um talento baseado na experiência de cada um, uma vez que "é impossível explicar ou esclarecer a natureza de suas próprias aplicações". Nesse sentido, foi Aristóteles, e não Platão, quem elevou a dialética à condição de arte. Desde Aristóteles, é fácil perceber que a lógica e a dialética são diferentes porque, no que diz respeito às justificativas, a primeira é demonstrativa, e a segunda, provável – o que se dá de acordo com as questões de que cada uma trata.

> Portanto, uma premissa silogística sem qualificação afirmará ou negará algo que diz respeito a ainda outra coisa, da forma como descrevemos; ela será demonstrativa se for verdadeira e obtida por meio dos primeiros princípios de sua ciência; ao mesmo tempo, a premissa dialética será a

---

[20] Robinson, op. cit., p. 81. O célebre *Sic et Non* de Abelardo é uma formalização posterior do método dialético do colóquio, tendo grandes consequências não apenas para a literatura, mas também para a música e para as outras artes. Jamais foi investigado exatamente o quão difundida foi a influência da dialética sobre o teatro elisabetano, embora o professor Craig tenha escrito um titubeante artigo que demonstra como os métodos formais da dialética são frequentemente usados para as finalidades cômicas de Shakespeare ("Shakespeare and the Formal Logic" [ver Bibliografia]). Usos mais sérios dos métodos formais de disputa aparecem em falas conhecidas, como *Hamlet*, III, I, 56-90; e *Troilo e Créssida*, V, ii, 136-159.

[21] Robinson, op. cit., p. 76.

apresentação de uma escolha entre duas alternativas contraditórias se o homem estiver procedendo por meio de perguntas, mas, se ele estiver silogizando, será a afirmação daquilo que é aparente e geralmente admitido, tal como foi dito nos *Tópicos*.[22]

No segundo capítulo dos *Tópicos*, Aristóteles define o escopo e a utilidade da dialética em função de três fatores:

> (...) o adestramento intelectual, os confrontos casuais e as ciências filosóficas. (...) Para o intuito dos confrontos casuais, ela é útil porque, ao termos reunido as opiniões sustentadas pela maioria das pessoas, elas serão defrontadas com base não na convicção de outros, mas por si sós, enquanto alteramos o fundamento de qualquer raciocínio para que, a nós, pareça incoerentemente expresso. Para o estudo das ciências filosóficas, ela é útil porque a habilidade de suscitar dificuldades em ambos os lados de um tema nos permitirá detectar com maior facilidade a verdade e o erro presentes nas diversas questões que então surgirem. (101a)

Até aqui, o juízo que faz Aristóteles não difere daquele feito pelos sofistas; porém se segue de imediato uma declaração que esclarece muitas das questões obscuras em que Platão envolvera o tema:

> Ela é também útil com relação às bases definitivas dos princípios usados pelas várias ciências. Afinal, é completamente impossível discuti-los a partir dos princípios próprios à ciência em questão, dado que os princípios são *anteriores* a tudo o mais: é por meio das opiniões geralmente sustentadas sobre questões específicas que eles devem ser discutidos, e uma tal tarefa cabe propriamente, ou adequadamente, à dialética, que é um processo de crítica em que se encontra o caminho que conduz aos princípios de todas as investigações. (101a-b)

Após Aristóteles, só encontraremos esse último sentido da dialética no século XII, visto que os estoicos a limitavam aos seus dois primeiros significados. No entanto, ao nos depararmos com um dialético que reivindica a superioridade de sua arte com relação à gramática e à retórica, é importante reconhecer a qual

---

[22] *Analíticos Anteriores*, 24a-b. Trad. A. J. Jenkinson. Aristóteles se refere ao início dos *Tópicos* (100a), em que diz: "Nosso tratado tem como objetivo encontrar uma linha de investigação pela qual possamos raciocinar a partir de opiniões geralmente aceitas em relação a cada problema a nós sugerido (...)". Quando a essência de algo é definida por meio de sua ciência particular, o silogismo oferece um conhecimento demonstrativo; caso contrário, o que se dá é um conhecimento provável.

desses usos ele está se referindo. É óbvio que, nos "confrontos casuais" descritos por Aristóteles, a arte se encontra consideravelmente vinculada ao debate retórico. A distinção é, no mínimo, vaga o bastante para explicar os séculos de controvérsias que dizem respeito ao local em que uma linha delimitativa deve ser traçada. Tanto os equívocos na compreensão moderna da retórica quanto a descrença diante dessa arte datam do século XVI, quando Pierre de la Ramée conseguiu transmitir para a dialética as primeiras duas subdivisões da retórica (a invenção e a disposição), deixando-lhe apenas o embelezamento (elocução), a memória e a articulação ou proferimento.[23]

Aristóteles deixa claro desde o início de seu tratado que "a retórica é o complemento da dialética. Ambas dizem respeito a elementos que se encontram mais ou menos ao alcance geral de todos os homens e que não pertencem a qualquer ciência definida. Desse modo, todos os homens delas se valem, uns mais, outros menos, pois em certa medida todos procuram debater afirmações e sustentá-las, assim como defender a si próprios e atacar outros".[24] Além disso, diz Aristóteles, o dialético se tornará o melhor retórico possível por ter estudado todos os tipos de justificativas (1355a). "Parece, assim, que a retórica é uma ramificação da dialética e dos estudos éticos" (1355b). Em face da híbrida complexidade da dialética e da retórica, pouco surpreende o fato de muito já ter sido dito sobre elas no passado. Contudo, segundo alertou Aristóteles, ambas não são menos úteis ou importantes porque afirmações errôneas podem ser feitas sobre elas: "(...) quanto mais tentamos transformar a dialética ou a retórica não naquilo que elas são, isto é, faculdades práticas, mas em ciências, mais estaremos destruindo, despropositadamente, suas verdadeiras naturezas. Fazendo isso, estaríamos

---

[23] Pierre de la Ramée, *In Ciceronis Oratorem Lib. I.* Basileia, 1569, col. 241.

[24] *Retórica*, 1354a. Trad. W. Rhys Roberts. Na útil discussão incluída em seu *Greek Rhetoric and Literary Criticism* (Nova York, 1928), Roberts indica que Platão, ao mesmo tempo em que descreve a retórica como um dom simples como o da culinária, mostra no *Fedro* que "ela poderia ser restaurada com base no raciocínio", isto é, na dialética (p. 32). Ele assinala (p. 20 ss) como Aristóteles amplia sistematicamente essas afirmações, mas não sem censurar Platão por sua posição sobre o tema da retórica. É curioso e relevante ver Cícero se referir (*Orator*, xxxii, 114) à afirmação aristotélica de que a retórica é o complemento da dialética para, imediatamente em seguida, distorcer o próprio Aristóteles, dizendo que a óbvia diferença entre ambas se encontra no fato de a retórica ser mais abrangente e a lógica, mais limitada: *"ut hoc videlicet different inter se quod haec ratio dicendi latior sit, illa loquendi contractior"*.

remodelando-as e transferindo-as ao âmbito das ciências que lidam com objetos definidos, e não com meras palavras e modos de raciocínio" (1359b).

É desnecessário dizer que Aristóteles não partilhava da perspectiva do analogista, que encarava as palavras e os fenômenos como elementos que se relacionavam por proporções e etimologias. Ainda assim, nas mãos dos analogistas, a dialética e a retórica foram certamente modeladas para que se tornassem não apenas ciências, mas as rainhas delas. Isso não se aplica somente à retórica ciceroniana ou à dialética escolástica, mas também ao "sistema" de Francis Bacon.[25] É por essa razão que uma história da gramática, da retórica e da dialética se faz indispensável até mesmo àquele que estuda o século XVI.

Depois de Aristóteles, as contribuições mais importantes para a dialética foram feitas pelos céticos, pelos estoicos e pelos epicuristas.

> O ceticismo é a primeira das grandes filosofias pós-aristotélicas. Pirro, visto por todos os céticos como o fundador da escola, tinha cerca de quarenta anos quando da morte de Aristóteles. Ele era contemporâneo de Teofrasto e Xenócrates. Em Elis, onde nascera, pode ele ter conhecido os últimos filósofos da escola de Fédon, e não há dúvidas de que a partir dos ensinamentos de Brisão, pupilo de um pupilo de Euclides, foi iniciado na dialética megárica, que teve em sua época os mais ilustres professores.[26]

Uma teoria do conhecimento baseada nas antilogias da dialética proporcionava um fundamento impressionante para esse ceticismo. Acreditava-se que os mesmos métodos contribuíam para o desenvolvimento da sabedoria moral; "porém, aos poucos, sua dialética assumiu uma importância que era basicamente metodológica".[27] Não havia espaço para o dogmatismo científico na escola, e aquilo que começara como uma disciplina moral terminou como

> uma análise rígida e infatigavelmente exaustiva de cada aspecto dos problemas; uma habilidade dialética inigualável; uma honestidade intransigente de uma mente que se recusa a ludibriar a si mesma; uma aversão assertiva à teoria e às conclusões precedentes – fossem elas quais fossem; e o respeito pelo fato puro, complementado pela ânsia de observar escrupulosamente suas relações e de utilizá-lo na prática.[28]

---

[25] *The Advancement of Learning*, p. 66. [Everyman's Library]
[26] Robin, op. cit., p. 315.
[27] Ibidem, p. 321.
[28] Ibidem, p. 322.

Robin assinala (p. 326) que, para os epicuristas, a filosofia e a lógica são apenas meios que conduzem à moralidade e à felicidade. No que diz respeito à linguagem e à gramática, eles estão basicamente de acordo com os estoicos:

> Por meio do estudo da linguagem, chegamos ao conhecimento das ideias naturais, pois as palavras, longe de serem frutos de uma convenção ou, como dizem os nominalistas puros, nomes desprovidos de qualquer conteúdo real, condensam e traduzem o efeito mais antigo das coisas sobre nós, tal como as "noções primitivas", em função de nossos meios de expressão naturais e, diferentemente, de acordo com as regiões e as raças.[29]

Da mesma forma como a linguagem oferece uma compreensão extensiva e complexa da estrutura dos seres, a faculdade que deu origem a essa condição linguística se mostra em perpétua operação – uma percepção intuitiva dos princípios básicos. Não há espaço para erros em nossa assimilação intuitiva da natureza, mas eles provavelmente ocorrerão nos métodos de inferência que culminam na formação das opiniões. Dessa maneira, tal como podemos perceber nos tratados sobreviventes de Filodemo *Sobre os Métodos de Inferência*,[30] os epicuristas – sempre sob o concentrado ataque da dialética estoica – tinham de recorrer à crítica da dialética para se defenderem. Isso explica o aparente paradoxo, no século V a.C., de uma escola altamente sofisticada de dialéticos epicuristas. Os epicuristas eram críticos intransigentes das reivindicações dos retóricos e dialéticos à sabedoria. A poesia, a música e a gramática, por serem empíricas, eram as únicas ciências exatas.[31] Nelas, nada existia além da absoluta veracidade da percepção intuitiva. Um estudo da ampla influência artística e educativa dessas visões sobre a Antiguidade parece tão obviamente desejável quanto inexistente. A doutrina estoica do Logos os predispunha a confiar no raciocínio e na inferência tanto quanto os epicuristas confiavam na percepção imediata. "No esquema metafísico dos estoicos, a razão governa um mundo concebido como um sistema completamente determinista. Todas as coisas estão racionalmente vinculadas em uma cadeia causal necessária. (...) A contingência dos fatos é apenas aparente, uma vez que a mente finita desfruta apenas de uma visão parcial da inter-relação das coisas."[32] Desse modo, a

---

[29] Ibidem, p. 327.
[30] Editado com tradução e comentários de P. H. DeLacy e E. A. DeLacy. Filadélfia, 1941.
[31] DeLacy, op. cit., p. 136. Ver também p. 139, 157.
[32] Ibidem, p. 158.

exemplo de sua gramática, a dialética dos estoicos é uma dialética cosmológica, e não terminológica e referentemente proposicional; além disso, o Logos universal garante suas inferências. De maneira semelhante, com a física ou a cosmologia anteriores à intelecção, a dialética "só pode ser adequadamente compreendida se conhecermos os princípios gerais da física com relação ao mundo e com relação ao homem".[33] Na prática, a física estoica e a arte da gramática eram tão próximas que, como descobrimos, para eles a gramática e a dialética mal eram separáveis. "Combinadas, as palavras formam declarações, perguntas, desejos, silogismos e assim por diante; portanto, não há fronteira alguma entre o que chamamos, respectivamente, de sintaxe e lógica."[34] Em outra passagem, Arnold afirma (p. 37) que a tradução romana do Logos como *ratio atque oratio* é ainda outro indicador dessa relação. Além disso, "tanto na física quanto na lógica, Posidônio sustenta a doutrina do Logos, a qual parece ter sido transmitida diretamente para Fílon de Alexandria e, em seguida, para a especulação judaico-cristã" (p. 105). No que tange à tradição perpetuada pela cultura cristã, e na qual ela adaptou o pensamento e os métodos da Antiguidade, o que se dá com a gramática se dá, também, com a dialética.

Robin descreve a dialética estoica em termos um pouco diferentes (p. 351):

> A parte da teoria física que diz respeito ao conhecimento humano é uma condição imediata da lógica. (...) Aquilo que a lógica afirma ser é uma tradução do real em palavras. Se, portanto, deixarmos de lado a retórica, que é a arte de "discursar bem", a lógica consiste essencialmente em uma dialética ou ciência do discurso correto, praticada por meio de perguntas e respostas e capaz de distinguir o verdadeiro e o falso em função da *verdade*, isto é, do real, que é distinto do *verdadeiro*, como o corpóreo do incorpóreo. O fundador da dialética estoica foi Crisipo, que parece ter desejado seguir até o fim todas as exigências de sua concepção realista, sem permitir que fosse dissuadido pelos excessos do mais sutil formalismo.

Era inevitável que, sustentando a perspectiva analogista da linguagem, os estoicos se diferenciassem de Aristóteles, considerando a dialética uma parte da própria filosofia, e não um meio ou instrumento.

Uma consequência de grande importância para a retórica e para a literatura deriva do posicionamento estoico. Assim como a função da dialética é "descobrir as articulações daquela criação e enunciá-las fielmente", o mesmo acontece com

---

[33] Robin, op. cit., p. 345.
[34] Arnold, *Roman Stoicism*, p. 146.

a moralidade. O objetivo da moralidade é "encontrar a razão natural em nós mesmos e expressá-la por meio de ações. O que nos faz vê-la de maneira tão embaçada são as *paixões*. (...) Dessa maneira, 'todas as paixões são igualmente perversas'; elas variam apenas quanto ao contexto ou suas consequências físicas".[35] As implicações que tais doutrinas trazem ao estilo literário são descritas por Arnold (p. 148-50). Os estoicos viam a dialética como a forma mais breve de expressão, e a retórica, como uma forma expandida. Obviamente, o famoso paralelo de Zenão, que comparava uma a um punho fechado e a outra à mão aberta, é relevante (*Orator*, xxxii, 113). Acerca da visão de que as palavras deveriam "corresponder, precisa e exclusivamente, aos objetos descritos", os estoicos formularam muitos termos estranhos, tal como nos relata Cícero (*De Finibus*, iv, 3, 7). Dado que o pensamento, a coisa e a linguagem são aspectos de uma mesma realidade,

> o estoico dirá o que deseja dizer com "brevidade" (...); os encantos do estilo serão representados pela "conveniência" (*prepon, decorum*) e pelo "esmero" (*kataskeue*), com este último incluindo a eufonia. Essas virtudes do discurso são suficientes para o falar bem, que nada mais é do que o falar sincero. Afinal, os estoicos precisam tão somente instruir seu ouvinte, e não rebaixar-se-ão para diverti-lo ou aguçar suas emoções.[36]

Não pode haver dúvidas sobre a influência dos estoicos na formação do estilo "ático", e, como veremos, a crítica estoica de Cícero e dos ciceronianos suscitou questões que geraram incertezas no século XVI.[37] Até mesmo no século XVIII era possível encontrar sérias oposições à prosa "ática", ou expositiva, cada vez mais predominante – em alguma medida, em Swift;[38] em Johnson, em um grau maior. Desse modo, os estoicos dividiram a Antiguidade no âmbito da retórica.

---

[35] Robin, op. cit., p. 353. Robin menciona (p. 354) que, abaixo das paixões elementares – o prazer e a dor, o desejo e o medo –, "os estoicos que amavam as subdivisões minuciosas reconheciam nada menos do que setenta paixões secundárias". Arnold assinala (p. 172) a condição filosófica das paixões segundo a perspectiva estoica. Citando Diógenes Laércio: "Zenão" (segundo nos dizem) "afirmava que existem dois princípios no universo, o ativo e o passivo. O passivo é a matéria, ou a essência sem qualidade; o ativo é o Logos ou a deidade que nele habita". A paixão no homem, portanto, é a regressão da razão que o conduz de volta ao não ser da matéria.

[36] Arnold, op. cit., p. 149.

[37] Cícero traz várias discussões acerca da influência da dialética estoica sobre o estilo. Ver, por exemplo, *Brutus*, xxxi, 118-120; xli, 152-153; lxxxii, 283-286; *Orator*, xxxii, 113-115; *De Oratore*, I, liii-lv.

[38] Ver *Letter to a Young Clergyman*.

O "estilo estoico" era uma rígida disciplina intelectual e moral. Sob todas as circunstâncias, o falante era convidado a falar a verdade, toda a verdade, nada mais que a verdade. Ele não podia ocultar nada de seus ouvintes, mesmo quando suas palavras pudessem ser ofensivas às suas posições religiosas, ao seu sentimento patriótico ou ao seu senso de decência; ele não podia acrescentar qualquer palavra capaz de suscitar a compaixão do público ou despertar sua indignação contra aquilo que ele mesmo gostaria. O falante tinha diante de si, sempre, o exemplo da defesa de Sócrates ante o júri ateniense, assim como o seu resultado. O estoico se apresentava ao público como um falante corajoso, lúcido e um tanto grosseiro, dolorosamente inapto para as artes que as circunstâncias exigiam. (Cícero, *De Oratore*, iii, 18)[39]

Para os objetivos de nosso estudo, nada mais precisa ser dito sobre os efeitos práticos da dialética estoica sobre a retórica.

Menos vigorosos e menos dogmáticos, os dialéticos da Academia se reuniram para atacar o nascente dogmatismo da dialética estoica. Essa tradição deu continuidade à investigação especulativa e à antilogia socrática, acabando por possibilitar a existência do distinto Carnéades de Cirene (214 - 129 a.C.), homem que não apenas forçou os estoicos a abandonarem algumas de suas posições mais importantes (Arnold, p. 63), mas que, por intermédio de Panécio de Rodes (c. 189 - 109 a.C.), seu sucessor, influenciou profundamente Cícero (Arnold, p. 101). O mesmo Panécio, segundo nos relata Cícero (*De Finibus*, iv, 28, 79), era aluno dos peripatéticos; e, de acordo com o que indica Arnold (p. 63-64), isso ocorria porque os romanos viam poucas diferenças entre o ensinamento dos peripatéticos e o ensinamento da Academia primitiva. O propósito da presente explicação, portanto, encontra-se suficientemente satisfeito na condensada declaração sobre a influência dos seguidores de Platão e Aristóteles; como os romanos não viam disparidades importantes entre

---

[39] Havia pelo menos um recurso retórico que os estoicos permitiam a si mesmos: o paradoxo. Ele se mostrava fecundo como meio de atrair um público que escutasse o anúncio de temas como o de que todos os tolos são loucos e o de que a virtude é suficiente para a felicidade. Obviamente, embora se tornasse a base de um gênero literário prolífico e altamente prestigiado durante o Renascimento, o paradoxo não é uma simples figura da retórica. Ele é uma figura retórica do pensamento fundamentada na antilogia, cuja descoberta marcou o início da dialética. (Ver Arnold, p. 150-51.) Outra figura retórica empregada livremente era o *exemplum* – ou panegírico –, útil para o ensino da virtude. O *exemplum* é o principal método de ensino ético, que floresce, sobretudo, no sermão medieval. Ele é para a retórica o que a indução é para a lógica (ver p. 291).

ambas as escolas, podemos dizer que as diferenças que certamente existiam em nada alteraram o desenvolvimento da dialética nos tempos de Roma.

"Durante o período helenístico", diz Gwynn,[40]

> a filosofia grega começou a declinar. O ensinamento estoico, com seu cosmopolitismo e seu interesse pela pesquisa científica, era mais adequado ao espírito da época. (...) Sob a crescente indiferença pela investigação metafísica, todas as quatro escolas passaram a abrandar a opinião pública por meio de um programa de estudos mais popular – e, por uma ironia do destino, a escola de Platão, com suas lembranças do *Górgias* e da *República*, foi a primeira a se render.

Gwynn prossegue e descreve a popularidade do acadêmico Arquesilau (ver Cícero, *De Finibus*, ii, 2; *De Oratore*, iii, 80) e, depois, de Carnéades, cujos métodos altamente retóricos de apresentar a filosofia e a dialética faziam os alunos afluírem "para ouvir suas lições e para estudar sua técnica oratória" (Gwynn, p. 73).

Desse modo, após a dialética grega, um tratado como o dos *Tópicos* de Cícero parece demasiadamente escasso e infrutífero. Ele é franca e integralmente dedicado aos tópicos de disputa úteis para um pleiteante que se encontra no tribunal. No entanto, por ter estimulado um comentário de Boécio e exercido uma considerável influência sobre Graciano e sobre os juristas canônicos dos séculos XI e XII,[41] não é possível deixá-lo de lado sem reconhecer, antes, sua importância para o renascimento dialético. Um debate mais satisfatório sobre a dialética é apresentado por Cícero em seu *De Inventione* e no segundo livro do *De Oratore* (cap. xxiv-xl). De maneira característica, e após louvar os mestres dessa arte, Cícero os rejeita por considerá-los melindrosos e nada práticos:

> Contudo, recolocando a Oratória no local em que teve início esta discussão, (...) foi Diógenes quem afirmou ensinar a arte do falar bem e de distinguir o certo do errado, à qual atribuiu o nome grego de dialética. Essa arte, se de fato arte for, não traz instruções para a descoberta da verdade, mas apenas para a sua verificação. [Cícero insinua a visão, convencionalmente estoica, de que a gramática é responsável pelo método indutivo de descoberta.] Desse modo, portanto, este eminente estoico em

---

[40] Gwynn, *Roman Education*, p. 72.

[41] Henry Osborn Taylor, *The Mediaeval Mind*. Londres, 1930, II, p. 300. Gwynn (p. 100 ss) traça uma boa descrição da dialética de Cícero. Em certa medida, as *Questões Acadêmicas* dizem respeito à dialética. No segundo livro (cap. xxviii-xxx), Cícero descreve seus próprios professores da disciplina.

nada nos auxilia, uma vez que não me ensina de que forma descobrir o que dizer. Na verdade, ele é um entrave, pois encontra diversas dificuldades que declara insolúveis e apresenta um tipo de expressão que não é lúcido, copioso e fluente, mas deficiente, débil, limitado e vil; e, se homem há que louva tal estilo, será apenas com a qualificação de que é inadequado ao orador. A nossa oratória deve se adaptar aos ouvidos da multidão (...).[42]

Cícero zomba da afirmação estoica de que ninguém pode se tornar um orador antes de dominar a filosofia (*De Oratore*, I, xviii), indicando o estilo seco e enfadonho daqueles homens. Os temas que dizem respeito ao orador são aqueles que dizem respeito à vida de todos os homens:

> (...) ele percorre de tal maneira a alma dos homens, explorando suas emoções e sentimentos, que não carece de qualquer definição dada pelos filósofos. (...) Exigimos um homem arguto, engenhoso por natureza e por experiência própria, capaz de localizar com seu aguçado faro os pensamentos, as emoções, as crenças e as esperanças de seus

---

[42] *De Oratore*, II, xxxiii. (Loeb Classical Library) Tanto no século anterior quanto no seguinte, teve continuidade a controvérsia sobre se as duas primeiras partes da retórica, a invenção e a disposição, eram ou não independentes da dialética. A precedência das artes estava em jogo. Aristóteles colocava a retórica abaixo da dialética (*Retórica*, livro I), enquanto Cícero e Quintiliano a posicionavam sob a política e o direito. "(...) [D]e Quintiliano até o início da Idade Média, o empenho dos retóricos tinha como objetivo defender a abordagem de questões ou teses gerais ou indefinidas, assim como resistir aos esforços que visavam a restringir a retórica a questões ou hipóteses determinadas, a fim de que cedesse à filosofia a sua posição e a sua importância como ciência" (McKeon, "Rhetoric in the Middle Ages", *Speculun*, 17, p. 29). Acerca do mesmo tema, Gwynn afirma que "a atitude de Quintiliano diante do estudo da filosofia é suficientemente clara. (...) Quintiliano jamais aconselharia seus jovens a se tornarem pupilos da escola de um filósofo" (op. cit., p. 238). Como Quintiliano nada tem a acrescentar a Cícero no que diz respeito à relação entre a dialética e a retórica, devo apenas remeter o leitor à importante discussão encontrada no livro XII, 2, 6-30; e também I, 12, 15; X, 1, 81.

No século XVI, o difundido sucesso de Rodolfo Agrícola, Taleu e, em especial, Pierre de la Ramée, que reduziram a invenção e a disposição à dialética, tiveram consequências literárias ainda maiores do que as indicadas recentemente por R. Tuve ("Imagery and Logic: Ramus and the Metaphysical Poetics" [ver Bibliografia]). Tudo o que sabemos acerca do conflito entre os "metafísicos" e seus contemporâneos será modificado pela compreensão das disputas correntes entre a dialética e a retórica. Veremos que a escola "barroca", manifestação ainda mais impactante, só existirá em virtude da consciente adaptação, a temas profanos, dos métodos patrísticos de exegese bíblica, resultando em imagens multivalentes.

Outra discussão importante sobre a subordinação da dialética à retórica pode ser encontrada no *Brutus*, de Cícero, xli-ii; no *Orator*, iii-v; xiii-xv; xxxii-vi; e, também, no *De Oratore*, I, l-li, começando com a sugestão de *omnes artes oratori subiungere*.

concidadãos e de quaisquer outros homens que desejem persuadir por meio da palavra. (I, li)

Portanto, não surpreende o fato de Cícero afirmar que a filosofia é algo facilmente assimilável por qualquer um, pois, assim como os estoicos, ele acreditava que os princípios da filosofia da sabedoria nascem com o coração de todos os homens (III, xxiii) e que, a menos que se possa aprender algo rapidamente, jamais será possível aprender qualquer coisa. É na base desse princípio estoico da razão, da virtude e da sabedoria inatas que Cícero consegue identificar a eloquência e a sabedoria.[43]

---

[43] *De Oratore*, III, xv. Do capítulo xv ao xxiii, Cícero traça uma história da filosofia que vai de seus primórdios até o tempo do autor, tentando explicar por que razão, para alguns homens — em especial os filósofos profissionais —, passara a existir uma ruptura entre eloquência e sabedoria, entre o conhecimento prático e um conhecimento que eles buscavam por si só. Ao passo que, antes de Sócrates, o conhecimento parece ter sido o preceptor do justo viver e do bem falar, e após Sócrates surgiram outros grandes eruditos que se opunham à política e que zombavam da eloquência. "*Quorum princeps Socrates fuit, is qui omnium eruditorum testimonio totiusque iudicio Graeciae cum prudentia et acumine et venustate et subtilitate, tum vero eloquentia, varietate, copia quam se cumque in partem dedisset omnium fuit facile princeps (...)*" (III, xvi). A Cícero, parece inexplicável que tenha sido Sócrates a separar as habilidades de pensar com sapiência e de falar graciosamente, ambas naturalmente unidas. Daí, continua ele, nasceu o divórcio entre a língua e o coração, uma divisão tão absurda quanto repreensível. Daí em diante, na opinião de Cícero, as coisas só pioraram, apesar de os estoicos, mesmo recusando-se a cultivar a eloquência, terem atribuído a virtude e a sabedoria a ela (III, xviii). Afinal, continua, nada é realmente estranho à eloquência, dado que, na medida em que afeta a conduta, a mente e a vida da humanidade, ela abrange a origem, a influência e as mudanças de tudo o que há no mundo, todas as virtudes, todos os deveres e toda a natureza (III, xx). Obviamente, o orador ideal também será um dialético ideal, visto que a virtude da eloquência auxilia e controla todas as outras. A exemplo de Aristóteles, um tal orador estará apto a opinar sobre ambos os lados de questões relacionadas a todos os assuntos (III, xxi). Dessa maneira, Cícero afirma explicitamente que, ao buscar um modelo ideal, está a imitar o Platão da *República* (I, xxvi; III, xxii. Ver também *Orator*, xxix, 101). Ele concebe a eloquência do mesmo modo como Platão concebia a justiça: como virtude abrangente. Essa posição não deve ser esquecida ao considerarmos o grande prestígio e a contínua força desfrutada por essa doutrina na obra de Santo Agostinho e de todos aqueles que o seguiram.

O retrato da história da filosofia traçado por Bacon no *Novum Organum* (I, xiii-lxxxviii) é quase idêntico ao de Cícero. Isso não é estranho, visto que ambos acreditavam que as artes devem ser julgadas em função de sua utilidade para o homem. Como Cícero, Bacon vê Platão e Aristóteles como fontes de banalidades e palavrórios (I, lxxvii), pois "quando as ciências racionais e dogmáticas tiveram início, chegaram ao fim as descobertas de obras úteis". Obviamente, no *Novum Organum* Bacon está lamentando os desdobramentos da filosofia do ponto de vista de um

A dialética se encontra, portanto, subordinada à retórica, uma vez que sua função é sempre a de organizar o conhecimento empírico – seja ele gramatical, médico ou legal – em alguma forma de arte (*De Oratore*, I, 41.186).[44] Existem muitas artes, diz Cícero, mas as mais distintas são a política, a guerra e a eloquência. As artes medíocres consistem nos vários segmentos da filosofia, na matemática, na física, na ética, na lógica, na gramática, etc. (*De Oratore*, I, 13-20; 28-34; *De Inventione*, I, 25; *De Officiis*, I, 42). Todos esses são campos do conhecimento indispensáveis para um homem de nobre formação e para o orador (*De Oratore*, I, 24). A *eloquentia* está acima de todas as outras artes, pois é aquela em virtude da qual (e Cícero encara a arte como uma virtude ou capacidade que nos permite agir) o orador é capaz de orientar todas as outras artes para o benefício da vida humana.[45]

---

gramático e dialético, enquanto Cícero o faz a partir da perspectiva do retórico. Bacon jamais deixa de ver o ofício das artes como remédio para o estado de queda moral do homem (ver *The Advancement of Learning*, p. 37, 138; e *Novum Organum*, I, lxviii; xciii; II, lii). Nesse aspecto, ele se encontra em perfeita consonância com São Boaventura, Roger Bacon e uma longa tradição que definia a tarefa do homem "como a organização de nosso exílio terrestre em uma espécie de periferia do reino celeste" (Gilson, *The Philosophy of St. Bonaventure*, p. 479). As declarações de originalidade de Bacon quase nunca devem ser levadas a sério. Interessante para o historiador da cultura é o desprezo de Bacon pelo saber da bárbara idade intermediária, pois, enquanto a erudição extremamente sólida de homens como Cícero "havia naufragado, os sistemas de Platão e Aristóteles, como tábuas de um material mais leve e menos sólido, flutuaram sobre as ondas do tempo e foram preservados" (I, lxxvii). Bacon menosprezou a Idade Média devido ao ardor com que ela cultivava um conhecimento que os historiadores subsequentes lhe negaram por completo. Nós nos debruçamos sobre as atitudes dos controversistas do Renascimento sem saber do que as controvérsias originalmente se tratavam.

[44] De fato, veremos que, ao trabalhar com a vasta gama de conhecimentos textuais empíricos proporcionada por séculos de teólogos gramaticais, por Graciano e pelos codificadores do Direito Canônico, Abelardo se valeu do método dialético neste sentido. O "Renascimento do século XII" será visto como o triunfo do método dialético sobre o método gramatical. Ver R. P. McKeon, "Renaissance and Method". In: *Studies in the History of Ideas*. Nova York, 1935.

[45] Encontrando o seu lugar numa longa linhagem de ciceronianos, Bacon tem a mesma opinião acerca da função das artes. A gramática é a arte de reunir e interpretar exemplos congruentes, sejam eles fenomenais ou textuais. É necessário dizer, sobre essa questão, que o sr. Willey está enganado ao supor (*The Seventeenth Century Background*. Londres, 1934, p. 35) que a ideia de "duas escrituras" tem origem em Bacon, uma vez que ela possui uma história literária contínua que vai do *Crátilo* até *A Sabedoria dos Antigos* (ver *The Advancement of Learning*, p. 138). Embora a gramática, ou indução, seja mais antiga, a dialética e a retórica a tudo governam: "(...) nas universidades, os pesquisadores chegam muito cedo e muito imaturos à lógica e à retórica", que são "artes mais adequadas para graduados do que para crianças

A justificativa para o fato de nos debruçarmos sobre Cícero mesmo quando ele nada fez ou assinalou para o tema da dialética é indicada com clareza pelo professor McKeon, que, sendo um pesquisador especializado tanto no período clássico quanto no período medieval, desfruta do que talvez seja uma peculiar distinção. Ele se refere à tradição lógica encontrada no fim do período clássico e no início do medievo, a qual

> se passava por "aristotélica", mas apenas seguia Aristóteles no tratamento de termos e proposições, tal como Cícero no tratamento de definições e princípios. Qualquer que seja a avaliação que os críticos e historiadores estejam dispostos a fazer da façanha, da originalidade e da consistência

ou novatos: afinal, se tomadas da maneira correta, ambas são as mais graves das artes, as artes das artes" (op. cit., p. 66). Bacon concebia duas formas de expressar o conhecimento científico, sendo ambas funções da retórica: a primeira é esotérica; a segunda, exotérica: "Porém, a exemplo dos jovens, que raramente crescem mais em estatura quando perfeitamente entretecidos e afeiçoados, assim também com o conhecimento, que cresce quando ainda em aforismos e observações: porém, quando finalmente compreendido pelos métodos corretos, ele talvez possa ser requintado, esclarecido e adaptado ao uso e à prática; contudo, não mais cresce em tamanho e substância" (op. cit, p. 32). A discussão que se segue revela perfeitamente que Bacon via o estilo aforístico empregado por ele mesmo nos *Ensaios* como parte de uma forma de conservar o conhecimento num estado de emergente evolução. Esse é um desdobramento retórico imediato dos *antitheta* (os quais possuem clara afinidade com as antilogias dialéticas dos sofistas) que ele acrescentou ao *De Augmentis*, como qualquer um pode perceber ao comparar os *anthiteta* sobre a Vingança, a Amizade, etc. com os ensaios correspondentes acerca desses temas. A progressiva ampliação dos *Ensaios*, ocorrida entre 1597 e 1625, é um mero desenvolvimento retórico, bastante desprovido de mistérios ou inconsistências por parte de Bacon. A segunda função da retórica é argumentativa e persuasiva, tal como pode ser percebido no estilo do próprio *The Advancement of Learning*. Pode-se notar um impressionante exemplo desse fato por meio da comparação entre o ensaio "Dos Estudos" e o tratamento exotérico dado ao mesmo tema no *The Advancement of Learning* (p. 34-35). Uma breve leitura das páginas 37 e 138 indicará os modelos patrísticos completamente convencionais em que se apoia a visão de Bacon sobre os objetivos e as artes do aprendizado. No *Novum Organum*, ele cita Daniel para provar que o século XVII será uma época de avanço educacional, pois um tal progresso fora profetizado para os últimos dias do mundo (*Works*. Ed. Spedding, Ellis, Heath. Londres, 1858, vol. 4, p. 92. Ver também p. 247-48). A razão pela qual o *De Tradendis Disciplinis*, escrito por Vives em 1531, soa basicamente como o *The Advancement of Learning* e o *Novum Organum* encontra-se tão somente no fato de Vives (discípulo de Erasmo) se fundamentar de maneira implícita na grande tradição medieval que aplicava a gramática, ou indução, ao campo da ciência. Essa tradição, quase obscurecida pelo triunfo da dialética sobre a gramática e a retórica entre os séculos XII e XIV, foi rapidamente restaurada com o declínio da escolástica. Os escolásticos não são violados por Vives e por Bacon com a mesma violência utilizada por seus colegas gramáticos porque ambos tinham a dialética em alta estima (*The Advancement of Learning*, p. 26-27).

de Cícero, suas escolhas e ênfases determinaram a influência e orientou a interpretação do pensamento antigo, tanto o grego quanto o latino, no começo da Idade Média e no Renascimento. Hoje, estamos longe de termos nos livrado das consequências dessa longa linhagem de erudição, crítica e gosto.[46]

Entre o século II a.C. e Plotino, no século III d.C., encontramos erudição e ecletismo na dialética – assim como na filosofia –, mas não originalidade. "Sem dúvida, havia ainda personalidades notáveis, mas elas geralmente só se faziam notar pela intensidade de seu sentimento moral. Como tal, o pensamento grego exaurira suas capacidades inventivas."[47] Na medida em que se interpunha entre o culto e a filosofia, Plotino "era como outro Pitágoras ou Empédocles", mas "também alguém cujo pensamento estocava cinco séculos de conceitos filosóficos elaborados pela dialética".[48] Posteriormente, Damáscio, que escreveu *Sobre os Princípios da Natureza*, aplica a exegese dialética à discussão das velhas mitologias da Grécia e do Oriente, a fim de demonstrar que elas contêm um fundamento oculto idêntico à "verdade eterna da qual o neoplatonismo é intérprete".[49] É fácil perceber que esse foi o principal caminho pelo qual os dialéticos adentraram o pensamento cristão, estando disponível, desde a época de Santo Agostinho, como técnica de especulação sobre a verdade observada e sobre a verdade revelada.[50]

Não é mais possível saltar da Antiguidade para o Renascimento na discussão sobre as origens do mundo moderno.

> O pensamento filosófico da modernidade só pode ser integralmente compreendido à luz do pensamento medieval. Ora, o pensamento medieval, por meio de Cícero e de outros escritores latinos, pelos Pais e pela renovação do neoplatonismo, tomou a herança deixada pelo pensamento grego – o qual teve uma idade média própria, que preparou e determinou nossa própria Idade Média, e também uma idade avançada que, não obstante, trouxe consigo o presságio de um reflorescimento especulativo.[51]

---

[46] R. P. McKeon. *Speculum*, 17, 1942, p. 4.

[47] Robin, op. cit., p. 361.

[48] Ibidem, p. 368.

[49] Ibidem, p. 377.

[50] Ibidem, p. 378: "A tradução latina do filósofo cristão Mário Vitorino apresentou Plotino e Porfírio a Santo Agostinho. (...) [F]oi a partir da tradição neoplatônica que a Idade Média recebeu sua educação no campo da lógica, (...) por meio de Marciano Capella (...) e de Boécio (...)".

[51] Robin, op. cit., p. 379.

C. Retórica

O Trivium *até* Santo Agostinho

. . . .

Neste capítulo, McLuhan lida extensivamente com a doutrina do Logos, enfatizando que ela é um fenômeno material e espiritual, observando que sua adoção envolve uma erudição universal e comentando a tradução do logos grego pela expressão latina ratio atque oratio. *Em seguida, o autor define as distinções e complementaridades existentes entre as divisões do trivium: "Assim como, para um adepto da teoria do Logos, a gramática é uma ciência, e a dialética, uma parte da filosofia, e não uma simples técnica para a verificação de informações, a retórica é uma virtude – e uma virtude quase equivalente à sabedoria". São mencionados, pela primeira vez, os escritos de Nashe, que ganha crédito por oferecer um eloquente retrato do ideal ciceroniano da sabedoria enciclopédica e da oratória.*

– O editor

O que deve ser ponderado na retórica que antecede Cícero é a questão de como a tradição grega contribuiu para os ideais e a prática encontrados no *De Oratore*. Considerada por si só, a oratória grega contém as diversas virtudes e a alegação de superioridade que, em *The Attic Orators*, R. C. Jebb discutiu de maneira extremamente refinada. A façanha de Cícero parece inferior àquilo que os gregos fizeram de melhor; no entanto, a influência de Cícero sobre a cultura medieval e renascentista não está vinculada ao seu valor intrínseco.[1] Além disso, será indispensável termos em mente a tradição fundamental da cultura se desejarmos percorrer as numerosas escolas de retórica existentes entre as épocas de Córax e de Quintiliano. Enquanto, acerca da gramática e da dialética, são escassos os estudos acadêmicos, é bem o contrário o que se dá com a retórica antiga.[2] O tema já foi adequadamente explorado, mas esforço algum foi feito no intuito de compreender os fatos centrais da tradição transmitida para a Idade Média e, depois, para os homens do Renascimento. Isso ocorre, em parte, devido à falta de estudos sobre a retórica medieval, mas ainda mais como resultado da incapacidade que temos de perceber que o problema só se torna basicamente inteligível nos termos da contenda entre gramáticos e retóricos, entre dialéticos e gramáticos e entre retóricos e dialéticos.[3]

---

[1] Ao falar da extraordinária homogeneidade e solidez da cultura romana, Marrou diz (*Saint Augustin et la Fin de la Culture Antique*, p. 6): "*La grande figure de Cicéron prend ici une valeur symbolique. J'aurai bien souvent à rappeler après tant d'autres, tout ce qu'Augustin doit à l'auteur des Tusculanes, quel rôle de premier plan Cicéron a joué dans sa formation. Ce n'est pas là un hasard: dans une certaine mesure Cicéron a dominé tout la culture latine; tout les lettrés de l'antiquité latine ont été ses disciples, ont plus ou moins voulu être ses imitateurs*".

[2] As generosas descrições que o próprio Cícero esboça da história da oratória devem ser lidas não apenas porque formam a base da maioria das obras modernas, mas devido à grande influência que exerceram sobre a Idade Média e o Renascimento: *Brutus*, vii-xl; *Orator*, xii-xiii, lii; *De Oratore*, II, vi-xxiv.

[3] Ver, por exemplo, o *De Oratore* (I, xvi), em que Cícero afirma que o poeta é rival e quase idêntico ao orador. Que a poesia (*grammatica*) está subordinada à retórica é um lugar-comum em Quintiliano, Santo Agostinho e em todo o período medieval e renascentista. C. S. Baldwin (*Medieval Rhetoric and Poetic*. Nova York, 1928) e D. L. Clark (*Rhetoric and Poetry in the Renaissance*. Nova York, 1922)

O professor McKeon fornece uma informação básica sobre o equivocado entendimento da relação entre essas artes ao afirmar que

> Valla, Vives, Ramée e outros historiadores do Renascimento responsáveis por abordar a história da retórica negligenciam o período intermediário para criticar, refutar e, ocasionalmente, aprovar as doutrinas de Aristóteles, Cícero, Quintiliano e Boécio. Nos primeiros trabalhos de erudição e filologia, o escopo da história da retórica não é maior do que o escopo da controvérsia.[4]

Em seguida, ele passa em revista os principais historiadores europeus da retórica – de [Daniel Georg] Morhof [com seu *Polyhistor Literarius*], até o momento em que vivemos, mostrando como todos adotaram o costume renascentista de ignorar o período medieval. Porém, enquanto Valla, Vives, Ramée e os outros o faziam de maneira deliberada e beligerante – não porque consideravam insignificante o período precedente, mas porque eram retóricos empenhados em uma verdadeira guerra contra os dialéticos de Paris –, os historiadores subsequentes supuseram inocentemente que não havia nada a ser investigado. Veremos Petrarca e Erasmo, ambos envolvidos na fase gramatical da batalha contra os dialéticos, falando sobre São Jerônimo e Santo Agostinho como se uma grande tradição patrística, da qual eles eram frutos, nunca houvesse florescido desde a época dos Pais. Para eles, quase não havia motivos para ressaltar algo que era claro para todos. Essas coisas já estavam se tornando turvas para os homens do século XVII. Triunfando em suas batalhas, os vencedores se acalmaram para desfrutar de seus resultados. No início do século XVIII, ecos confusos dessas distantes batalhas seriam ouvidos na querela entre antigos e modernos.

---

afirmam que essa posição é inexplicável e importuna. Em seu *Of Education: To Master Samuel Hartlib*, Milton, valendo-se de uma expressão que muitas vezes é equivocadamente citada, adota essa visão ciceroniana tradicional. Depois da gramática, diz ele, deve-se estudar a lógica na medida em que ela for útil para "uma retórica elegante e ornada". A ambas "a poesia deve suceder, ou, na verdade, preceder, pois é menos sutil e delicada, mais simples, sensual e impetuosa" (*Prose of Milton*. Ed. Richard Garnett, p. 56). "Impetuosa" é palavra usada em seu sentido tradicional, opondo-se a *éthos* – este último, mais adequado ao orador. Desse modo, o caráter moral da poesia épica, em contraste com a poesia trágica, a coloca no domínio do *éthos*. Milton e Spenser, a exemplo dos teóricos e adeptos do épico no Renascimento, concebiam o poema épico como um que envolvia muitos âmbitos da retórica. Eles usam para o poeta épico a mesma linguagem que Cícero e Quintiliano aplicam ao orador ideal.

[4] McKeon, "Rhetoric in the Middle Ages", p. 2.

Em seguida surge um silêncio, mas não o fim da tradição. As posições oficiais da controvérsia estão definidas, embora só fossem descritas na época de Michelet, Burckhardt e Symonds. No entanto, as questões que se encontravam em jogo são inextirpáveis. As controvérsias suscitadas nos Estados Unidos pelo presidente [da Universidade de Chicago, Robert Maynard] Hutchins e pelo professor [Mortimer] Adler, tal como as teorias educacionais colocadas em prática na Faculdade de St. John, em Annapolis, nos ofereceram um aperitivo contemporâneo dessas disputas ancestrais.

Desse modo, em vez de registrar a ascensão das várias escolas de retórica antiga – o que pode ser encontrado em obras como a de E. Norden[5] –, nosso problema é descobrir como a arte retórica dominante, praticada por homens como Isócrates, pode ter forçado tanto Platão quanto Aristóteles a tomarem atitudes para frustrá-la;[6] e como, em Cícero, ela pôde confirmar os principais costumes culturais ao longo de vários séculos subsequentes. Tendo o problema resolvido, será possível explicar como Erasmo, "aos cinquenta anos de idade e reconhecido como o principal líder intelectual da Europa",[7] pôde se dedicar aos mesmos afazeres que ocuparam Cícero quando da redação do *De Oratore*.[8]

O principal guia para toda a questão é fornecido, mais uma vez, pela doutrina do Logos. Arnold, relatando a antiga interpretação da doutrina do Logos exposta por Heráclito, diz: "Todas as coisas, seja no âmbito material, seja no âmbito espiritual, acontecem por meio do 'Logos'; ele é um princípio cósmico, 'comum' ou 'universal'. Por fim, é dever do homem obedecer a esse 'Logos' e, portanto, colocar-se em consonância com o restante da natureza".[9] Foi dessa maneira que Heráclito se viu capaz de harmonizar, "por meio de generalizações

---

[5] *Die Antike Kunstprosa vom VI Jahrhundert v. Chr. Bis in die Zeit der Renaissance*. Leipzig, 1923. O interesse de Norden é principalmente estilístico.

[6] W. Rhys Roberts, *Greek Rhetoric and Literary Criticism*, p. 46. Ver, em especial, *De Oratore*, III, xxxv.

[7] L. K. Born, *The Education of a Christian Prince*. Nova York, 1936, p. 42.

[8] Born oferece uma valiosa investigação (op. cit., p. 44-125) dos tratados que abordam a educação do estadista ou príncipe ideal, começando com Isócrates (436 - 338 a.C.). No entanto, ele não se mostra capaz de desenredar as questões, e por isso não percebe, por exemplo, nem os conflitos entre os ideais do sábio asceta e do orador público, nem a maneira extraordinária pela qual o orador ideal de Cícero se torna o protótipo dos tratados sobre a educação principesca elaborados desde a época de Santo Agostinho até a época de Castiglione.

[9] Arnold, *Roman Stoicism*, p. 37.

audaciosas, domínios diversos, como o da física, da religião e da ética. É quase apenas aos estoicos que devemos o fato de aquele ensinamento tão sugestivo e prático ter sido transformado em uma força social e intelectual poderosa".[10] Tendo já discutido as implicações desses postulados para a gramática e a ciência, torna-se relevante notar, aqui, duas posições adotadas à luz dessa grande doutrina. Em primeiro lugar, a de que "o elo do Estado é o Logos (*ratio atque oratio*)".[11] A sociedade, que é idealmente a cosmópole, ou o Estado mundial perfeito, exigia, então, a dedicação de cada homem virtuoso. E, da mesma forma como Zenão via a sabedoria – ou a prudência – "não apenas como a primeira das virtudes, mas como o fundamento de todas", a prudência política é a esfera mais nobre em que tal virtude deve ser exercida.[12] Ao tratar dos sofistas, que foram os difusores da especulação em seu tempo, o professor Jaeger chega à mesma conclusão, embora a partir de um ponto de vista diferente.[13]

---

[10] Ibidem.

[11] Ibidem, p. 275.

[12] Arnold, op. cit., p. 306. Ver a introdução de Wilkins ao *De Oratore*, p. 41 (Oxford, 1892). O famoso ditado *Neque deesse neque superesse rei publicae volo*, de Cícero (ver [Pólio] *Fam.*, x, 33,5), é a expressão perfeita dessa posição. Até a época de Cícero, a virtude política e a virtude individual eram uma só coisa. (O professor Jaeger, p. 90, sugere outra abordagem à mesma conclusão.) Com Sêneca, ocorre a substituição da virtude pública pela virtude privada (Arnold, p. 116), a qual se reflete no novo ideal de orador que será assinalado por Quintiliano. O extraordinário conflito que dividiu o mundo instruído durante séculos – e que questionava se a verdadeira sabedoria consistia na glória da vida atuante ou no isolamento do asceticismo – girava em torno da disputa, secundária, sobre a função da retórica na educação e na sociedade. Nem a menor das prolíficas expressões literárias desse conflito é encontrada no quarto livro do *Paraíso Recuperado* (l. 220-365). Milton dá um duro golpe nos ciceronianos (mesmo tendo sido ciceroniano durante a maior parte de sua vida) quando coloca na boca de Satã uma eloquente afirmação dessa perspectiva. Cristo responde com uma declaração modificada da posição "ática", ou senequiana. É evidente, em Milton, a completa consciência daquilo que está por trás dessas falas, ao menos quando toma de empréstimo as imagens de Montaigne (adepto de Sêneca) acerca do mesmo tema (*Essais*, livro I, cap. xxiv e xxxix). (Outro ataque típico a ser desferido, por uma importante figura da disputa, contra a posição ciceroniana é encontrado em Cornélio Agripa: *Of Occult Philosophy*, I, LX, 53; trad. 1631.) O *Secretum*, de Petrarca (ver a tradução de William H. Draper. Londres, 1911), talvez seja a obra mais famosa a discutir as posições de Cícero e de Sêneca.

[13] Indicando a abrangente concepção de cultura sustentada por Protágoras, ele diz que "sua educação tinha como franco objetivo o *humanismo*. Ele insinua que, ao subordinar o que hoje chamamos de civilização – a saber, a eficiência

A segunda posição importante a ser estabelecida, para os séculos seguintes, a partir da doutrina do Logos diz respeito à importância da fala. Isso já foi indicado na seção que trata da gramática. Ao traduzirem o Logos como *ratio atque oratio*, os romanos estavam descrevendo a íntima relação que os gregos diziam haver entre as duas. O homem é um animal racional, mas também é um animal que fala. Na verdade, é o discurso que o distingue das criaturas selvagens, e ele se torna menos selvagem à medida que cresce em eloquência.[14] Talvez essa ideia tenha florescido com muita lentidão durante a Antiguidade, mas ela se consolida antes de Isócrates – e é exatamente contra os sofistas que Platão argumenta com tanta persistência, uma vez que eles diziam ensinar a sabedoria e a eloquência, tal como a virtude e o poder político pragmático, como conquistas simultâneas e inseparáveis da virtuosidade verbal. Porém, tanto para o sofista quanto para o estoico, não havia conflitos entre a sabedoria, a eloquência e o sucesso político. Foi tão somente na época de Sêneca que os estoicos passaram a desprezar o mundo

---

técnica – à cultura (...), a única cultura 'universal' aos olhos de Protágoras é a cultura *política*". Então, acrescenta: "Essa concepção da natureza da cultura 'universal' resume toda a história da educação grega: tomadas em conjunto, a ética e a política são uma das qualidades essenciais da verdadeira *paideia*" (Jaeger, *Paideia*, p. 279). Ver, também, as páginas 318 e 323, em que são indicadas outras formas pelas quais os sofistas transformaram a ideia de Estado. O fato de o professor Jaeger não relacionar os sofistas à especulação antecedente torna a sua discussão menos valiosa do que a de Robin.

[14] Cícero desenvolve a ideia (*De Oratore*, I, viii). Quando for escrita a história da tradição ciceroniana no século XVI, tornar-se-á fácil compreender como era importante o papel desempenhado por essas doutrinas na literatura do período. Por exemplo, Próspero diz a Calibã que

> não me poupei canseiras, para
> ensinar-te a falar, não se passando
> uma hora em que não te dissesse o nome
> disto ou daquilo. Então, como selvagem,
> não sabias nem mesmo o que querias,
> emitias apenas gorgorejos,
> tal como os brutos; de palavras várias
> dotei-te as intenções, porque pudesses
> torná-las conhecidas. (I, ii, 354-358)

Ver também II, 363-364; 478-480. Próspero, como o orador de Cícero, diz que as artes liberais foram todo o seu estudo (I, ii, 73-74). Portanto, ele estava capacitado para o exercício da prudência política. [Para todas as citações das peças de Shakespeare foi utilizada a tradução de Carlos Alberto Nunes: William Shakespeare, *Teatro Completo*. Rio de Janeiro, Agir, 2008. - N. T.]

e a abandonar o fardo dos cargos políticos.[15] Afinal, "os estoicos em geral acreditavam que toda sabedoria deveria justificar a si mesma por meio de resultados práticos".[16] Assim como, para um adepto da teoria do Logos, a gramática é uma ciência e a dialética, uma parte da filosofia, e não uma simples técnica para a verificação de informações, a retórica é uma virtude – e uma virtude quase equivalente à sabedoria. Arnold não deixa de indicar que, "nesse sentido, podemos falar da lógica e da física como virtudes, isto é, como subdivisões da virtude da sabedoria" (p. 306). Somente dessa maneira é possível explicar não apenas a certeza com que Cícero apresenta a visão de que a eloquência e a sabedoria são uma só coisa, mas também a quase unanimidade com que a doutrina foi aceita até o fim do Renascimento.[17]

Antes de lidarmos com o ideal oratório de Cícero, seria adequado concentrarmo-nos na questão do saber enciclopédico, o círculo das artes, pois ele está relacionado ao ideal de orador. Robin já descreveu o bastante da erudição e do conhecimento universal apresentados pelos estoicos,[18] embora talvez tenha deixado de demonstrar como o ideal de erudição universal é consequência inevitável do conceito de Logos. O fato de tanto Platão quanto Aristóteles não terem adotado a doutrina e suas implicações[19] está em grande parte ligado

---

[15] Arnold, op. cit., p. 116. O afastamento de Sêneca teve consequências éticas e literárias demasiadamente importantes até mesmo antes do Renascimento.

[16] Arnold, op. cit., p. 306.

[17] O louvor que Boccaccio dirige a Petrarca é aquele que qualquer poeta ou humanista do Renascimento almejava: "Invejo de Arquà a felicidade de ter depositado em seu solo aquele cujo coração foi a morada das musas e o santuário da filosofia e da eloquência" (T. Campbell, *The Life and Times of Petrarch*, II, p. 315). A exemplo da poesia – ou gramática – e da erudição, a filosofia moral e a eloquência eram uma coisa só.

[18] Robin, *Greek Thought and the Origins of the Scientific Spirit*, p. 139 ss.

[19] Arnold enfatiza o fato de tanto Sócrates quanto seus seguidores terem "se afastado das especulações físicas" (p. 47), tão proeminentes no pensamento de seus antecessores e dos estoicos que se seguiram. Arnold menciona Sêneca para indicar que Sócrates "resumia toda a filosofia a questões morais" (p. 43). Essa é uma mudança de ênfase muito importante, a qual veio a ser entusiasticamente aprovada por Cícero (*De Oratore*, I, li). Ela acabou por opor Sócrates e Platão aos sofistas e suas doutrinas panteístas das analogias universais, existentes entre todas as coisas e a mente do homem. Segundo esta visão, a erudição era um fim em si, pois nos vinculava à criação e nos explicava a nós mesmos. Assim, enquanto Sócrates dizia que "virtude é conhecimento", o estoico afirmava ser preciso estudar "a física para compreendermos adequadamente o universo e seu governo providencial, dos quais depende a noção de dever" (Arnold, p. 306).

à independência de muitos dos traços característicos das culturas grega e romana. Quando Platão e Aristóteles atacam os sofistas por afirmarem que ensinam a sabedoria por meio de palavras, o leitor moderno se mostra de acordo; contudo, se diante do conceito de sabedoria verbal exposto de maneira tão persuasiva pelo humanismo de Isócrates e de Cícero, e não pela dialética hostil de Platão e Aristóteles, ele provavelmente se verá rodeado de dúvidas. Na Antiguidade, todavia, a grande maioria dos homens instruídos não hesitava em seguir o ideal refinado e culto dos sofistas e retóricos da Grécia e de Roma. As implicações escrupulosas e científicas do pensamento platônico e aristotélico só tiveram importância para um punhado de pessoas.[20]

Se existe uma palavra que Cícero usa com mais frequência, ou que melhor descreve sua posição, é a palavra *humanitas*.[21] Nosso próprio entendimento do conceito, hoje, não é diferente do de Cícero e Cipião. "O próprio Cipião talvez não tenha se tornado um estoico, mas apresentou à sociedade de Roma a atmosfera do estoicismo, conhecida pelos romanos como *humanitas*. Ela incluía a aversão à guerra e aos conflitos civis, a ânsia por apreciar a arte e a literatura da Grécia e a admiração pelos ideais descritos por Xenofonte: o de governante, em Ciro; o de cidadão ideal, em Sócrates."[22] Desse modo, quanto mais são exploradas as doutrinas dos sofistas e dos estoicos, mais ciceroniana

---

[20] W. Rhys Roberts (op. cit., p. 44-46) traz bons comentários sobre a rivalidade nutrida por Platão e Aristóteles contra Isócrates – como, por exemplo, o de que a preeminência de Platão e de Aristóteles "na irrestrita busca pela verdade tornou inevitável que, deles em diante, uma linha clara fosse traçada entre os filósofos e os retóricos, com Sócrates encontrando seu lugar adequado em meio aos últimos" (p. 45). Independentemente da clareza com que essa linha veio a ser traçada por Santo Tomás de Aquino no século XIII, assim como por físicos matemáticos posteriores a Descartes, ela não era tão nítida na época de Cícero e de João de Salisbury. Sobre a posição de Cícero diante da rivalidade entre Aristóteles e Isócrates, ver *Orator*, li, 172.

[21] *De Oratore*, II, xxxvii. Ver também Jaeger, op. cit., p. xxiii.

[22] Arnold, op. cit., p. 381. Ciro e Sócrates são grandes personagens da Idade Média e do Renascimento. Em *The Spirit of Mediaeval Philosophy*, Gilson dedica um capítulo inteiro ao "Autoconhecimento e o Socratismo Cristão", traçando a influência do medievo sobre Montaigne e Pascal (p. 209-28). Abordando a atitude medieval diante dos pagãos pré-cristãos, ele demonstra que, enquanto São Paulo "evocava, contra os pagãos, uma revelação natural que os condenavam, São Justino lhes oferece uma revelação natural que os salva. Sócrates se tornou um cristão tão fervoroso que não nos surpreende o fato de o diabo tê-lo transformado em mártir da verdade, e Justino realmente não está longe de exclamar, a exemplo de Erasmo: São Sócrates, rogai por nós!" (p. 27).

parece se tornar a tradição helênica. É fácil contrastar demais o caráter de livre especulação do pensamento grego com o caráter prático e ético dos romanos. Para além de Platão e, de maneira particular, Aristóteles – dois homens cujas descobertas científicas e esotéricas pouco influenciaram as principais correntes da vida grega e romana –, o grande amontoado de seitas filosóficas, assim como os sofistas, tem doutrinas e ênfases demarcadas e incansavelmente morais e políticas. Se a ética e a política forem vistas como a orientação básica da cultura e da educação grega e romana, torna-se inteligível o extraordinário prestígio de que Cícero desfrutou até mesmo aos olhos de homens como Quintiliano, demasiadamente interessados pela cultura grega. Mais uma vez, nada há de estranho no fato de a preeminência de Cícero não ter sido seriamente afetada pelo renascimento dos estudos gregos no século XVI.[23]

Após o empenho para indicar as tradições que convergem em Cícero, torna-se necessário delinear sua ideia de orador ideal, a fim de que possam ser compreendidas sua influência posterior e as controvérsias que ela engendrava. O ideal ciceroniano propriamente dito, à parte das modificações pelas quais passou, é formulado de maneira contundente em diversas passagens do *De Oratore*. A insistência de Cícero na união da eloquência e da sabedoria é logo percebida no livro III, capítulo 35:

> "(...) Aristóteles afirmou *ser deplorável ter de silenciar-se enquanto permitia que Isócrates se expressasse*. Ele, portanto, adornou e ilustrou todo o ensino filosófico, associando o conhecimento das coisas à prática da fala. De maneira alguma fugiu ao arguto monarca Filipe, que o enviou como tutor de seu filho Alexandre, que talvez pudesse obter, do mesmo mestre, instruções na conduta e na linguagem. Ora, se alguém deseja chamar tal filósofo, que nos instrui por completo nas coisas e nas palavras, de *orador*, poderá

---

[23] Naquela que é praticamente a única descrição do movimento anticiceroniano no século XVI, M. W. Croll diz que mesmo os críticos anticiceronianos mais vigorosos preservavam uma ortodoxia agostiniana e ciceroniana. Até Montaigne admite que, abstraída de valores morais, é em Santo Agostinho que a excelência literária pode ser encontrada da maneira mais adequada ("Attic Prose: Lipsius, Montaigne, Bacon", p. 142). A identidade entre Santo Agostinho e Cícero é anterior a Petrarca.

Nashe oferece um eloquente retrato do ideal ciceroniano da oratória e do saber enciclopédico (McKerrow, 1.34,32-37,4), concluindo com um ataque aos estilistas áticos e aos políticos anticiceronianos da Escola da Noite. As pistas que faltam ao mistério da Escola da Noite serão encontradas na disputa ciceroniana, que é muito mais abrangente e da qual ele é apenas um reflexo secundário.

fazê-lo sem que a ele eu me oponha; ou, se preferir chamar tal orador, de quem falo como aquele que detém a sabedoria unida à eloquência, de *filósofo*, não levantarei qualquer objeção, desde que seja reconhecido que nem a inaptidão *dele* à fala, compreendendo seu tema mas incapaz de exprimi-lo em palavras, nem a *sua* ignorância, que carece de conteúdo mas em quem abundam palavras, sejam dignas de louvor. E, se a mim fosse necessário escolher um dos dois, optaria pelo senso comum eloquente, não pela tolice loquaz. No entanto, se fosse questionada qual a excelência mais eminente, a palma deveria ser dada ao orador instruído; e, se julgarem que é filósofo essa mesma pessoa, a controvérsia encontra seu termo. Se, contudo, houver distinção, estarão eles a admitir a própria inferioridade em tal aspecto, uma vez que todo o seu conhecimento inere ao *orador completo* e, ao saber dos *filósofos*, a eloquência não é necessariamente inata. Embora subestimada por eles, ela deve necessariamente ser vista como a elegância final de suas ciências." Tendo assim falado Crasso, ele se deteve por um instante, e todos os outros se mantiveram em silêncio.[24]

Assim, *doctus orator* é a fórmula ciceroniana perfeita. Ela, tomada em conjunto com a noção de homem como animal falante (I, viii) e, portanto, como ser que assim cultiva sua natureza humana, alcança o que Cícero chama de *politior humanitas*: "Pois a ti, Catulo, falarei como alguém com menos sabedoria do que experiência, que à primeira é superior. Discursos sobre qualquer outro tópico, acredite, não é senão passatempo ao homem que não é basbaque, que alguma instrução adquiriu e que não desconhece nem a literatura em geral, nem uma educação toleravelmente refinada".[25] A *politior humanitas*, que Cícero vê como uma aquisição prévia do possível orador, é, obviamente, aquela formação nas disciplinas linguísticas que, ao lado da introdução a uma enciclopédia das artes, era oferecida por qualquer *grammaticus* competente.[26] Quando, por fim, a essa formação era acrescida o treinamento político propiciado pela experiência nos

---

[24] Trad. J. S. Watson, Nova York, 1860.

[25] [Cícero, *De Oratore*, livros I-II. Trad. E. W. Sutton e H. Rackham. Loeb Classical Library, p. 251] II, xvii.

[26] Na época de Augusto, diz Gwynn (p. 158), os *"grammatici* eram muito menos populares do que os professores contemporâneos de retórica, tendo salas de aula muito menos badaladas. Aqueles que conhecem a época de Augusto a partir das obras de Virgílio, Horácio, Ovídio e Lívio não podem formar nenhum juízo verdadeiro acerca da comunidade literária a que pertenciam esses faustosos autores. Felizmente, o pai de Sêneca, que foi estudante de retórica toda a sua vida e viveu até os setenta anos, escreveu suas reminiscências pessoais dos mestres de retórica e de sua arte em proveito de seus filhos".

tribunais, a formação do orador se tornava completa: "Todavia, as batalhas dos tribunais envolvem obstáculos realmente imponentes, sendo, para mim, o mais árduo dos empreendimentos humanos".[27]

É preciso indicar que a Idade Média jamais perdeu de vista o vínculo ciceroniano entre a oratória e as letras e entre o direito e a oratória. No entanto, quando, nos séculos XII e XIII, os grandes dialéticos e metafísicos mais uma vez insurgiram, dificilmente se poderia esperar que submetessem sua ciência à ciência do gramático e do retórico. Uma grande contenda se consolidou, gerando consequências enormes para o desenvolvimento do saber humano. O triunfo da gramática e da retórica no século XVI fornecia todos os métodos e instrumentos necessários para as conquistas literárias do período. Elas muniram o ideal de Castiglione incorporado pelo *Henrique V* de Shakespeare:

> Ouvindo-o, acaso,
> discutir teologia, no imo da alma
> desejareis que o rei seja prelado.
> Se a conversa versar sobre negócios
> públicos, pensareis ser esse o assunto
> a que se houvesse dedicado sempre.
> Passe a falar de guerra, e uma terrível
> batalha vos será narrada em música.
> Fazei-o discorrer sobre política,
> e o nó górdio do caso ele deslinda
> tão facilmente como o faz com as ligas.
> O ar, esse libertino irredutível,
> quando ele fala, fica sossegado;
> o mudo espanto acolhe-se aos ouvidos
> dos homens para surpreender as doces
> sentenças de sua fala, parecendo
> que a arte da vida e sua parte prática
> com sua teoria se juntaram.
> (I, i, 38-52)

De maneira significativa, os versos que abrem o discurso assinalam as modificações feitas no ideal ciceroniano por São Jerônimo, Santo Agostinho e seus seguidores, incluindo Erasmo. Entretanto, com exceção da precedência dada à teologia gramatical, o resto do discurso poderia ter saído direto do *De Oratore*. O trecho amplia a posição de que, "qualquer que seja o tema, a arte

---

[27] II, xvii (Loeb Classical Library, p. 251).

ou o campo do conhecimento, o orador, exatamente como se defendesse um cliente, expressar-se-á melhor e de maneira mais elegante do que o verdadeiro explorador e especialista".[28] O Renascimento, tal como atesta o personagem de Henrique V, não é um salto de séculos que regressa até Cícero, mas o resultado de uma tradição contínua. Nós veremos que esses ideais são ingredientes importantes da própria cultura medieval.

No entanto, Lípsio, Montaigne e Muret, os anticiceronianos do século XVI, desafiaram esses ideais; Descartes e Pascal tentaram extirpá-los. A querela entre os antigos e modernos é um renascimento, ou uma continuação, da batalha que Cícero travou contra os filósofos e que os dialéticos medievais levantaram contra os gramáticos. Tão arraigado está o ideal ciceroniano na natureza de nossa cultura que até mesmo Wordsworth pode ser interpretado em função dele. Sua aversão ao ciceroniano dr. Johnson e sua ênfase nas emoções, e não nas palavras, da poesia o levaram a alinhar-se com os modernos e os cientistas. Uma análise do ideal e da tradição ciceroniana, portanto, se mostra de crucial importância para a história da cultura ocidental, e sua negligência comparativa deve ser atribuída à imperceptibilidade do que é abundante, e não à mera indiferença dos pesquisadores.

Um fato que tem atravancado os historiadores é a crença de que uma história da oratória pode ser escrita de acordo com os manuais de retórica disponíveis. Cícero pode nos corrigir nesse aspecto, pois admite com toda a clareza que seus adversários são os professores de retórica (*De Oratore*, I, xxiii-xxxvi). A afirmação, pela qual se vangloriavam, de que poderiam transformar qualquer homem mediano em um orador ao ensinar-lhe uma série de regras era o tipo de coisa que Cícero via como a segregação e a especialização fatal das artes. Na verdade, segundo ele mesmo nos diz, a redação do *De Oratore* foi motivada, entre outras coisas, pelo desejo de corrigir as opiniões populares que então circulavam, em parte como resultado de um de seus escritos de juventude, o *De Inventione*:

> Pois é teu desejo, tantas vezes a mim revelado, que eu publique algo mais refinado e completo acerca daqueles mesmos temas, visto que os ensaios inacabados e crus que escaparam de meus cadernos de mocidade pouco são dignos do momento atual de minha vida e de minha

---

[28] *De Oratore*, I, xii. Quintiliano (II, xxi) desenvolve e ilustra extensivamente essa posição.

experiência, adquirida por meio das causas graves e numerosas nas quais me envolvi. Em geral, discordas de mim nas ocasionais discussões que travamos sobre o assunto, pois afirmo que a eloquência depende da habilidade capacitada de homens altamente instruídos, ao passo que, para ti, ela deve ser apartada dos refinamentos do aprendizado e subordinada a uma espécie de prática e de talento natural.[29]

Segundo afirma Cícero, o *De Inventione*, que continuaria a ser um material didático padrão até pelo menos a época de Ben Jonson, fora escrito com base nas notas que ele reunira ao estudar os mestres gregos.[30] No *Orator*, escrito após o *De Oratore*, Cícero refina significativamente o tratamento técnico que dá às partes da retórica não abordadas no *De Inventione*. O *De Orator* não tem como principal interesse a invenção e a disposição, mas a elocução (*elocutio*) e o proferimento. Ademais, Cícero apresenta de maneira magistral a doutrina da conveniência (tradicional até mesmo em sua época), a qual exerceu importantíssima influência sobre a literatura europeia.[31] Tudo isso se dá porque Cícero jamais desejou negligenciar os fatores técnicos da arte linguística; contudo, como a oratória partilhava com a poesia todas essas regras, não há em tais textos qualquer fundamento para a definição da natureza da oratória.[32]

---

[29] *De Oratore*, I, ii.

[30] Gwynn (*Roman Education*, p. 96 ss) apresenta uma valorosa discussão sobre a influência dos tratados gregos, em especial os de Hermágoras, sobre o *De Inventione* e o *Ad Herennium*. Ele demonstra como a aplicação da dialética estoica à retórica já havia criado o tipo de manual improdutivo que ressurgiria no período abarcado pelos séculos XIII e XV e que deixaria indignados os humanistas. Aquele era, mais uma vez, o esforço dos dialéticos para reduzir todo o conhecimento à ordem da dialética.

[31] Ver *Orator*, v-vii, xxi-xxii, xxix, para a discussão e o esclarecimento dos três níveis do estilo e da conveniência que os determina. Ver xvi, xxxix-lxxxi para a *elocutio*. Para o proferimento, ver xvii-xix. A memória, quinta parte da oratória, recebe amplo tratamento no próprio *De Oratore*: II, lxxiv, lxxxvi-lxxxix. Embora o crescente menosprezo pelo tema da conveniência remonte ao século XVII, suas consequências foram infaustas. Um estudo da oposição ao estilo elevado se faz necessário, precisando começar com os "aticistas" gregos. No tempo de Hobbes, os argumentos são remodelados segundo a física matemática, com sua descrença na imaginação e na linguagem. As melhores discussões sobre o assunto que até agora encontrei foram formuladas por G. L. Hendrickson, J. F. D'Alton, Inez Scott e Maurice Evans. [Ver a bibliografia para os dados completos dessas edições. - N. E.]

[32] "A verdade é que o poeta é um parente muito próximo do orador, alguém muito mais engessado no que diz respeito ao ritmo, mas mais livre na escolha das palavras, enquanto, no uso de muitos tipos de adornos, é seu aliado e quase

Cícero, portanto, repete enfaticamente que a retórica é tão somente um elemento da oratória (*De Oratore*, I, xxiii, xxx-xxxi, xxxvi; II, iii, xvii-xix; III, xx, xxxvii). Uma vez que os preceitos dos retóricos se resumem à elaboração artística da experiência dos homens que se expressam na ágora grega e no fórum romano, esse tipo compendioso de arte retórica é um mero subproduto da eloquência: "Na verdade, então, é minha crença que homem algum pode se tornar um orador completo em todos os atributos meritórios sem ter alcançado o conhecimento de todos os temas e artes relevantes. Afinal, é do saber que a oratória deve obter sua beleza e completude (...)" (*De Oratore*, I, vi).

O conhecimento das chamadas artes liberais é claramente indicado (I, xvi). A elas, deve ser acrescentado o estudo do direito, única arte a ser estudada pelo orador em sua integridade, e uma longa prática no manejo dos problemas públicos e privados (I, liv-lxii), pois toda a orientação do orador ideal se dá em função do exercício da prudência política. Para Cícero, a eloquência e o direto ao poder político eram tão interdependentes que ele se mostra capaz de dizer do estilo elevado: "O orador deste terceiro estilo é magnífico, opulento, faustoso e ornado; sem dúvida alguma, possui notável poder. Ele é o homem cujo brilhantismo e fluência levaram nações encantadas a atribuir à eloquência a mais alta posição no Estado" (*Orator*, xxvii).

---

seu equivalente (...)" (*De Oratore*, I, xvi). Essa era uma posição comum antes de Aristóteles, e permaneceu assim até a época de Johnson, passando por todo o período medieval e renascentista.C. S. Baldwin (*Medieval Rhetoric and Poetic*) e D. L. Clark (*Rhetoric and Poetry in the Renaissance*) lamentam a falta de distinção entre retórica e poética nos períodos da Idade Média e do Renascimento. Uma vez, porém, que suas investigações se baseiam em manuais cujos autores viam muitos fatores da linguagem poética e retórica como comuns a ambas as artes, eles naturalmente não conseguiram encontrar as distinções almejadas. Elas foram traçadas pelos filósofos medievais não nos termos de técnicas linguísticas, mas de funções e finalidades. Ver Santo Tomás de Aquino, *In I Anal. Post.*, lec. 1, para um esclarecimento da explicação dada por Aristóteles sobre os domínios da lógica, da retórica e da poética. Como o dialético deve valer-se de evidências prováveis; o retórico, apenas de justificativas presumíveis; e o poeta, de provas simuladas, pois é ele quem *produz* as próprias associações, não procede a afirmação de que o poeta não pode utilizar modos de argumentação que se encontram fora de seu domínio imediato. A discussão sobre as formas que assumem o silogismo nessas artes, incluindo aí a sofística, é tão refinada que faz parecer extremamente ingênuos os esforços modernos que tentam distinguir a prosa da poesia ou, então, isolar o conteúdo lógico da arte poética. Para uma apresentação e uma breve análise desses textos, ver W. J. Ong, "The Province of Rhetoric and Poetic". *The Modern Schoolman*, vol. 19, 1942, p. 24-27.

Desse modo, é bastante compreensível que, no medievo, a eloquência tenha sido menos uma esfera da homilética do que do direito.³³ Com a completa manifestação secular do ideal ciceroniano na Itália do século XV e na Europa do século XVI, o que seria mais natural do que ouvir a glorificação do Estado e daqueles que o governavam? Nós observaremos que aqueles que acabaram por escrever sobre o tema da política e sobre o tema da educação dos príncipes e conselheiros estavam repetindo Cícero conscientemente.

Ao nos debruçarmos sobre Quintiliano, encontramos não um orador, mas um mestre-escola – um tipo de mestre-escola que idolatrava Cícero e que foi importante para a consolidação e a transmissão, ininterrupta, de suas doutrinas ao longo dos séculos subsequentes. No entanto, de acordo com o que indica Gwynn, "suas *Institutio Oratoria* colocam a retórica no centro da educação de um modo que Cícero não toleraria".³⁴ Ademais, o *doctus orator* de Cícero tende a se tornar, em Quintiliano, um *scholasticus*. Outra diferença de ênfase diz respeito ao perfeito orador de Quintiliano, para quem

> o elemento mais essencial é ser um homem bom. Como consequência, dele exigimos não apenas a posse de dons discursivos excepcionais, mas também todas as excelências de caráter, pois não permitirei que os princípios da retidão e da vida honrosa sejam considerados, como alguns defendem, um objeto de interesse específico da filosofia. O homem que de fato desempenha seu papel como cidadão e é capaz de satisfazer as exigências da vida pública e particular, o homem que consegue governar um Estado com suas orientações, que consolida os pilares da nação por meio de suas leis e que elimina dela os seus vícios não é ninguém mais do que o orador de nossa busca.³⁵

A mudança do simples *doctus orator* para o *vir bonus dicendi peritus* certamente está de acordo com o desejo ciceroniano de subordinar a filosofia à retórica e de identificar a eloquência com a sabedoria. Porém a tendência dos estoicos romanos da época a dissociar a virtude pública da virtude privada pode ter

---

³³ L. J. Paetow, *The Battle of the Seven Arts*. Berkeley, 1914, p. 22-23. C. H. Haskins (*The Renaissance of the Twelfth Century*. Cambridge, Massachusetts, 1927, cap. vii) é uma boa fonte sobre o direito, mas não indica seus vínculos com a retórica e a dialética na Idade Média.

³⁴ Gwynn, *Roman Education*, p. 247.

³⁵ *The* Institutio Oratoria *of Quintilian with an English Translation by H. E. Butler, M. A.*, 1920 [reimp. 1963], 4 vols., I. *Proemium*, 9-10, p. 9-11. (Loeb Classical Library)

sido influente.³⁶ É surpreendente perceber como Milton adapta a linguagem de Quintiliano em sua própria descrição do verdadeiro poeta.³⁷

É bastante óbvio que a substituição do *doctus orator* de Cícero pelo *vir bonus dicendi peritus* de Quintiliano só poderia tornar benquisto o ideal de eloquência para os tempos cristãos. Se a eloquência exigia um saber enciclopédico, ótimo: assim também o fazia a teologia gramatical. Todavia, era por exigir uma virtude moral perfeita que ela se tornava ainda mais desejável. Assim é que ela parecerá aos olhos de Agostinho, e não há nada de surpreendente no conceito

---

³⁶ Arnold, *Roman Stoicism*, p. 113 e 394.

³⁷ Existe uma aparente anomalia no fato de, ao longo do século XVI, um ciceroniano tão leal como Quintiliano ter sido prestigiado pelos anticiceronianos ou aticistas. Porém, isso pode ser parcialmente explicado pelo fato de, em sua juventude, ele ter sido um apaixonado adepto de Sêneca (Gwynn, op. cit., p. 236) e ter demonstrado estima pela força daquele estilo (X, I), julgando necessário elaborar uma extensa defesa do estilo ciceroniano contra os senequistas. Além disso, há a sua devoção aos autores estoicos e a Platão. Gwynn afirma que "[o] tom das *Institutio Oratoria* sugere que Quintiliano devia mais àqueles ensaios [de Sêneca] do que aos diálogos filosóficos de Cícero" (p. 237). É precisamente para esse tipo de questões estilísticas que os homens do Renascimento tinham uma sensibilidade muito mais aguçada do que os pesquisadores modernos do período clássico. Ao menos Lorenzo Valla (1407-1457), diz F. H. Colson (*Fabii Quintiliani Institutionis Oatoriae*, p. lx), conhecia Quintiliano praticamente de cor, escrevendo uma comparação entre Cícero e Quintiliano que ofendia a ortodoxia ciceroniana (ver Izora Scott, *Controversies over the Imitation of Cicero*. Nova York, 1910, p. 10-14). Rodolfo Agrícola (1444-1485), o influente humanista germânico que foi de grande importância para o enfraquecimento dos ciceronianos (sua *Dialectica* inspirou Ramée a dividir as duas primeiras partes da retórica, deixando para ela apenas a arte da ornamentação), era fiel a Quintiliano. (Colson, op. cit., p. lxix. O autor indica vários exemplos da influência e da reputação de Quintiliano, mas parece não considerar as violentas controvérsias que envolveram seu nome.) O ataque de Erasmo, em *Ciceronianus*, contra os abjetos imitadores de Cícero desenvolve a perspectiva de Quintiliano no livro X, ii. Ademais, segundo Colson (p. lxxii), o *De Tradendis Disciplinis* (1531), de Vives, maior obra educacional do século XVI, supera a de Quintiliano ao mesmo tempo em que se baseia solidamente nele. Muret, o grande rebelde ático que se opôs a Cícero e inspirou Montaigne, indica que, em seus tempos de meninice, quem não colocasse Quintiliano acima de todos os outros não era considerado bom professor (Colson, op. cit., p. xxiv). Colson fica confuso com o fato de Quintiliano aparentemente não suscitar o interesse de Rabelais, Castiglione ou Montaigne. Rabelais é um gramático e um teólogo requintado, não um retórico. Castiglione é um ciceroniano inflexível, ao passo que Montaigne é tão anticiceroniano que se vê obrigado a descartar Quintiliano também.

de *Christus Rhetor* do cristianismo primitivo e nas representações esculturais de Cristo como o orador perfeito.[38]

Quintiliano oferece o mesmo programa de estudos de Cícero, mas é muito mais detalhado em sua abordagem e no tratamento dado às questões de estilo e de conveniência. Desse modo, Quintiliano era muito mais útil para os mestres que o seguiram. Além disso, vivendo em um mundo no qual a eloquência não desfrutava do mesmo espaço público que ocupava no tempo de Cícero, ele adaptou os ideais de eloquência ciceronianos de modo manejável para os séculos imediatamente posteriores. A forte ênfase na excelência moral – em detrimento do sucesso público, do poder e da suntuosidade – certamente seria agradável aos leitores cristãos.

Já é corriqueiro afirmar que todos os Pais latinos receberam o tipo de educação esboçado por Cícero e Quintiliano. A gramática e a retórica constituíam a base de seu aprendizado.[39] O conflito extremamente justificável entre o cristianismo e a literatura pagã pode ser encontrado em várias páginas de autoria dos Pais; contudo, ele raramente se resume a uma proibição porque as alternativas eram uma educação pagã ou educação alguma. O persistente alerta contra os perigos dos clássicos é acompanhado do reconhecimento de que eles devem ser lidos para a assimilação das disciplinas e do conhecimento necessários para a teologia.[40] Uma rápida leitura de De Labriolle mostrará que os Pais eram, como afirmou Tertuliano, *fiunt non nascantur christiani* (*Apologeticum*, 18, 4). Até mesmo Jerônimo, educado como cristão, teve como pupilo o célebre Donato. Os relatos, encontrados

---

[38] Christopher Dawson, *The Making of Europe*. Nova York, 1938, p. 64. Ver também *L'Art Chrétien* (p. 53), de Louis Bréhier, que afirma que a figura de Cristo, uma vez livremente representada, se baseia na figura convencional do filósofo-orador. Mais adiante (p. 55), ele diz que a arte cristã primitiva é, na verdade, "a floração final da arte helênica. Porém, ao adotar o estilo de uma cultura decadente, ela lhe deu novo encanto e frescor; então, quando enfim se libertou de seus obstáculos anteriores e recebeu a sanção e o encorajamento da Igreja, se tornou a arte católica da Idade Média. De maneira semelhante, da cultura literária agonizante do mundo antigo, nasceu o broto vigoroso da literatura cristã, que germinaria no latim da Vulgata e, posteriormente, na poesia do *Stabat Mater* e do *Dies Irae*" (F. J. E. Raby, *A History of Christian-Latin Poetry*. Oxford, 1927, I, p. 8).

[39] De Labriolle, *History and Literature of Christianity*, p. 6 et passim.

[40] M. Roger, *L'Enseignement des Lettres Classiques d'Ausone à Alcuin*. Paris, 1905, p. 131-43.

nas *Confissões*, do período de Santo Agostinho como famoso professor de retórica e do encanto que a eloquência de Ambrósio exercia sobre ele são familiares demais para necessitarem de explicações.

Obras de apoio como as de Norden, Manitius e Raby nos mostraram que, em seus aspectos estilísticos, a literatura patrística é uma expressão das mesmas circunstâncias que prevaleciam na literatura latina da época.[41] Só agora tem sido reconhecido o fato de o estilo e as formas da literatura medieval terem dado continuidade àqueles da literatura latina tardia. Mais uma vez, o controverso destaque que o século XVI deu a Cícero e à literatura da época de Augusto, e que assim estabeleceu a ênfase geral dos estudos clássicos que se estende até hoje, obscureceu as origens e o desenvolvimento da literatura medieval. O fato de a eloquência latina tardia ter deixado de lado o seu objetivo original – a formação de estadistas eloquentes – futilizou o seu programa de estudos. A enciclopédia das artes foi reorientada para a escrita histórica e poética. Em meio a essa situação, surgem os Pais da Igreja.

A notável frase de Santo Agostinho citada por Marrou (p. 2) assinala, no que diz respeito à cultura cristã subsequente, o novo comportamento de todo o programa ciceroniano: "*O utinam doctissimum aliquem, neque id tantum, sed etiam eloquentissimum, et omnino sapientissimum, perfectumque hominem (...) de hoc ambo interrogare possemus!*".[42] Como escritor, Santo Agostinho era exatamente isso. Nas *Retractationes*,[43] ele nos relata que escrevera uma obra intitulada *De Grammatica* (hoje perdida). Nós temos ainda seus seis livros *De Musica*. Ele acrescenta que iniciara a redação dos seguintes tratados, jamais concluídos: *De Dialectica, De Rhetorica, De Geometrica, De Arithmetica, De Philosophia*. Esse era todo o ciclo de estudos que Santo Agostinho julgava necessário e que Isidoro de Sevilha mais tarde enunciaria. A semelhança com Quintiliano é óbvia.[44]

---

[41] Marrou, *Saint Augustin et la Fin de la Culture Antique*, p. 4, 15, 89 et passim. Todo o volume de Marrou é dedicado à análise das consequências dessa situação para Santo Agostinho e para a grande influência agostiniana sobre a Idade Média.

[42] *De Quantitate Animae* 33 (70), *P. L.*, 32, 1073. Doravante, é à *Patrologia Latina* de Migne que se referem as indicações que trazem *P. L.*, o número do volume e a coluna.

[43] *P. L.* 32, 591.

[44] De Labriolle (p. 345) demonstra como Orígenes, familiarizado com os sistemas gregos, concebera no século III a ideia de uma síntese enciclopédica, o *Peri Archon*.

Deixemos de lado a *puerilis institutio*. E quanto à *politior humanitas*? Santo Agostinho conheceu a beleza da filosofia por meio da leitura do *Hortensius*, tratado ciceroniano hoje perdido. A exemplo de Cícero, ele então ingressou na Nova Academia, mas em seguida adotou a doutrina de Plotino. Não havia eloquência sem filosofia em Santo Agostinho; e, sobre ela, tal como sobre a de Cícero, pode-se dizer que era uma sabedoria copiosamente discursiva. A exemplo de Cícero, Santo Agostinho escreveu diálogos filosóficos e proferiu muitas falas e discursos. Aquilo que se tornara uma eloquência morta, uma eloquência escrita, voltava a ser um discurso público, a eloquência de um homem que se dirige a uma multidão. Cícero queria se tornar um historiador, mas nunca chegou a realizar o seu desejo. Com sua *De Civitate Dei*, Santo Agostinho se tornou um no melhor estilo da tradição latina e romana.

Em suas obras teológicas, como já tivemos a oportunidade de ver, Santo Agostinho é o gramático instruído, e nele a *poetarum enarratio* de Quintiliano se torna uma *psalmorum enarratio*. Na história da cultura cristã, o *De Doctrina Christiana* equivale precisamente ao *De Oratore*, de Cícero. Ele é a carta régia da educação. Por sua vez, como observamos, a gramática desempenha um papel predominante nesse programa, pois é de crucial importância para o teólogo.[45] Ainda assim, o quarto livro é dedicado à retórica, aos modos de tornar conhecido o significado daquilo que a gramática e as outras artes averiguavam

---

[45] De seus quatro livros, três são dedicados à linguística e às artes liberais necessárias ao intérprete das Escrituras. Assim como Bacon em seu ataque aos dialéticos, Santo Agostinho diz que as artes e o conhecimento devem ser úteis, auxiliando o homem em sua condição; além disso, como Bacon francamente admite, a maior das artes é a teologia, uma vez que socorre o homem em seu estado espiritual. Na medida em que algumas artes não são apenas usadas por sua utilidade, mas pelo divertimento que oferecem, diz Santo Agostinho (I, 3), devemos tomar cuidado para não as apreciarmos durante muito tempo. Teremos a oportunidade de ver que, antes de Bacon, os gramáticos atacavam os escolásticos nesses termos, do mesmo modo como, a exemplo de Pedro [Damião], homens altamente instruídos atacavam com determinação todo o conhecimento profano. Santo Agostinho dedica muito tempo ao problema da interpretação das figuras de linguagem (II, xvi e a maior parte do livro III) e dos quatro níveis interpretativos. Ele mostra como a ciência natural de Plínio auxilia o exegeta (II, 16, 29) e como o simbolismo numérico, em suas relações com o movimento e com os sons, se faz necessário, uma vez que a ciência dos números não foi criada, mas descoberta pelo homem. A história é proveitosa (II, 28) e a dialética é de grande utilidade na investigação de todo tipo de questão encontrado nas Escrituras (II, 31). O quarto livro foi escrito trinta anos depois dos três primeiros.

(IV, I, 5). As doutrinas de Cícero são indicadas muitas vezes como fonte de autoridade (IV, 3, 6, 7, 10, 12, 18), dado que o cristão lida o tempo todo com questões elevadas (IV, 18); no entanto, o orador cristão naturalmente levará em conta o seu público, a ocasião e o tema, dizendo coisas pequenas em estilo simples, a fim de ser instrutivo; coisas moderadas em estilo temperado, a fim de agradar; e coisas elevadas em estilo sublime, no intuito de influenciar a mente (IV, 17). Ele cita (IV, 12) a famosa doutrina ciceroniana de que o homem eloquente deve instruir, agradar e persuadir (*Orator*, xxi) e, em seguida, vale-se das Escrituras (IV, 20), de Santo Ambrósio e de São Cipriano (IV, 21) para exemplificar os vários estilos.

É possível perceber, aqui, um exemplo típico dos problemas que aparecem quando um cristão crê que as disciplinas que aprendera são fundamentalmente seguras, mas precisam ser transformadas pela graça. Desse modo, Santo Agostinho acreditava que todas as doutrinas de Cícero deveriam ser retificadas. Ele estava em posição para realizar essa tarefa, pois, com os grandes oradores cristãos dos quatro séculos antecedentes, a eloquência romana estava sendo reavivada na pureza do ideal ciceroniano, e não apenas na eloquência escrita de Quintiliano. A diferença estava no fato de que, em vez de se dirigirem aos homens para guiá-los rumo ao bem comum da cidade – tal como fizeram Bruto, Crasso, Cícero e outros –, Santo Agostinho e os oradores cristãos recorriam à eloquência para guiar os cristãos até Deus e o bem comum da Cidade de Deus.[46]

---

[46] E. K. Rand, em *Founders of the Middle Ages* (Cambridge, Massachusetts, 1928, p. 49-64), nos oferece um útil resumo das *Instituições Divinas* do ciceroniano Lactâncio, primeiro livro a ser impresso na Itália e um dos mais lidos durante a Idade Média e o Renascimento. Rand sintetiza: "Do primeiro ao último princípio, está claramente expresso que, enquanto a fé cristã tem muito o que evitar da crença e da moral pagã, ela pode, ou *deve*, recorrer ao pensamento, à poesia e à inspiração do passado" (p. 63). Ver também o capítulo "St. Jerome the Humanist" (p. 102-34).

CAPÍTULO 2

O Trivium de Santo Agostinho a Abelardo

A. Gramática

O Trivium *de Santo Agostinho a Abelardo*

Nas páginas que dão início a este capítulo, McLuhan assume seu método histórico e percorre séculos documentando os corretivos apresentados por sua tese. Se recordarmo-nos do capítulo introdutório, da explicação das origens deste trabalho e dos equívocos que McLuhan encontrou em On the Continuity of English Prose, *de Chambers, vemos que o fio condutor de sua obra pode ser encontrado em todas as entrelinhas; aqui, porém, ele nos é evocado de maneira explícita ao fim do segundo parágrafo: "(...) para tornar clara a continuidade do trivium". Esse objetivo alcança sua própria e intensificada unidade nas passagens que aproximam sucintamente todos os três domínios do trivium: "As escolas [da Itália do século IV] revelam uma ininterrupta tradição gramatical e retórica, imaculada pelos grandes desenvolvimentos da dialética nos séculos XII e XIII".*

A quinta nota de rodapé foi mantida em sua versão original, escrita entre junho de 1940 e o envio da tese, após cerca de dois anos e meio. Sem notícias de Gilson, que à época se encontrava na França ocupada, o reconhecimento de sua influência por McLuhan soa como uma elegia, mas nada disso se mostraria necessário (ver p. xv). A nota de número 23, que talvez deva ser interpretada como um apelo e uma promessa aos leitores ansiosos pela aparição de Nashe, também enfatiza a unidade do tema de McLuhan: "A educação continuou a se fundamentar no ciclo das artes liberais até a época de Thomas Nashe. Nosso problema é, ao mesmo tempo, indicar isso e explicar algumas de suas consequências literárias mais importantes". A nota 24 cita a descrição, feita por E. C. Thomas (ver Bibliografia), da divisão entre as artes (o trivium) e as ciências (o quadrivium *formado pela aritmética, pela geometria, pela música e pela astronomia).*

— O editor

"A influência das escolas de retórica e gramática é clara em cada página de Tertuliano, Jerônimo e Agostinho", diz Raby,[1] "e até que cheguemos aos séculos VI e VII, dificilmente veremos um poeta cristão que não deva toda a sua formação aos gramáticos e aos retóricos". Raby é incapaz de demonstrar ou até imaginar outra fonte para os poetas daqueles ou de quaisquer outros séculos enfocados por seu estudo. Que não havia qualquer outra educação concebível torna-se evidente na queixa, formulada por Gregório de Tours em 580, de que as cidades da Gália estavam permitindo o perecimento do cultivo literário. Não era possível encontrar um homem sequer que fosse gramaticalmente instruído, versado na dialética e capaz de descrever os acontecimentos temporais em prosa ou verso.[2]

Na Gália dos séculos IV e V, a cultura romana floresceu mais do que em território italiano. Norden afirma[3] que, mais até do que a Itália, sua verdadeira pátria, era a Gália que estava destinada a ser o sustentáculo da cultura antiga durante o período do Império Romano e da Idade Média. Inundada por bárbaros e repleta de mosteiros, continua ele, ela defendia a educação tradicional tendo em vista a própria glória e o serviço à humanidade. No entanto, como indica Haarhoff em seu útil estudo,[4] isso se aplicava mais aos séculos IV e V do que aos séculos VI, VII ou VIII, quando a Inglaterra manteve vivas as tradições intelectuais que seriam retomadas pelo continente após o convite de Carlos Magno a Alcuíno, que deveria reconsolidar no império um programa educacional. Algumas observações sobre os acontecimentos que se deram na Inglaterra e que culminaram no renascimento carolíngio são necessárias para tornar clara a continuidade do *trivium*.[5]

---

[1] Raby, *A History of Christian-Latin Poetry*, I, p. 7.

[2] *History of the Franks*, X, 31. Há uma tradução de grande parte da obra realizada por Ernest Brehaut (Nova York, 1916).

[3] E. Norden, *Antike Kunstprosa*, II, p. 631.

[4] Theodore Haarhoff, *Schools of Gaul*. Oxford, 1920, p. 39. Ver também A. F. Ozanam, *History of Civilization in the Fifth Century*. Londres, 1868.

[5] Alguns anos após ter iniciado um estudo sistemático das origens e do desenvolvimento do *trivium*, tive a sorte de encontrar o registro de algumas lições do

A história do florescimento da cultura inglesa já foi contada inúmeras vezes. Antes das invasões anglo-saxônicas, Roma já havia enviado missionários para a Bretanha e fomentado um cristianismo mais ou menos próspero. Contudo, era tão grande a animosidade entre os invasores pagãos e os cristãos bretões, incluindo o clero, que a conversão dos anglo-saxões pelos bretões tornou-se impossível. Na *Crônica Anglo-Saxônica*,[6] lemos a respeito do ano 596: "Neste ano, o papa Gregório enviou à Bretanha Agostinho e vários monges, a fim de que pregassem a palavra de Deus para o povo".

Nosso problema, agora, se resume à história da literatura anglo-saxã primitiva, considerada um subproduto do trabalho missionário de Agostinho de Cantuária. Quando partiram para a Inglaterra, Agostinho e seus monges naturalmente carregaram consigo os livros religiosos necessários à liturgia cristã e a coisas do gênero. Cinco anos depois, em 601, época em que Agostinho foi consagrado o primeiro arcebispo de Cantuária, o papa lhe enviou uma série de recipientes sagrados, ornamentos e livros.[7] Beda não diz que obras eram essas, o que também não descobrimos a partir de outras fontes. Contra qualquer suposição de que seriam apenas livros religiosos, é bastante adequado insistir no fato de que os missionários romanos precisavam aprender anglo-saxão por conta própria e ensinar latim para aqueles que se tornariam padres. Já em 644, um habitante de Kent foi elevado a bispo de Rochester. Em cerca de 647, outro anglo-saxão o sucedeu. No ano de 655, um saxão da zona ocidental que recebera o nome de Adeodato se tornou o sexto sucessor de Agostinho. Desse

---

professor Gilson. Enquanto eu trabalhava nessas questões em Cambridge (1939-1940), ele ministrou várias palestras (no Instituto de Estudos Medievais de Toronto, onde dirige as pesquisas) sobre a continuidade dos estudos clássicos ao longo da Idade Média. O professor Gilson retornou para a França alguns meses antes de sua tomada, e desde então não temos notícias dele. Essas lições, das últimas que ministrou neste país, são de enorme interesse. Embora seu foco principal não seja o *trivium*, elas estão repletas de perspectivas extremamente úteis e motivadoras acerca do confuso tema da gramática e da dialética, tendo me ajudado a esclarecer diversos pontos que me deixavam desconcertado. Se essas lições fossem publicadas antes, eu teria conseguido reduzir o tamanho desta e da próxima seção sobre a gramática, podendo destinar mais espaço para o século XVI propriamente dito. Ademais, a autoridade da grande erudição do professor Gilson poderia respaldar muitas de minhas próprias interpretações. Se, portanto, tanto esta quanto a próxima seção sobre a gramática possuírem algum mérito não encontrado no restante do estudo, eu gostaria que todo o crédito fosse dado ao professor Gilson.

[6] P. 281. (Everyman's Library)

[7] Beda, *Ecclesiastical History*, livro I, cap. 29. (Loeb Classical Library)

modo, é ao menos possível que, entre os livros carregados em 601, estivessem incluídos alguns textos gramaticais e literários.

À época da consagração de Adeodato, Roma julgou oportuno não enviar à Inglaterra apenas missionários, mas também homens altamente instruídos. Em 664, após a morte de Adeodato, o papa nomeou como seu sucessor Teodoro, monge grego que, segundo Beda, era um homem bem instruído tanto na literatura profana quanto na literatura religiosa, tanto em grego quanto em latim (livro IV, cap. 1). Teodoro tinha como companheiro Adriano, africano igualmente versado nas Escrituras, experimentado na disciplina e hábil nas línguas grega e latina. Ele recebeu a incumbência de cuidar do mosteiro de São Pedro na Cantuária. Tanto Teodoro quanto Adriano, "sendo um tanto versados, congregavam estudantes e lhes transmitiam conhecimentos salutares". A partir daquele momento, formou-se uma escola regular; e, ao lado dos tomos de textos sagrados, eram ensinadas métrica, astronomia e aritmética, "e disso dá provas", continua Beda, "o fato de, até o presente [após o ano 700], alguns de seus alunos ainda vivos terem um conhecimento do grego e do latim tão elevado quanto o do próprio idioma".[8]

Qual era o conteúdo da cultura anglo-latino-inglesa? Podemos recorrer ao testemunho de um dos representantes mais brilhantes dessa cultura: Santo Adelmo de Malmesbury. Embora não natural de Kent, foi lá que Adelmo adquiriu e aperfeiçoou seu conhecimento.[9] Nascido em cerca de 639, ele já havia completado seus estudos no mosteiro de Malmesbury, sob a tutela de seus monges irlandeses, quando chegou a Cantuária. Ainda assim, a reputação da cidade o seduziu. Quando lá chegou, "todo o esforço que dedicara ao aprendizado, cujos sagrados aposentos já julgava conhecer, nada parecia. Então eu,

---

[8] Livro IV, cap. 2. Taylor (*The Mediaeval Mind*, II, cap. 28 e 29) discute e ilustra a herança da exegese bíblica patrística que foi transmitida por Isidoro, Beda e Rabano Mauro. Com sua prévia disciplina na leitura dos clássicos, ele é incompleto e não leva em consideração o fundamento gramatical. Foi necessário que Marrou publicasse sua obra para que uma explicação satisfatória desses fatores se mostrasse possível. No entanto, o material que Taylor apresenta é útil e torna desnecessária qualquer ilustração desses fatos. Ao mesmo tempo, porém, o autor se encontra bastante equivocado ao supor que a cosmologia e a física medieval eram um subproduto da exegese. A antiga união entre gramática e física já foi indicada.

[9] Ver M. Manitius, *Geschichte der Lateinischen Literatur des Mittelalters*. Munique, 1911-1931, 2 vols.; I, p. 134-41. Manitius é fundamental para a compreensão de todo o período sobre o qual nos debruçamos agora.

que a mim outrora via como mestre, passei novamente a pupilo".[10] Em carta enviada a Eleutério, Adelmo descreveu o programa de estudos em Cantuária, mencionando primeiramente que deveria estudar direito romano como se precisasse se tornar um *doctus orator*.[11] Em seguida, vinha a métrica e a prosódia. Ele chama a retórica de "a mais complicada das ocupações", mas o pior de tudo eram a matemática e a astronomia. Desse modo, sua educação em Cantuária era, em geral, aquela necessária ao douto exegeta gramatical das Escrituras.

Em 709, Adelmo faleceu como bispo de Sherborne. Seus escritos incluem cartas, poemas rítmicos, o tratado *De Laudibus Virginitatis* – sua obra mais importante, que mistura trechos em verso e prosa – e charadas latinas (uma forma leve de poesia popular que viria a ser imitada por Cynewulf). Nele abundam citações de Virgílio, Terêncio, Horácio, Juvenal, etc. Sua prosa é inequivocamente retórica, repleta de aliterações e de recursos que, aos poucos, foram incorporados ao vernáculo. Citando Stubbs, Sandys resume a situação dizendo que "ele foi o primeiro inglês a cultivar o saber clássico com algum sucesso, assim como o primeiro a ter qualquer relíquia literária preservada".[12]

A obra literária de Adelmo, portanto, justifica a afirmação de que a escola de Cantuária era tão somente uma continuação da *puerilis institutio* do Império Romano tardio. Ao mesmo tempo, ela era uma continuação do ideal agostiniano, uma *doctrina christiana* (fosse ela consciente ou não). Em carta enviada a Etevaldo, Adelmo especifica que a literatura profana deve ser usada para se obter uma compreensão mais adequada das Sagradas Escrituras e, também, da filosofia:

> Sobretudo, dedica-te incessantemente às leituras divinas e às orações sagradas. Se, além disso, desejares conhecer algo das letras seculares, faze-o somente em busca deste fim: uma vez que todo, ou quase todo, o encadeamento de palavras tem como fundamento a gramática, compreenderás com maior facilidade, na leitura, os sentidos mais sagrados daquela mesma

---

[10] *De Gestis Regum Anglorum*, I, p. 30. (Rolls Series)

[11] *Monumenta Germaniae Historica* (doravante, *MGH*), vol. 15, p. 476.

[12] Sandys, *A History of Classical Scholarship*, I, p. 451. Sandys é uma referência útil a respeito dos períodos subsequentes, mas não se esforça para oferecer algo além de um manual ou um catálogo. Raby, op. cit., almeja muito mais, mas está interessado basicamente em indicar formas métricas e o tema dos poemas. A. F. Leach (*The Schools of Medieval England*. 2. ed. Londres, 1916) é um autor fundamental para nossos propósitos.

linguagem divina, de modo que terás melhor compreensão das mais diferentes regras da arte que forma sua trama.[13]

O tipo de cultura que Adelmo levou de Cantuária para Malmesbury não era nada mais do que uma adaptação local da cultura clássica dos Pais da Igreja.

Em 635, Wessex recebeu uma missão romana, a qual parece ter sido diferente daquela orientada por Agostinho de Cantuária. A história da escola de Wessex é obscura.[14] Em torno do ano 685, um menino de nome Winfred foi enviado por seu pai à escola. Em seguida, partiu para a abadia de Nursling, entre Winchester e Southampton, onde completou seus estudos. Seu desempenho foi tão bom, que ele finalmente acabou indicado para cuidar daquela escola; no entanto, sua vocação não era a de um professor. Ele desejava realizar trabalhos missionários, levar para o solo germânico a nova fé que descobrira na Bretanha. Em 716, Winfred trocou Nursling por Frisland, retornando em 718. Então, seguiu para Roma a fim de obter aprovação pontifical. Tão logo Gregório Magno aprovou seu trabalho, foi para a Alemanha, no intuito de pregar na Saxônia. Em 722, foi chamado a Roma e, lá, foi consagrado Bonifácio, bispo da nação germânica. Posteriormente, seria feito o primeiro arcebispo da Alemanha (732), ocuparia a sé de Mainz (745-754) e morreria como mártir em 758.

Os escritos de São Bonifácio se enquadram diretamente em nosso problema. Manitius estudou suas obras com atenção (vol. 1, p. 140-52). É difícil exagerar a importância de São Bonifácio, uma vez que ele não foi apenas um civilizador dos germânicos, mas também fez de Pepino o rei dos francos e, assim, deu início à dinastia carolíngia.

Seus escritos se resumem a uma gramática, ao *De Metris*, a charadas poéticas e a muitas cartas cautelosamente redigidas. Aparentemente, ele conhecia Virgílio

---

[13] Roger, *L'Enseignement des Lettres Classiques*, p. 100. A perfeita continuidade, no medievo primitivo, da abordagem analogista da etimologia e da física, da gramática e da enciclopédia das artes é indicada pelo título, pelo escopo e pelo caráter geral das *Etymologiae* de Isidoro de Sevilha (m. 636). "Ao longo das *Etymologiae*, há um princípio norteador que guia Isidoro no tratamento dos diferentes temas, a saber: sua atitude diante das palavras. Sua ideia era a de que o caminho que conduzia ao conhecimento passava pelas palavras e que elas deveriam ser elucidadas de acordo com sua origem, e não em função das coisas a que se referiam" (E. Brehaut, *An Encyclopedist of the Dark Ages*. Nova York, 1912, p. 33). Brehaut adultera a concepção de Isidoro e parece não ter noção de sua antiguidade. A obra de Santo Isidoro serviu como referência durante séculos.

[14] Beda, *Opera Historica*, III, cap. 7.

de cor.¹⁵ Quando necessitava de conselhos, São Bonifácio se voltava para Roma ou para a Inglaterra, em especial ao bispo de Winchester.¹⁶ Em suma, ele era um representante característico da cultura anglo-latino-cristã, um monge erudito entre bárbaros germânicos e eslavos que o levaram, espantosamente, a afirmar: *"ob quod semper amavit me Germanica tellus, Rustica gens hominum Sclaforum et Scythia dura (...)"*.

O tipo de cultura estabelecido por Bonifácio sobre o solo germânico e frâncico foi o que sobreviveu da *puerilis institutio* das escolas romanas. Além disso, após o colapso do século V, a maior parte de tal cultura não vinha da Itália, mas chegava indiretamente por meio de Cantuária, Exeter e Nursling. Assim, sem a influência de Bonifácio, a cultura europeia não teria tomado os rumos que a história revela.¹⁷ Esse fato, com o qual os historiadores estão perfeitamente familiarizados, parece ser menos reconhecido entre aqueles que discutem a história das letras e da cultura.¹⁸

Beda relata os notáveis esforços de Bento Biscop e de Ceolfrido para fundar a grande escola da abadia de São Paulo em Jarrow (livro I, cap. 29). Foi reunida uma enorme biblioteca e estabelecido um conjunto de regras para manter sua integridade. O abade Bento e, depois, Ceolfrido educaram o próprio Beda, que nos relata o fato ao final de sua narrativa. Das numerosas obras de Beda que o próprio autor elenca nesse último capítulo, ele mesmo indica como mais importantes aquelas que comentam as Sagradas Escrituras. São 35 comentários no total, abordando tanto o Antigo quanto o Novo Testamento. Seu saber ideal era o mesmo de Santo Agostinho.¹⁹

---

¹⁵ *MGH*, I, p. 5, 6, 9.

¹⁶ *MGH*, I, p. 271-73.

¹⁷ Roger, op. cit., p. 428-32. Do mesmo modo, François Pierre Guillaume Guizot, *Histoire de la Civilisation en France Depuis la Chute de l'Empire Romain*, vol. 2, p. 92.

¹⁸ Por exemplo, Taylor, op. cit., p. 249.

¹⁹ "Esta ilha, no momento presente, igualando com suas cinco línguas o número de livros em que foi escrita a Lei Divina, estuda e cultiva o mesmo conhecimento da suma verdade e majestade, isto é, valendo-se da linguagem dos ingleses, bretões, escoceses, pictos; o latim se torna comum a todos pelo estudo das Escrituras" (Beda, I, cap. 1). A palavra que Beda usa não é *latinus*, mas *latinorum*, indicando um grupo de pessoas que falam latim. O tradutor da Loeb Classical Library rechaça, de maneira um tanto injustificável, a declaração do autor. [De fato, o tradutor responsável por verter o texto de Beda para a língua inglesa acaba por violar seu sentido original, o qual a tradução do inglês para o português talvez não torne tão manifesto: "(...) dos ingleses, bretões, escoceses, pictos *e latinos* (...)". - N. T.]

Do outro lado, devemos colocar as obras que, para ele, pertenciam à cultura intelectual recebida de Bento e Ceolfrido. A *História Eclesiástica* é uma história na melhor tradição da cultura latina clássica. Elogiando Beda, [Montague Rhodes] James escreve que, "do ponto de vista literário, o livro é admirável. Não há simulação de conhecimento, não há palavras excêntricas. Uma das grandes heranças que Beda deixou para os escritores ingleses parece ter sido o seu estilo direto e simples".[20] Além disso, Beda escreveu uma boa quantidade de poemas latinos, um hinário, epigramas, três tratados pedagógicos, um livro sobre ortografia, uma arte métrica e uma obra sobre figuras semânticas e sintáticas, ilustradas a partir das Escrituras – à maneira recuperada por vários retóricos do século XVI.[21] As produções literárias de Beda, na verdade, são apenas mais um indício da perpetuidade da cultura clássica romana: gramática, retórica, história e astronomia. Seu *De Natura Rerum* confirma esse fato, uma vez que é enciclopédico; ele tenta satisfazer o projeto do *De Doctrina Christiana*: um resumo de todo o conhecimento necessário para compreender a Bíblia e explicá-la aos outros. As obras de Beda se tornaram material didático para a grande escola de York, onde afluíam alunos oriundos da Alemanha e da França. Os mesmos textos foram levados por Alcuíno às escolas de Carlos Magno.[22]

Ao abordar a relação entre a atividade que culminou nos centros de ensino de Cantuária, Winchester, Nursling, Jarrow, Weirmouth e York e o desenvolvimento vernacular de nossa literatura, o historiador pode recorrer com gratidão à obra de W. P. Ker e R. W. Chambers. Nossa conclusão geral, aqui, é

---

[20] "Latin Writings in England to the Time of Alfred". In: *The Cambridge History of English Literature*. Ed. A. W. Ward e A. R. Waller. Nova York, Macmillan, 1933, vol. 1, p. 72-96, 91. Seria equivocado sugerir, como fazem James, W. P. Ker e R. W. Chambers, que o estilo simples e direto era a *consequência* de uma longa tradição. Perceberemos, em diversas oportunidades, que o estilo direto era indicado para ocasiões específicas, em especial se contivessem um caráter religioso. No entanto, outros estilos eram simultaneamente cultivados por um mesmo escritor. A doutrina da conveniência, observada em Cícero e admitida por Santo Agostinho na pregação cristã, determinava em quais circunstâncias os vários estilos seriam apropriados. Essa doutrina jamais foi desafiada no período que separou Santo Agostinho de Pascal.

[21] *Opera Omnia...*, P. L., vol. 90-95.

[22] Ver Abelson, *The Seven Liberal Arts*, p. 23, obra em que, com a perplexidade de um pesquisador do período clássico que examina seus dados pela primeira vez, ele diz: "Os autores latinos clássicos eram estudados em um nível que ultrapassa as expectativas do mais solidário investigador da Idade Média".

a de que o renascimento carolíngio teve como precedente o florescimento da civilização anglo-saxã, que a ele deu origem.

Sandys, ao tratar da lista de livros que Alcuíno afirma existirem na biblioteca de York, diz: "(...) nos últimos 25 anos do século XVIII, a biblioteca de York em muito suplantava, mesmo em comparação com o século XII, as da França e Inglaterra, fosse a da Christ Church, a de Cantuária, a da abadia de São Vítor, em Paris, ou a de Bec, na Normandia" (I, p. 456). No poema que contém a lista das obras, Alcuíno afirma que o saber saíra da Grécia, fora para Roma e, depois, chegara a York. Alguns dos livros indicados tinham autoria de Jerônimo, Ambrósio, Hilário, Agostinho, Orósio, Basílio, Cassiodoro, João Crisóstomo, Beda, Adelmo, Plínio, Aristóteles, Boécio, Cícero, Sedúlio, Juvenal, Lactâncio, Virgílio, Donato e Prisciano. Obviamente, a escola de York estava preparada para dar continuidade à exegese bíblica gramatical e para formar cristãos eruditos com essa finalidade.[23]

Alcuíno relata a forma como seu professor muitas vezes dizia que as artes foram descobertas, e não criadas, pelos homens mais sábios, que haviam decifrado as leis inscritas por Deus na natureza quando de sua criação. Seria uma vergonha profunda e duradoura, ele continua, se permitíssemos que, por falta de zelo, tais descobertas perecessem ou languescessem. Foi com esse espírito que monges como Beda e Alcuíno transmitiram a tradição clássica.[24]

Diante das dúvidas injustificáveis que questionam se os clássicos eram ou não apreciados na idade das trevas, pode ser prudente mencionar uma anedota da *Alcuini Vita*,[25] cujo autor é desconhecido. Tão devoto de Virgílio era o jovem Alcuíno, diz seu biógrafo (*Virgilii magis quam psalmorum amator*), que ele não deixava

---

[23] Para sua descrição da biblioteca de York, ver Leach, *The Schools of Medieval England*, p. 59 e 59-63. A educação concebida na época de Alcuíno era enciclopédica, a exemplo do que se dera, pelas mesmas razões, na época de Fílon, Orígenes, Jerônimo e Agostinho. A educação continuou a se fundamentar no ciclo das artes liberais até a época de Thomas Nashe. Nosso problema é, ao mesmo tempo, o de indicar isso e o de explicar algumas de suas consequências literárias mais importantes.

[24] E. C. Thomas, *History of the Schoolmen*. Londres, 1941, p. 112-13: "Foi nessa escola do Palácio que Alcuíno ensinou as Três Artes, o *trivium*: gramática, retórica e dialética, ou lógica; e também as quatro ciências, o *quadrivium*: aritmética, geometria, música e astronomia. Esse método de distribuição das artes e ciências certamente foi inventado por Alcuíno, sendo admitido durante séculos como o plano de estudos oficial." É penoso encontrar esse tipo de afirmação em uma obra que deseja ser um guia especializado. O resto do trabalho tem a mesma qualidade dessa declaração.

[25] *P. L.*, 100, 91-92.

sua cela para presenciar o ofício noturno. Ele preferia ler Virgílio. Certa noite, o menino Alcuíno, na época aluno da escola de York, estava a sós em sua cela com um jovem camponês, que dormia profundamente e roncava. De repente, o local foi invadido por uma tropa de espíritos malignos. Eles olharam para os meninos e começaram a atacar o jovem camponês, açoitando-o com crueldade. Então, Alcuíno jurou que, se escapasse das mãos cruéis daqueles demônios, jamais voltaria a preferir Virgílio à leitura dos Salmos.[26] Durante certo tempo, os historiadores repetiram a certeza de que, na Idade Média, ninguém lia os clássicos.[27] Quando

---

[26] Mais conhecida, a história de São Jerônimo ilustra o mesmo. Ele estava a caminho de Belém, carregando com grande desconforto seus autores adorados: "Homem miserável que sou! Estava jejuando quando dei início à leitura de Cícero; após tantas noites em vigília, após tantas lágrimas trazidas do fundo do meu coração pela lembrança de culpas não tão distantes, tomava Plauto em minhas mãos. Se por acaso, acalmando-me, iniciasse a leitura dos Profetas, seu estilo desadornado despertava em mim sensações de repulsa". Jerônimo imagina a si mesmo no banco dos réus: "Ao ser questionado sobre minha crença, respondi: 'Sou cristão'. Ao que disse aquele que presidia: 'Mentes. És um ciceroniano, não um cristão; onde está o teu tesouro, estará também teu coração'" (De Labriolle, *History and Literature of Christianity*, p. 11-12).

[27] Em seu *Filum Labyrinthi*, Francis Bacon se apresenta como exceção ao hábito renascentista de ignorar aqueles que precederam os odiados escolásticos. Após atacar, como era de costume, o controverso aprendizado dialético que os escolásticos absorveram de Aristóteles, o grande escarnecedor do mundo antigo, ele diz que é por meio da Igreja que tem sido preservada a preciosa herança da Antiguidade – tanto o conhecimento natural quanto o conhecimento revelado: "(...) no seio e no regaço, entre as grandes ofensas temporais, sempre preservou [como relíquias sagradas] os livros de filosofia e todo o saber pagão; e quando Gregório, bispo de Roma, tornou-se injustamente contrário à memória da antiguidade pagã, ela foi censurada por pusilanimidade e teve logo em seguida a honra restaurada, sendo a memória dele quase molestada por seu sucessor, Sabiniano (...)" (*Works*, op. cit., III, p. 501). As palavras que então se seguem são igualmente relevantes para o presente estudo, uma vez que apresentam Bacon como entusiasmado expoente da teologia gramatical renovada e da enciclopédia das artes, que haviam sido negligenciadas pelos dialéticos da escolástica: "(...) e por fim, em nossa época e na de nossos pais, quando Lutero e os teólogos da Igreja Protestante, de um lado, e os jesuítas, de outro, se empenharam para reformar, os primeiros, a doutrina, e os segundos, a disciplina e as condutas da Igreja de Roma, ele [Bacon] bem percebeu como ambos os lados atentam para a própria e grande honra e socorrem todo o saber o humano". Em *The Advancement of Learning* (*Works*, op. cit., III, p. 277), Bacon se refere com entusiasmo aos jesuítas e à restauração, por eles operada, da exegese gramatical e da eloquência ciceroniana. A *Ratio Studiorum* dos jesuítas foi calorosamente aclamada por Bacon, visto que ela, como ele próprio, dava a mesma ênfase e disposição à gramática, à dialética e à retórica. A verdade é que Vives, discípulo de Erasmo, foi o mentor tanto de Santo Inácio quanto de Francis Bacon. (Ver a discussão desse tema proposta por Foster Watson, *Vives: On Education*. Cambridge, 1913, p. lxxxiv-lxxxv; ciii-cxix.)

se tornou óbvio que o que se dava era o contrário, eles disseram que os clássicos eram lidos no medievo, mas não apreciados ou compreendidos. "Admitamos, portanto", disse Gilson em uma de suas lições,

> que a maioria dos professores de gramática na Idade Média mandasse seus alunos lerem a *Eneida*, ao mesmo tempo em que os proibia de apreciá-la. Obviamente, somos levados a questionar se o próprio professor, que impedia seus pupilos de apreciarem a *Eneida*, não a apreciava. Além disso, pode alguém ler a *Eneida* sem apreciá-la, em especial um aluno que não pode fazê-lo? Do fato de os alunos medievais não poderem apreciar Virgílio – já bem definido – não podemos concluir que eles não o apreciavam.[28]

Quando, posteriormente, Alcuíno proibiu a leitura de Virgílio em sua própria escola, ele precisou vencer a resistência de homens que adoravam Virgílio tanto quanto ele, em sua meninice, adorara.[29] Não devemos confundir, portanto, a atitude oficial dos mestres diante dos clássicos com a reação pessoal dos pupilos que os liam.[30]

Alcuíno deixou tratados expressivos acerca de cada seção do *trivium*, e daqueles que abordam a retórica e a dialética nos ocuparemos depois. Sua *Grammatica*[31] começa convidando o aluno a amar a verdadeira sabedoria, devendo aprendê-la, porém, apenas se tiver em vista Deus. A sabedoria, diz ele, construiu sua casa sobre sete pilares, as sete artes liberais, disciplinas necessárias pelas quais, outrora, os filósofos, estadistas e reis alcançaram seus objetivos e os doutores da Igreja derrotaram seus inimigos (854 A).[32] Para completar o quadro, acrescente-se a

---

Nada é mais prejudicial à asserção de originalidade de Bacon do que um estudo do *De Tradendis Disciplinis* [de Vives] (1531). Os jesuítas partilhavam com Vives e Bacon a doutrina ciceroniana da primazia da eloquência e da prudência política, ou civil, em relação às artes e ciências. Sem as duas, diziam eles, o conhecimento jamais poderia ser utilizado para socorrer o homem em seu estado de queda. Assim como Bacon e Vives são enciclopedistas à moda antiga, os enciclopedistas franceses do século XVIII são frutos da formação e da tradição jesuíta. Comte e Spencer representam o declínio dessa mesma tradição.

[28] [Ver a nota 5 para a indicação do texto de Gilson aqui citado. - N. E.] Taylor, op. cit., II, cap. 31, discute ainda mais a questão.

[29] *Alcuini Vita*, cap. 10, P. L., 100, 101.

[30] É o que defende Paul Abelson no exemplar *The Seven Liberal Arts*. Nova York, 1906, p. 25.

[31] P. L., 101, p. 849-902.

[32] As "sete artes liberais" não foram quantificadas por Cícero, Varrão, Vitrúvio, Plínio ou Quintiliano. Elas têm origem na obra de Marciano Capella, produzida

isso o fato de Alcuíno conhecer Prisciano por completo e de seus ensinamentos, segundo revelam as cartas do autor, incluírem grandes partes do *quadrivium*.

Era essa a cultura geral do homem que, em 781, Carlos Magno convidou para se instalar na França e organizar os cursos de educação superior. Sua influência era muito grande. Aparentemente, ele também estava por trás da reforma escolar esboçada na famosa carta de Carlos Magno ao bispo de Fulda, datada de 789.[33] A carta parece ser obra do próprio Alcuíno. Em seguida, ele deu grande incentivo ao ensino das artes liberais na escola Palatina.[34] Tanto Carlos Magno quanto Alcuíno estavam certos de que a cultura cristã ideal era a patrística, a cultura gramatical que se vale da enciclopédia das artes.[35] A famosa declaração de Carlos Magno — "Ah,

---

antes de 330 d.C. (ver Abelson, op. cit., p. 6). O *De Nuptiis Philologiae et Mercurii* (de Capella) omite a arquitetura e a medicina das nove artes de Varrão no intuito apenas de "permanecer no cenário mitológico de sua estrutura alegórica" (Abelson, op. cit., p. 7). No entanto, Abelson se equivoca ao supor que a Idade Média se interessava de maneira uniforme pelo *trivium* e pelo *quadrivium*. A extraordinária variedade de ênfases encontrada nas universidades medievais só tem sido amplamente reconhecida hoje, graças, em parte, às pesquisas de L. J. Paetow (ver sua introdução a *The Battle of the Seven Arts*, de Henri D'Andeli. Berkeley, 1914; e seu *Arts Course at Medieval Universities*, 1910).

A expressão "sete artes liberais" descreve vagamente aquela "rodada" de estudos seculares que servia como preparação para as disciplinas posteriores da filosofia e teologia (Abelson, op. cit., p. 9). Isidoro de Sevilha, escrevendo no século VI, exige uma introdução ainda menor que a de Capella, pois temos à disposição o útil estudo de E. Brehaut (*An Encyclopedist of the Dark Ages*. Nova York, 1912). Tomo a grande influência de ambos como fato geralmente reconhecido e compreendido; no entanto, Isidoro ainda aparecerá nas seções dedicadas à dialética e à retórica.

Um fato relevante acerca do *De Nuptiis Philologiae et Mercurii* me ocorreu, pela primeira vez, quando li Francis Bacon afirmar, no *De Augmentis* (livro II, cap. 13), que a poesia alegórica ou parabólica é superior a todas as outras, "em especial porque a religião dela se vale para realizar a comunicação entre a divindade e a humanidade". Mais adiante, ele busca provar sua posição por meio de uma exegese gramatical, ou filológica, do mito de Pã: "A respeito de sua origem [de Pã], apenas duas alternativas subsistem, e não há como existirem outras: pois ou nasceu ele de Mercúrio, isto é, da Palavra de Deus (o que as Sagradas Escrituras certificam e é também percebido pelos próprios filósofos considerados os mais divinos) (...)". Capella procura representar, até mesmo com seu título, a união entre as artes pagãs e a teologia cristã.

[33] *P. L.*, 97, 176-177.

[34] Roger (*L'Enseignement des Lettres Classiques*, p. 408-09) sugere que as reformas monásticas de Columbano quase não afetaram a restauração da cultura antiga na Gália.

[35] Acredita-se que o *De Litteris Colendis* (787), enviado por Carlos Magno a todas as catedrais, igrejas e mosteiros de seu império, tem ao menos um dedo de Alcuíno.

mas se eu tivesse doze sábios como Jerônimo e Agostinho!" – recebeu, de Alcuíno, a seguinte resposta: "Deus possuía apenas dois, e tu queres doze!". A ambição do rei e do diretor de sua escola prepaririam o terreno no qual viriam a florescer homens como Anselmo, Boaventura e Tomás de Aquino; porém eles jamais sonhariam com o aparecimento de sábios maiores que Cícero, Jerônimo e Agostinho. Talvez se sentissem apavorados diante da possibilidade de produzirem grandes dialéticos, capazes de transcender seu ideal de eloquência.[36]

Ao se referir ao estilo vulgar das cartas oficiais enviadas pelos clérigos ao palácio, encontramos: "Ao lermos tais epístolas e contemplarmos a falta de perícia nelas encontrada, passamos a recear de que o conhecimento e a compreensão das Sagradas Escrituras também possam ser muito mais inadequados do que deveriam. Portanto, exortamos, não negligencieis o estudo da literatura (...)" (citado por E. C. Thomas, op. cit., p. 113). De Fílon e Santo Agostinho a Erasmo e More, essa continua sendo a atitude padrão diante da necessidade do estudo literário como disciplina preliminar e indispensável à exegese. A excelência do estilo literário é a marca da competência teológica na tradição da exegese gramatical. A negligência da elegância literária apresentada pela escolástica provará, aos olhos de homens como Petrarca e Erasmo, o declínio da espiritualidade, uma recaída na barbárie. São Jerônimo, grande erudito que também dominava cada estilo da eloquência – até mesmo de acordo com os padrões modernos –, era privilegiado por Alcuíno e por Erasmo. A carta de Jerônimo a Paulino acerca do estudo da Bíblia era anteposta às cópias da versão do texto atribuída a Alcuíno. Havia muitas cópias.

[36] O nome de Carlos Magno permanece inseparável do nome de uma série de eruditos. Embora nenhum deles fosse tão importante quanto Alcuíno, essa quantidade é relevante por si só. Por exemplo, o lombardo Paulo, o Diácono (725-797), ensinou grego na corte de Carlos Magno de 782-786. Ele se recolheu ao Monte Cassino e lá escreveu sua obra mais famosa, a *Historia Langobardorum*. Pedro de Pisa (ver Manitius, I, p. 452-56) precedeu Alcuíno na corte de Carlos Magno. Paulino de Aquileia (ver Manitius, I, p. 368-70), nascido antes de 750, se tornou professor de gramática na escola palatina já em 777. Clemente Escoto (ver Manitius, I, p. 456-58), irlandês que teve uma gramática assinada com o seu nome, obteve grande sucesso como professor de latim nesta mesma escola. O espanhol Teodolfo de Orleans (ver Manitius, I, p. 536-43) veio a se tornar arcebispo de Orleans, sendo homem perspicaz e de notável gosto artístico. Ele defendeu a intepretação moral dos autores clássicos em seu *De Libris Quos Legere Solebam*, citando muitos deles com liberdade (P. L., 105, p. 331-32). Segundo Sandys (I, p. 462), Teodolfo nos fornece a descrição poética mais antiga das sete artes liberais. Deve-se notar que não há um único alemão ou francês nesse grupo. As únicas fontes de aprendizado medieval, segundo vemos pela lista de eruditos, eram a Itália e a Espanha. Clemente foi o pioneiro dos doutos ingleses que posteriormente seguiriam para a França, incluindo João Escoto Erígena. Na história do ensino clássico que imediatamente se segue, porém, encontramos pupilos de Alcuíno em toda parte, mas nenhum de Pedro, Paulino ou Teodolfo.

Logo após terem lugar os acontecimentos da corte de Carlos Magno, os dois passaram a ser vistos como marcos de um novo período histórico. Vários historiadores medievais os resumiram em fórmulas breves, inexistentes nas histórias da filosofia ou da literatura medieval. Todavia, a literatura qualificada como *de translatione studii* representa a única expressão medieval autêntica desses fatos. Quando os homens do século IX olhavam para o estado da educação antes de Carlos Magno, eles encontravam apenas ignorância. Alcuíno surge então da Inglaterra, fazendo florescer repentinamente, na França, a cultura literária. Alcuíno afirmou que estava erguendo uma nova Atenas em solo francês, mais bela que a de outrora. Diante dos resultados obtidos pelos esforços de Alcuíno, os sábios medievais concluíram que ele tivera sucesso. O mais antigo desses historiadores talvez seja Notker Balbulus, autor da famosa *Crônica de São Galo*. No primeiro capítulo, *"De Gestis Caroli Magni"* (P. L., 98, 1371-1373), encontramos o seguinte:

> Na época em que passou a ser de Carlos o reino ao longo da região ocidental do mundo, em quase todos os lugares o estudo das letras caíra no esquecimento. Então, calhou de dois escoceses chegarem da Irlanda[37] com mercadores britânicos e desembarcarem na costa francesa. À medida que se aglomeravam pessoas ao seu redor, a fim de comprar as mercadorias que portavam, aqueles homens, de incomparável erudição, instruídos tanto na literatura sagrada quanto na profana, proclamavam que qualquer um que ansiasse pela sabedoria deveria a eles recorrer. Afirmavam ter sabedoria à venda. (...) Eles continuavam a repetir a mesma coisa diante daqueles que estavam impressionados ou certos de que escutavam lunáticos. Por fim, as palavras que proferiam chegaram ao conhecimento de Carlos, amante perpétuo da sabedoria. Ele os chamou à corte e perguntou-lhes se era verdade o que deles diziam, isto é, que estavam na posse da sabedoria. Eles responderam: "Não apenas a possuímos, mas estamos dispostos a cedê-la, em nome de Deus, para qualquer um que a deseje com seriedade". Carlos perguntou-lhes o que gostariam de receber em troca. Eles responderam: "Um local conveniente, pupilos inteligentes e algo com o qual possamos sobreviver". Diante de tais palavras, Carlos encheu-se de alegria, mantendo os homens ao seu lado por um breve período. Posteriormente, contudo, viu-se forçado a ir à guerra e determinou que Clemente deveria permanecer na França, incumbido da educação dos meninos de baixa e média classe; o outro, cujo nome era Albino, foi enviado para a Itália, tornando-se responsável

---

[37] A crônica foi escrita em um mosteiro fundado por São Galo, um dos descendentes de São Columbano. Por isso a procedência da afirmação patriótica.

pelo mosteiro de Santo Agostinho próximo a Pádua, de modo que todos aqueles que desejassem aprender pudessem se reunir ao seu redor.[38]

Desde a época da crônica de Notker (cerca do ano de 884), tornou-se ao menos reconhecido o fato de o ensino clássico que outrora pertencera aos gregos e, depois, aos romanos ter sido confiado aos franceses por um anglo-saxão. É essa, essencialmente, a ideia que se tornará tradição na Idade Média, até encontrar sua fórmula perfeita nas palavras *de translatione studii*, na tradição das letras. Naturalmente, os escritores franceses se verão inclinados a negligenciar Alcuíno[39] e o papel desempenhado pelos ingleses; no entanto, eles não se esquecerão de que eram herdeiros da cultura grega e romana. O problema, aqui, é que os historiadores modernos do Renascimento tendem a descrevê-lo como a redescoberta de uma Antiguidade esquecida ou desprezada pelos homens da Idade Média, quando, na verdade, tais homens parecem sempre ter visto a si próprios como homens modernos, vivendo em um período moderno e encarregados por Deus de preservar a cultura clássica da Grécia e de Roma, assim como de ampliá-la e aperfeiçoá-la a partir da doutrina de Cristo. Em Vicente de Beauvais,[40] lemos que Alcuíno, homem famoso por seu conhecimento, transferiu de Roma para Paris o estudo da sabedoria, o qual antigamente fora tomado da Grécia pelos romanos. No *Chartularium Universitatis Parisiensis* [ver a edição de Denifle e E. Chatelain], há um documento elaborado em Paris e datado de 28 de março de 1384; nele se encontra o registro de uma controvérsia entre a faculdade de direito e o

---

[38] [Trecho traduzido do excerto latino citado. - N. E.] Clemente certamente era mais velho do que Alcuíno, e ainda lecionava nos vinte anos, ou mais, que se seguiram à sua morte. O autor provavelmente trocou Alcuíno por Albino. Ao menos, nada sabemos sobre este. No segundo capítulo da *Crônica*, encontra-se um relato sobre Albino (Alcuíno?), o inglês perfeitamente instruído em todo o âmbito das letras, mais do que qualquer outro homem dos tempos modernos – *modernorum temporum* –, uma vez que fora pupilo do douto Beda.

[39] Um indício de que isso não foi esquecido no século XIV pode ser encontrado em uma carta enviada de Paris pelo jovem Petrarca: "(...) sua população contém os homens mais instruídos, tal como uma grande cesta na qual são coletadas as mais raras frutas de cada país. Desde a época da fundação de sua universidade – por Alcuíno, segundo dizem, professor de Carlos Magno –, não houve, até onde sei, qualquer parisiense de grande fama. Os grandes lumiares da universidade foram todos estrangeiros (...)" (T. Campbell, *Life and Times of Petrarch*. 2. ed. Londres, 1843, 2 vol.; I, p. 91-92).

[40] *Speculum Historiale*, livro 22, cap. 173. Veneza, 1494, fol. 308v B.

capítulo da catedral, sendo integralmente expostas essas afirmações sobre a *de translatione studii*.

Em uma luminosa página de *O Espírito da Filosofia Medieval*,[41] o professor Gilson destaca a autoconfiança da Idade Média, que se julgava capaz de aprimorar os antigos:

> Os medievais acreditavam que lhes incumbia reunir os espólios desse sucesso sempre incompleto e dar-lhes continuidade. Eles se viam providencialmente colocados numa época em que toda a herança do pensamento antigo, absorvida pela revelação cristã, seria centuplicada. A época de Carlos Magno impressionava a todos como uma era de esclarecimento: *hoc tempore fuit claritas doctrinae*, escreveu São Boaventura em pleno século XIII. Em seguida, teve lugar aquela *translatio studii* que, entregando à França o saber de Roma e Atenas, confiou a Reims, Chartres e Paris a tarefa de integrar e adaptar essa herança à Sabedoria cristã. Ninguém menos do que o poeta Chrétien de Troyes declarou o orgulho sentido pelos homens do medievo por serem os guardiães e transmissores da civilização antiga (*Cliges*. Trad. L. J. Gardiner. Londres, 1912, p. 27-39). A glória de sua pátria, cantada de maneira tão encantadora por um poeta francês do século XIII, não era fruto de sua imaginação. (...) Quando o inglês João de Salisbury viu Paris em 1164, isto é, antes do extraordinário florescimento doutrinário da futura Universidade, ele não hesitou quanto ao caráter providencial da obra que lá se desenvolvia: *vere Dominus est in loco isto, et ego nesciebam*; o Senhor está verdadeiramente neste lugar, e eu não o sabia.

Segundo afirma, em suas aulas, o professor Gilson, os historiadores dirão que a questão ainda permanece: os homens da Idade Média de fato faziam aquilo que afirmavam fazer? Eles de fato compreendiam a cultura antiga? Não deveríamos dizer que o verdadeiro significado da cultura só foi descoberto no final do século XV? Não há qualquer necessidade de responder a essas perguntas antes de elas serem levantadas. Ainda assim, porém, seria difícil propor uma controvérsia como essa acerca de Aristóteles, pois todos reclamavam que, ao longo de três séculos, só se falava nele.

No que diz respeito à gramática, não há dúvidas de que um importante indício de que a Idade Média realmente compreendeu a Antiguidade pode ser encontrado na primeira seção sobre a arte gramatical, em que se indicou como as formas alegóricas de interpretação e simbolização, em geral

---

[41] Trad. A. H. C. Downes. Nova York, 1936, p. 396-97.

associadas à literatura medieval, foram cultivadas contínua e intensamente – embora não de modo exclusivo – desde os tempos gregos primitivos. A exclusiva devoção medieval a tais métodos resulta claramente da orientação da arte gramatical às Escrituras. No entanto, permanece o fato de que Crisipo, Varrão, Plínio e Donato jamais teriam encontrado, nos métodos literários da Idade Média, algo com que não estivessem familiarizados. O viés doutrinal de Dante teria sido um problema para eles, mas não seus modos de exposição. As razões para o abandono desses modos de escrita após o século XVI serão indicadas posteriormente. Os controversialistas protestantes forneceram uma série de motivos, tal como os retóricos humanistas e, de maneira mais decisiva, os cartesianos.

No estudo *Dante le Théologien* (Paris, 1936), Mandonnet reúne indícios abrangentes de nosso período para indicar que a teologia praticada dos Pais até o final do século XII era simbólica e gramatical (p. 168). Antes, ele afirma ainda que, em face da inerente dificuldade de compreender e interpretar a *Commedia*, o procedimento mais simples e eficaz é adotar o método em voga na época de Dante, e isso tanto no que diz respeito à escrita quanto no que diz respeito à exposição de textos eruditos. Os professores, ao lidarem com algum livro da Bíblia ou com algum autor profano, os abordavam por meio das quatro causas (p. 17). Uma vez que ela não afetava essas conclusões gerais, não se faz necessário recorrer à básica reinterpretação dos fatos que Gilson oferece em seu estudo, extremamente importante, sobre *Dante et la Philosophie* (Paris, 1939). Essa mesma obra contém um abrangente tratamento de alguns dos problemas da herança clássica na Idade Média.

No entanto, neste momento de nosso estudo, o problema não é expor a continuidade da exegese bíblica, fato já bastante atestado, mas demonstrar como a exegese envolvia a continuidade dos clássicos. Gilson encara a questão de um ângulo um tanto diferente em *O Espírito da Filosofia Medieval*. Discutindo a aceitação da ordem natural autônoma em Santo Tomás, ele diz:

> Definir a virtude e o vício desse modo, a partir de sua harmonia e desarmonia com a natureza, não é simplesmente apoiar-se na opinião de Aristóteles, mas aceitar o que o próprio Santo Agostinho, de maneira explícita, desejara conservar do naturalismo grego: *omne vitium eo in ipso quod vitium est, contra naturam est*. Desse modo, não se discute aqui uma invasão tardia da teologia cristã por parte do helenismo, mas uma posição comum a todo o período da patrística e da Idade Média e, portanto,

essencial ao pensamento cristão em si. Nada poderia ser mais clássico; ainda assim, ao apresentar os esclarecimentos éticos tomados de Aristóteles, Santo Tomás se preparava para superar o mestre que o inspirara.[42]

No início do século IX, a cultura medieval viu surgir um conflito. As artes eram estudadas como preparação para o estudo das Sagradas Escrituras, mas pouquíssimos alunos passavam para a teologia. A maior parte do clero se envolvia em uma educação especializada em alguma das artes.[43] Naturalmente, inúmeras disputas nasceram. Aquele que ensinasse a Bíblia defenderia uma subordinação rígida das artes; porém seus colegas encarregados de ensiná-las reivindicariam alguma autonomia. Como professor de gramática, Alcuíno prescrevia Virgílio. Mais tarde, como diretor em Tours, ele o proscreveu.

Rabano Mauro (784-856), pupilo de Alcuíno, foi um representante perfeito do ideal bíblico de aprendizagem.[44] Ele é tanto um enciclopedista quanto um exegeta das Escrituras. Sua obra mais importante é a *De Clericorum Instituitione* (P. L., 107, 293-420). Graças a esse tratado ele recebeu o título de *Praeceptor Germaniae*. No entanto, Rabano foi pupilo do Alcuíno tardio, aquele que proscrevera Virgílio. Seu ponto de partida é o ponto de chegada do mestre: o rígido programa proposto pelo *De Doctrina Christiana* de Agostinho. A poesia e a literatura dos pagãos podem ser lidas por causa da beleza de sua eloquência, mas a eloquência pagã deveria ser tratada como os judeus deveriam tratar,

---

[42] Gilson, op. cit., p. 326-27. Sobre esta mesma questão, ver Taylor, op. cit., p. 297-98, 309. As implicações deste fato para a compreensão das técnicas de caracterização da literatura pagã e cristã ainda não começaram a ser reconhecidas, muito menos estudadas. A retórica e a ética são inseparáveis, à semelhança do que se dava com Aristóteles, Virgílio, Chaucer, Shakespeare e Pope.

[43] L. J. Paetow indicou há muito tempo que "existe difundida uma equivocada concepção sobre a educação religiosa na Idade Média. Qualquer investigação atenta da obra das escolas medievais revela o fato, um tanto impressionante, de que elas ofereciam pouquíssima instrução em matéria religiosa. É igualmente surpreendente descobrir que a teologia era ensinada em poucas universidades medievais, enquanto em nenhuma delas faltavam faculdades de direito. (...) É um grave erro identificar com a teologia praticamente todo o ensino medieval avançado. Em uma época em que pouquíssimos alunos optavam por seguir o caminho longo e árduo que conduzia ao doutoramento em teologia, todo o ensino geralmente não passava de uma expressão figurada. Henri D'Andeli apresenta uma personificação muito importante da Teologia, que se retira do exército da Lógica e adentra as adegas de Paris, pois pouco se interessa pela contenda entre os livros seculares" (*The Battle of the Seven Arts*, p. 19-20).

[44] H. O. Taylor, op. cit., p. 221-24.

segundo o Deuteronômio (21,13), os cativos pagãos com quem desejavam se casar. No *De Clericorum Institutione* (*P. L.*, 107, 395), Rabano afirma ser isso o que Lactâncio, Hilário, Agostinho e todos os grandes doutores cristãos haviam feito, desejando seguir seu exemplo.

O *De Rerum Naturis et Verbis Propiis et de Mystica Rerum Significatione*, de Rabano, é de longe o mais próximo da perfeita enciclopédia cristã que Agostinho esperara sair das mãos de um cristão.

Não temos espaço para designar os numerosos humanistas do século IX, visto que o problema de indicar uma simples continuidade exige um número de palavras elevado. Porém, a *Vita Caroli* de Einhard há muito vem sendo reconhecida como uma imitação valiosa da *Vita Augusti*, de Suetônio. Lupo Servato de Ferrières, nascido no começo do século IX, deixou uma coleção notável de cartas em que transparece um amor enorme pelos clássicos. Nós ainda possuímos o manuscrito do *De Oratore* copiado para Servato e por ele criticamente corrigido. Em uma das cartas, ele escreve sobre Probo, padre irlandês em Mainz que então perambulava pela mata questionando se Cícero, Virgílio e outros bons homens de outrora não teriam ingressado no Paraíso em consequência do sacrifício de Jesus Cristo.

Se alguém solicitasse um fato, disse Gilson em suas lições, que pudesse ser considerado, por si só, prova suficiente da existência e da vitalidade da cultura romana no século IX, a melhor resposta seria abrir ao acaso qualquer edição crítica dos escritores latinos clássicos e procurar a data dos primeiros manuscritos do texto. Virgílio é apenas uma exceção parcial. Em suma, a descoberta da antiguidade latina clássica pelos humanistas posteriores não passou de uma redescoberta daquilo que o século IX já sabia sobre a Antiguidade.

Até mesmo no pior período das invasões escandinavas – no século X e no início do século XI –, os centros de ensino monásticos parecem ter operado com um mínimo de atividades. Nós possuímos muitos manuscritos do século XI, em particular de Terêncio, Cícero e Virgílio, que foram produzidos em Fleury-sur-Loire. A reforma de Cluny realizada por Odo, seu segundo abade, deu um forte impulso ao estudo das artes liberais não apenas na região, mas também nas escolas ligadas à ordem de Cluny, como as de Metz, Rheims, Liège e Paris.[45] Odo fora educado em Tours, na escola notabilizada por Alcuíno. Ele nos relata (*P. L.*, 133.49A) que, em Tours, desfrutava do

---

[45] Ver Sandys, I, p. 498 ss.

estudo de Virgílio; porém foi advertido em sonho de que deveria abandonar tão perigosa ocupação.[46]

A freira alemã Rosvita[47] é de grande interesse para o historiador da cultura clássica. Ela é responsável por uma série de longos poemas latinos; por uma história da Virgem Abençoada, da Ascensão e do sofrimento de vários mártires; por um poema sobre as origens do mosteiro de Gandersheim; e por outro sobre a vida do imperador Oto I.

Sabemos muito sobre ela a partir dos prefácios de suas obras. Por exemplo, na carta aos seus benfeitores que colocou no início de suas seis peças terencianas, Rosvita comenta sobre "o suor e a fadiga causados por meus ofícios".[48]

Diante de muitas de suas declarações, sem falar de suas obras, é possível compreender que existia um elevado nível de cultura geral em Gandersheim, fato que nos ajuda a entender o futuro caso de Heloísa. As mulheres instruídas deixaram de ser casos isolados quando os mosteiros femininos se tornaram centros educacionais. A ausência de indícios é capciosa, uma vez que, por mais excelente que fosse a escola, só sabemos algo sobre ela se algum escritor sobrevivente de lá saiu. Por exemplo, nada sabemos sobre a escola de São Vorles, com exceção do fato de que São Bernardo foi nela educado. Os impressionantes padrões de ensino da escola feminina de Argenteuil (século XII) nos são conhecidos porque foi ali que Heloísa recebera sua educação.

Plauto e Terêncio eram prestigiados pelas escolas gramaticais do medievo e do Renascimento por mais de uma razão, e a compreensão do escopo e dos objetivos da gramática antiga e medieval indica claramente por que as coisas deveriam ser assim. Os primeiros poemas estudados nas escolas gramaticais eram as bucólicas, pois era essa uma modalidade escrita em estilo baixo e, portanto, mais facilmente analisada. Em seguida, vinham os autores de comédias, que naturalmente se valiam do estilo médio ou coloquial. O épico era estudado por

---

[46] A quantidade de sonhos antivirgilianos é impressionante, dando mostras do encanto que o autor exerce. Ver L. Friedländer, "Das Nachleben der Antike in Mittelalter". In: *Erinnerungen, Reden und Studien*. Estrasburgo, 1905, p. 272-391. A lista de sonhos se encontra nas páginas 293-95.

[47] Ver Manitius, I, p. 619-32.

[48] *The Plays of Roswitha*. Trad. Christopher St. John. Londres, 1923, p. xxx. Em outro prefácio, ela fala de como, "em minhas primeiras obras, cometi erros diversos não apenas de prosódia, mas também de composição literária". Do mesmo modo, afirma que, "sem que ninguém ao meu redor soubesse, tenho mourejado, muitas vezes destruindo o que me parecia mal escrito e reescrevendo-o" (p. xxxi-xxxii).

último.⁴⁹ Essa ordem não era apenas a ordem natural que apresentava os alunos à leitura e à composição poética, mas a ordem em que Virgílio e Spenser, entre outros, elaboraram seus trabalhos.⁵⁰ A bucólica era geralmente usada como instrumento para a formulação de sátiras políticas e eclesiásticas, tal como de orientações morais – como exemplifica a sétima écloga de Petrarca. Isso também se aplicava a Virgílio, que assim motivou um gênero medieval prolífico, bastante adotado até a época de Mantovano.

Nesse aspecto, as éclogas de Spenser e as *Lycidas* de Milton são amplamente tradicionais. As figuras bíblicas elementares da ovelha e do pastor conferiam nova relevância e intensidade à forma clássica.⁵¹

---

⁴⁹ O estilo das Escrituras era considerado essencialmente baixo, em virtude de sua função instrutiva. No entanto, muitos seguiriam o exemplo de Juvenco (cerca de 330 d.C.), transformando os Evangelhos, ou alguns temas a eles pertencentes, em versos heroicos, de estilo elevado. Os *Evangeliorum Libri IV* se tornaram um livro didático de prestígio no medievo. O *Davideis*, de Abraham Cowley, segue essa tradição, assim como Du Bartas. Seria um equívoco supor que, para os Pais, toda a Bíblia possuía só um estilo. Donne está repetindo lugares-comuns da Patrística quando diz: "[O] Espírito Santo, ao redigir as Escrituras, deleita-se não apenas com a dignidade, mas também com a delicadeza, a harmonia e a melodia da linguagem; com a elevação das Metáforas e outras figuras, capazes de causar grandes impressões nos Leitores, e não com o bárbaro e o trivial, com a linguagem vulgar e simples (...)" (ver W. F. Mitchell, *English Pulpit Oratory*. Londres, 1932, p. 189).

⁵⁰ Para um retrato desse procedimento segundo a cuidadosa codificação que lhe foi dada por um período de predominância dialética, ver E. Faral, *Les Arts Poétiques du XIIe et du XIIIe Siècle*, Paris, 1924, p. 86-89. Faral, assim como outros autores, parece desconhecer por completo o fato de que, nos séculos XII e XIII, os tratados de poesia, fundamentados na gramática tradicional e na educação retórica, foram elaborações compendiosas de um conjunto de doutrinas clássicas a que, na educação primitiva da Idade Média, fora concedida uma abrangência muito maior. Esses tratados se fizeram necessários exatamente porque os dialéticos estavam roubando o tempo e os pupilos dos gramáticos. "Gramática e Retórica em dez lições fáceis" era o tipo de chamado que atraía homens ansiosos por dar início aos estudos da dialética. Os indícios que sustentam essa conclusão serão apresentados posteriormente, mas um simples exame dos anátemas que os humanistas dos séculos XV e XVI dirigiram aos tratados que Faral publicou indica que eles eram igualados a outras obras da escolástica. Porém, Erasmo, Reuchlin e Bacon não eram mais hostis a essa abordagem compendiosa dada à gramática do que Salutati. Rosvita certamente se alimentou desse escasso cardápio.

⁵¹ Sobre as formas pelas quais os tradicionais métodos alegóricos gregos foram assimilados pela poesia cristã latina, ver E. K. Rand, *Founders of the Middle Ages*, Cambridge, Massachusetts, 1928, p. 195 ss. Assinalando alguns dos traços mais característicos do *Paraíso Perdido* e do *Paraíso Recuperado*, ele diz: "Se buscamos a origem exata da arte híbrida, devemos retornar, como se dá com quase tudo, à Grécia – em particular à do período helenístico – e à diáspora judaica em

O estilo mediano, abrangendo exemplos como as geórgicas, Terêncio e Horácio, era o nível dedicado à orientação moral que dizia respeito às formas depravadas e tolas da vida cotidiana. Desse modo, Rosvita, fundadora do teatro cristão, não apenas nutria um profundo respeito pelo lado artístico e moralista de Terêncio, mas sequer seria capaz de conceber a comédia sem a representação de vícios. Ela se desculpa "por ter sido forçada, pela natureza desta obra, a dedicar meu espírito e pena à descrição do terrível furor daqueles possuídos pelo amor ilegítimo (...)".[52] As doutrinas da conveniência que guiaram toda a prática da Antiguidade e da Idade Média só eram rigorosas porque estavam relacionadas a um sistema ético, político e retórico completo e harmonioso. Quando é examinada a continuidade desse sistema ético racional, a continuidade das doutrinas periféricas na literatura se torna menos desconcertante. O tempo de sobrevivência dessas doutrinas é proporcional à extensão do estudo da teologia patrística na Europa. Enquanto a teologia patrística sustentada pelos clássicos permanecia como principal interesse dos líderes do mundo instruído – isto é, até depois da época de Donne e Bossuet –, a união entre gramática, poética, retórica e política continuou intacta. Pelo menos o chamado neoclassicismo do século XVII não encontra explicação inteligível para além desse fato; ademais, o neoclassicismo não sobrevive à teologia patrística.[53]

Alexandria" (p. 186). Essa tradição, segundo demonstra o autor, "floresceu na Idade Média e no Renascimento" (p. 195). No entanto, em lugar algum ele aparenta reconhecer a base de toda a questão nos métodos e necessidades da exegese bíblica. Saintsbury (*History of Criticism*, I, p. 392, 394, 409) tece algumas considerações acerca das éclogas medievais. C. S. Baldwin, *Literary Theory and Practice in the Renaissance* (Nova York, 1939, p. 80 ss), é mais útil.

[52] St. John (ed.), op. cit., p. xxvii.

[53] Como exemplo, a admiração – que poderia parecer insignificante – de Ben Jonson, Swift e dr. Johnson pela sagacidade, eloquência e virtude de Thomas More talvez seja explicada de maneira mais apropriada em função da identidade de More com o programa teológico, e portanto gramatical, de Colet e Erasmo; por sua vez, porém, esse fato esclarece a ideia que tais autores faziam de sua própria posição a respeito do saber e dos interesses de seu tempo. Eles ainda lutam contra os escolásticos, os dialéticos e os pedantes; apenas a nova escolástica é, para Swift, representada por Descartes, por Newton e pela ciência experimental. Eles estão desviando os homens dos problemas humanos fundamentais, do estudo do próprio homem. No livro III de *As Viagens de Gulliver*, ao final do terceiro capítulo, encontra-se uma frase que iguala a posição de Swift à de More, Erasmo, João de Salisbury, Cícero e Sócrates: "Tive a honra de muito conversar com Bruto, e a mim foi dito que seus ancestrais Junius, Sócrates, Epaminondas, Catão, o Moço, e Sir Thomas More, tal como ele próprio, estavam em união perpétua: sexteto que todas as eras não podem transformar

O prefácio que Rosvita escreveu às suas peças oferece outro esclarecimento interessante sobre as posições da Idade Média diante dos clássicos:

> Existem muitos católicos, e não podemos nos desobrigar por completo deste encargo, que, atraídos pela refinada elegância estilística dos escritores pagãos, preferem suas obras às Escrituras Sagradas. Existem outros que, embora profundamente afeiçoados aos escritos sagrados e rejeitando a maioria das produções pagãs, colocam como exceção as obras de Terêncio e, fascinados com seu estilo encantador, correm o risco de se corromperem pela perversidade do assunto.[54]

O trecho é suficientemente explícito e casual o bastante para servir como testemunho para o vigoroso humanismo do século X. Rosvita ostenta um tino literário excelente. Ela não se ilude quanto às próprias limitações. "Ninguém pode me acusar justamente de desejar colocar-me no nível daqueles que, por seu sublime gênio, em muito me superaram. Não, não sou arrogante a ponto de me comparar até mesmo ao menor dos sábios do mundo antigo" (ibidem). No entanto, sua confiança não é abalada porque, se sua "obra se encontra em nível muito mais humilde", ela também é "completamente diferente" (ibidem). Uma percepção despreocupada da própria inferioridade artística ainda

---

em septeto". A omissão de Cícero é motivada por questões políticas e, também, pelo fato de Swift ter adotado um estilo moderadamente ático. No entanto, a importância da concepção ciceroniana, e não platônica, de Sócrates (*De Oratore*, III, 16) é a que vincula More a Sócrates na cabeça de Swift. Até mesmo um detalhe tão superficial quanto a íntima semelhança entre *As Viagens de Gulliver*, a *Utopia*, de More, e o *Elogio da Loucura*, de Erasmo, poderia indicar a necessidade de outros estudos sobre a questão. Do mesmo modo, a *Fábula das Abelhas*, de Mandeville (que era aluno da mesma escola de Erasmo), traz afinidades óbvias com Erasmo e More, amantes do paradoxo e imitadores de Luciano; portanto, deve ser examinada à luz dessa tradição.

Um testemunho mais óbvio da tradição ciceroniana e patrística em Swift, Johnson e Gibbon encontra-se na questão do "barroco". O problema precisa de um estudo especial, mas deve pressupor este trabalho. Por exemplo, em seu *Catholic Art and Culture*, E. I. Walkin indica numerosos elementos "barrocos" da literatura do período patrístico (ver p. 22, 24-28, 34, 93 ss, 119, 139-43). Se for examinado o programa proposto e executado até mesmo por figuras menores como Southwell e Crashaw, logo ficará claro que eles passaram a aplicar os quatro níveis de interpretação bíblica aos temas e imagens amorosos da poesia profana. A questão se complica, é claro, pelo fato de as imagens "petrarquianas" terem sido, em alguma medida, tomadas da linguagem do misticismo cristão. O "barroco" na poesia e nas outras artes equivale ao programa patrístico recuperado, na prática, por Petrarca, Salutati, Erasmo e Reuchlin.

[54] St. John (ed.), op. cit., p. xxvii.

era inseparável da convicção de que se tinha algo novo a dizer, algo muito mais importante do que qualquer coisa concebida ou proclamada pelos pagãos: "Pois quanto mais sedutoras as carícias dos amantes, mais maravilhoso o socorro divino e maior o mérito daqueles que resistem (...)" (ibidem). Resumindo, a fundadora do teatro cristão inseriu o conflito dramático tanto no plano social quanto no plano espiritual. Uma nova dimensão foi acrescida ao conteúdo literário, e a confiança que nasce da percepção de suas implicações alcança seu ápice em *A Divina Comédia*, em *Macbeth* e em *Atália*, sem falar nas artes plásticas destinadas a expressar uma intensidade da organização dramática que em muito ultrapassava o escopo da Antiguidade. Até mesmo em Rosvita é possível perceber que o esforço para conservar a Antiguidade clássica é reforçado pela tentativa de ampliá-la. Essa tentativa de ampliação se fortalece gradualmente ao longo dos séculos XI e XII, em especial entre os dialéticos.[55]

Em nossa descrição da continuidade da cultura clássica, é possível perceber claramente que a pior parte já passou. Daqui até Abelardo, é fácil encontrar autores que atestem a vitalidade da tradição. Em *The Mediaeval Mind* (p. 282-330), de Taylor, os capítulos relacionados aos séculos XII e XIII nos trazem provas suficientes. Tomemos como exemplo Gerbert d'Aurillac, futuro papa Silvestre II. Quando menino, ele adorava os clássicos, e suas cartas dão testemunho de sua perpétua devoção a eles. Ele clama pela punição infernal a um homem que demorara a devolver seus livros. Gerbert é um perfeito expoente do ideal ciceroniano de eloquência, como demonstra em sua 44ª carta a um abade de Tours:

> Porém, visto não ser eu alguém que, como Panécio, às vezes diferencia o bom do útil, mas que, a exemplo de Túlio, mescla-o com tudo o que é útil, desejo que essas amizades melhores e mais santas nunca careçam de mútua utilidade. E, como a moralidade e a arte do discurso nunca devem ser afastadas da filosofia, sempre uni o estudo do bem falar com o estudo do bem viver. Pois, embora viver bem seja, por si só, algo mais nobre do que falar bem, podendo bastar sem seu companheiro para alguém que não dirige os assuntos públicos, para nós, ocupados como somos com o Estado, ambos são necessários. De fato, é de enorme utilidade falar

---

[55] "A Idade Média, portanto, foi levada por sua própria filosofia da história a colocar-se em um momento crucial para o teatro, o qual tivera início com a criação do mundo. Ela nunca acreditou no fato de que o aprendizado sempre fora o mesmo desde Carlos Magno e no fato de que qualquer outro progresso era impossível" (Gilson, *The Spirit of Mediaeval Philosophy*, p. 397).

apropriadamente quando ao persuadir e falar com suavidade ao reprimir a fúria dos raivosos. Para preparar-me a tais atividades, venho reunindo com avidez uma biblioteca; e, como dantes em Roma e outras regiões da Itália, assim como na Alemanha e na Bélgica, adquiri copistas com dinheiro abundante e com a ajuda de amigos nessas partes. Permiti que vos peça, da mesma forma, a promoção desse propósito. Incluiremos ao fim desta carta uma lista daqueles autores que desejamos copiados. Cientes de vossa bondade, enviamos, à vossa disposição, pergaminho para os escribas e dinheiro para custear os gastos.[56]

Infelizmente, não possuímos a lista de autores prometida ao final da epístola. No entanto, a fácil compreensão, por parte de Gerbert, de cada fase do ideal de Cícero torna fastidiosamente irrelevante a queixa, comum, de que a Idade Média possuía apenas um vago conhecimento de Cícero: "Pois, nos assuntos humanos, não há nada mais nobre para nós do que o conhecimento dos homens mais distintos – e que ele seja ostentado em volumes cada vez mais numerosos. Prossegui, pois, como começastes, e trazei os córregos de Cícero àquele que tem sede".[57] Taylor comenta: "Desse modo, Gerbert usava os poetas clássicos para ensinar retórica, e sem dúvida também os grandes prosadores, com quem era familiarizado. Segundo o preceito ciceroniano de que o orador deveria ter um raciocínio hábil, ele educava seus jovens retóricos com um curso de lógica e completava sua disciplina com exercícios de disputa" (I, p. 290).

Quando se afirma que Gerbert foi o professor de Fulberto de Chartres, homem a dar à grande escola da catedral o impulso que a transformou no maior centro de cultura clássica da Idade Média, tem fim a tarefa de indicar a continuidade da cultura gramatical e filosófica entre a época de Santo Agostinho e o século XII. Taylor, debruçando-se sobre o problema, afirma: "Nós começamos com a Itália" (I, p. 249). É privilégio nosso corrigi-lo e dizer: "Nós terminamos com a Itália". Taylor não concebe claramente o problema da *translatio studii*; do mesmo modo, ele está longe de vê-lo sob a mesma luz com que aparecia aos olhos da Idade Média primitiva. No entanto, o fato de a Itália não contribuir diretamente para a *translatio studii* e de, no início da Idade Média, a herança clássica ocidental não ter sido por ela transmitida e avivada não

---

[56] Taylor, op. cit., I, p. 287.
[57] Ibidem, p. 289.

precisa acobertar a informação de que a erudição laica persistiu debilmente na região. Esse dado não é relevante entre os séculos VIII e XIII; porém, na Itália do século XIV, com a expansão do comércio e a ascensão de uma laicidade desocupada e instruída, a existência dessa crucial cultura secular se torna um fato de importância decisiva. Suas escolas revelam uma tradição gramatical e retórica ininterrupta, imaculada pelos grandes desenvolvimentos dialéticos dos séculos XII e XIII. O que poderia ser mais natural do que a Itália fornecendo o saber gramatical e os ideais de eloquência secular no período de declínio dialético? O esclarecimento dessa questão, assim como sua importância para um entendimento mais completo da Alta Renascença, ocupará algumas de nossas páginas mais adiante.[58]

---

[58] Em *Historiae Libri Quinque* (*P. L.*, 142, 609-699), Rodolfo Glaber se empenha ao máximo para ofender os italianos, e em especial Vilgardo, vivo no século X, por seu apego excessivo à gramática e aos poetas (644a-b).

O preciso retrato de Hildeberto de Lavardin (n. 1.055) que traça Taylor (op. cit., II, p. 164-75) deve ser lido para refinar o esboço um tanto apressado que ofereci. "Os escritos de Hildeberto revelam aquele tipo de erudição clássica que nasce apenas de muito estudo e muito amor" (p. 173). Três séculos antes de Petrarca, ele se torna lírico diante das ruínas de Roma. "O feitiço da Antiguidade se abatia sobre Hildeberto e sobre outros de seu tempo. Os próprios deuses se espantam com suas imagens, desejando igualar-se às suas formas esculpidas. (...) Essas deidades possuem um semblante [*vultus*], sendo veneradas em virtude da habilidade do escultor, e não por sua divindade" (p. 168). Isso nos ajuda a resolver uma importante questão da história da cultura. Como Petrarca e seus contemporâneos poderiam se equivocar tanto sobre os séculos precedentes? Paetow fornece a explicação:

> O estudo da literatura antiga clássica viu seu maior declínio no século que precedeu Petrarca. Tão grande foi a decadência que, tanto para ele quanto para seus contemporâneos, o período seco e árido em que nasceram devia se estender por séculos, até os últimos dias da literatura latina clássica. Eles estavam completamente enganados. Apenas três gerações haviam se passado desde que a França repercutira a contenda entre "os antigos e os modernos" que, em importância e interesse, pode muito bem ser comparada à comoção causada no século XVII pela Academia Francesa e pela Sociedade Real. (*The Battle of the Seven Arts*, p. 12)

Como veremos, esse período árido não foi tão árido para a dialética. Nem Paetow nem qualquer outro historiador percebeu as implicações que isso teve para a interpretação do século XVI – e isso é suficiente para que se repita o que é familiar a fim de explicar o que é óbvio. Embora dedicasse muita pesquisa à questão, Paetow nunca conseguiu explicar para si mesmo o vínculo que ele certamente julgava existir entre as batalhas livrescas ocorridas entre os séculos XII e XVII. Se não foi bem-sucedido, ele ao menos tentou. Muitos sequer perceberam a importância do problema.

B. Dialética

O Trivium *de Santo Agostinho a Abelardo*

Este capítulo, tal como aqueles que dizem respeito a outros períodos, talvez sugira que McLuhan se valeu da concisão apenas para falar da dialética. No entanto, muito do tema é abordado nos capítulos acerca da gramática e da retórica. A brevidade desta exposição não deve obscurecer a ênfase dada a uma série de questões importantes. Nestas páginas iniciais, McLuhan proclama um princípio da historiografia: "Para o historiador da cultura, o importante não é tanto determinar o conteúdo preciso desse ensino [da lógica], mas observar como ele funcionava em relação às disciplinas da gramática e da retórica". Tal comentário sucede uma longa citação retirada de uma das principais fontes de McLuhan: "Rhetoric in the Middle Ages", de McKeon (ver Bibliografia). McKeon estudara sob orientação de Gilson, tornando sua erudição análoga à de McLuhan ao apoiar, implicitamente, seu clamor por uma abordagem revisionista capaz de desmascarar a "história como filosofia camuflada" (ver nota 2). Uma mudança paradigmática crucial para o ensino da lógica, e que contraria a subordinação tradicional da dialética à retórica, é levantada, com toda a sua documentação prometida para o próximo capítulo sobre a retórica. Aqui, a quarta e extensa nota fornece detalhes sobre o renascimento da Lógica Velha em oposição à Nova, uma vez que ela tem "enormes consequências no plano literário". Essas implicações não dizem respeito apenas às gerações de escritores que se seguem às controvérsias em questão, mas também à atual geração de alunos que desconhece o contínuo legado da Antiguidade: "Hoje, a principal dificuldade que enfrentamos ao discutir tais questões encontra-se no fato de tentarmos abordar, com a ingênua cultura linguística e literária de nosso tempo, as disciplinas intelectuais complexas e sofisticadas fornecidas pelo trivium".

– O editor

Da poderosa influência da tradição gramatical, não poderíamos pedir provas mais importantes do que o fato de Abelardo, grande inimigo da gramática e iniciador da revolta dialética, ter sido um gramático involuntário na maior parte de sua obra: "(...) e assim, para compreender os textos de qualquer controvérsia, disciplina e ciência dos filósofos, das Escrituras, dos Pais e dos decretos conciliares, ele trabalhava à maneira da maioria dos gramáticos, teólogos e juristas canônicos".[1] Mais testemunhos da vitalidade da gramática podem ser encontrados no famoso *Didascálicon*, de Hugo de São Vítor, redigido no século XII. Para ele, assim como para Vicente de Beauvais, seu discípulo igualmente famoso, a gramática é o método supremo.[2]

---

[1] McKeon, "Renaissance and Method", p. 69. "De maneira minuciosa, o século XII preparou gramaticalmente os desenvolvimentos dialéticos da teologia do século XIII" (p. 70). McKeon é a única pessoa além de Gilson, seu mestre, a ter consciência da necessidade de escrever a história da cultura medieval e renascentista em função da rivalidade entre as artes do *trivium*:

> A diferença entre o método de Erasmo e o método de Abelardo pode ser definida, portanto, como a diferença entre o uso das três artes para a compreensão de determinada passagem (isto é, as três artes dispostas de acordo com as necessidades da gramática) e o uso das três artes para estimar, comparativamente, uma diversidade de argumentos (isto é, as três artes dispostas sob o domínio da dialética). (p. 81)

Quando as três artes são dispostas de acordo com as necessidades da retórica, utiliza-se o modelo do *doctus orator* ciceroniano, do homem de prudência política, do sábio conselheiro dos príncipes, do cortesão ideal do Renascimento, do poeta épico como guia moral eloquente e como filósofo político, unindo sabedoria e deleite como no ideal de Spenser e Sidney.

[2] Taylor, *The Mediaeval Mind*, II, p. 345, 446-49. Taylor, ignorando a natureza do método gramatical, confunde o tipo de trabalho realizado por tais homens – assim como por São Boaventura, gramático ainda mais importante – com a escolástica dialética, e isso apenas porque aqueles homens notáveis se encontravam num período de predomínio dialético. É a incapacidade de fazer distinções elementares desse gênero que inspira o comentário de McKeon, para quem todas as descrições do Renascimento desde o século XVI "revelam a história como filosofia camuflada". Ele continua: "De acordo com a maioria dos relatos, é fácil diferenciar as características do Renascimento daquelas da Idade Média; contudo, uma vez feitas essas distinções, a Reforma tende a ser assimilada ao Renascimento ou a um retorno à Idade Média. Recentemente, porém, os traços

Taylor sugere que o desenvolvimento dialético do século XII era inevitável: "Na educação medieval, portanto, e na sucessiva ordem de apropriações da patrística e da Antiguidade, a lógica dependia da gramática" (II, p. 364). Desse modo, porém, o Renascimento precisa ser visto como retrógrado, pois rejeita a lógica e a metafísica dos escolásticos e se torna novamente gramatical. Afirmamos isso para indicar que as principais interpretações de Taylor não explicam os fatos pelos quais ele se interessa.

Já citado, "Rhetoric in the Middle Ages", recente artigo do professor McKeon, fornece precisamente os textos e a perspectiva necessários para a compreensão do problema da dialética no medievo. Sua autoridade e acessibilidade permitem a abreviação desta seção de nosso estudo:

> A discussão sobre a lógica na Idade Média pode ser dividida em quatro períodos. Durante o primeiro deles, os elementos da lógica eram assimilados a partir de tratados simples, como os *Principia Dialecticae* e as *Categoriae Decem*, do pseudo-Agostinho (este último, recomendado a Carlos Magno por Alcuíno, que acreditava ser ele uma tradução feita por Agostinho das *Categorias* de Aristóteles), e as seções sobre a dialética incluídas em manuais como os de Marciano Capella, Cassiodoro e Isidoro de Sevilha. Durante o segundo período, após o currículo instituído por Gerbert no final do século X, a base da instrução dialética foi ampliada para abarcar as obras e traduções de Boécio. Entre elas se encontravam dois dos seis livros do *Organon*, de Aristóteles, batizada de Lógica Velha pela tradição. Ao longo do terceiro período, a tradução dos quatro livros restantes, realizada no século XII, estabeleceu a Lógica Nova, formada pela *Introdução* de Porfírio, o *Organon* de Aristóteles e os *Seis Princípios* de Gilberto de La Porée. Ainda assim, a autoridade da Lógica Velha continuava forte, pois os contemporâneos de João de Salisbury achavam difíceis, ou até ininteligíveis, os *Analíticos Posteriores*, que abordam os princípios da demonstração científica. De fato, o primeiro comentário importante sobre tal obra foi escrito no século XIII por Robert Grosseteste (...). Por fim, durante o quarto período, o debate sobre a lógica é determinado menos pelo *Organon* de Aristóteles do que pelas *Summulae* escritas no século XIII por Pedro Hispano, Lamberto de Auxerre e Guilherme de Shyreswood. (p. 7-8)

Para o historiador da cultura, o importante não é tanto determinar o conteúdo preciso desse ensino, mas observar como ele funcionava com relação às disciplinas da gramática e da retórica. Desse modo, nos dois primeiros períodos

---

encarados como marcas distintivas do Renascimento têm sido encontrados cada vez mais cedo no medievo, de modo que a precisão da distinção tem perdido sua validade (...)" ("Renaissance and Method", p. 43).

indicados por McKeon, tanto a dialética quanto a retórica estão subordinadas à gramática e à exegese bíblica. É nesses moldes que, em *De Clericorum Institutione*, Rabano Mauro, maior pupilo de Alcuíno, designa o âmbito da dialética:

> Ele a define com expressões que já encontráramos antes, como *"disciplina rationalis quaerendi, diffiniendi et disserendi, etiam vera et a falsis discernendi potens"*. Seu entusiasmo por essa disciplina das sete artes liberais se devia ao fato de que, em sua cabeça, a lógica tornava possível adentrar sutilmente as artimanhas dos heréticos e refutar suas opiniões por meio de conclusões mágicas e silogismos. Ao ilustrar, por exemplo, como um silogismo falacioso poderia contestar a ressurreição, ele demonstrou como se fazia necessário estudar as verdadeiras técnicas de silogismo na escola, conhecimento que deveria "ser utilizado para a descoberta da verdade nas Escrituras".[3]

Esse é apenas um dos vários exemplos que indicam, tanto no caso da dialética quanto no caso da gramática, como os estudos clássicos eram avidamente cultivados para o bem da teologia. Na prática, é claro, a maioria dos professores dessas disciplinas não era formada por teólogos, e cada um defendia um grau de autonomia maior para a sua especialidade.

Na próxima seção sobre a retórica, será necessário demonstrar como esta arte influenciou a dialética, assimilando-a à lógica, segundo indica McKeon (p. 9), "de acordo com a autoridade de Cícero". Graças à tradicional subordinação da dialética à retórica proposta por Cícero e Quintiliano, a lógica consiste, para a Idade Média primitiva, não tanto no "tratamento das diferenças encontradas nos princípios e nas comprovações demonstrativas, dialéticas e sofísticas", mas no "problema da descoberta de argumentos ou coisas" (McKeon, p. 10). Isso quer dizer que a dialética se transforma, basicamente, na Lógica Velha assimilada às primeiras duas ramificações da retórica, a saber: a invenção e a disposição.[4]

---

[3] Abelson, *The Seven Liberal Arts*, p. 81.

[4] Quando Guilherme de Ockham, Rodolfo Agrícola e Ramée recuperam a Lógica Velha e a opõem à Nova – ou a Aristóteles e Santo Tomás –, encontramos enormes consequências no plano literário. Em discussão está nada menos do que a questão de se a retórica deve sobreviver como algo mais do que a arte de ornamentar um discurso logicamente ordenado. Spenser, Sidney, Ben Jonson, Bacon, Herbert e Milton seguiram os caminhos ramistas. O problema tornava-se ainda mais difícil em virtude das fortes correntes teológicas que fluíam por Ockham e Ramée. Infelizmente, em seu recente estudo sobre Ramée e os poetas metafísicos, Rosamund Tuve nada fez para esclarecer essas confusas perspectivas. As teorias de dicção poética e as doutrinas da crítica literária muitas vezes se mostram espantosamente dependentes da posição ocupada pela dialética na hierarquia de

Na Lógica Velha da Idade Média, portanto, encontra-se a antiga oposição entre os tópicos da dialética e os tópicos da retórica. Assim como ocorrera com Aristóteles, aqueles que encaravam os tópicos retóricos como competência da dialética fizeram com que a retórica se subordinasse a ela. É isso o que acontece com Boécio e Escoto Erígena. Cícero tornara político o gênero retórico, identificando a retórica com a sabedoria, e a eloquência com a filosofia. Aristóteles, porém, transformara a retórica em algo mais restrito, definindo-a como a arte da persuasão em causas civis, judiciais e deliberativas.

Esta é, segundo veio a observar Isidoro, uma questão elusiva, na qual o gênero de determinada arte pode ser transformado em sua matéria.

---

interesses de determinado autor. No que diz respeito aos poetas da era anterior, os pontos de vista de Hobbes, Sprat e Dryden têm fundamentos dialéticos. O próprio termo "metafísica", tal como aplicado a Donne por Dryden, sugere a rejeição do uso que Donne dá à dialética na poesia. Para Dryden, Donne soava quase como um escolástico. Desse modo, o amplo conjunto de discussões sobre a poesia "metafísica" se equivoca tão somente por não haver estudo sobre os objetivos poéticos que Donne estabeleceu para si próprio. Hoje, a principal dificuldade que enfrentamos ao discutir tais questões encontra-se no fato de tentarmos abordar, com a ingênua cultura linguística e literária de nosso tempo, as disciplinas intelectuais complexas e sofisticadas fornecidas pelo *trivium*.

Com Ramée, a supremacia do método dialético é defendida não apenas em função da invenção retórica, mas também com propósitos científicos; não apenas tendo em vista argumentos, mas coisas. É nesse aspecto que as disputas estilísticas do Renascimento são inseparáveis das questões científicas e filosóficas. A influência de Ramée sobre [Thomas] Wilson, [Sir Philip] Sidney, [Abraham] Fraunce e outros é reconhecida. (Ver W. G. Crane, *Wit and Rhetoric in the Renaissance*. Nova York, 1937, p. 54-56; e Hardin Craig, *The Enchanted Glass*. Nova York, 1936, p. 149.) O fato de Cambridge ser um centro ramista na época de Gabriel Harvey, Francis Bacon e John Milton teve grandes consequências para as letras inglesas. O fato de a Faculdade de St. John se tornar uma fortaleza aristotélica, desprezando aquela que Hooker chamou de "a pobreza da recém-elaborada ferramenta" (referindo-se à dialética ramista. *Eccles. Polity*, I, v, 4), tem influência imediata sobre a contenda entre Harvey e Nashe.

Ao discutir, no *De Augmentis*, a relação entre a dialética e o método científico, Bacon deixa bastante claro que aprova a Lógica Velha: "E aqui Ramée sobressaiu-se ao resgatar as excelentes regras das proposições (a de que devem ser verdadeiras universalmente, primeiramente e essencialmente) (...)" (*Works*, op. cit., IV, p. 453). A impaciência de Bacon diante das "questões tortuosas" dos escolásticos tem origem na certeza de que, com seus tópicos retóricos, a tradição de sua lógica lidava com coisas e argumentos, enquanto os aristotélicos tratavam apenas de palavras. Para que o historiador da cultura possa escrever uma descrição satisfatória de muitas fases do século XVI, ainda se faz necessária uma grande quantidade de obras especializadas na história da decadente escolástica de Ockham e seus seguidores.

Todavia, essa estranha diferença é um dos leves resquícios da diferença entre a concepção aristotélica de retórica e aquela de Cícero e dos retóricos. A partir desse traço encontrado nas questões de Boécio, os comentadores medievais reconstruiriam, com uma erudição de gradual crescimento, todos os pormenores da velha oposição.[5]

Para que seja reconhecida a posição central ocupada pela dialética na educação dos séculos IV a X, é necessário apenas recorrer a Prantl ou a Abelson, assim como à numerosa lista de comentários a respeito das *Dez Categorias* e a uma *Dialectica* atribuída a Santo Agostinho ao longo desse período. Grandes controvérsias teológicas, a exemplo daquelas sobre a Eucaristia e sobre a predestinação, forçavam os contendedores a esquadrinharem os Pais, a fim de conciliarem os cânones discordantes e a tentarem uma resolução dialética ou provável de suas opiniões. Esse esforço tornou corrente a dialética.[6] No século X, ela floresceu de modo ainda mais vigoroso graças aos esforços de Gerbert d'Aurillac, futuro papa Silvestre II. Em sua docência na cidade de Paris, ele usou todas as obras e traduções aristotélicas de Boécio acerca da dialética, tal como o *Isagoge* de Porfírio e os *Tópicos* de Cícero.[7]

No entanto, Fulberto de Chartres, pupilo de Gerbert, subordinou significativamente a lógica à retórica no seu magistério em Rheims. Richer, aluno que retratou sua vida, afirma:

> Quando desejava atraí-los de tais estudos para a retórica, ele agia de acordo com a opinião de que é impossível alcançar a arte da oratória sem um conhecimento prévio dos modos de dicção que devem ser aprendidos com os poetas. Assim, ele apresentava aqueles aos quais, em sua opinião, seus alunos deveriam se afeiçoar. Ele lia e explicava os poetas Virgílio, Estácio e Terêncio, os satiristas Juvenal, Pérsio e Horácio, assim como o historiógrafo Lucano. Familiarizando-os com tais autores e exercitando sua locução, ele ensinava retórica aos pupilos. Após serem educados nessa arte, ele trazia à baila um sofista a fim de adestrá-los na

---

[5] McKeon, "Rhetoric in the Middle Ages", p. 11. "Essas não eram questões técnicas discutidas por uns poucos homens instruídos, mas distinções que permeavam todas as partes da cultura e da vida medieval. O cristianismo crescera em um ambiente cultural predominantemente retórico (...)" (ibidem).

[6] Taylor, op. cit., I, p. 220-34, para uma discussão sobre os papéis desempenhados por Alcuíno, Rabano, Escoto Erígena e Agobardo nesse caso.

[7] McKeon, "Rhetoric in the Middle Ages", p. 16; "Renaissance and Method", p. 50-51; Taylor, op. cit., I, p. 280, 290-94.

disputa, de modo que, instruídos também nela, aparentassem discutir de forma natural, o que julgava ser o ponto alto da oratória.⁸

Nessa tradição ciceroniana, à dialética nunca era concedida uma função superior à da retórica, nem mesmo entre seus praticantes mais hábeis.⁹

Uma consequência importante do completo restabelecimento das obras de Boécio na época de Gerbert foi a mudança dos termos e problemas da dialética, fazendo com que aquela praticada anteriormente fosse rapidamente esquecida. Para encontrarmos uma analogia, precisamos apenas pensar na rapidez com que, no século XX, muitos dos interesses mais elementares do século XIX foram negligenciados. Durante a vida de Abelardo, no século XII, um desenvolvimento igualmente abrupto se deu com a dialética:

> Quando escreveu, na primeira metade do século XII, Abelardo enumerou como fonte de suas ideias lógicas as mesmas obras que haviam constituído a base do novo curso de Gerbert. Porém, até mesmo João de Salisbury, contemporâneo e pupilo de Abelardo, possuía a "Lógica Nova", isto é, a tradução completa do *Organon*, e em seu tempo o renascimento filosófico que culminou no século XIII já estava a caminho.¹⁰

---

⁸ Taylor, op. cit., I, p. 289-90.

⁹ No entanto, Berengário de Tours (*ob*. 1088) foi um pupilo de Fulberto que se tornou um perfeito dialético. Ver Prantl (*Geschichte der Logik in Abendlande*, II, p. 73) para uma carta escrita, à época, por um colega de Berengário, que nela é descrito como alguém que é inclinado às novidades e que despreza Prisciano, Donato e Boécio. Em seu *De Sacra Coena* (Berlim, 1834, p. 100), Berengário afirma que o uso da dialética é o que diferencia os espíritos mais nobres. A dialética é a arte da razão, e a razão é o traço do homem. Ele cita Santo Agostinho para defender a dialética como arte das artes. Um contemporâneo de Berengário no século XVIII foi Lanfranc do Bec, que com ele travou controvérsias. (Ver Manitius, *Geschichte der Lateinischen Litteratur*, III, p. 81.) Com Santo Anselmo de Cantuária (*ob*. 1109), pupilo de Lanfranc, quase alcançamos o ponto máximo da dialética. Roscelino, o adversário de Anselmo, foi professor de Abelardo.

¹⁰ McKeon, "Renaissance and Method", p. 51. Enfrentando com sinceridade o problema de quantos ainda podem sustentar, hoje, a noção de Idade Média adotada pelo século XVI, McKeon indica que, até o século XIV, cada revolução intelectual era apresentada como o retorno a alguma das doutrinas mais antigas conhecidas pela geração anterior. No século XIV, porém, os seguidores de Ockham e os averroístas prepararam a revolta dos séculos XV e XVI contra todas as tradições da filosofia. "Sua peculiaridade está no fato de que, enquanto os renascimentos anteriores esqueciam as novas formulações dadas aos problemas filosóficos, os filósofos dos séculos XV e XVI se empenhavam com afinco para caluniar seus predecessores" (p. 53). Na próxima seção sobre a gramática, serão oferecidas algumas explicações para essa anomalia.

C. Retórica

O Trivium *de Santo Agostinho a Abelardo*

São apresentadas dimensões novas e importantes da retórica, as quais se unem ao vasto painel do trivium que surgirá em sua plenitude antes de ser aplicado à obra de Thomas Nashe. McLuhan inicia sua discussão explicando a ideia de cores do bem e do mal e a maneira como ela se relaciona às figuras de pensamento, mencionadas inicialmente na discussão sobre a dialética que se estende da Antiguidade até a época de Santo Agostinho. Este último tópico recebe agora um tratamento mais completo.

McLuhan oferece definições práticas para vários termos da variedade intimidante de instrumentos intelectuais do retórico: effictio (traços físicos), notatio (traços psicológicos) – ambas usadas na antiga prática do retrato –, pathos (representação do sofrimento humano), ethos (caracterização), ethopoiea (imitação das características de outrem), etc. Duas referências a obras sobre a segunda sofística são apresentadas aqui. O tópico assume toda a sua importância nas últimas linhas da tese, nas quais McLuhan vinculará a ideia à obra de James Joyce.

A palavra-chave continuidade será encontrada na primeira linha deste capítulo e, em seguida, repetida com um lembrete do objetivo do autor: "indicar a continuidade e a ampla influência da tradição retórica nos tempos do medievo e do Renascimento". Para satisfazer seu objetivo, e ao tratar do que ele mesmo chamou, em outra ocasião, de "fusão do trivium", McLuhan cita McKeon mais uma vez. A passagem toma a forma de advertência contra uma definição de retórica que a reduza ao estilo, à literatura ou ao discurso, todos mutuamente excludentes. Fazê-lo turvaria a história da disciplina no período medieval e contribuiria para a fragmentação do trivium. Aqui, a discussão se estende à retórica legal e à oratória jurídica. Do mesmo modo como um dos capítulos anteriores torna possível a justaposição experimental da dialética à desconstrução, aqui temos um ponto de partida para o cotejo da análise retórica sustentada por uma antiga perspectiva do trivium com as raras abordagens contemporâneas que a linguística oferece diante da linguagem legal, como em The Language of Judges, de Lawrence Solan.

Na nota 22, McLuhan se refere a outra monografia de sua autoria sobre a relação do programa científico de Francis Bacon com a gramática, a dialética e a retórica. Ele aceita de bom grado a confirmação de suas perspectivas proporcionada pelo ensaio "Rhetoric in the Middle Ages", de McKeon. A versão hológrafa dessa monografia desenvolve e sintetiza muitas seções deste trabalho. Ela foi enviada para um editor, o qual sugeriu que o texto fosse reduzido de mais de quarenta páginas para menos de vinte, omitindo o resumo da história do trivium, a comparação detalhada de Roger Bacon e São Boaventura e todo o debate de Francis Bacon acerca da retórica. McLuhan, é claro, julgou hostis as sugestões, e a obra jamais foi publicada. Quanto ao "esboço da técnica sermonária do medievo primitivo", mencionado na nota 24, o material reunido jamais foi preparado para publicação.

O capítulo chega ao fim com uma discussão sobre o quão paradoxal é o fato de a gramática e a retórica, então a serviço dos codificadores do Direito Canônico, engendrarem um renascimento da dialética no século XII. McLuhan conclui: "Isso enfatiza mais uma vez os complexos laços que unem as irmãs rivais do trivium". Visto que as leis da mídia articuladas por McLuhan ao fim de sua vida se aplicam também a muitas dimensões da linguagem, torna-se pertinente questionar se, e como, esta obra sugere a possibilidade de articular uma tétrade do trivium.

– O editor

Uma das formas de ilustrar a continuidade e a ampla influência da tradição retórica clássica ao longo da Idade Média seria traçando as consequências da doutrina da *laus et jubilatio*, dos temas de louvor ou censura ou, como muitas vezes eram chamados, das cores do bem e do mal. Louvar e censurar, fosse no âmbito político, acional ou pessoal, eram as principais finalidades da retórica antiga, vista como a arte da persuasão.[1] A grande coletânea de provérbios e feitos estabelecida por Valério Máximo é, tanto em sua natureza quanto em sua finalidade, um simulacro de toda essa arte. A ética e a eloquência eram tão inseparáveis na natureza da retórica clássica quanto a eloquência e o aprendizado o eram para Isócrates e Cícero. Do mesmo modo, foi o caráter profundamente ético da eloquência que garantiu sua adoção por parte dos Pais e, depois, seu refinamento pela Igreja medieval.[2]

Uma das maneiras mais convenientes de indicar as implicações das cores do bem e do mal é relacionando-as à descrição de caracteres e pessoas. Os manuais de retórica referem-se a essa questão de maneira variada, valendo-se, entre outros vocábulos, de *icon, echprasis, hypotyposis, ethopoeia, notatio, effictio, mores, descriptio, characterismus, ethologia*; todos eles, porém, são apresentados como *figuras de pensamento* (Quintiliano, IX, 3, 98-99). Para nossos objetivos, não há necessidade

---

[1] "Isócrates afirmava que o louvor e a censura encontram lugar em todo tipo de oratória" (Quintiliano, III, 4). Alguns até mesmo fariam da retórica uma "parte da moralidade" (III, 21, 3).

[2] Segundo observa Wust em "Crisis of the West" (p. 105), "a teoria ética da Idade Média, que se arraiga de maneira muito mais profunda do que a ética moderna nos alicerces pessoais do homem, é na verdade explicada por essa cega preferência pela vida prática, em detrimento de toda teoria". Esse viés prático da ética medieval tem raízes na prática e na teoria do direito e da oratória clássica. Essa tradição se mostra muito mais clara quando vista como resultado da elevada ênfase dada pelo Renascimento a Cícero e Quintiliano. Homens como Erasmo insistem na formação do caráter como se este fosse praticamente o único fim da educação, fosse ela dos jovens ou dos velhos. Ver seu *De Pueris Instituendis* (p. 183-84 et passim, in: *Desiderius Erasmus Concerning the Aim and Method of Education*. Trad. W. H. Woodward. Cambridge, 1904). As funções morais e retóricas dos *Adagia* de Erasmo são inseparáveis. O mesmo fato pode ser esclarecido a partir de qualquer escritor renascentista.

de abordarmos qualquer tratado anterior ao *Ad Herennium*, redigido em cerca de 80 a.C. Tratado latino mais antigo acerca da retórica, ele talvez não passe da tradução de um popular manual grego. De qualquer forma, a obra toma os manuais gregos como modelos da mesma forma como o faz o ciceroniano *De Inventione*. Bem cedo na Idade Média, o *Ad Herennium* foi atribuído a Cícero e usado, ao lado do *De Inventione*, como obra de referência. Ele codifica a velha prática do retrato a partir da *effictio* e da *notatio* (IV, 63). A *effictio* diz respeito aos traços físicos, enquanto a *notatio*, aos psicológicos. Porém as antigas artes da fisionomia e da medicina acabaram por tornar insignificantes quaisquer distinções básicas entre as características físicas e morais.[3]

Uma vez examinados os textos, publicados por Faral, sobre o tema em Cícero, Quintiliano, Agostinho, Prisciano, Capella, Empório, Cassiodoro, Isidoro e os outros autores das *arts poétiques* dos séculos XII e XIII, o que se torna importante é avaliar sua influência sobre a prática literária.[4] Como esse é um terreno amplamente inexplorado, somente alguns fatos gerais podem ser apresentados aqui – não mais do que o suficiente para indicar a continuidade e a ampla influência da tradição retórica nos tempos do medievo e do Renascimento. Embora não haja ramificação da prosa e da poesia antigas que não sirva para

---

[3] Reconhecendo isso, Mateus de Vendôme recomenda a mescla de *effictio* e *notatio* (Faral, *Les Arts Poétiques*, p. 118-19, 134). Guillaume de Machaut, um dos modelos de Chaucer, mistura a descrição física com a descrição psicológica do mesmo modo como o faz Chaucer. Em *Chaucer and the Medieval Sciences* (Nova York, 1926), W. C. Curry analisa detalhadamente a maneira profunda pela qual as artes da medicina, da fisionomia e da astrologia passaram a ser alternativas epitéticas para a descrição dos caracteres em Chaucer. Ele parece ter negligenciado o conhecimento capaz de ser adquirido, diretamente, a partir das difundidas *arts poétiques* que Chaucer, a exemplo de qualquer homem letrado de seu tempo, conhecia muito bem. (Faral, op. cit., p. 80, 101.)

[4] *Ad Herennium*, I, 2, 7; III, 6-8; IV, 49-50, 63. Cícero, *De Inventione*, I, 5, 24; II, 18-19; *De Oratore*, II, 22. Quintiliano, II, 4; III, 4, 7; V, 11; VIII, 3, 64-73; XII, 2. Horácio, *Ars Poetica*, II, 114-27, 158-78. Halm, com *Rhetores Latini Minores* (Leipzig, 1863), nos traz os textos que vão de Fortunaciano a Empório. O tratamento que eles dão ao louvor e à censura no contexto da *effictio* e da *notatio* é, na obra de Halm, encontrado desta maneira: Fortunaciano: p. 81; Santo Agostinho: p. 139; Vitorino: p. 303-05; Júlio Vítor: p. 436; Capella: p. 456-57; Cassiodoro: p. 495; Isidoro: p. 508, 521; Alcuíno: p. 526; Prisciano: p. 555, 586-88; Empório: p. 570. Os textos editados por Faral são ricos nesse aspecto. Mateus de Vendôme: p. 118-19, 120, 132-36; Geoffrey de Vinsauf: p. 214, 271, 273, 310; Everardo: p. 348. Do mesmo modo, ver João de Garlândia, *De Arte Prosayca, Metrica, et Rithmica*, in G. Mari (ed.), *Romanische Forschungen*, 13, 1902, p. 883-965.

ilustrar as técnicas conhecidas de *effictio* e *notatio*, foi na oratória epidíctica que tais recursos descritivos floresceram com particular exuberância. Foi essa oratória da exposição e da virtuosidade que acabou por fornecer os temas e acontecimentos fantásticos das novelas gregas, as quais desfrutaram de grande popularidade na Idade Média e no Renascimento, em virtude de suas abundantes descrições retóricas.[5] Pouco surpreende o fato de Filóstrato, nascido mais ou menos no 170 d.C., e de quem assimilamos a maior parte do que sabemos sobre a oratória epidíctica grega (as *Controvérsias* do Sêneca Pai preservaram o que sabemos sobre o mesmo gênero entre os romanos), ter escrito também as *Eikones* – descrições em prosa de imagens vistas pelo autor. Talvez elas fossem muito semelhantes a *Dáfnis e Cloé*, de Longo, obra que pertence ao mesmo período.[6] É em função das tradições retóricas presentes nas descrições pessoais da novela antiga, medieval e renascentista que deve ser traçada uma distinção básica, aquela entre *pathos* e *ethos*, nos métodos descritivos. A incapacidade de perceber essa distinção, observada com demasiado cuidado pelos próprios retóricos, gera nos historiadores do tema perplexidades desnecessárias.[7] Aristóteles vê a divisão como algo universalmente reconhecido em sua época quando, na *Poética*,

---

[5] Segundo afirmou Cinthio, "a palavra *romance* tem, para nós, o mesmo significado que épico tinha para os romanos" (Baldwin, *Renaissance Literary Theory and Practice*, p. 159).

[6] A exemplo de Luciano, prestigiado por More e Swift, Filóstrato tinha estilo ático e era apreciado por Ben Jonson, cujo verso *Drink to me only with thine eyes* tem origem em suas *Cartas Eróticas*.

[7] Tratando do Renascimento em geral, Baldwin (op. cit., p. 123) diz que "os poetas renascentistas, em virtude de seu culto ao classicismo, muitas vezes resgatavam o mundo antigo da decadência alexandrina, viam em Virgílio apenas o estilo elevado, concebiam a poética como retórica e buscavam os romances helenísticos. Ariosto foi um desses alexandrinos". A incapacidade de perceber que os autores dos romances cultivaram conscientemente o *pathos*, e não o *ethos*, é o que impede Baldwin de notar que, apesar de suas muitas semelhanças superficiais, a intenção de Tasso e Spenser é o ensinamento ético e a de Boiardo, Ariosto e Cervantes é o *pathos*. Desse modo, Ariosto pode incorporar a *complainte d'amour*, assim como muitos outros traços do romance medieval, sem deixar de ser "clássico", uma vez que o romance na Idade Média tinha raízes firmes na teoria e na prática retórica clássica. "Ninguém pode estudar a história do Romance ou da Elegia sem acompanhar os indícios deixados pelo currículo retórico e pela teoria estética do mundo helenístico" (*English Literature and the Classics*. Ed. G. S. Gordon. Oxford, 1912, p. 90). Sendo bem coerente com seus objetivos e com os cânones retóricos que cuidadosamente observou em toda a sua obra, Spenser "evita os grandes cavaleiros, os grandes cenários e temas do romance arturiano de Chrétien e

afirma ser possível haver tragédia sem caracteres. O fato é que a tragédia representa o *pathos* – ou o sofrimento humano – e que o *ethos* – ou caracterização –, tão indispensável para estimular a comédia, só é necessário se assim o exigir a verossimilhança. O caráter, na tragédia, é contingente; na comédia, necessário. Enquanto a tragédia apresenta o homem que sofre e que está sujeito a forças exteriores, a comédia representa homens que agem, que são ativos e moralmente decididos.[8] Essa distinção clássica entre a paixão e o *ethos*, ou virtude, foi contínua e indiscutivelmente observada por gramáticos, retóricos e críticos até o século XVIII. Cícero nota a distinção, assim como suas consequências para a conveniência, ao discutir o uso de vários estilos (*Orator*, xxxvii-xxxviii, cxxviii; e *De Oratore*, II, 43-44). A exemplo da tragédia, do épico e da novela de cavalaria, tanto a representação quanto a incitação das paixões exigem o estilo grandioso, enquanto o estilo do louvor ético e da censura é *come iucundum, ad benevolentiam conciliandam* (*Orator*, cxxviii).

Quintiliano, obviamente, dá um tratamento muito mais completo ao tema:

> As emoções, no entanto, do modo como nos transmitem as antigas autoridades, são divididas em duas classes: a primeira é chamada de *pathos* pelos gregos, sendo justa e corretamente expressa em latim pela palavra *adfectus* (afeto); a outra é chamada de *ethos* (costumes). Consequentemente, a área da filosofia conhecida como ética é, por nós, dita filosofia moral. (IV, 2, 8)

Essa é a mesma distinção observada por Aristóteles quando de seu tratamento das principais paixões, na *Retórica*, e de sua análise das outras paixões na *Ética*, em que as vê como aspectos das virtudes, sejam eles deficientes ou excessivos. Por todo o período renascentista e medieval, as paixões foram tratadas como uma ramificação da retórica.

Malory" (Edwin Greenlaw, *Studies in Spenser's Historical Allegory*, p. 51). Spenser simplesmente evita o *pathos*.

[8] Quintiliano diz: "O *pathos* dos gregos, que corretamente traduzimos como *emoção*, tem caráter diferente, e sou incapaz de indicar melhor a natureza de tal distinção do que afirmando que o *ethos* se assemelha mais à comédia e o *pathos*, à tragédia" (VI, 2, 20). Após tratar do *pathos*, Quintiliano se debruça sobre o tema da pilhéria, parte do *ethos* (VI, 3, 1 ss), e indica que os gracejos adaptados ao caráter são chamados de *éticos* pelos gregos (VI, 3, 93-94). No século XIII, João de Garlândia oferece um debate mais completo sobre os princípios e conveniência da comédia e da tragédia em função do *ethos* e do *pathos* (op. cit., p. 919).

Na natureza dos exercícios escolares, os *Caracteres* de Teofrasto ilustravam não o *pathos*, mas o *ethos*. Como afirma Quintiliano, "há também um bom motivo para atribuirmos o nome de *ethos* àqueles exercícios escolares em que retratamos camponeses, avaros, covardes e supersticiosos de acordo com o que de nós o tema exigir. Pois, se o *ethos* denota o caráter moral, é nele que deve se basear nosso discurso quando retratar esse caráter" (VI, 2, 17). E depois: "A imitação das características alheias, a qual se nomeia *ethopoeia* ou, segundo a preferência de uns, *mimesis*, pode ser elencada entre os recursos capazes de suscitar as emoções mais brandas, uma vez que consiste ela, basicamente, em provocações, embora possa dizer respeito tanto a palavras quanto a ações" (IX, 2, 58).[9]

---

[9] Para mais sobre a relação dessas doutrinas com o sistema de instrução juvenil nos costumes e na eloquência que perdurou até a repentina ascensão da dialética no século XII, ver Quintiliano, I, 8 e 9. O resgate dessa educação nos séculos XV e XVI não carece de comentários; no entanto, suas implicações para as formas literárias medievais e renascentistas exigem muito estudo. W. G. Crane (*Wit and Rhetoric in the Renaissance*) está ciente do estreito vínculo entre o Renascimento, o discurso moral, o ensaio, o sermão, a comédia e o caráter (cap. 10), mas parece ignorar a tradição ou os fundamentos filosóficos da tradição. Desse modo, *Euphues* é um discurso moral escrito em estilo médio, tal como explicou Lyly. É o estilo dos sermões de Santo Hilário, Santo Agostinho e muitos pregadores medievais, dominado por figuras de pensamento e frugal com as figuras emotivas ou o *pathos*, prevalentes na refinadíssima *Arcadia* [de Sidney].
Como o próprio Sidney afirma em *An Apology for Poetry*,
(...) a maior parte dos Poetas envolveram suas invenções poéticas naquele numérico gênero de escrita a que chamam verso: de fato apenas envolvidas, sendo o verso tão somente um ornamento e não a causa da Poesia, pois excelentíssimos Poetas viveram que jamais versificaram. (...) Tanto que de *Xenofonte*, cuja excelência na imitação nos forneceu a *effigiem iusti imperii*, o retrato de um justo Império sob o nome de *Ciro* (como dele falara *Cícero*), nasceu um absoluto Poema heroico; assim também *Heliodoro*, ao docemente inventar o retrato do amor em *Teágenes* e *Caricleia*. (...) É, contudo, a simulação daquelas notáveis imagens de virtudes, vícios e tudo o mais, ao lado daquele aprazível ensinamento, que deve ser a nota distintiva do poeta (...). (G. Smith (ed.), *Elizabethan Critical Essays*. I, p. 159-260)
O retrato ético na forma da *laus et vituperatio* resume, para o Renascimento, quase toda a poesia, assim como a retórica.
A visão de *Arcadia* como poema épico por parte dos contemporâneos de Sidney é bastante natural e justificável à luz da perspectiva tradicional. Infelizmente, a abordagem oferecida por Crane em "The Sentimental Novel and the Romance" (op. cit., cap. 11) é demasiadamente confusa, uma vez que não traz as distinções básicas entre *ethos* e *pathos* estabelecidas pelos próprios autores. O mesmo se aplica a *The Greek Romances in Elizabethan Prose Fiction*, de S. L. Wolff (Nova York, 1912).

Uma discussão útil sobre o esboço do caráter na literatura da Antiguidade é oferecida por E. C. Evans em seu "Roman Descriptions of Personal Appearance".[10] Nele, ela se debruça principalmente sobre a forma pela qual as doutrinas fisionômicas antigas eram empregadas pelos retóricos, negligenciando, a exemplo de todos os outros, as distinções decisivas entre *ethos* e *pathos* nas descrições. Ambos os tipos, porém, são ou de louvor, ou de censura.

> Uma análise do material reunido revelou três métodos principais de descrição, utilizados repetidamente. Primeiro, há o método pelo qual o corpo é descrito em termos gerais, através de expressões como *forma eximia, corpus ingens*. Esse tipo é comum na literatura e se resume, em geral, a descrições – laudatórias ou não – da aparência permanente de determinado homem. Em segundo lugar, temos o tipo em que a emoção do indivíduo, inscrita em seu corpo ou semblante, é indicada por expressões como *laeto voltu, truci voltu*. O segundo tipo é encontrado especialmente (1) nos panegíricos em que a dignidade da aparência, a tranquilidade do semblante e a nobreza dos olhos são louvadas, assim como em ataques vituperadores contra inimigos; e (2) em expressões que descrevem a aparência momentânea de determinado homem por meio de frases que sugerem, por assim dizer, a reação de alguém a certo acontecimento ou discurso à medida que ele se reflete por um breve interstício no semblante. Essa técnica de caracterização encontra o ápice de seu desenvolvimento em Tácito. Em terceiro lugar, temos o tipo pelo qual todo o corpo é fotograficamente descrito, como nas *Vidas* de Suetônio.[11]

Em seguida, a srta. Evans exemplifica esses tipos de caracterização por meio de Lívio, Tácito e Suetônio.[12] Eles também poderiam ser facilmente ilustrados a partir de qualquer outro gênero da descrição clássica, assim como dos Pais.

---

[10] *Harvard Studies in Classical Philology*, 46, 1935, p. 43-84.

[11] Evans, op. cit., p. 44-45. Todos esses métodos de descrição pertencem à *effictio*, e não à *notatio*, uma vez que esta última é a descrição realizada por meio de qualidades mentais. Naturalmente, a *effictio* é crucial para que a novela de cavalaria, o épico e a tragédia alcancem o *pathos*; porém, graças às doutrinas da fisionomia, a *effictio* também tinha relevância psicológica. Evans demonstra como a *pronunciatio* ou *actio*, quinta divisão da retórica, fundamentava-se em uma arte do gesto altamente refinada, a qual não passava de uma parte da fisionomia. (Ver *Ad Herennium*, III, 19, 26-27; *De Oratore*, III, 216, 221 ss; *Orator*, 55, 59-60; *Brutus*, 110; Quintiliano, XI, 3, 65 ss.)

[12] O ensaio "Suetonius in the Early Middle Ages", de E. K. Rand (*Harvard Studies in Classical Philology*, 37, 1926, p. 1-48), comprova a continuidade das formas clássicas de caracterização na escrita histórica do único período em que ela foi colocada em dúvida.

Desde que W. C. Curry, com seu *Chaucer and the Medieval Sciences*, explicitou minuciosamente as relações orgânicas entre a fisionomia e a medicina na Idade Média, o vínculo delas com a retórica ao longo do medievo pode ser indicado pela demonstração dessas mesmas relações na Antiguidade. Galeno nos diz que Hipócrates de fato estabeleceu a fisionomia como ciência (Evans, p. 47). A imediata conexão entre a medicina e a retórica, portanto, é encontrada no problema da comunicação retórica e na arte dos gestos e da expressão. Contudo, até mesmo um estudo superficial do *Corpus Hippocraticum* revela a importância da retórica para a forma de exprimir conhecimentos médicos. "Escrever em aforismos" era parte da técnica retórica e dialética dos estoicos, a qual, do ponto de vista científico, interessava demasiadamente os hipocráticos.[13] Desse modo, McKeon não está na raiz do problema quando afirma que "a comparação entre medicina e retórica apresentada por Platão e Aristóteles foi transformada em um método científico comum tanto à retórica quanto à medicina".[14] O "escrever em aforismos" da medicina grega possui, para a Antiguidade, as mesmas implicações estilísticas e científicas que há para os escritores "áticos" dos séculos XVI e XVII; além disso, o ideal estoico do sábio científico, apresentado no tratado *Decorum*, pode facilmente servir como descrição do tipo "anticiceroniano" de ambos os períodos.

> Nenhuma preparação estudada, nenhuma elaboração excessiva. Veste-te com decoro e simplicidade (...), tendo como objetivo a boa fama e adequando-te à contemplação, à introspecção e à caminhada. Deves ser sério, honesto e claro nos confrontos; pronto para responder; e persistente nas oposições; perspicaz e afável com os de espírito semelhante; e bem-humorado para com todos; silencioso diante das perturbações; diante dos silêncios, preparado para raciocinar e suportar; pronto para qualquer oportunidade e rápido para aproveitá-la, sabendo como usar o alimento e sendo moderado; paciente na espera por uma oportunidade, demonstrando com linguagem eficaz tudo o que já fora apresentado; gracioso no discurso e na organização; forte na reputação que tais qualidades evocam, voltando-te à verdade quando algo se mostrou verdadeiro.[15]

---

[13] Hipócrates, II, p. xxv-xxviii. (Loeb Classical Library)

[14] McKeon, "Rhetoric in the Middle Ages", p. 11.

[15] Hipócrates, II, p. 381-82. O "renascimento" hipocrático do século XVI é bem conhecido, embora sua influência direta sobre o estilo retórico não tenha sido estudada e seus antecedentes medievais, reconhecidos. Talvez um dos motivos

As doutrinas retóricas associadas às abrangentes divisões do *ethos* e do *pathos* na Antiguidade, na Idade Média e no Renascimento trazem uma interessante consequência para a prática da redação de romances em todos os três períodos. Com os conceitos básicos dos retóricos, podemos investigar as informações recolhidas por autores como Wolff e Crane, vendo o retrato complexo e confuso que eles apresentam assumindo formas distintas e inteligíveis. Como exemplo, temos o fato de todas as novelas dizerem respeito ao amor e à aventura e de os heróis e heroínas serem motivados pelo acaso, e não criarem os próprios destinos.[16] Os longos lamentos que eles expressam para demonstrar o que sentem diante do acaso constituem a essência desse *pathos* característico do estilo grandioso. Os alunos eram instruídos não apenas a escrever cenas éticas com personagens históricos e fictícios, mas também a elaborar e exprimir discursos convenientes, adequados ao luto que acomete Níobe ou Hécuba. Wolff vê (p. 137) a falta de *caráter* como uma força ativa, mas não vai além.

Estácio, segundo ele (p. 132), é responsável pelo primeiro personagem cavaleiresco; no entanto, Wolff não percebe que o culto do heroico, tanto no

---

a tornarem os ensaios de Morris W. Croll incapazes de reorientar as atividades acadêmicas no estudo do Renascimento seja o fato de eles não mostrarem as relações contínuas entre a medicina e a retórica na Idade Média. Desse modo, os ensaios contribuem para a ilusão de que o "renascimento" renascentista é, tanto nesse quanto em outros aspectos, um simples resgate da Antiguidade, e não uma rixa entre tradições continuamente ativas ao longo de todo o medievo. De todo modo, Croll viu mais do que qualquer outro, e seus ensaios precisam ser reunidos em livro (...) [Ver as quatro entradas referentes a Croll na Bibliografia. - N. E.].

O conceito de sábio estoico influenciou profundamente a especulação patrística acerca dos ideais monásticos. Foi, portanto, através de uma importante artéria da tradição cristã que parte das doutrinas éticas e literárias mais importantes para o mundo antigo entrou no fluxo do mundo medieval primitivo. (Ver Gilson, *Hélöise et Abélard*, p. 174-80.) Esse tema, vital até para a compreensão de traços proeminentes do estilo literário medieval e renascentista, aguarda o tratamento de um historiador. Crisóstomo, por exemplo, o eloquente pupilo de Libânio, "redigiu seus três livros contra os adversários do monasticismo e escreveu o pequeno e interessante tratado em que estabelece uma comparação entre o monarca e o monge. Desse modo, verificamos traços de sua instrução escolástica e de seu estudo do estoicismo. Crisóstomo atribui ao monge algumas das qualidades do sábio estoico" (J. F. D'Alton, *Selections from St. John Chrysostom*. Londres, 1940, p. 4). A maioria dos tratados medievais destinados aos príncipes segue a tradição ciceroniana. No entanto, o ático Crisóstomo é claramente visto, aqui, como uma fonte da antitradição. Os conceitos do governante como sábio e do governante como *doctus orator* nunca deixam de se chocar ao longo da Idade Média, alcançando, durante o Renascimento, uma intensa animosidade.

[16] Wolff, op. cit., p. 127, 137.

estilo quando no sofrimento, conduz à ascensão de todo o romance cavaleiresco medieval. Estácio e Lucano não eram prestigiados por nada ao longo do medievo. Além disso, segundo mostrou E. K. Rand em seu *The Founders of the Middle Ages*, "as obras de Jerônimo estão intimamente ligadas às lendas poéticas de seu tempo, as quais, como veremos, foram desenvolvidas pelo papa Dâmaso I e escritas, em sua maioria, por autores pagãos, a exemplo das novelas gregas" (p. 121). O fato de a maior parte da literatura patrística ser uma adaptação livre dos estilos populares na Idade de Prata nos ajuda a explicar a popularidade dos romances gregos no início e no fim do medievo, assim como a quantidade de gêneros relacionados. O esquecimento da literatura da Idade de Prata que se segue ao século XVII explica, do mesmo modo, grande parte de nossa incapacidade de notar a presença contínua e vital da literatura clássica em diversas formas literárias medievais, como, por exemplo, "uma esplêndida tradição", encontrada nas vidas dos santos, que "remonta à Idade Média e culmina em Jacopo de Varazze, com sua Legenda Áurea".[17]

Quando reconhecemos que a oratória antiga foi dominada pelos propósitos éticos da *laus et vituperatio* e que a descrição das coisas e pessoas encontram suas ramificações mais extensas na medicina e na psicologia da Antiguidade, as informações recolhidas por Faral assumem uma natureza da qual ele pouco suspeitou. Elas não são nada menos do que o testemunho de uma continuidade profunda – tanto nas bases quanto nas superfícies – entre a cultura antiga e a cultura medieval. Faral diz:

> *Les arts poétiques du moyen âge font à ce genre de descriptions une place importante: c'est à elles qu'est consacré, en majeure partie, le traité de Matthieu de Vendôme. A l'ampleur de l'étude qu'il leur consacre, au soin qu'il met à en détailler les principes, au*

---

[17] Rand, op. cit., p. 121. As infindáveis descrições da natureza, assim como a "psicologização das paixões", de cuja presença nas novelas se tem reclamado, mas que encontram um lugar de destaque em Spenser e Sidney, merecem ser expostas na perspectiva de uma tradição filosófica e científica altamente complexa e já perdida. Elas não representam a simples ebulição dos retóricos epidícticos. Faral (op. cit., p. 102) expressa-se em um contexto demasiadamente limitado quando indica que a forma de retratação medieval pode ter origem em Sidônio Apolinário. É curioso que Walter Whiter (*A Specimen of a Commentary on Shakespeare*. Londres, 1794) procure demonstrar que as formas de retratar o caráter no Renascimento tinham raízes num decoro de tradição medieval. Ele menciona as descrições precisas que Beda faz da idade, da imagem, da barba, do cabelo, etc. dos sábios, tal como a mudança da representação retórica à representação rebuscada. Como de costume, Whiter está correto, mas não informa o bastante.

nombre et à l'étendue des exemples qu'il en propose, il est visible que Matthieu considère la description comme l'objet suprême de la poésie. (p. 75-76)

Uma vez que nenhum poeta, gramático ou retórico antigo abraçaria as doutrinas de Mateus com a mesma paixão com que vieram a abraçá-las Spenser e Sidney, torna-se incompreensível o acréscimo de Faral: *"C'est chez lui que cette conception se trouve formulée pour la première fois, au moins à notre connaissance"*. É preciso supor que Faral não realizou qualquer estudo das formas clássicas da *echphrasis*, da *effictio*, da *notatio*, etc. e que ele não compreendeu as relações entre elas e a teoria ética, médica e psicológica no período antigo e medieval. É em virtude da crescente importância dessas ciências no medievo que Mateus se encontra disposto a enfatizar tanto as doutrinas clássicas da descrição. Se as fórmulas retóricas de Mateus e de seus companheiros retóricos e gramáticos forem separadas das ciências medievais, elas sem dúvida parecerão ininteligivelmente superficiais. No entanto, não há provas de que elas fossem desligadas umas das outras, ao mesmo tempo em que há uma enormidade de evidências dizendo o contrário.[18]

Uma consequência interessante das doutrinas do *ethos* e do *pathos*, tal como das doutrinas do louvor e da censura a elas relacionadas, é o fato de as descrições femininas geralmente dominarem o romance – em primeiro lugar, porque as mulheres eram encaradas como criaturas idealizadas do *pathos* (ou seja: passivas, e não motivadas por objetivos ou pelo *ethos*); depois, porque as ações dos personagens masculinos tinham como motivação a beleza (*pathos*) feminina.[19] Mateus de Vendôme condensa a questão:

---

[18] Ver W. C. Curry, *Chaucer and the Medieval Sciences*, passim. Nada poderia indicar melhor as causas do equívoco de Faral do que a reclamação de que *"dans toute la littérature du moyen âge, la description ne vise que très rarement à peindre objectivement les personnes et les choses et qu'elle soit toujours dominée par une intention affective qui oscille entre la louange et la critique"* (p. 76). Dessa forma, seria necessário julgar equivocados os objetivos e métodos de toda a literatura europeia produzida antes dos naturalistas franceses do século XIX. Porém, até mesmo ao formular sua objeção, Faral atesta a unidade das doutrinas literárias medievais, clássicas e renascentistas.

[19] Que a perspectiva psicológica do caráter foi estimulada, e não desfavorecida, por essas doutrinas é o que afirmam Gaston Paris e W. P. Ker. Ver W. P. Ker, *Essays on Medieval Literature*. Londres, 1905, p. 251.

Também Raby (*A History of Christian-Latin Poetry*, p. 45) demonstra como, "junto com a epístola satírica, floresceram também as descrições satíricas, um assunto óbvio para os exercícios escolares. (...) Todo aluno aprendia a descrever a beleza feminina e a escrever uma 'invectiva' contra as mulheres". Isso significa que, da época de Cícero à época do dr. Johnson, os estudantes aprendiam as

A descrição de alguém é às vezes oportuna e, às vezes, supérflua. Como exemplo: se estiver em questão a masculinidade de alguém, a inconstância da mente, a preocupação com sua respeitabilidade, a aversão ao servilismo, como no caso da severidade de Catão em Lucano (II, 381 ss), a virtude multiforme de Catão deve ser descrita de modo que, tendo sido apresentados o refinamento de sua conduta e a eminência variada de sua virtude, o ouvinte se torne mais capaz de apreciar o que se seguir acerca dos descuidos de César e do respeito pela liberdade.

Isso quanto ao *ethos*. "Ademais, se estiver em questão os temas amorosos – por exemplo, como Júpiter foi consumido por seu amor a Parasis –, uma descrição da donzela deve ser apresentada em primeiro lugar, (...) de modo que (...) o leitor possa, de imediato, conjecturar como o espírito de Jove se inflamara diante de tais encantos."[20] Desse modo, as longas descrições encontradas nos romances tinham objetivos funcionais e dramáticos, e não encontravam espaço em escritas éticas, como a história, a biografia, a sátira, os sermões, etc.

Quase não se faz necessário dizer que mal teve início a investigação desse complexo tema, sendo necessárias ainda muitas pesquisas para que comecemos sequer a apreciar os objetivos e as técnicas dos escritores medievais e renascentistas. Por exemplo, os "escritores de caracteres" dos séculos XVI e XVII são meros subprodutos do teatro retórico, do épico e da novela do mesmo período; no entanto, eles são frutos da educação oferecida pelo *trivium*, recebendo dessa fonte seu caráter "clássico". Em todas as ramificações da literatura europeia, a caracterização acompanha as doutrinas da Antiguidade, até o momento em que a ética sentimental do século XVIII contesta todo o corpo doutrinário. Apenas quando a natureza racional do homem é questionada, apenas quando são colocados em xeque os fundamentos do direito natural, é que surge alguma doutrina ou método de caracterização que interrompe a influência daqueles que eram continuamente utilizados da época de Aristóteles à época do dr. Johnson. As técnicas de Crabbe e Jane Austen são, obviamente, as técnicas tradicionais, não influenciadas pela nova psicologia.[21]

---

implicações éticas e psicológicas do *pathos* e do *ethos*, assim como sua relação com a *laus et vituperatio*.

[20] Faral, op. cit., p. 118-19.

[21] Em "Characters of Women", Pope nos fornece um exemplo dos métodos tradicionais de invectiva, louvor e censura. Suas mulheres perversas possuem *ethos*; as boas, *pathos*. Coleridge toma para si os mesmos fundamentos ao discutir

A maneira, descrita acima, de encarar a herança retórica clássica da Idade Média talvez esteja mais incrustada no particular do que a segunda, que será descrita agora. Refiro-me à relação entre a retórica e o direito. Porém, para ambas as formas de encarar o complexo tema, a declaração conclusiva de "Rhetoric in the Middle Ages", de McKeon, funciona como uma advertência oportuna: "Ainda assim, se a retórica for definida em função de um único ponto – como o estilo, a literatura ou o discurso –, ela não tem traços na Idade Média. As muitas inovações que, ao longo do período, são registradas nas artes de então sugerem que suas histórias poderiam ser proveitosamente analisadas sem qualquer vínculo especial com a área em que seus avanços são enaltecidos" (p. 32). Assim como as artes da gramática e da dialética desempenharam papéis importantes não apenas no estudo e na produção da literatura, mas também da teologia,

> a arte da retórica contribuiu, durante o período que foi do século IV ao século XIV, não apenas com os métodos do bem escrever e do bem falar, da composição de cartas e petições, sermões e orações, documentos e relatórios legais, da poesia e da prosa, mas também com os cânones da interpretação das leis e das Escrituras, com os recursos dialéticos da descoberta e da demonstração, com o estabelecimento do método escolástico que se tornaria universal na filosofia e na teologia e, por fim, com a formulação da investigação científica que viria a separar a filosofia da teologia.[22]

---

as mulheres de Shakespeare em "Notes on the Tempest" (*Essays and Lectures on Shakespeare*, Everyman's Library, p. 67-68), e, apesar de seu desprezo por Pope, ambos estão em completa sintonia. Segundo Coleridge, as mulheres de Shakespeare, com sua "fé, paciência, constância e fortaleza, presentes em todas enquanto seguem o próprio coração (...)", são criaturas do *Pathos*. Lady Macbeth precisa ferir a própria sexualidade para alcançar o *ethos* masculino.

[22] P. 32. Já pude indicar como o programa científico de Bacon estava completamente ligado à gramática, à dialética e à teoria e prática retóricas, e já iniciara uma monografia à parte sobre o tema antes que viesse a público o artigo de McKeon. No entanto, e não apenas no que diz respeito à obra de Francis Bacon, os pontos de vista dele são uma agradável confirmação: "Como os problemas das ciências e das artes estão intimamente relacionados, sendo muitas vezes expressos em linguagem quase idêntica, uma pequena mudança teórica ou terminológica pode, em determinado momento, transferir a inesperada riqueza de determinada arte à surrada terminologia de outra. As três questões costumeiras da retórica – *se é, o que é* e *de que tipo* – se misturaram prontamente àquelas da lógica e influenciaram as primeiras tentativas modernas de formular um método científico" (p. 32). McKeon fornece exemplos, importantes para a compreensão do método científico e das concepções poéticas do Renascimento, retirados de Zabarella (da escola aristotélica de Pádua), Campanella, Varchi e Robartelli (p. 30).

Já vimos, com relação a Cícero, de que modo seu orador ideal une a filosofia e a eloquência para se tornar um homem prático. A retórica, colocada abaixo da dialética por Aristóteles, permaneceu subordinada à política em Isócrates e também em Quintiliano. Então, no início da Idade Média, os retóricos se contrapuseram a qualquer tentativa de particularizar ou delimitar sua arte. Parte do debate acerca desse ponto girava em torno da questão de se a retórica deveria ser restrita a tópicos determinados ou se ela poderia abordar, também, assuntos gerais. Esses problemas pareciam relevantes até mesmo do ponto de vista acadêmico, uma vez que se mostraram importantes para Cícero em seu *De Inventione*.[23] A condição da doutrina ciceroniana do orador não parece ter sido satisfeita até o século XIII e depois, período sobre o qual só nos debruçaremos no próximo capítulo sobre a retórica. Na Idade Média primitiva, contudo, a questão da retórica surgiu de maneira bastante prática, estando relacionada à exegese, à dialética, à pregação e ao direito. O professor McKeon abordou sumariamente as duas primeiras em "Rhetoric in the Middle Ages". A terceira, aquela que diz respeito à pregação, encontra-se à espera de um historiador. Em relação ao século XII em diante, o tema já foi suficientemente explorado para tornar inequívoca a natureza da doutrina retórica nos sermões da época; contudo, isso também pertence à próxima seção sobre a retórica.[24]

---

[23] Ver *De Inventione*, i, 4, em que o gênero da retórica se mostra como *civilis scientia*. A história ciceroniana da disputa é repetida por Isidoro nas *Etymologiae*, ii, 2. Um grupo de comentadores antigos também parece ter notado a discussão do tema oferecida, de modo demasiadamente farto, por Quintiliano (iii, 5, 15, 21). Ver, por exemplo, Fortunaciano, *Ars Rhetorica*, I, 1 (Karl Halm, *Rhetores Latini Minores*. Leipzig, 1863, p. 81).

[24] Tenho compilado materiais para retratar a técnica utilizada nos sermões medievais primitivos, mas no momento eles ainda são insuficientes. Os *Facta et Dicta Memorabilia* de Valério Máximo (reunidos no século I d.C.) figurariam com destaque numa tal descrição. (Para informações sobre a natureza e o escopo do trabalho, ver J. W. Duff, *A Literary History of Rome in the Silver Age*. Londres, 1927, p. 65-81.) Essa famosa compilação é típica das ferramentas empregadas pelos retóricos da época dos gregos. O estilo sentencioso e altamente figurado de seu conteúdo tornava desnecessária sua adaptação aos temas civis e epidícticos. O conteúdo é assimilado de acordo com os vícios e virtudes, exatamente como nos numerosos manuais medievais e renascentistas destinados aos retóricos. Nessas compilações, é possível notar de relance a relação direta entre discurso moral e descrição de caráter, entre sermão, ensaio, novela de cavalaria e romance. Tanto o pregador medieval quanto Montaigne e Bacon trabalham sob a mesma tradição retórica. Duff menciona a declaração, feita por Niebuhr, de que o livro de Valério "foi considerado o mais importante depois da Bíblia ao

No que toca o quarto item, precisamos dizer algo, pois ele é relevante para a continuidade da tradição clássica de uma forma bastante interessante.

Entre os historiadores especializados no medievo, em geral não há discordâncias acerca do fato de, no Ocidente, a *translatio studii* ter sido viabilizada principalmente pelos sábios ingleses e franceses, mesmo sem jamais haver uma ruptura na continuidade da cultura secular da Itália, inclusive durante a Idade Média primitiva. No entanto, a cultura secular italiana, sustentada no mínimo por uma vida urbana e comercial mínima, estava mais preocupada com o direito, a retórica e a medicina do que com a gramática e a exegese bíblica. A enorme diferença entre o papel desempenhado pela Itália na Idade Média e o papel desempenhado pelo Ocidente se torna evidente assim que a base teológico-gramatical da cultura ocidental é reconhecida. A França e a Inglaterra eram os centros dos estudos teológicos no início do medievo, e portanto estavam mais interessadas na disciplina dos estudos gramaticais clássicos. Contudo, e de maneira peculiar, a Itália perdurava como lar de uma cultura secular sustentada por uma vida comercial fomentada pelo estudo do direito.[25] Além disso, o estudo jurídico e o estudo da retórica estavam tão ligados que o primeiro em geral se subordinava ao segundo. Isso era bastante natural, visto que a competência da retórica era a ciência civil. Reduzida a defesa das grandes causas no Senado e no Fórum, a retórica legal assumiu uma feição literária, do mesmo modo como a oratória deliberativa e judicial

---

longo da Idade Média; ele espelhava as virtudes e foi traduzido para todas as línguas da Europa" (p. 71).

[25] Após discutir o Código Teodosiano, o *Breviarium* visigótico de Alarico II e a Lei sálica, Taylor afirma: "O direito romano sempre existiu na Idade Média" (op. cit., II, p. 277). A prevalência de seu desenvolvimento "dependia de condições mais amplas – se a sociedade alcançara ou não aquele estágio de urgência civilizada que exigia o uso de um direito comercial avançado (...)" (ibidem). Obviamente, o mesmo princípio condiciona a crescente prevalência do direito e da retórica nos séculos XV e XVI, emprestando grande parte de sua qualidade específica ao Renascimento. Ao traçar a continuidade dos estudos legais realizados a partir de Cassiodoro, Taylor diz: "Na época de Rotário, rei legislador dos lombardos, existia em Pavia uma escola de direito; ela alcançou o ápice de sua fama no século XI. Os estudos legais também floresceram em Ravena, sucumbindo ante a ascensão da escola de Bolonha no início do século XII" (op. cit., II, p. 280). Certamente, foi a incapacidade de estimar a natureza e a força do ideal ciceroniano que levou todos os historiadores a não estudarem a história do direito enquanto investigavam a continuidade desse mesmo ideal no início da Idade Média.

assumira um caráter epidíctico.²⁶ Dessa forma, é possível decifrar o aparente paradoxo representado por uma grande escola de direito como Bolonha, que se torna famosa basicamente por sua *Ars Dictaminis* e, depois, por sua *Ars Notaria*. [A primeira se tornaria] a sucessora legítima da oratória pública. "Assim, bem no início da Idade Média, a redação de cartas e a preparação de documentos passaram a ocupar o estudante de retórica que se instruía nas sete artes liberais."²⁷ Tanto os príncipes seculares quanto os chanceleres eclesiásticos necessitavam constantemente de pessoas versadas na *ars dictaminis* e de alunos de direito romano.

> De fato, é vasta a quantidade de materiais que o professor do medievo compilava para essa forma de instrução. Casualmente, além de nos mostrarem o modo e o método da educação, essas coletâneas nos fornecem uma visão abrangente da vida e das instituições medievais, algo que pouquíssimas outras fontes conseguem. Encontramos, nelas, vislumbres do crescimento do direito nacional, a introdução gradual do direito romano, as relações abrangentes pelas quais a Igreja tinha contato com as questões da vida. (...) O conteúdo dos chamados tratados de *dictamen* atraiu o interesse dos estudantes da história do direito romano. A exemplo de Savigny, que identificou a origem do estudo do direito romano na Europa Ocidental com o estudo do *dictamen* na Itália, realizado como parte da retórica, os investigadores do tema têm peneirado cuidadosamente essas fórmulas.²⁸

Torna-se necessário acrescentar que, passados 36 anos desde a redação das palavras de Abelson, os historiadores da retórica nada fizeram para aprimorar a compreensão do tema; do mesmo modo, os fatos que são triviais para o

---

²⁶ As implicações completas desse fato para as formas de literatura medieval e renascentista não foram reconhecidas sequer pelos especialistas que realizaram trabalhos preparatórios de utilidade: E. Norden, *Die Antike Kunstprosa*, II, 529 ss, 550 ss; T. C. Burgess, "Epideictic Literature". *University of Chicago Studies in Classical Philology*, 3, 1902, p. 89-261. Em face da imitação universal dos Pais no século XVI, bons estudos sobre o estilo patrístico se tornam imediatamente relevantes à compreensão da prosa renascentista: T. E. Ameringer, *The Influence of the Second Sophistic on the Panegyrical Sermons of St. John Chrysostom*. Washington, 1921; J. M. Campbell, *The Influence of the Second Sophistic on the Style of the Sermons of St. Basil the Great*. Washington, 1922.

²⁷ Abelson, *The Seven Liberal Arts*, p. 60. Abelson fornece alguns dados e documentos úteis acerca do século VI e dos séculos que imediatamente se seguem (p. 61 ss), mas não apresenta nenhuma explicação relacionada.

²⁸ Abelson, op. cit., p. 61.

historiador do direito, e que trazem ricas implicações para o historiador da cultura e da literatura, continuam inutilizados.²⁹

A educação retórica não era teórica: segundo indicam os tratados, ela tinha utilidade prática imediata, sendo ensinados os diversos níveis estilísticos e as doutrinas da conveniência que regulavam o seu uso. Como o estilo elevado destinado aos intercâmbios da *haute politique* tinha utilidade geral menor, os estilos médio e baixo, necessários para o comércio e para os afazeres comuns da Igreja, recebem maior atenção (Abelson, p. 64). A maior parte dos tratados tem como objetivo fornecer modelos para documentos e cartas que satisfazem numerosas exigências. Todas as figuras do pensamento, do *pathos* e das palavras são expostas, e as divisões da composição seguem estritamente aquelas da oração clássica (Abelson, p. 65). Uma abordagem mais completa da questão deve ser reservada ao próximo segmento sobre a retórica. Paetow, porém, ao analisar até mesmo o amplo refinamento da *Ars Dictaminis* nos séculos XII e XIII, conclui que "não pode haver dúvidas de que o estudo da retórica formal não floresceu nas universidades como florescera nas melhores escolas da Idade Média primitiva".³⁰

Taylor consolida essa abordagem ao estreito vínculo entre retórica e direito no início do medievo: "Pois o tratamento do direito romano apresenta estágios essencialmente análogos àqueles que levaram a Idade Média a compreender e assimilar outros quinhões da grande herança recebida da

---

²⁹ Aquele que estuda o estilo literário do século XVI não pode evitar esse tema, uma vez que pelo menos uma das importantes controvérsias do período gira em torno do uso de termos legais antigos como forma de alcançar uma obscuridade taciteana rigorosa. Ver Croll, "Muret and the History of 'Attic' Prose", p. 259-60, 269-70, 283. A chave para a disputa entre áticos e ciceronianos, cujas ramificações abrangem a política, a ética e a ciência, pode ser encontrada na contenda entre, de um lado, os comentadores bartolistas ou dialéticos do direito civil e, do outro, os gramáticos Budé, Cujas, Hotman e seus seguidores: Montaigne, Muret, Lípsio, etc.

³⁰ *Arts Course*, p. 70. Obviamente, "nas universidades" é uma expressão vaga, dado que a Universidade de Paris só teve origem quando a dialética se desligou do *trivium* e se organizou isoladamente. Em grande medida, Paris, Oxford e Cambridge, tal como as universidades germânicas, ensinavam a dialética a ponto de praticamente excluírem todo o restante. Ao mesmo tempo, porém, as universidades italianas jamais chegaram a instruir na dialética. De todo modo, em qualquer universidade e em qualquer época, encontramos uma variedade desconcertante de temas e ênfases. O retrato traçado por Rashdall, útil de várias maneiras, nos é de pouco auxílio nesse aspecto. [Esta é provavelmente uma referência a Hastings Rashdall, *The Universities of Europe in the Middle Ages*. Oxford, 1985. - N. E.]

Antiguidade clássica (...)" (II, p. 287). Isso se dá particularmente com a retórica, mas se torna um tanto capcioso se aplicado à gramática e ao estudo dos poetas. A teologia, como vimos, era inevitavelmente o grande sustentáculo da leitura literária. Isso não necessariamente nega o incentivo dado pelo direito romano ao estudo gramatical, uma vez que os comentaristas do direito romano precisavam de cada migalha de conhecimento linguístico que pudessem obter.[31] Eles muito utilizavam as *Etymologiae* de Isidoro, do mesmo modo como Isidoro dependia profundamente de Varrão e Prisciano.[32] A retórica e a *Ars Dictaminis* eram ferramentas indispensáveis para o advogado profissional; no entanto, antes disso, "a gramática se fazia necessária para a interpretação das *Pandectas*. De fato, algumas explicações fornecidas por Irnério e outros comentadores primitivos são explicações textuais gramaticais, e não legais".[33] O significado disso como estímulo para a conservação de uma latinidade vigorosamente histórica e precisa ao longo da Idade Média nunca foi estimado; no entanto, Taylor acaba por reforçar o fato:

> Devemos ter em mente que esse imponente corpo de direito jurisprudencial não existia no inflado latim estatutário da época de Justiniano, mas na linguagem sonora e correta do Império primitivo, quando viveram tanto os grandes juristas quanto Quintiliano. Consequentemente, um estudo cuidadoso das *Pandectas* exigia, assim como proporcionava, um conhecimento da latinidade clássica. O direito, por conseguinte, tendia a consolidar a gramática e a retórica, e não a subjugá-la (...).[34]

Isso levanta uma questão intimamente relacionada aos problemas que serão abordados nas próximas seções sobre a gramática e a dialética. O florescimento da gramática e da retórica na Itália dos séculos XII e XIII, época em que a dialética expeliu os clássicos de Paris e Oxford, se deve a uma tradição legal profundamente arraigada, dotada de uma intensa aversão às definições formais: *Omnis definitio in iure civili periculosa est* é o princípio que norteia o direito romano. Desse modo, como não pode haver dialética sem definições robustas, "a dialetização da gramática se deu no norte, sob as influências advindas de Paris. Elas não afetaram profundamente os estudos gramaticais na Itália ou

---

[31] Ver H. Kantorowicz, *Studies in the Glossators of the Roman Law*. Cambridge, 1938.
[32] Taylor, op. cit., II, p. 279.
[33] Taylor, op. cit., II, p. 148.
[34] Ibidem.

no sul da França, que em alguns aspectos ostentavam tendências intelectuais semelhantes".³⁵ Ainda assim, como veremos na próxima seção sobre a dialética, os codificadores do Direito Canônico, que utilizavam as técnicas dos gramáticos diante de textos discordantes, ajudaram a produzir a grande atividade dialética do século XII. Paradoxalmente, portanto, o direito, que se abstém da lógica, necessita da gramática e fomenta a retórica, contribuiu para o renascimento da dialética. Isso mais uma vez enfatiza os laços complexos que unem as irmãs rivais do *trivium*.³⁶

---

³⁵ Taylor, op. cit., II, p. 156. O testemunho de Taylor é o mais valioso para o objetivo deste estudo porque, ciente de muitos fatos sobre a Idade Média, ele nunca foi capaz de encaixá-los. Prova disso pode ser encontrada no decepcionante *Thought and Expression in the Sixteenth Century*. Taylor estava bastante certo de que o século XVI não foi um renascimento, mas um produto direto do período precedente. Ele possuía todas as pistas, mas não as reconheceu.

³⁶ Ver Taylor, *The Mediaeval Mind*, II, p. 262-63, 298, 304-08, para mais informações sobre a impressionante forma pela qual a Igreja estendeu sua hospitalidade ao *ius naturale* do direito romano. É importante que o estudante da literatura medieval reconheça que, tanto na teoria quanto na prática, a Idade Média concedeu grande escopo e autonomia à ordem natural, na medida em que ela dizia respeito à vida humana.

Em praticamente cada página do *Policraticus*, de João de Salisbury, o leitor encontrará o recurso ao conceito estoico de *ius naturale*, podendo notar também como ele, formulado no Código de Justiniano, se encontra explicitamente vinculado ao ideal do *doctus orator* de Cícero. (Ver a introdução de John Dickinson à sua tradução de *The Stateman's Book of John of Salisbury*. Nova York, 1927, p. xxviii-xli. Ver também o próprio João, p. 109. Na página xvii, Dickinson assinala a continuidade dessas questões na tradição patrística.) Isso não apenas ajudará na compreensão da literatura medieval, mas impedirá a recorrência de ideias mentalmente prejudiciais, como a de que o Renascimento pode ser designado como um período de naturalismo em que o homem descobre, ou recupera, a si mesmo. Obras como *Héloïse et Abélard*, de Gilson (Paris, 1938), são indicadores importantes de que uma reformulação conceitual se faz necessária para a compreensão dos fatos. Ver, de modo particular, "Le Moyen Age et le Naturalisme Antique" (p. 183-224).

A propósito de Petrarca, veremos que a continuidade do direito romano na Itália teve como resultado inesperado a confirmação, para muitos além de Petrarca, de que todos eram bárbaros, com exceção dos italianos. Quando a hostilidade dos humanistas para com os godos e hunos instruídos (isto é, os doutores de Paris) é somada a essa antipatia milenar, podemos notar um pouco da complexidade desfrutada por esse humanismo. O triunfo do humanismo gramatical e patrístico nos séculos XV e XVI serviu para confundir as coisas, e não esclarecê-las.

CAPÍTULO 3

O Trivium de Abelardo a Erasmo

A. Gramática

O Trivium *de*
Abelardo a Erasmo

....

O início deste capítulo identifica um paradoxo de natureza diferente daquele discutido ao final do capítulo anterior. Naquele, o paradoxo encontra sua explicação, ao menos em parte, na dinâmica interna do trivium, ao passo que, aqui, ele é essencialmente uma questão de acaso histórico. Os comentários iniciais de McLuhan acerca dos motivos que o levam a ver em Abelardo o ponto crítico da história do trivium ilustram sua capacidade de demonstrar, simultaneamente, os modos de operação conjunta da gramática e da retórica, valendo-se dessa conjunção para explicar seu raciocínio. McLuhan recorre à defesa de Abelardo (cujo nome é muitas vezes associado aos "triunfos primitivos da dialética") feita por Gilson, que o via como um humanista "no sentido exato que dá o Renascimento ao termo". Acompanhar os desenvolvimentos que se dão de Abelardo a Erasmo permite, portanto, que McLuhan reforce a tese de que o trivium permaneceu intacto até mesmo nos momentos em que a clara ascensão de um de seus componentes pareceu eclipsar os outros. Acerca do gramático Erasmo, McLuhan rejeita a visão de que ele via a Idade Média como "entregue às barbaridades dos escolásticos". Em vez disso, McLuhan defende que tanto Abelardo quanto Erasmo estavam comprometidos com "o uso das três artes".

Como historiador da cultura, McLuhan é imparcial; como historiador da gramática, ele exprime seu viés. McLuhan julga inevitável a aplicação da dialética na resolução das aparentes contradições entre as autoridades, mas continua: "Porém, para a história do pensamento e da cultura, não era inevitável nem venturoso que os dialéticos rejeitassem o método gramatical e insistissem em um método exclusivamente dialético para resolver todos os tipos de problemas, até mesmo os metafísicos". No entanto, McLuhan não é impérvio às falhas da estrutura do pensamento gramatical consolidado ao longo dos séculos: "Veremos que o equívoco básico do apoio dos gramáticos à tradição patrística era tomar a escolástica como um substituto, e não um cumprimento, da obra dos Pais". Esse cumprimento é explicitamente resumido como "o ideal patrístico em que todas as artes liberais contribuíam, harmoniosamente, para a eloquência e a teologia".

É nesse momento que McLuhan se refere à disposição de seu trabalho como se fosse uma base para o estudo de Nashe. Ele também afirma ser necessário, para explicar o que era autoevidente para Nashe, mas invisível para os comentadores que foram incapazes de compreendê-lo, começar com a descrição de um "amplo grupo no seio da própria Igreja medieval tardia", no qual é possível encontrar os ideais do humanismo do século XVI. "De maneira mais específica, a obra de Nashe e de seus contemporâneos só é explicável a partir do desenvolvimento consistente dos objetivos e interesses desse grupo – dívida tão difundida que Nashe, Bacon ou Donne teriam se desconcertado se lhes fosse exigida uma explicação."

Dado o período histórico em análise, a interação entre a gramática e a dialética se torna um ponto crucial deste capítulo: as gramáticas mnemônicas e a influência da dialética sobre a gramática, tornando-se um estudo especulativo, o papel desempenhado pela teologia diante da ascensão da dialética e do declínio da gramática, etc.

Uma passagem notável deste longo capítulo traz o exemplo de uma doutrina teológica que funciona como catalisador de experimentos óticos. McLuhan se vale desse exemplo para revelar o lugar que a analogia ocupava, simultaneamente, na exegese bíblica e na ciência. As citações de São Boaventura que servem como base para o desenvolvimento do debate tratam a luz no sentido físico e espiritual e a vinculam aos nossos cinco sentidos. Como tal, toda a passagem se relaciona à posição privilegiada que o McLuhan tardio atribuirá à função da luz como meio e ao vínculo entre a ecologia da mídia e o sensório humano. O trecho também antecipa o papel que, ao longo da carreira do autor, a analogia desempenhará em seu pensamento e seus escritos. Citada por McLuhan, uma passagem de McKeon sobre Francis Bacon (nota 35) também possui um tom antecipatório: "O estudo de Bacon é basicamente o estudo dessa teoria do conhecimento e dos detalhes da reforma a que deve ser subordinado o entendimento das linguagens e das várias ciências". Não é preciso mais do que a alteração de linguagens para linguagens da mídia para que essa observação caracterize a ecologia midiática definida por McLuhan vinte anos depois.

À medida que este rico capítulo chega a seu termo, McLuhan chama a nossa atenção para como os fatos elementares da história da cultura podem ser distorcidos, ligando o problema à perspectiva revisionista que propõe: "Quando Erasmo é considerado parte desse grupo [patrístico] antigo, torna-se fácil, então, perceber por que Swift não é um 'moderno' e Descartes, filho da cultura escolástica, o é". Implicitamente, McLuhan propõe um desafio a qualquer pesquisador que deseje e esteja disposto a partir dos fundamentos aqui apresentados: "Jamais foi esclarecido o motivo exato que levou o Renascimento a perder seu interesse pela interpretação quádrupla do mito e das Escrituras".

Quanto a Nashe, McLuhan apenas o identifica como um sustentáculo da cultura patrística tradicional, ao lado de Thomas More, Francis Bacon e Sir Thomas Browne.

– O editor

Nesta seção, nosso problema é reduzir a quantidade de informações sem que nossas conclusões assumam o ar de simples assertiva. Têm sido produzidas muitas e excelentes monografias sobre as numerosas fases da educação e da cultura após o século XI. Como exemplo, temos *La Renaissance du XIIe Siècle*, de Paré, Brunet e Tremblay (Paris, 1933). Essa obra contém muitos dados relevantes a este estudo, sendo necessário apenas indicar as conclusões de seus autores. Não é, portanto, apenas o historiador da filosofia medieval quem suspira aliviado ao chegar ao século XII. O historiador da cultura pode sentir-se igualmente grato ao penetrar três séculos ricos em especulação filosófica; afinal, se ele se encontra diante de um período costumeiramente visto como entregue aos dialéticos bárbaros, os materiais que revelam a vitalidade contínua dos clássicos também abundam. Essas informações, submetidas recentemente a estudos intensos, levaram muitos pesquisadores a concordarem com as visões de E. K. Rand:

> Primeiro, portanto, tomo a liberdade de dizer que a teoria atual, tal como corretamente a formulei, não é completamente satisfatória. Quando analisamos algumas das grandes obras literárias desse período ou daquele que imediatamente se segue, perguntamo-nos se toda a história foi de fato revelada. Ao lermos, para tomarmos apenas dois exemplos, o *Romance da Rosa* ou a *Divina Comédia*, logo percebemos que, por trás da primeira, encontra-se um profundo conhecimento de Ovídio e, da segunda, um profundo conhecimento de Virgílio. (...) Não é preciso dizer que Virgílio e Ovídio não eram as únicas figuras antigas que aqueles poetas antigos conheciam bem, os quais também não foram os únicos mestres da literatura vernácula que, de alguma forma, haviam sido educados da mesma maneira. É fácil dizer que essas grandes sumidades são exceções e atribuir seu conhecimento dos clássicos latinos a leituras particulares. Ainda assim, essa explicação é, a meu ver, um tanto inquietante. Mais uma vez, será que toda a história foi de fato revelada?[1]

---

[1] E. K. Rand, "The Classics in the Thirteenth Century". *Speculum*, 4, 1929, p. 250-51. "A teoria atual" não é, obviamente, a popular ideia da esterilidade medieval, mas a visão de pesquisadores como C. H. Haskins e L. J. Paetow, para quem uma cultura clássica florescente foi subitamente varrida, no século XII, pela brilhante eflorescência da dialética.

No início do século XII, vemo-nos diante do paradoxo de uma gramática clássica que, na famosa doutrina de Bernardo de Chartres e na manifesta cultura humanista de João de Salisbury, alcança o ápice de seu refinamento ao mesmo tempo em que a dialética passa a desafiar seu próprio direito de existir. Essa é uma situação muito diferente daquela encontrada nos séculos XV e XVI, quando o humanismo gramatical triunfou sobre um escolasticismo internamente debilitado, confuso e corrompido. O caso de Abelardo pode ser útil para solucionar as aparentes dificuldades do historiador.

O nome de Abelardo é quase sinônimo dos triunfos primitivos da dialética. De que modo ele via as formas prevalecentes da exegese gramatical da Bíblia, tal como a cultura clássica a elas associada? Ele, na verdade, via com bons olhos os clássicos, sendo especialista nos métodos tradicionais da exegese patrística. Como afirmou Gilson sem dar margens a dúvidas,[2] Abelardo era um humanista no sentido exato que o Renascimento dá ao termo.

Sua abordagem à teologia se dava a partir de grandes compilações de comentários patrísticos e gramaticais às Escrituras (*Summa Sententiarum*), e sua própria obra, apesar de seu dom para a lógica, se apresenta mais como um monumento ao método gramatical do que ao dialético, de acordo mais com o espírito de Santo Agostinho do que com o de Santo Anselmo.[3] De fato, teria sido um milagre Abelardo não estar sob a influência do método gramatical, uma vez que nada mais esteve em voga ao longo de muitos séculos. No entanto, ele viveu em uma época em que muito progresso fora feito na organização do enorme *corpus* de escritos patrísticos, realizada de acordo com as técnicas aperfeiçoadas por Irnério em Bolonha, no contexto

---

[2] Ver seu *Hélöise et Abélard*. Paris, 1938, passim. Gilson levanta questões da maior importância: "*Avant de trouver une formule pour définir le moyen âge, il faudrait en trouver une pour définir Hélöise. Je conseillerais ensuite d'en chercher une pour définir Pétrarque. Ceci fait, que l'on en cherche une troisième pour définir Erasme. Ces trois problèmes une fois résolus, on pourra procéder en toute sûreté à définir le Moyen Âge et la Renaissance*" (p. 180).

[3] Paré, Brunet e Tremblay, *La Renaissance du XIIe Siècle*, p. 213 ss. Nessas páginas, os autores apresentam uma útil análise da arte gramatical da exegese bíblica praticada de Santo Agostinho a Abelardo. Tal arte é aquela descrita na primeira seção deste estudo. "*De Saint Augustin à Hugues de Saint-Victor, la doctrine se précise, mais sans changer d'inspiration*" (p. 217). As ligações entre a exegese e a ciência natural são claras em Hugo de São Vítor (p. 218-20). Toda a gama de artes e ciências é indispensável à perfeição da técnica teológica (p. 233-37). Os autores oferecem a melhor história disponível dos desenvolvimentos que culminaram na contenda entre as exegeses gramatical e dialética.

do direito romano.⁴ Além disso, "note-se que esse desenvolvimento ocorreu pouco antes das façanhas de Graciano com o direito canônico, este mesmo contemporâneo ao surgimento dos *Livros das Sentenças*".⁵ Assim, no famoso *Sic et Non* de Abelardo, e "a fim de reunir os textos que, trazidos por filósofos, pelas Escrituras, pelos Pais e pelos decretos conciliares, eram importantes para qualquer controvérsia, disciplina ou ciência, ele trabalhou como o fazia a maioria dos gramáticos, teólogos e juristas canônicos do século".⁶ Era inevitável que, tendo os gramáticos organizado os materiais, a dialética fosse empregada na resolução das aparentes contradições entre as autoridades reconhecidas. No entanto, para a história do pensamento e da cultura, não era inevitável nem venturoso que os dialéticos rejeitassem o método gramatical e insistissem em um método exclusivamente dialético para resolver todos os tipos de problemas, até mesmo os metafísicos.

Abelardo, o maior dialético de seu tempo, não se vale nem das explicações marginais de Estrabão nem das explicações interlineares de Anselmo – os dois métodos dialéticos – em seus comentários bíblicos. Em vez disso, ele age de acordo com a *enarratio* patrística, proporcionando grande escopo a cada

---

⁴ Taylor, *The Mediaeval Mind*, p. 284. "O conhecimento e a compreensão do direito romano ao longo dos séculos medievais devem ser encarados em conjunto com o progresso da capacidade intelectual encontrado universalmente durante esse mesmo período. Dessa maneira, o aumento do conhecimento legal se mostrará parte do desenvolvimento do medievo, como uma fase do florescimento de seu intelecto. A abordagem do direito romano possui etapas análogas àquelas que levaram a Idade Média a compreender e assimilar outras partes da grande herança recebida da Antiguidade clássica e do cristianismo dos Pais" (p. 287).

⁵ Taylor, op. cit., p. 289. A "Concordância dos Cânones Discordantes", de Graciano, aplica aos Pais a mesma erudição gramatical que Irnério levara ao direito romano.

⁶ McKeon, "Renaissance and Method", p. 69. "O século XII foi perfeito ao preparar, gramaticalmente, os desenvolvimentos dialéticos da teologia do século XIII. Um dos *Livros das Sentenças* organizados, ao longo daquele século, por Pedro Lombardo (morto em 1164) se tornaria a base da educação teológica: a exemplo do *Sic et Non*, pelo qual Lombardo aparentemente se deixou influenciar, a obra basicamente reunia citações da maioria dos Pais da Igrejas, abordando questões importantes que iam da natureza de Deus à obra da criação, à redenção, aos sacramentos e ao juízo final, retornando então ao paraíso. Nas novas universidades do século XIII, o curso básico da Faculdade de Teologia consistia em explicações das *Sentenças* de Lombardo, e a maioria dos grandes filósofos – entre eles Boaventura, Tomás de Aquino, Duns Escoto e Guilherme de Ockham – escreveu comentários do gênero, muitas vezes oferecendo, por meio deles, a exposição mais completa de suas perspectivas filosóficas" (p. 70).

uma das artes liberais, interpretando por meio da etimologia e recorrendo livremente aos quatro níveis de significação.[7] Em suma, Abelardo parece ter estado perfeitamente ciente de que a exegese concentrada em cada palavra e linha do texto era insuperável como método pedagógico de comunicar doutrinas, assim como tinha ciência de que uma tal exegese provavelmente não poderia satisfazer as exigências da doutrina sistemática. Ele foi capaz de trabalhar com contentamento e sem confusões a partir de ambos os métodos. Quando, porém, após três séculos de organização e disputas doutrinárias, os dialéticos se mostraram incapazes de defender a piedade ou de instruir os fiéis, os gramáticos, que jamais deixaram de impor-lhes hostil oposição, rapidamente recuperaram o interesse e a atenção do mundo instruído. É por isso, como veremos, que Erasmo é importante.

Diante das acirradas disputas que se desdobraram durante a vida de Abelardo e que, opondo os gramáticos aos dialéticos, o fizeram gritar: "Irmã Heloísa, a dialética tornou-me odioso a todo o mundo!", seria absurdo adotar o ponto de vista particularista e controverso de homens como Petrarca e Erasmo, para quem a Idade Média fora entregue às barbaridades dos escolásticos. Abelardo e Erasmo foram igual e exclusivamente teólogos (McKeon, p. 72). No entanto, como gramático, Erasmo se preocupou basicamente com a pergunta "O que foi dito?".

> Que Platão, Pitágoras ou até mesmo Moisés possam ter dito algo semelhante não importa ao problema; todos os instrumentos das artes são explorados para determinar a autenticidade do documento, a exatidão do texto, a precisão e suficiência da interpretação. Abelardo, por outro lado, estabelece como tarefa sua a descoberta da verdade através do exame das várias declarações feitas acerca de determinado problema, (...) no intuito de encontrar, por trás das afirmações de uma série de autores, a verdade idêntica que todos encaravam – alguns formulando-a de maneira mais adequada que outros; outros, equivocando-se ao expô-la.[8]

Como a maior parte das contendas ocorridas entre os séculos XII e XVII se deu entre os expoentes desses métodos distintos, mas ainda muito compatíveis, é de extrema importância tê-los nitidamente diante dos olhos. "A diferença entre o método de Erasmo e o método de Abelardo pode ser formulada, portanto, como

---

[7] Paré, Brunet e Tremblay (op. cit., p. 231-39, 290-91) fornecem exemplos e detalhes que mostram a força dos ideais clássico-patrísticos encontrados em Abelardo.

[8] McKeon, op. cit., p. 80.

a diferença entre o uso das três artes orientadas à compreensão de uma passagem (isto é, as três artes dispostas de acordo com as necessidades da gramática) e o uso das três artes orientadas à análise comparativa de uma série de raciocínios (isto é, as três artes dispostas sob o domínio da dialética)."[9]

Existe a possibilidade prévia e clara de que uma dialética eminentemente suscitada por numerosos gramáticos dificilmente pudesse alcançar o mesmo grau que a gramática veria no século XVI, quando suplantou uma dialética que sucumbia de dentro para fora. Em suma, muito provavelmente a atividade gramatical (humanista) foi tão intensa nos três séculos dominados pela dialética quanto a atividade dialética (filosófica) no período que separou, digamos, Ramée de Hegel, e ao longo do qual a gramática esteve em ascendência na Europa. Esboçar brevemente a condição dos clássicos em um período de dialética exorbitante é o objetivo que cabe a esta seção, uma vez que, no final das contas, seria impossível descrever a natureza do humanismo do século XVI sem que se percebesse como ele foi fomentado por um amplo grupo no seio da própria Igreja medieval tardia. De maneira mais específica, a obra de Nashe e de seus contemporâneos só é explicável a partir do desenvolvimento consistente dos objetivos e interesses desse grupo – dívida tão difundida que Nashe, Bacon ou Donne teriam se desconcertado se lhes fosse exigida uma explicação.[10]

---

[9] McKeon, op. cit., p. 81. O fato de Abelardo ter esplêndidas condições de alcançar uma harmonia perfeita entre o humanismo gramatical e a dialética não é a circunstância mais perturbadora da situação. Ele talvez fosse capaz de restaurar o ideal patrístico em que todas as artes liberais contribuíam, harmoniosamente, para a eloquência e a teologia. Além disso, ele certamente julgava que "os mais instruídos nas artes podem ser mais bem-sucedidos na erudição sacra" (p. 65). Veremos que o equívoco básico do apoio dos gramáticos ao ideal patrístico era tomar a escolástica como um substituto, e não um cumprimento, da obra dos Pais. Essa acusação, tão comum no século XVI, surgiu no século XII e jamais foi deixada de lado.

[10] Donne, no entanto, ao defender seu próprio estilo retórico, se vale do tradicional apelo patrístico à retórica das Escrituras, fazendo o mesmo com os Pais. Ele afirma que os teólogos católicos haviam negligenciado os Pais, ao passo que, nos últimos sessenta anos, os protestantes os estavam estudando em grande medida. Obviamente, Donne sabia o bastante para não negligenciar que o renascimento dos Pais se deu no interior da Igreja Romana do século XV; contudo, ele está correto ao assinalar a enorme influência dos Pais sobre as formas da prosa e da poesia inglesas. (Ver L. P. Smith, *Selections from the Sermons of John Donne*. Oxford, 1925, p. 26-28. [Essa referência não pode ser encontrada. Logan Pearsall Smith é o organizador de *Donne's Sermons; Selected Passages*. Oxford, The Clarendon Press, 1919. - N. E.])

Torna-se claro, a partir das palavras fornecidas por João de Salisbury (em seu *Metalogicus*) acerca da doutrina de Bernardo de Chartres, que o ensino dos clássicos alcançou o seu ápice no século XII. A técnica de Bernardo, descrita com detalhes por João, é precisamente aquela de Donato e dos antigos, assim como é também idêntica aos métodos utilizados pelos humanistas do século XVI. Defendendo, contra os utilitários de seu tempo, o humanismo clássico e o ideal ciceroniano do *doctus orator*, João diz:

> Havia outros devotos das letras que se uniam em oposição a tal erro. Falo do Mestre Teodorico, seriíssimo estudioso das artes; de Guilherme de Conches, o mais engenhoso gramático após Bernardo de Chartres; e do peripatético do Palácio [Abelardo], que retirou a palma da lógica de seus contemporâneos e, a todos, parecia se comunicar com Aristóteles.[11]

Mais para o fim do primeiro livro (I, 24), encontra-se o famoso relato da doutrina de Bernardo:

> Esse método era seguido por Bernardo de Chartres, fonte mais abundante das letras da Gália nos tempos modernos. Na leitura dos autores, ele demonstrou o que era simples e regular; salientou com clareza as figuras e adornos retóricos, a vacuidade dos sofismas; e indicou onde o tema da lição diária se relacionava com outros estudos. Não afirmo que ele procurava ensinar tudo em uma única lição (...). Além disso, dado que o brilhantismo do discurso depende ou da conveniência – a junção adequada de um adjetivo ou verbo com o substantivo – ou da metátese – a transferência que, por bons motivos, dá a uma expressão outro significado –, ele aproveitava cada oportunidade para inculcá-las no espírito de seus ouvintes. (...) Diante dos que deveriam cumprir os exercícios preliminares de imitar prosas e versos, ele apresentava como modelos os oradores e poetas e convidava seus pupilos a segui-los, indicando a disposição daquelas palavras e as elegantes terminações de seus fraseados. Porém, se alguém remendava outro tecido em suas próprias vestes, ele descobria e se ocupava com o roubo; (...) ele ensinava (...) o valor da economia, as vantagens do embelezamento, os locais em que deveria haver delicadeza e, por assim dizer, a economia expressiva na escolha das palavras, os momentos em que é permitida a abundância e em que ela é excessiva – em suma, ele lhes ensinava o limite adequado de todas as coisas. (...) Desse modo meus professores de gramática (...) instruíram seus pupilos por algum tempo. Em seguida, contudo, quando a

---

[11] *Metalogicus*, I, 5. O *Metalogicus* encontra-se em Migne, *P. L.*, p. 199. João descreve sua educação lógica no livro II, cap. 10. O segmento é traduzido por R. L. Poole em seu *Illustrations of the History of Medieval Thought and Learning*. Londres, 1920, p. 177-86.

opinião causou danos à verdade; quando os homens optaram por parecer, e não ser, filósofos; e quando alguns professores de artes se empenharam para ministrar todo o curso de filosofia em menos de três ou mesmo dois anos, eles foram derrotados por essa investida da gentalha ignorante e se aposentaram. De fato, desde então, menos tempo e cuidado têm sido dedicados à gramática, e as pessoas que professam todas as artes, liberais e mecânicas, ignoram a arte primordial, sem a qual os homens em vão seguem para o resto. (...) Como, na verdade, (...) Varrão a usa para falar da instrução na leitura e na escrita, aquele que professa seu conhecimento ou defende o seu estudo é chamado de letrado.

João expõe todas as doutrinas gramaticais tradicionais: o homem se distingue dos selvagens pela fala (I, I, 7); os segredos da natureza precisam ser abordados *através* da linguagem (I, 4) e vice-versa (I, 6); a Natureza é a fonte de todas as artes (I, 11); e as artes enciclopédicas ou liberais estão a serviço da exegese da Natureza (I, 12). Além disso, João se mostra bastante consciente de que partilha essas posições com os antigos.[12]

A posição geral da gramática nesse período foi mais bem investigada por L. J. Paetow do que por qualquer outro.[13] Em primeiro lugar, Paetow confirma o fato de que a dialética jamais fixou raízes na Itália.[14] Ademais, e mesmo após a ascensão das escolas dialéticas de Paris, a gramática e a retórica permaneceram profundamente entrincheiradas nas grandes escolas de Chartres, Orléans, Toulouse e Perpignan. Desde o início, as universidades medievais negligenciaram a gramática e os clássicos, e destes últimos "nenhum é prescrito nos estatutos das várias universidades europeias dos séculos XIII e XIV".[15]

---

[12] Vale indicar que Teodorico de Chartres (irmão de Bernardo), chanceler de 1141 a 1150, ficou famoso por seu *Heptateuchon*, uma enciclopédia das sete artes liberais. Semelhante em escopo é a obra de Guilherme de Conches (m. 1154), de quem João fala como *grammaticus post Bernardum opulentissimus*. Como demonstrado na primeira seção deste estudo, o conceito analógico de gramática impunha também um programa enciclopédico. Seguindo essa tradição do *Speculum mundi*, os enciclopedistas medievais têm suas raízes na Antiguidade.

[13] *The Arts Course at Medieval Universities*. Não saber, porém, as funções teológicas e cosmológicas específicas da gramática medieval coloca Paetow na desvantajosa posição de investigar a história de um tema cuja natureza exata ele desconhece.

[14] D'Andeli, *The Battle of the Seven Arts*, p. 51, nota.

[15] *Arts Course*, p. 11. A conclusão comum de que "não se poderia esperar nada melhor dos trabalhos realizados nas universidades" é um equívoco. "Hoje, nenhum pesquisador competente daria um tal veredito" (ibidem).

Paetow lista inúmeras razões que explicam o declínio da *grammatica*, ainda que elas não possuam a mesma importância. Em primeiro lugar, ele observa a posição eclesiástica contrária à literatura profana.[16] Isso, porém, não difere nem em gênero, nem em grau, da posição expressa até pelo mais instruído dos Pais. Mais interessante é a segunda razão: a popularidade da literatura latina medieval de qualidade. "Em especial no século XII, uma grande e excelente quantidade de literatura latina foi escrita, tornando-se merecidamente popular. Assim como os poetas pagãos foram muitas vezes expulsos das escolas pelos primeiros poetas cristãos, como Prudêncio e Sedúlio (...)" (p. 23). Ele indica, em particular, o *Alexandreis* de Gautier de Lille, épico sobre Alexandre, o Grande, escrito entre 1176 e 1179. O *Tobias* de Mateus de Vendôme era outro poema popular nas escolas, relacionando a história dos dois Tobias bíblicos (p. 24).

Uma terceira razão para o declínio da *grammatica* antiga era o renovado interesse pela ciência, suscitado pelo contato com o Oriente durante as Cruzadas. Com o aumento dos assuntos de interesse, o tempo destinado ao ensino do grande tema dos clássicos diminuiu vertiginosamente. Como em nossos próprios dias, a substituição dos textos clássicos por manuais foi um recurso inevitável. Desse modo, surgiram uma série de "novas gramáticas" versificadas, as quais suplantaram Prisciano e Donato. A mnemônica se tornou um importante ramo do aprendizado em uma época que produziu cartas, crônicas, sermões e até Bíblias rimadas (p. 34). "O seguinte comentário, encontrado em uma das novas gramáticas, exprime com clareza as exigências da época: 'A forma métrica que segue este autor é melhor do que a prosa de que se vale Prisciano, e por essas razões: a forma métrica pode ser assimilada com maior facilidade, é mais elegante, mais breve e pode ser mais facilmente recordada'" (p. 35). Associada a essas enxutas gramáticas mnemônicas estava a participação da dialética na transformação da gramática em um estudo especulativo – mas isso será discutido mais adiante.

Em quarto lugar, Paetow indica "o ascenso dos estudos lucrativos da medicina e do direito" (p. 26). De fato, "o direito civil ou canônico, talvez os dois, eram ensinados em todas as universidades medievais, ao mesmo tempo em que nem metade delas possuía uma faculdade de teologia" (p. 27). Intimamente relacionada ao direito encontrava-se a *Ars Dictaminis* ou *Ars Notaria*, adversária da gramática e até mesmo da retórica mais antiga. "Esse também era um estudo

---

[16] *Arts Course*, p. 20-23.

lucrativo, uma vez que preparava seus admiradores para cargos nos tribunais da Igreja e do Estado. Em Bolonha, ele aos poucos usurpou quase todo o campo das artes" (p. 28).

O mais importante foi a "crescente popularidade da lógica, que conduziu à filosofia e à teologia escolásticas" (p. 29). A ascensão de Aristóteles e a supremacia da dialética sobre as outras artes foi especialmente desastrosa à gramática e aos clássicos, pois a lógica "se tornou absoluta ao norte da França, onde as tendências humanistas haviam sido as mais fortes" (p. 29). A gramática e a cultura clássica tinham sido preservadas pela Igreja após a queda do Império porque a gramática era, à época, a técnica de teologia indispensável. O advento da dialética, portanto, trouxe um ganho visível à teologia, mas quase destruiu por completo a gramática.

Que isso é história, de acordo com as evidências, é algo incisivamente confirmado por um poema contemporâneo de Henri D'Andeli. *La Bataille des VII Ars* foi escrita no segundo quarto do século XIII, e sua forma alegórica, posteriormente adotada por Swift, pode ser uma paródia da *Psychomachia* de Prudêncio.[17] O poema começa:

> Paris e Orleans conflitam.
> É grande a perda e grande a dor
> por sua discórdia.
> Sabeis a razão da disputa?
> Ambos discordam do ensino;
> Pois a lógica, que sempre disputa,
> Chama os autores de autorinhos
> E os alunos de Orleans, de meros gramáticos.

Os gramáticos respondem:

> Eles, maldosos,
> Chamam de cocorocó a Dialética.
> Porém é a lógica que tem os alunos,
> enquanto é reduzida em número a Gramática.
> A Gramática muito se inquieta;

---

[17] *The Battle of the Seven Arts*, p. 34. Desconheço qualquer informação que insinue que Swift conhecia diretamente a obra de D'Andeli. Esse gênero de escrita foi cultivado nos séculos XVI e XVII, segundo exemplifica a *Technogamia* de Barten Holiday, encenada em Oxford no ano de 1617. Essa peça é muito interessante para o historiador do *trivium*. Uma edição crítica foi organizada pela irmã M. Jean Carmel Cavanaugh (Washington, 1942).

> Seu pavilhão ergueu
> Fora de Orleans, entre os trigais;
> Lá, recrutou seu exército.
> Homero e o velho Claudiano,
> Donato, Pérsio, Prisciano.

A lógica reúne sua tropa, e ao seu lado vemos não apenas Platão e Aristóteles, mas também o Direito Civil e o Direito Canônico, que "cavalgavam com arrogância à frente de todas as outras artes" (p. 43). A teologia se afasta da contenda. A gramática é derrotada, e D'Andeli profetiza que:

> Por trinta anos isso perdurará,
> Até que nova geração surja
> E à Gramática retorne,
> Como na época
> Em que nasceu Henri D'Andeli. (p. 60)

São Bernardo de Claraval é um exemplo de teólogo do século XII que, seguindo a tradição patrística, representa a perspectiva teológica daqueles que tiveram uma educação clássica e humanista, a exemplo de Jerônimo e Agostinho. Outro nome semelhante é o de Ruperto de Deutz (m. 1130), teólogo e poeta cuja concepção de teologia é erasmiana quatro séculos antes de Erasmo. Ele divide a filosofia em duas partes: ou ela é inane, ou seja, *non secundum Deum*, ou sã, isto é, *secundum Deum*. Para ele, a *philosophia secundum Christum* é encontrada apenas no Evangelho e nos profetas, os quais contêm tudo o que se encontra nas artes liberais. Nesse sentido, a filosofia é literalmente o dom da ciência e do conhecimento, concedido pelo Espírito Santo; as artes liberais, por sua vez, eram como menininhas antes de a Revelação lhes dar algo em que pensar e algo útil a fazer. Então, como muitos que vieram antes dele, Ruperto demonstra como todas as artes se encontram nas Escrituras: figuras de retórica, silogismos, etc.[18] Além disso, essa *Philosophia Secundum Deum* sempre contida na Bíblia é aquela que Erasmo chama de *Philosophia Christi*. Essa é a verdadeira tradição patrística, embora muitos de seus representantes preferissem enfatizar o fato de que as artes encontradas nas Escrituras poderiam ser mais bem compreendidas por meio do cultivo preliminar das artes profanas. Durante os séculos XIII e XIV, a tradição representada por Ruperto de Deutz ganha uma notável expressão na *devotio*

---

[18] *P. L.*, 167, 1764, 1768.

simplex, a qual se alinha com os humanistas contra os dialéticos. É seguindo tal tradição que Gerhard Groot chega à sua *devotio moderna*. Groot foi o defensor dos *antiqui* (gramáticos) contra os *moderni* (dialéticos), estabelecendo em Deventer a famosa escola dedicada ao estudo das Escrituras, dos Pais e dos poetas antigos, e da qual vieram Tomás de Kempis e Erasmo.[19]

No intuito de mostrar Erasmo e o humanismo do século XVI como o desenvolvimento inteligível de tradições medievais basilares, voltemo-nos para alguns dos grandes representantes da cultura dos séculos XII e XIII. Muita confusão já surgiu por não perceberem que alguns desses nomes mais famosos são adversários radicais da escolástica. Hugo de São Vítor é um bom começo, já que Taylor (II, p. 87) esclareceu "o universo simbólico" de sua obra. Hugo, a exemplo de Platão, dos estoicos, dos gramáticos antigos e dos Pais, via o universo como um organismo. Isso não se aplicava aos dialéticos aristotélicos. Taylor chega tentadoramente perto da verdade ao sugerir (II, p. 144) que a velha física poética teve grande importância para a sobrevivência do estudo dos clássicos. Foi o fato de a gramática antiga e a física terem sido quase uma só coisa que levou Francis Bacon a aplaudir a educação jesuítica de seu tempo, uma vez que os jesuítas haviam colocado a leitura dos autores antigos no primeiro plano de sua *ratio studiorum*.[20] Para Hugo, São Bernardo e São Boaventura, as formas do mundo "e suas visíveis sublimidades erguiam o espírito à contemplação de Deus: (...) à obra da fundação, pela qual Deus criou o mundo físico no intuito de auxiliar e edificar o homem, sua criatura suprema; e à obra de restauração, a saber, a encarnação do Verbo e todos os seus sacramentos".[21]

Em sua *Eruditio Didascalica*,[22] ele demonstra, tal como fizeram os Pais antes e Francis Bacon depois,[23] que as artes têm como função socorrer o homem em seu estado de queda. A gramática é, de todas, a arte mais básica. O homem não pode compreender o livro da natureza até que se aprimore na arte da gramática.

---

[19] *The Christian Renaissance*, de Albert Hyma (Nova York, 1925), descreve a ascensão da escola. Hyma parece desconhecer a tradição patrística ininterrupta representada por Groot e Erasmo. Assim, de maneira involuntária, ele relata os acontecimentos do modo convencional e controverso sustentado pelos próprios protagonistas do século XVI.

[20] *Works*, op. cit., III, p. 277, 501.

[21] Taylor, op. cit., II, p. 386.

[22] In: Migne, *P. L.*, 176, 740-838.

[23] *Works*, op. cit., III, p. 217, 245, 296, 500; IV, 263, 316, 320.

"Há duas coisas pelas quais adquirimos conhecimento, a saber: a leitura e a meditação. A leitura vem em primeiro lugar."[24] Naturalmente, os clássicos ocupam uma posição de importância nesse esboço da *Philosophia Christi*: "Dois são os tipos de escritos: primeiro, os que são chamados de *artes* (...). As *artes* compreendem as obras agrupadas sob (*supponuntur*) a filosofia, (...) como a gramática, a dialética e seus semelhantes". Os *appendentia artium* são os clássicos: "(..) as tragédias, comédias, sátiras, os atos heroicos, também as líricas e os iâmbicos, além de certas obras didáticas (*didascalica*), narrativas e histórias (...)".[25] Mais uma vez:

> Segue-se que todas as artes naturais estão a serviço da Ciência Divina e que o conhecimento inferior, se corretamente disposto, conduz ao superior. A história, isto é, o sentido histórico, é aquela na qual as palavras significam coisas, e seus subordinados são, como já dito, as três ciências: gramática, dialética e retórica. Quando, porém, as palavras significam misticamente os fatos, temos a alegoria; e quando as coisas significam misticamente aquilo que deve ser feito, temos a tropologia. Ambas têm a seu serviço a aritmética, a geometria, a astronomia e a física. Acima e além de tudo isso, encontra-se aquele algo divino para o qual conduzem as Escrituras, seja pela alegoria, seja pela tropologia. Dele, uma parte (que cabe à alegoria) diz respeito à correta fé e a outra (que cabe à tropologia), à boa conduta. Nisso consiste o conhecimento da verdade e o amor à virtude, sendo essa a verdadeira restauração do homem.[26]

---

[24] Citado por Taylor, op. cit., p. 387. Ao indicar que deve ser a gramática a guiar o aluno diante dos escritos teológicos e dos escritos seculares, Taylor diz: "Não consigo pensar em qualquer obra anterior que mais se pareça com a *Erud. Didasc.* do que as *Institutiones Divinarum et Saecularum Lectionum*, de Cassiodoro". Isso serve para enfatizar seu caráter patrístico.

[25] Citado por Taylor, op. cit., II, p. 137.

[26] Citado por Taylor, op. cit., II, p. 93. O tratado de Hugo tem início com uma exposição da Obra dos Seis Dias. Na *Nova Atlântida*, Bacon manifesta explicitamente sua adesão à tradição patrística, chamando a casa de Salomão de o Colégio da Obra dos Seis Dias (*Works*, op. cit., III, p. 145-46). Sua relação com o rei hebreu que recuperara a sabedoria natural perdida por Adão também é evidenciada (III, p. 298-99). Seu plano para o progresso do aprendizado é completamente patrístico: "No que tange às várias classes de ídolos e sua equipagem: devem todos ser rejeitados e afastados, com o entendimento perfeitamente purgado e liberto; a entrada no reino dos homens, do qual são as ciências o alicerce, pouco mais é do que a entrada no reino dos céus, em que ninguém ingressa senão como uma criancinha" (IV, p. 69. Ver também III, p. 217, 245, 296, 500). Bacon está certo de que o progresso do conhecimento é iminente porque a profecia de Daniel diz que "os últimos estágios do mundo (...) e o avanço das ciências foram determinados pelo destino, isto é, pela Providência Divina, a se unirem na mesma era" (IV, p. 92. Ver também III, p. 221). O conceito de ciência proposto por Bacon se resume à recuperação da

Outro grande enciclopedista a seguir a tradição patrística é Vicente de Beauvais, que teve como predecessores homens como Cassiodoro, Isidoro, Rabano Mauro, Hugo de São Vítor, Bartolomeu (autor de *De Proprietatibus Rerum*) e Audomarense. É difícil compreender como Taylor pôde tomar essa tradição gramatical por escolástica.[27] Nada poderia ser mais patrístico e gramatical do que o prólogo geral ao *Speculum Naturale* de Vicente. Sua obra, diz ele, é uma coleção de

> sabedoria natural perdida por Adão (III, p. 220, 401, 448; IV, p. 296). Como os Pais, como Hugo de São Vítor, Roger Bacon, São Boaventura e os outros, Francis Bacon concebe o livro da natureza como escritura, como uma revelação natural de Deus, a qual deve ser explicada como são explicadas as Sagradas Escrituras (III, p. 217 ss; IV, p. 165-66). A exemplo de São Boaventura, Roger Bacon e Vives, Francis define a tarefa do homem como "a transformação de nosso exílio terreno em uma espécie de arrabalde de sabedoria celeste" (Gilson, *The Philosophy of St. Bonaventure*, p. 479). Talvez seja desnecessário sublinhar ainda mais a completa harmonia entre as grandes linhas do humanismo do século XVI e os escritores patrísticos medievais dos quais ele deriva. O que alguns tendem a ver, hoje, como uma sobrevivência do medievo no Renascimento era na verdade a presença daquele mesmo corpo de escritos e conceitos que os humanistas dos séculos XV e XVI conseguiram colocar no lugar dos desenvolvimentos, muito mais modernos, da escolástica (os escolásticos foram sempre chamados de *moderni*). Isso pode soar paradoxal, mas assim não soava a Bacon, que no *Filum Labyrinthi* escreveu sobre a ciência natural ou a sabedoria de Salomão, "que redigiu uma história natural de todo verdor, do cedro ao musgo, e de tudo o que respira (...)". Essa era a perspectiva convencional dos humanistas dos séculos XVI e XVII. Os Pais da Igreja estavam em voga. O erro dos historiadores seculares subsequentes foi alegar, ao contrário do que sugeriam todas as evidências, que os humanistas do século XVI que trabalhavam com um conceito teológico tradicional acerca das origens e do destino da humanidade estavam se empenhando não para restaurar a cultura patrística contra os escolásticos, mas para satisfazer uma série de objetivos dos séculos XVIII e XIX que lhes eram desconhecidos. Quando essas afirmações são feitas também com relação a Wycliffe ou Petrarca – o primeiro, um escolástico virtuoso; o segundo, um ardente agostiniano que detestava os escolásticos –, a discussão atinge um nível inferior àquele apresentado por um grupo de discussão de graduandos.

[27] Ele chama tanto Hugo quanto Vicente de escolásticos (II, p. 346) e, apesar de sua ampla bagagem de leitura, ignora as fontes patrísticas da doutrina, professada por Vicente, de que as artes devem socorrer o homem em seu estado de queda (II, p. 103, 351). Foram enciclopedistas contemporâneos de Vicente: Roger Bacon, John Peckham e João de Gales, todos membros de Oxford e franciscanos. Peckham não é nada fortuito ao afirmar a oposição radical entre as teologias franciscana e dominicana – a primeira, patrística; a outra, dialética. A "nova teologia" por ele denunciada não era nada mais do que aquela de Santo Tomás de Aquino. Do mesmo modo, não há nada de acidental no fato de ele ser o autor do famoso tratado *Perspectiva Communii*, como veremos ao falarmos da doutrina da iluminação proposta por São Boaventura. João de Gales segue estritamente a tradição patrística, tal como demonstram até mesmo os títulos de suas obras: *Breviloquium de Virtutibus Antiquorum Principium; Compendium de Vitis*

determinadas flores, de acordo com a pequena capacidade que desenvolvi a partir de todas as minhas leituras, fossem de nossos Doutores católicos, fossem dos filósofos e poetas gentios. Em especial, delas retirei o que me parecia pertencer à construção de nosso dogma, à instrução moral, ao estímulo da devoção à caridade, à interpretação mística das divinas Escrituras, ou à explicação simbólica ou manifesta de sua verdade. Desse modo, por meio de um grande *opus* eu apaziguaria minha persistência e, por meus esforços, talvez beneficiasse aqueles que, como eu, tentam ler o maior número de livros possível e colher suas flores.[28]

Todo o plano de sua obra depende do conceito das duas escrituras: "Além disso, diligentemente descrevi a natureza das coisas, o que, penso, não julgará inútil ninguém que, à luz da graça, leu sobre o poder, a sabedoria e a bondade de Deus criador, soberano e protetor naquele mesmo livro da Criação indicado à nossa leitura".[29] Taylor apresenta o projeto da obra de Vicente (II, p. 348), na qual o autor se refere explicitamente ao exemplo das *Etymologiae* de Isidoro, começando com a Criação, a queda, a restauração por meio da Encarnação e as artes. Assim, com seu caráter enciclopédico, sua obra tem como principal objetivo ser uma introdução à teologia (II, p. 352):

> Pois o fim e objetivo de todas as ações e estudos humanos, que são regulados pela razão, devem ser a busca da reparação da integridade de nossa natureza ou o alívio das necessidades a que se encontra sujeita a vida. A integridade de nossa natureza é recuperada pela Sabedoria, a que se relaciona a *Theorica*, e pela Virtude, cultivada pela *Practica*. A necessidade é aliviada pela administração de temporalidades, e disso se ocupa a *Mechanica*. Por fim, encontra-se a Lógica, fonte da eloquência, pela qual o sábio que compreende as supraditas ciências e disciplinas principais pode dissertar sobre elas de modo mais preciso, verdadeiro e elegante: preciso, pela Gramática; verdadeiro, pela Dialética; elegante, pela Retórica.[30]

Illustrium Philosophorum et De Dictis Moralibus Eorundem; Breviloquium de Sapientia Sive Philosophia Sanctorum. Robert Kilwardby, autor de um conhecido comentário a Prisciano, foi um dominicano de Oxford que pertenceu à mesma tradição. Uma breve leitura da enciclopédia escolástica do dominicano Alberto Magno indicará a diferença dos objetivos e métodos da tradição de Varrão e Santo Agostinho. No entanto, segundo declara Kilwardby, até mesmo na ordem dominicana um núcleo patrístico continuou a oferecer resistência à nova teologia.

[28] Citado por Taylor, op. cit., II, p. 346.

[29] Ibidem, p. 347.

[30] Do capítulo 9 do primeiro livro do *Speculum Doctrinale*, citado por Taylor, op. cit., II, p. 351.

A subordinação da dialética à eloquência apresentada por Vicente é um tanto estranha para os escolásticos de seu tempo. Temos muito mais motivos para confundir São Boaventura com os dialéticos, uma vez que ele foi um mestre da técnica lógica. Contudo, Boaventura encontra seu verdadeiro lugar na tradição da exegese gramatical, ao lado de Hugo de São Vítor e de Vicente de Beauvais.

> De início, a lógica de São Boaventura não difere daquela de Aristóteles. O silogismo, para ele, é o instrumento por excelência da demonstração científica, o meio pelo qual o conhecimento provável é elaborado na esfera em que fracassa o conhecimento absoluto, o instrumento que permite à razão enriquecer seu conhecimento deduzindo, dos primeiros princípios, as consequências que eles contêm. Ainda assim, é impossível ler por muito tempo as obras desse filósofo sem perceber que a lógica aristotélica lhe é mais um processo de exposição do que um método de descoberta.[31]

Resumidamente, e em virtude de sua semelhança com os escolásticos, a obra de São Boaventura é animada pela exegese gramatical analógica que vimos em Fílon e Santo Agostinho:

> Em um universo com a subestrutura que desvelamos, o único processo de explicação possível deve consistir no discernimento, sob a aparente desordem e diversidade das coisas, dos tênues elementos analógicos que as vinculam umas às outras e as reúnem a Deus. Daí essa quantidade extraordinária de semelhanças, correspondências, proporções e conformidades na qual, hoje, alguns procuram ver apenas uma ginástica mental, um desfrute da imaginação ou, na melhor das hipóteses, um embriagamento da alma que tenta esquecer sua condição humana; antes de mais nada, porém, o que devemos encontrar nela é o único meio de explorar e interpretar com exatidão o universo de São Boaventura.[32]

---

[31] Gilson, *The Philosophy of St. Bonaventure*, p. 228-29.

[32] Gilson, op. cit., p. 229. A fim de que não se pense que a ciência moderna não respeita as técnicas e os vislumbres de São Boaventura, pode-se esclarecer as doutrinas de A. N. Whitehead. Como Berson, que se revoltava contra o longo monopólio da física cartesiana e newtoniana na interpretação do universo, Whitehead afirma que na teoria materialista "pode haver tão somente mudança, mas sem propósito ou progresso. No entanto, todo o problema da doutrina moderna é a evolução dos organismos complexos a partir de condições antecedentes de organismos menos complexos. Desse modo, a doutrina anuncia em voz alta que uma ideia de organismo é fundamental para a natureza. (...) O organismo é uma unidade de valor emergente, uma fusão real do caráter dos objetos eternos, emergindo por si mesmos" (*Science and the Modern World*. Londres, Pelican Books, 1938, p. 130). Whitehead troca por "acontecimentos" as "formas" de Boaventura. "Acontecimentos" são modelos de existência universal. A cognição mental, diz ele, "conhece o mundo como um

Em seu *De Reductione Artium ad Theologium*, Boaventura expõe à maneira clássica alguns conceitos patrísticos básicos sobre a disposição das ciências sob a teologia:

> Desse modo, fica claro como a "multiforme sabedoria de Deus", lucidamente revelada nas Sagradas Escrituras, esconde-se em todo saber e em cada natureza. Além disso, fica claro como cada saber serve à teologia. Como consequência, ela toma exemplos e emprega termos que pertencem a cada área do conhecimento. Ademais, fica claro como é amplo o caminho da iluminação e como, em cada coisa sentida ou conhecida, o próprio Deus se esconde. É esse o fruto de todas as ciências, o de que em todas as coisas a fé possa se fortalecer, "Deus possa ser glorificado", as ações possam ser ordenadas e o consolo, obtido.[33]

O conceito de iluminação domina o pensamento de São Boaventura e oferece um curioso exemplo de como uma doutrina teológica promoveu os experimentos óticos de Robert Grosseteste e Roger Bacon. São Boaventura começa deste modo seu pequeno tratado sobre a teologia e as artes:

> "Toda dádiva boa e todo dom perfeito vêm do alto e descem do pai das luzes" (Tiago 1, 17). Essas palavras tocam a fonte mesma de toda iluminação. (...) Embora toda iluminação do conhecimento se dê internamente, podemos realizar uma distinção lógica entre, por assim dizer, a luz exterior, a saber, a luz da arte mecânica; a luz inferior, isto é, a luz do conhecimento sensível; e a luz superior, a saber, a luz da graça e das Santas Escrituras. (p. 3)

O segundo tipo de luz diz respeito à ótica:

> Ela então se divide de acordo com os cinco sentidos. Agostinho demonstra desse modo a suficiência deles, segundo a natureza da luz dos elementos: se a luz, ou esplendor, que nos permite distinguir as coisas corpóreas

---

sistema de relevância mútua, e desse modo vê a si mesma refletida em outras coisas" (p. 174). A metáfora do espelho surge a Whitehead com a mesma naturalidade com que surge a Boaventura, de quem Whitehead nada conhece. Todo especialismo do conhecimento desaparece para Whitehead como para Fílon ou Hugo de São Vítor: "Podemos perceber agora as relações da psicologia com a fisiologia e a física. O campo particular à psicologia é apenas o acontecimento visto a partir de seu próprio ponto de vista" (p. 175). A diferença entre Whitehead e Boaventura é a diferença entre um homem que dá seus primeiros e incertos passos num mundo de inesgotável significação e outro que nasceu nesse mundo. Os conceitos pelos quais Whitehead hesitantemente assimila seu corajoso mundo não newtoniano são cruelmente temporários e titubeantes. Os de Boaventura são delicada e dificilmente equilibrados, tangendo, com habilidade, inumeráveis pontos de seu mundo.

[33] Annapolis, 1938, p. 11.

existir tanto na eminência de sua própria propriedade quanto, de certo modo, em sua pureza, é esse o sentido da visão; se misturada com o ar, o da audição; com o vapor, o olfato; com a umidade, o paladar; com a rudeza da terra, o tato. O espírito sensível possui a natureza da luz (...). (p. 4)

Foi no interior desse sistema de analogias, arraigados nas antigas concepções do Logos e da gramática e buscando a luz da revelação, que Grosseteste e Bacon, companheiros franciscanos de Boaventura, perceberam a importância de seus experimentos físicos. Portanto, há adequação, e não inconsistência, no fato de Roger Bacon defender, como Erasmo e Francis Bacon, a primazia da arte da gramática na abordagem das Escrituras e do livro da natureza.[34] Cada ataque feito por Bacon contra os teólogos de seu tempo torna-se imediatamente inteligível quando percebemos sua relação com a tradição patrística: "Pois eles ignoram o grego, o hebraico e o árabe. (...) Estudam e lecionam sobre as *Sentenças* de Lombardo, e não o texto das Escrituras" (Taylor, II, p. 526). E mais uma vez: "Sete são os vícios do mais importante estudo, que é a teologia; o primeiro é o fato de a filosofia dominá-la na prática. (...) O segundo, o fato de as melhores ciências, que são aquelas mais claramente pertinentes à teologia, não serem usadas pelos teólogos. Refiro-me à gramática das línguas estrangeiras, das quais toda a teologia advém" (II, p. 525-26).

A contenda entre Roger Bacon e os escolásticos é exatamente a mesma em que se envolveu Francis Bacon, seu remoto parente; do mesmo modo, não há qualquer período entre Agostinho e Descartes em que essa tradição não tenha se encontrado ardentemente viva.[35] Aquelas que podem parecer

---

[34] Gilson, em *The Philosophy of St. Bonaventure*, parafraseia Boaventura numa passagem importante tanto para Francis Bacon quanto para o Renascimento: "Para aquele que uma vez compreende os princípios constitutivos e realmente fundamentais, a criação parece tão somente uma espécie de representação da sabedoria divina, tal como poderia ser uma imagem ou estátua. (...) Ela é também um livro no qual, em caracteres brilhantes, está inscrita a Trindade criadora (...). Como um leigo iletrado que carrega um livro sem se preocupar com seu conteúdo, também nós estamos diante desse universo, cuja linguagem nos é como o grego, o hebraico ou alguma língua bárbara cuja origem nos é completamente desconhecida" (p. 214 [1965, 194]).

[35] Roger Bacon (c. 1210-1292), educado em Oxford, passou a maior parte de sua vida em Paris. Seu *Opus Majus* é o *De Doctrina Christiana* de Santo Agostinho expresso nas novas fórmulas do século XIII. A restauração da matemática e do *quadrivium* que operou foi algo deliberado, concebido para burlar os mestres dialéticos de Paris. Ele é tão escolástico quanto Vicente de Beauvais, mas é também um defensor agostiniano da *doctrina christiana*. Portanto, coloca a ética acima de

impressionantes antecipações de ideias renascentistas acabam por se mostrar tradições contínuas, que recebem uma aparência de novidade ou de renovação com o repentino triunfo dos gramáticos sobre a escolástica. Os quatro ídolos de Francis Bacon, por exemplo, que confundem e enfeitiçam a razão humana, aparecem em Roger Bacon. A eloquência de ambos é idêntica:

> Há quatro principais pedras de tropeço (*offendicula*) a atrapalhar a compreensão da verdade. (...) Dessas pestes fatais vêm todos os males da raça humana, pois os documentos mais nobres e úteis da sabedoria são ignorados, tal como os segredos das artes e ciências. Ainda pior, os homens cegos pela escuridão das quatro não percebem a própria ignorância, mas cautelosos se empenham para aliviar aquilo para o qual não encontram remédio; (...) quando nas mais densas trevas do erro, eles se julgam na luz esplendorosa da verdade.[36]

Como a tradição de Descartes, Hobbes e Newton não é aquela dos Pais, mas a dos escolásticos ou *moderni*, pouco surpreende o fato de alguns autores se

---

todas as divisões da filosofia, afirmando que ela pressupõe a metafísica (*Opus Majus*, livro VII). Pouco surpreende o fato de o sétimo livro do *Opus Majus* ser praticamente uma compilação de Sêneca. Bacon foi o primeiro a compilar os tratados filosóficos senequistas: no entanto, em seu amor pelo filósofo, ele está de acordo com os Pais, Alcuíno, Petrarca, Erasmo, Montaigne, Bacon e Browne. O estudo da influência de Sêneca ao longo do Renascimento não pode ser dado como iniciado, uma vez que não atentamos para os posicionamentos básicos que conferiram a Sêneca o grande destaque que recebeu durante o medievo; no entanto, sempre que Sêneca é estimado, os Pais são venerados. A declaração de McKeon sobre Roger também se aplica à tradição gramatical como um todo: "(...) Deus revelou toda a filosofia ao homem no começo, e a história do pensamento tem sido, desde então, a redescoberta cíclica, ocorrida após períodos de pecado, de uma sabedoria recebida pelos patriarcas. Obviamente, a revelação primitiva devia ser preenchida pelos detalhes da ciência (era por isso que os patriarcas viviam trezentos anos), e assim Bacon ataca a postura dupla do profeta que anuncia o retorno às verdades antigas e do cientista que traz verdades novas e estranhas, revitalizando a doutrina de outrora. A sabedoria é uma só, mas informações podem ser acrescentadas para edificá-la e consolidá-la sem alterar suas linhas gerais. É isso o que deve almejar o conhecimento experimental, cujo procedimento será trabalhar tanto com as coisas que estão fora da mente quanto com as coisas que estão dentro. Deus é o intelecto ativo. O estudo de Bacon é basicamente o estudo dessa teoria do conhecimento e dos detalhes da reforma a que deve ser subordinado o entendimento das linguagens e das várias ciências" (*Selections from Medieval Philosophers*, com edição, tradução, notas introdutórias e glossário de R. P. McKeon. Nova York, 1930, II, p. 5-6).

[36] Taylor, op. cit., II, p. 524. Todo o segmento é apresentado por R. P. McKeon. Nova York, 1930, II, p. 8 ss.

mostrarem confusos sobre como reconciliar Erasmo e Bacon com os "modernos". Humanistas como Erasmo, Vives, Reuchlin, Agripa, Mirandola e Bacon muito se esforçaram para anunciar a si mesmos como "antigos".

O método experimental que Roger emprega na interpretação da natureza tem um caráter gramatical, a exemplo do que se dá com Francis: "(...) os santos patriarcas e profetas, que primeiro deram as ciências ao mundo, experimentaram iluminações interiores e não se fundamentaram apenas no sentido".[37] Taylor contempla novamente a verdade, mas sem apreendê-la, quando diz: "De modo patente, a *scientia experimentalis* ocupa, com Roger Bacon, o mesmo lugar que a lógica ocupava com Alberto ou a soberana dialética com Abelardo". A exemplo de Francis Bacon, "ele é repetitivo ao expor suas propriedades e prerrogativas, mas não alcança maior transparência em sua concepção" (II, p. 536). A queixa infundada e equivocada de Taylor é novamente encontrada na decepção de Spedding com seu herói:

> Aos nossos olhos, é de tipo diferente o interesse associado aos seus esforços. Não procuramos mais a descoberta de qualquer tesouro quando seguimos naquela direção. Seu sistema filosófico peculiar, isto é, seu método de investigação peculiar, o *organum*, a *formula*, as *clavis*, a *ars ipsa interpretandi naturam*, o *filum Labyrinthi*, ou qualquer que seja o nome que escolhamos para identificar o processo artificial pelo qual ele julgava ser o homem capaz de conhecer as leis e controlar as forças da natureza – nada podemos fazer com uma tal filosofia.[38]

Do ponto de vista deste estudo, porém, é possível compreender inteiramente Francis Bacon e seus companheiros humanistas e alquimistas. Além disso, é possível atribuir uma validade genuína ao *filum labyrinthi* que desconcertou Spedding no século XIX. Contudo, há algo bastante surpreendente nos ressoantes louvores que Macaulay confere à obra do seguidor de Fílon,

---

[37] Taylor, op. cit., II, p. 536-37. "Mais uma vez, em suas exposições, todos os santos e todos os sábios de outrora extraem um sentido literal da natureza das coisas e de suas propriedades, a fim de poderem encontrar um sentido espiritual por meio de adaptações e comparações adequadas. (...) Pois, do mesmo modo que Deus deu origem às criaturas e Escrituras, também quis incluir nas Escrituras aquilo que criara para a compreensão de seu sentido literal e espiritual. Contudo, o propósito da filosofia é apenas trabalhar a natureza e propriedade das coisas. Por conseguinte, a força da filosofia está contida nos escritos sagrados (...)." Ele toma o arco-íris como prova disso. McKeon, *Selections*, II, p. 36-37.

[38] Bacon, *Works*, III, p. 171.

Santo Agostinho e São Boaventura. É o utilitarismo de Bacon que, obviamente, encanta Macaulay, e o utilitarismo dos Pais, dos quais Bacon deriva, é de fato intenso. Nada era mais utilitário do que a salvação que eles pregavam. Naturalmente, as artes e ciências que serviam a esse grande projeto utilitarista também suscitaram um grande interesse prático. A Idade Média foi completamente utilitarista. Até mesmo os clássicos o foram. Ademais, o São Boaventura teólogo foi muito superior ao funcionário público Macaulay na defesa do estudo dos clássicos. Macaulay deve agradecer a Bacon e aos Pais por ser capaz de compreender a perspectiva ciceroniana que afirma a grande utilidade prática da eloquência como sabedoria política.[39]

Tendo visto que, nos séculos XII e XIII, a exegese gramatical e a atividade enciclopédica concomitante foram vigorosamente almejadas; e tendo observado a disposição geral das escolas gramaticais do mesmo período, é hora de analisarmos brevemente o cultivo dos próprios clássicos. Por questões de conveniência e compreensão, será melhor limitarmos nosso foco aos dois homens que todos indicariam como representantes de suas eras: João de Salisbury e Francesco Petrarca. Se nos for possível demonstrar que a obra e a importância desses destacados humanistas devem ser encaradas – a exemplo do que se dá com Erasmo – à luz da tradição gramatical patrística, logo ficará claro que a natureza do Renascimento necessita de uma reavaliação.

---

[39] As artes liberais, do modo como eram concebidas pela Antiguidade, pela Idade Média e pelo Renascimento, jamais foram vistas como se não possuíssem utilidade. Elas eram liberais em sua oposição às artes mecânicas, e não por serem um fim em si. O gosto renascentista pela poesia, por exemplo, se baseia principalmente em sua utilidade, estivesse ela promovendo a inteligência, a eloquência ou a sabedoria dos homens. Essas justificativas do Renascimento podem ser encontradas – e muitas vezes dela derivam – na *Genealogia Deorum Gentilium* de Boccaccio (cujos livros dos séculos XIV e XV foram traduzidos e editados por C. G. Osgood [*Boccaccio on Poetry*. Princeton, 1930]), a qual jamais aduz uma afirmação que não fora confirmada pelos Pais. Essa defesa da poesia contra a ignorância, os filisteus e os puritanos se assemelha à tradição da exegese alegórica, como em Sidney e Jonson. Os humanistas do Renascimento não eram sempre tão sinceros quanto Boccaccio na hora de creditar aos Pais os pontos de vista que sustentavam.

Ver a demonstração, feita por Roger Bacon (McKeon, *Selections*, II, p. 81-110), de que a ciência prática é a ciência moral e civil, assim como o fim de todas as partes da filosofia: a mecânica, a experimental e a especulativa. Esse posicionamento estoico, base da concepção de eloquência proposta por Cícero, também é crucial para o pensamento patrístico e para o Renascimento.

Depois de estudar em Paris entre 1136 e 1148, João de Salisbury (1110-1180) retornou à Inglaterra para se tornar secretário de Teobaldo e, depois, de Tomás de Cantuária, tornando-se bispo de Chartres em 1176. Seu famoso *Policraticus* é o registro de uma vida dedicada à observação do mundo dos homens e dos acontecimentos, a cuja compreensão ele estava extremamente apto. Manual do estadista que segue a grande tradição do *De Oratore*, a obra apresenta a eloquência como sabedoria política. Esse aspecto de João será discutido na seção dedicada à retórica. Aqui, por ser ele completamente versado em todo o *Organon* de Aristóteles, assim como em sua *Ética* e *Política*, veremos que o juízo de Dickinson perde parte de sua força:

> É esse o único tratado político de relevância a ser escrito antes de o pensamento ocidental se familiarizar novamente com a política de Aristóteles. Desse modo, ele representa a tradição medieval pura, não influenciada por ideias tomadas recentemente da Antiguidade clássica. É o auge, em sua forma mais natural, de um corpo de doutrinas que havia se desenvolvido sem interrupção desde o contato da literatura patrística com as instituições da idade média primitiva.[40]

Aparentando ignorar a tradição ciceroniana da sabedoria eloquente como ideal principesco, assim como sua profunda influência sobre os Pais, Dickinson e outros cientistas políticos têm se mostrado desnorteados na hora de definir o lugar de João. No entanto, uma vez indicada sua relação com o projeto estoico--ciceroniano (e ele nunca se cansa de proclamar sua gratidão a Cícero e aos estoicos), o *Policraticus*, longe de ser o auge, é apenas um marco importante de uma tradição que dá origem à *Educação do Príncipe Cristão*, de Erasmo; ao *Cortesão*, de Castiglione; à *Utopia* de Thomas More; ao *Gargântua*, de Rabelais; aos *Ensaios*, de Bacon; e até mesmo à *Fábula das Abelhas*, de Mandeville.[41]

---

[40] *The Statesman's Book of John of Salisbury*. Trad. e intr. John Dickinson. Nova York, 1927, p. xvii.

[41] A relação de Mandeville com Erasmo já foi sugerida. João de Salisbury (livro VI, cap. 21) escreve "que a Comunidade deve ser ordenada a partir do exemplo da Natureza e que sua disposição deve ser usurpada das abelhas". Ele menciona Platão, Cícero, Plutarco e Virgílio ao falar dos desígnios que a natureza estabelece para o homem na sociedade: "Percorre os autores que escreveram sobre as comunidades, revolve todas as histórias das sociedades, e não encontrarás nenhuma descrição mais verdadeira ou adequada da vida na sociedade civil [do que aquela propiciada pelas abelhas]" (Dickinson, p. 245).

João de Salisbury talvez seja único entre os humanistas – se não por seu conhecimento da lógica e da dialética, ao menos pela estima que atribuía ao tema. (Erasmo tinha uma sólida formação em lógica, mas nunca apreciou a arte.) Quando chegou a Paris em 1136, João ficou impressionado com a manifestação de uma atividade intelectual extraordinária. O comentário que fez em uma carta a Becket entrou para a posteridade: *"digitus Dei est in loco isto et hoc nesciebam"*.[42] Inicialmente, João estudou lógica sob a orientação do próprio Abelardo; em seguida, sob Alberico de Rheims e Roberto de Melun. Após dois anos dedicados à lógica, iniciou em Chartres um novo estudo da gramática e da retórica, sendo orientado pelo famoso Pedro Elias. A isso seguiu-se uma revisão de seus estudos sob Ricardo l'Evoque, homem que, segundo diz João, era dotado de uma erudição imensa.

Após três anos de docência, João retornou aos seus estudos e se dedicou à teologia sob a orientação de Roberto Pulo. Em seguida, motivado pelo desejo de renovar seus velhos conhecimentos, retornou a Paris. No *Metalogicus*, ele descreve o que acontecera enquanto aprimorava sua gramática e teologia longe da cidade:

> Encontrei-os como antes e onde estavam antes. Não pareciam ter avançado um centímetro na resolução de questões antigas; também não haviam acrescentado uma proposição sequer. (...) Mudaram apenas em um ponto: desaprenderam a moderação. Não conheciam a modéstia, e a tal ponto que seria possível perder a esperança de seu retorno. Desse modo, a experiência me levou a manifesta conclusão: enquanto a lógica edifica outros estudos, ela é morta e árida por si só, incapaz de fazer a alma descobrir o fruto da filosofia quando este não for concebido de alguma outra fonte.[43]

É de especial importância o testemunho desse homem que é versado em lógica e que acredita que ela "atravessa todas as outras disciplinas como o sangue atravessa o corpo do homem". João claramente percebeu que o erro dos

---

[42] Quase contemporâneo (c. 1250) é o relato de Bartolomeu Ânglico: "Assim como Atenas outrora brilhou como mãe das artes liberais e ama dos filósofos, em nosso tempo Paris elevou o nível do conhecimento e da civilização em toda a Europa, e não apenas na França; então, como diz respeito à sabedoria, ela acolhe hóspedes de todo o mundo, satisfaz seus desejos e os submete a um governo pacífico" (Ward e Waller, *C. H. E. L.*, vol. 1, p. 204). Assim como Alcuíno via a Inglaterra como a Atenas da era anglo-saxônica, entramos agora na época da supremacia francesa do século XII.

[43] Livro II, cap. 10, *P. L.*, 199, 869. Ver a conveniente sinopse de Baldwin em *Medieval Rhetoric and Poetic*, p. 164-67.

dialéticos era separar sua disciplina do *trivium* que, nela, via uma parte indispensável, fazendo-a então trabalhar por todos. João estava certo. A única questão que a lógica pode resolver sozinha é uma questão de lógica: *"propositas de se expedit quascumque sed ad alia non consurgit"* (*Metalogicus*, II, II). Afastar-se do principal corpo da cultura clássica e estabelecer-se como um fim em si mesma equivalia a envolver o pensamento ocidental em confusões das quais até agora ele não se recuperou. Portanto, a primeira voz levantada contra os dialéticos em prol da cultura clássica foi mais clara e mais docemente sensata do que qualquer outra surgida durante a longa e amarga controvérsia que se seguiu. Ao lado de João, Erasmo parece cruelmente irracional. O plano de João, que desejava driblar os logicistas, era o mesmo plano patrístico: colocar as sete artes liberais a serviço da verdade cristã, deixando a gramática como base, e a lógica subordinada à eloquência, como em Cícero. O *Metalogicus* é a principal defesa do ideal ciceroniano antes de Petrarca.

Não nos esqueçamos de que Cícero chegou à Idade Média como o orador que, com seu *Hortensius*, tornara possível a conversão de Santo Agostinho. Além disso, sua modéstia especulativa e sua inclinação profundamente prática e ética lhe eram atraentes. A visão estoica que ele defendia, e que via a filosofia não como um conhecimento, mas como uma virtude que conduzia à felicidade, induziu muitos cristãos a colocá-lo – no período anterior e posterior a Petrarca – acima de Aristóteles.

Como demonstrou F. H. Colson em sua introdução a Quintiliano, nenhum autor medieval recorre tanto ao orador como João de Salisbury. Do mesmo modo, C. S. Baldwin traz uma lista das extensas passagens que João tomou das *Instituições*.[44] No entanto, a tradição ciceroniana expressa por João deve ser reservada à seção final sobre a retórica. Aqui, basta-nos dizer que, ao insistir no casamento de Mercúrio (eloquência) com a Filologia (sabedoria), João desenvolve o conceito do orador cristão com mais clareza do que qualquer outro que o precedeu.

Nas lições que ministrou em Toronto no ano de 1939, o professor Gilson dedicou um tempo considerável à refutação de algumas ilusões básicas acerca de

---

[44] *Medieval Rhetoric and Poetic*, p. 169-70. Baldwin fica desnecessariamente confuso pelo que julga ser um "menosprezo da retórica" por parte de João. "Ele começa com uma *logica* que abarca todos os estudos das palavras [claramente relacionados ao Logos]; ele dedica um livro inteiro à gramática; em suas últimas páginas, fala de um *organon* que deve auxiliar a *eloquentia*. No entanto, quando deveria fazê-lo, ele mal menciona a *rhetorica*" (p. 169). A explicação é muito simples. Como Quintiliano, João trata a gramática e a retórica como inseparáveis.

Petrarca. Em uma frase justamente célebre de sua *Res Memorandae*, Petrarca falou de si mesmo como se "na fronteira de dois povos, olhando ambos, simultaneamente, à frente e atrás de si": *ego velut in confinio duorum populorum constitutus ac simul ante retroque prospiciens*.[45] Petrarca não deu nome a esses dois povos, mas nossos historiadores modernos, segundo indicou Gilson, não hesitam em chamá-los de povo da Idade Média e povo do Renascimento. Em seguida, Gilson demonstra como a opinião que o século XVI tinha de Petrarca, gerada em meio a uma violenta controvérsia, deu origem a essa ilusão. Ainda assim, a insinceridade de que são capazes os historiadores modernos quando guiados pelo mesmo espírito controversista torna-se clara quando os vemos retirando a frase de Petrarca de seu contexto. Como bom gramático, Petrarca elogiava Plínio pelas mesmas razões que o faziam Santo Agostinho, Erasmo ou Francis Bacon: por ser Plínio um grande gramático e um grande cientista. Ele prossegue: "Porém, assim como louvo muitos autores ilustres da Antiguidade, devo denunciar os muitos e vergonhosos crimes de sua posteridade". Essa posteridade permitiu o perecimento dos códices escritos com extremo cuidado por seus grandes predecessores. Estéril, ela sequer foi capaz de preservar essa herança para transmiti-la à própria descendência. A história romana de Plínio foi perdida. Petrarca continua:

> Não menciono o fato, nem todos os outros que minha declaração lamenta, a fim de que seja reduzida a coragem dos povos aos quais daremos lugar; tudo o que faço é manifestar minha tristeza e culpar a sonolência e indolência de uma era demasiadamente curiosa acerca do que não deveria [isto é, a dialética], mas completamente descuriosa acerca de matérias tão nobres. Não vejo qualquer queixa entre nossos predecessores, nada que diga respeito a um desastre que, se tudo ocorrer do modo que para mim ocorrerá, nossos netos talvez jamais conheçam ou sintam. Aqueles, portanto, possuíam tudo, e isso deverá ser lamentado pelos que virão. Quanto a mim, dado que não posso nem deplorar essa maciça ignorância, nem desfrutar de seu consolo, encontro-me na fronteira entre dois povos, e ao olhar ambos, simultaneamente, adiante e atrás, tenho desejado transmitir aos nossos descendentes esta queixa que não recebi de nossos ancestrais.[46]

Torna-se bastante claro que os dois povos são, de um lado, a era de ouro da Antiguidade, que tudo sabia, e, do outro, o povo do futuro, que, se tudo

---

[45] Livro I, cap. 2, in: *Francisci Petrarchae Opera Omnia*. Basileia, 1581, p. 398. Ver também Gilson, *Les Idées et les Lettres*, p. 193-94.

[46] Ibidem.

ocorrer como Petrarca prediz (*si ut auguror, res eunt*), nada saberá. Petrarca afirma ser impossível saber o que o passado sabia, mas está ciente do que o futuro ignorará. A Idade das Trevas está à sua frente. Petrarca encontra-se em meio a um crepúsculo, entre a luz e a escuridão. Ele via a si próprio não como o primeiro homem de uma era nova, mas como o último representante da Antiguidade a lutar contra as hordas bárbaras dos escolásticos. Desse modo, é fácil perceber o motivo de, dois séculos depois, e ainda envolvidos na mesma contenda contra os mesmos escolásticos, os gramáticos humanistas ainda evocarem Petrarca como um poderoso subsidiário. Petrarca certamente não previu a vitória de sua causa; no entanto, de maneira bastante natural, seus companheiros gramáticos passaram a olhar para trás e vê-lo como se ele tivesse ajudado a frear a onda dos dialéticos, sendo até mesmo o divisor de águas da contenda. A ironia desse louvor, porém, está no fato de Petrarca, com seu intenso orgulho nacionalista, ter considerado uma cacofonia rouca e bárbara os elogios do holandês Erasmo, do espanhol Vives, do alemão Reuchlin e do francês Budé. Petrarca admitia teimosamente uma *translatio studii* da Grécia para Roma, mas nada mais que isso.[47] Jamais houve e jamais haverá qualquer cultura fora da Itália. Seu ódio contra a França bárbara se devia ao consentimento que ela dera à extinção dos clássicos durante o período em que foi a França a ama das artes; além disso, devido especialmente a uma conspiração consensual no mundo instruído, ela estava usurpando a liderança cultural pertencente à Itália. É nesse contexto que se torna inteligível a perpétua tentativa de Petrarca de convencer os papas a voltarem de Avinhão. Como o papel da Itália ao longo da Idade Média fora secundário, Petrarca denegria o medievo como se ele fosse algo completamente bárbaro, uma noite escura dos sábios godos e hunos.[48] Que um bárbaro holandês como Erasmo ou um professor em Omaha um dia chamaria a Idade Média de bárbara porque um nacionalista italiano fanaticamente ciumento fizera o mesmo no século XIV é algo típico do juízo a que a história submete os historiadores.

---

[47] Ver Gilson, *Les Idées et les Lettres*, p. 176-88.

[48] George Gordon (*Medium Aevum and the Middle Age*. Oxford, 1925) afirma que a posição de Petrarca, que encarava a si mesmo como alguém que vivia numa idade média, é a única desse tipo que conseguiu encontrar no medievo (p. 7). Porém, de acordo com suas próprias informações (p. 10 ss), Petrarca não poderia se considerar medieval, uma vez que a obscuríssima definição de uma "Idade Média" só surge um século após a sua morte.

Embora o caso de Petrarca seja mais complexo em virtude da dissimulada oposição que ele estabelece entre cultura italiana e cultura não italiana (fato que pode muito bem ter como causa a doutrinação em direito romano que recebera em Bolonha), o que lhe é fundamental foi resumido por Gilson, em suas lições, desta maneira:

> Petrarca nunca viu a si próprio como mais do que o herdeiro natural da tradição cultural italiana, que é única e indivisivelmente clássica e patrística: é a cultura de Virgílio e de Cícero complementada pela cultura de Ambrósio e Agostinho. Por meio de sua família, de sua educação, Petrarca escapou por completo da influência da escolástica do século XIII. Sua primeira oposição a ela é, portanto, a oposição de um classicista à destruição das artes liberais por parte dos dialéticos.[49]

Embora não haja obra que revele qualquer relação inteligível de Petrarca com as principais correntes de pensamento de seu tempo ou do tempo que se seguiu, não nos falta material biográfico.

O pai de Petrarca foi um notário italiano, um grande apreciador de Cícero que enviou seus filhos para as melhores escolas da época. Primeiro, Petrarca aprendeu a "gramática, a dialética e a retórica adequadas à minha idade – do modo como elas, em geral, eram ensinadas nas escolas (...)".[50] Sua educação, embora realizada na Provença, se deu sob a orientação de alguém oriundo da Itália: Convenevole, mestre-escola tipicamente italiano. "Nosso poeta diz, no ano derradeiro de sua vida, que jamais conhecera mestre semelhante a Convenevole, embora este não possuísse a capacidade de colocar em prática seu grande conhecimento" (Tatham, I, p. 90). Primeiro a reconhecer o potencial de Petrarca, Convenevole recebeu do cardeal Colonna, anos depois, a seguinte pergunta: "'Tens em teu coração qualquer lugar para nosso Francesco?' Inicialmente

---

[49] Pierre de Nolhac, em *Pétrarque et l'Humanisme* (Paris, 1907), esclarece e discute a ampla leitura dos clássicos por Petrarca a partir de suas bibliotecas, reunidas em momentos diferentes de sua vida de nômade. Os Pais e os clássicos são distribuídos de maneira quase idêntica em sua última coleção, enquanto o direito e a filosofia escolástica não possuem qualquer representante (vol. I, p. 112-16). Surpreendentemente, De Nolhac se deixa constranger pela presença dos Pais, descartando-os, de maneira negligente, como se eles fossem uma deformidade irrelevante na vida intelectual daquele a quem Rénan satisfatoriamente deu o título – do qual De Nolhac está certo – de *le premier homme moderne* (I, p. 2).

[50] E. H. R. Tatham, *Francesco Petrarca, The First Modern Man of Letters, his Life and Correspondence; a Study of the Early 14th Century (1304-1347)*. Londres, vol. I, p. 87.

silencioso, o velho lhe deu as costas e, engasgado pelo choro, jurou por tudo o que é sagrado que, de toda a multidão, jamais amara tanto alguém" (Tatham, I, p. 91). Ainda criança, Petrarca era induzido por seu pai a ler Cícero diante dele e em voz alta. Escrevendo já na velhice, Petrarca afirma que seu pai

> poderia facilmente ter alcançado alto grau de erudição, não tivessem anulado suas excelentes habilidades os afazeres familiares suscitados por seu exílio e o peso dos fardos domésticos (...). Naquela idade, portanto, quando todos os meninos mais velhos bocejavam diante de Próspero e Esopo, eu me dedicava aos livros de Cícero. Nada entendia; somente a doçura e harmonia daquela linguagem me acorrentavam (...). (Tatham, I, p. 95-96)

Desse modo, devemos afirmar que, em vez de ser conduzido ao estudo dos clássicos pelas ruínas de Roma, Petrarca foi levado pelo amor aos clássicos a admirar os restos do esplendor romano; afinal, ele só veio conhecer Roma em 1336, quando ostentava 32 anos.[51]

De 1316 a 1320, Petrarca frequentou a grande escola de direito civil de Montpellier; de 1320 a 1326, estudou retórica e direito civil em Bolonha. O espírito secular dessas grandes escolas civis era claramente diferente do espírito encontrado nas escolas de direito canônico, algo que não mudou ao longo de toda a Idade Média. Esse fato é de enorme importância tanto para a avaliação quanto para a interpretação do caráter pagão e secular, muito enfatizado, do Renascimento.[52] Diante da íntima relação entre o direito e a exegese gramatical, de um lado, e entre o direito e as teses ou clichês da retórica, de outro, não é difícil perceber como os estudos legais de Petrarca influenciaram sua formação como humanista. Pelo menos é certo que ele deu continuidade ao estudo dos clássicos – em especial Virgílio e Cícero – durante esse período. Do mesmo modo, o direito fomentava seus impulsos patrióticos, uma vez que, em suas próprias palavras, "ele é sem dúvida grandioso e repleto daquela antiguidade romana em que me deleito".[53]

---

[51] Escrito no século XII, o famoso poema do francês Hildeberto sobre as ruínas de Roma deve ser encarado da mesma maneira. (Texto em Norden, *Die Antike Kunstprosa*, II, p. 723.)

[52] Ver Tatham, op. cit., I, p. 103-17.

[53] Tatham, op. cit., I, p. 136. Um livro de grande valor para a compreensão da difundida ênfase dada, ao longo da Idade Média primitiva e depois, às antigas reivindicações do classicismo italiano é P. F. Schramm, *Kaiser, Rom und Renovatio*,

O grande marco da vida de Petrarca ocorreu em 1333, quando tinha 29 anos e se impressionou com a primeira leitura das *Confissões* de Santo Agostinho. Ele escreveu a seu confessor como iniciara a escalada de uma montanha com seu irmão:

> Enquanto me impressionava sucessivamente com essas coisas, ora reconhecendo algum objeto mundano, ora elevando minha alma como elevara meu corpo, cogitei olhar o livro das *Confissões* de Agostinho, o dom de seu amor (...). Abri o pequenino volume, de cômodo tamanho mas infinitos encantos, a fim de ler o que se colocasse diante de meus olhos, pois apenas o que fosse pio e devoto poderia vencê-los. Abri-o ao acaso no décimo livro, enquanto meu irmão permanecia à espera de que Agostinho falasse por minha boca. Que seja Deus testemunha, tal como meu ouvinte, de que foram estas as palavras que encontraram meus olhos: "Os homens saem para admirar a altura das montanhas, (...) mas esquecem de si mesmos". Confesso que fiquei deslumbrado, e implorando para que meu irmão, ávido por ouvir mais, não me perturbasse, fechei o livro, indignado comigo mesmo por naquele momento estar admirando coisas mundanas (...).[54]

Um considerável abalo propiciado por Santo Agostinho a Petrarca foi o de descobrir que o santo escrevia um latim melhor do que o dele. Santo Agostinho permaneceu seu companheiro até a morte. Além disso, torna-se óbvio o porquê de Petrarca vê-lo como um diretor indicado pela providência, uma vez que Agostinho também vivera sua mesma vida sensual, buscando a mesma glória

---

Leipzig, 1929. Petrarca gostava de mencionar a primeira frase do prefácio que Justiniano escrevera ao seu código. "A proteção suprema da comunidade, a qual provém das raízes do Exército e do Direito e deles tira sua força, teve como consequência, no passado, a colocação dos romanos no comando de todas as Nações, local em que, com a ajuda de Deus, permanecerão eternamente no futuro." Isso define as ideias básicas de Petrarca. Assim como Roma fora a primeira de todas as nações, também a Roma cristã conservava as prerrogativas políticas e culturais da Roma antiga. No entanto, Alcuíno, João de Salisbury e Dante viam a cultura clássica como universalmente válida.

[54] Tatham, op. cit., I, p. 323. Ao discutir esse "segundo Petrarca", aquele negligenciado pelos – ou incompreensível aos – historiadores humanistas, Tatham escreve: "Temos provas positivas de que, a partir de 1347, ele se empenhou para ordenar sua vida de acordo com normas religiosas rígidas. (...) Em carta bastante interessante, escrita dois ou três anos depois, ele diz a seu correspondente que dedica grande parte do seu tempo à literatura sagrada que outrora desprezava e que seu livro de poesia favorito é agora o dos Salmos de Davi, o qual mantém sob o travesseiro à noite e gostaria de ter ao seu lado quando de sua morte" (II, p. 280). Posteriormente, Chapman parafraseara as paráfrases dos Salmos Penitenciais formuladas por Petrarca.

pela mesma eloquência. É à luz desses fatos que o *Secretum* de Petrarca, diálogo entre ele mesmo e Santo Agostinho, deve ser lido. Do início ao fim, o santo é a voz da própria consciência de Petrarca. É incorreto, portanto, fingir que até os 29 anos Petrarca foi um homem genuinamente moderno, voltando-se depois a uma piedade medieval comum. Quando seus amigos o provocavam por conservar o amor pelos clássicos ao final da vida, Petrarca citava Santo Agostinho como alguém que permanecera com eles após sua conversão. Em vez de precisar escolher entre seu humanismo inicial e sua devoção posterior à religião, ele recorreu ardentemente ao fato de que, sem Cícero, jamais teria havido Santo Agostinho. No *Secretum*, Santo Agostinho cita constantemente Virgílio, Ovídio, Sêneca e Cícero. Esses são apenas alguns dos fatos que indicam que Petrarca e as origens do humanismo italiano são inseparáveis da cultura patrística clássica cujo curso, ininterrupto, nos conduzirá finalmente a Erasmo.[55]

Se nos voltarmos rapidamente para Boccaccio, contemporâneo mais jovem de Petrarca e seu discípulo, encontraremos alguém que possuía "a apaixonada esperança de sobreviver como o humanista-sábio", e não como um contador de histórias ou poeta em língua vulgar.[56] Como nos indica o título mesmo de sua principal obra, a *Genealogia Deorum Gentilium*, ele pertence à tradição patrística. "A *Genealogia* é um enorme repositório enciclopédico da mitologia clássica, escrita em quinze livros. Tanto em sua forma quanto em seu plano, é um livro

---

[55] Naturalmente, questões como a da "subjetividade" de Petrarca não têm lugar em um estudo como este. Ainda assim, sua subjetividade não é nada se comparada àquela de São Bernardo de Claraval, no século XII. Com relação ao traço moderno de seu "naturalismo", *Heloísa e Abelardo*, de Gilson, constitui uma *peripeteia* decisiva. Quanto à forma da abordagem dada até mesmo pelo primeiro Petrarca aos clássicos, não há qualquer dúvida sobre o seu caráter "medieval". Tatham, por exemplo, reclama: "Petrarca não recebeu a écloga pura das mãos de Virgílio, seu modelo, mas a tomou quando no estágio de desenvolvimento que alcançara após séculos de adaptação cristã" (II, p. 391). (Ver *supra*, p. 95.) Assim também se deu com Spenser e Milton. De Nolhac traz um exemplo da interpretação alegórica dada à primeira écloga de Virgílio por Petrarca, que segue as sugestões de Donato. Ele acrescenta com ironia: "*On est tenté de sourire en voyant Pétrarque occupé à une besogne aussi puérile et en assistant à cette transformation singulière du texte du Virgile (...)*" (I, p. 147). Nossa irresistível conclusão é a de que Petrarca não pode ser o primeiro homem de letras moderno, visto que esteve tipicamente empenhado em realizar o mesmo que fora feito durante todos os séculos que separaram Donato de João de Salisbury. Se comentar e alegorizar os clássicos equivale a não apreciá-los, não foram apenas os monges medievais que se mostraram incapazes de valorizá-los, mas também Boccaccio e Milton.

[56] C. G. Osgood, op. cit., p. xi.

típico de sua época. Ele personifica a ideia aristotélico-católica do ciclo de aprendizagem, tendo precedentes pagãos como as obras de Plínio e Varrão."⁵⁷ A erudição que Boccaccio, como todo humanista, procurava demonstrar deve ser entendida à luz do ideal clássico do *doctus orator*, no qual a eloquência e o saber eram inseparáveis. O restante dos trabalhos de Boccaccio só são inteligíveis a partir dessa tradição gramático-retórica: *De Claribus Mulieribus, De Casibus Virorum Illustrium, De Montibus*. O objetivo enciclopédico dessa obra era proporcionar objetos de invento e eloquência. Em suma, a ideia renascentista do poeta, como *vir bonus dicendi peritus*, é inteiramente patrística, sendo continuamente considerada e cultivada desde o tempo de Ambrósio e Agostinho.⁵⁸

Contra os inimigos da poesia, os juristas, os médicos e os dialéticos, Boccaccio reafirma o ideal do *doctus orator*: "Alguns homens pensam que a poesia instruída apenas inventa histórias rasas, sendo, portanto, não somente inútil, mas também claramente superficial. (...) Agora, esta minha obra retira o véu de tais invenções, demonstra que os poetas eram realmente homens de sabedoria e vê suas composições repletas de ganhos e prazeres ao leitor"⁵⁹ Como isso deveria ser feito? Por meio do método da exegese gramatical, aquele mesmo

---

⁵⁷ Osgood, op. cit., p. xi. O testemunho de Osgood torna-se mais valioso por vir de alguém que nada sabe sobre a tradição patrística clássica. Sua referência a uma "ideia aristotélico-católica" apenas indica seu vago entendimento da filosofia escolástica; ademais, ele confunde a tradição dialética dos escolásticos com a tradição enciclopédica clássica, agregando "as estupendas façanhas de Alberto e Tomás de Aquino com os quatro e grandes *Specula* de Vicente de Beauvais e seu imitador" (p. xii).

⁵⁸ Osgood diz: "As considerações de sua defesa da poesia são como aquelas que estiveram disponíveis e em voga durante todo, ou parte, do milênio que o precedera. Petrarca, Isidoro – e, por meio dele, Suetônio e Varrão –, Gregório, Macróbio, Lactâncio, Agostinho, Jerônimo e Horácio foram os principais instrutores de Boccaccio" (p. xl). A *Genealogia* "reúne e articula (...) as ideias críticas que haviam prevalecido por mais de mil anos. (...) Essas ideias aguardavam apenas a restauração da *Poética* de Aristóteles, no século XV, para que a ela se unissem e formassem a essência da teoria literária do Renascimento" (p. xxx). Supor, porém, que a *Poética* de Aristóteles tenha exercido qualquer influência semelhante à da tradição retórica do período patrístico seria distorcer por completo os fatos. As costumeiras concepções medievais sobre a poesia reunidas por Boccaccio foram tão populares no século XVI quanto século XIV: "O grande número de manuscritos e edições, em especial no século XVI, é o único sinal de sua popularidade. (...) Essas ideias (...) são comuns e recorrentes na enxurrada de ensaios críticos que pululam ao longo de 250 anos" (p. xliv-xlv).

⁵⁹ Osgood, op. cit., p. xv.

empregado, em ocasião semelhante, pelo Francis Bacon de *A Sabedoria dos Antigos*.[60] Para Boccaccio, todo mito está vivo, pronto para incitar como outrora a imaginação poética. "É preciso ter em mente" diz ele, "que esses mitos contêm mais do que um único significado. Eles, de fato, podem ser chamados de 'polissêmicos', ou seja, são dotados de múltiplos sentidos".[61]

Osgood está correto ao enfatizar que as teorias exegéticas de Boccaccio constituem "parte integral de sua visão da literatura e da poesia", pois, para ele, "explorar e defender a Antiguidade ou a mitologia equivalem a explorar e

---

[60] "Há alguns pietistas que, ao lerem minhas palavras, deixar-se-ão comover por sagrado zelo, e assim serei acusado de ofender a sacrossantíssima religião cristã; pois afirmo que os poetas pagãos são teólogos. (...) Esses críticos (...), fossem amplamente versados, não poderiam negligenciar aquela célebre obra sobre *A Cidade de Deus*; seriam capazes, assim, de perceber como, no livro sexto, Agostinho menciona o juízo do douto Varrão, para quem a teologia tem divisão tripla: mítica, física e civil" (Osgood, op. cit., p. 121).

[61] Osgood, op. cit., p. xvii. Da páginas xviii em diante, o uso que Boccaccio dá aos quatro níveis da exegese é descrito e exemplificado. "Contudo, não é minha intenção desvelar todos os significados de cada mito quando julgar um deles suficiente" (p. xviii). Ele segue o método da *Cidade de Deus* de Santo Agostinho ao discutir os deuses dos gentios. Santo Agostinho de modo algum negligenciara o valor moral do mito antigo. Foi desse modo, como já demonstrou E. K. Rand (*Ovid and His Influence*. Boston, 1925), que Ovídio passou a dominar o imaginário medieval. O destaque por ele recebido ao longo do século XVI equivale em gênero, mas não em grau, àquele do século XII. Da mesma forma como, em seu *Speculum Stultorum*, Wereker pôde usar Ovídio contra os dialéticos, narrando a história do asno que perdera sua cauda e que, para compensar, se ocupou da teologia em Paris (Rand, p. 122), Guido Morillonius escreveu em 1516: "Quando, há não muitos dias e após as divagações dos dialéticos, revigorava meu espírito e buscava as sacras moradas da Musa, por acaso pus as mãos nas *Heroides* de Ovídio. Ó, Deuses, que variados ensinamentos não trazem, e como não cintilam com jovial sagacidade!" (ibidem, p. 155-56). Não é à toa que, no século XII, Wereker usa as mesmas técnicas satíricas das quais se vale Erasmo contra o mesmo objeto: a teologia escolástica. Rand percebe o forte aroma ovidiano do *Elogio da Loucura* (p. 159). Ao espírito moderno, versado em Jung e Freud, o mito antigo encontra-se novamente vivo e penetrante, capaz de despertar o imaginário poético de modo radical e polissêmico. Jamais foi explicado o verdadeiro motivo que levou o Renascimento a perder, gradualmente, seu interesse pelas interpretações quádruplas do mito e das Escrituras. Uma importante causa, como veremos, foi a crescente proeminência da escola exegética de Antioquia sobre a de Alexandria – isto é, a de Crisóstomo e Jerônimo sobre a de Orígenes e Agostinho. Com a ênfase dada ao sentido histórico e literal das Escrituras, em detrimento dos sentidos alegóricos e místicos, a escola de Antioquia era relativamente "moderna". Como resultado do prestígio que Erasmo concedeu a ela, o Concílio de Trento viu-se inclinado a dar-lhe seu selo de aprovação. Hoje, os exegetas católicos seguem Jerônimo, e não Agostinho, assim como Erasmo, e não Reuchlin, Mirandola e Agripa.

defender a arte da poesia" (p. xxix). Ao defender a poesia, ele deve defender, acidentalmente, as sete artes liberais.

Vale a pena fazermos uma pausa para questionar quem eram os inimigos da poesia e do aprendizado no século XIV, ainda que apenas pelo fato de, nos séculos XVI e XVII, terem sido os mesmos inimigos a levantarem essas mesmas objeções.[62] Em primeiro lugar, temos os ignorantes que são "tão gárrulos e detestavelmente arrogantes que ousam anunciar aos quatro cantos a condenação de tudo aquilo que até mesmo os melhores homens podem fazer" (p. 18). O segundo grupo consiste "naqueles que, sem instrução ou gosto, simulam ambos" (p. 19). "Eles chamam as Musas de tolas e tagarelas, ao mesmo tempo em que o Hélicon, a fonte de Castália, o bosque de Apolo, etc. são delírios de lunáticos, ou então apenas exercícios elementares de gramática" (p. 21). Em terceiro lugar, temos uma classe importante e poderosa, conhecida somente pelos humanistas italianos: a dos juristas civis. "Muitos clientes seguem de perto esses homens conspícuos e poderosos. (...) Com seu auxílio, a inocência é exaltada, cada homem recebe o que lhe é devido e o Estado não se sustenta apenas sobre sua força natural, mas, por meio da crescente tradição da justiça, se torna mais forte e melhor. Esses homens, portanto, merecem especial reverência e honra" (p. 21-22). No entanto, eles desprezam as musas porque "a poesia não angaria riquezas, e desse modo desejam, como facilmente percebemos, afastá-la de tudo aquilo que é digno de ser imitado" (p. 23). Da mesma maneira, os médicos da Itália rejeitavam a gramática e os poetas em virtude de sua pobreza, mas Boccaccio os ignora. A quarta classe, extremamente temível, é constituída pelos filósofos – os dialéticos –, os quais zombam da frivolidade e da mendacidade dos poetas: "Esses inimigos da poesia proferem com sarcasmo que os poetas são mentirosos" (p. 62). Tão poderosa em Paris, essa classe dos escolásticos era pouco conhecida na Itália, uma vez que a Itália jamais cultivou a dialética durante o medievo.[63]

---

[62] O *Metalogicus* de João de Salisbury, escrito no século XII, tem como objetivo opor-se aos *cornificiani*, aos modernos e aos inimigos da poesia e da eloquência – os ignorantes, os pseudoinstruídos, os médicos e juristas utilitários, tal como os dialéticos. O mesmo trio de profissões é condenado por Erasmo em seu *Elogio da Loucura* (Londres, 1937, p. 66 ss).

[63] Petrarca fala dos dialéticos como algo novo e exótico: "Eu sabia", escreveu ele, "que havia um exército de dialéticos na Grã-Bretanha, mas dizes-me que, não obstante Cila e Caríbdes, nadaram agora até a Sicília. (...) Eu sabia que, inicialmente, houvera ciclopes na Sicília e, depois, tiranos, mas desconhecia que uma terceira espécie de monstros (...) lá chegara: esse exército de dialéticos"(Rossi

Por fim, sendo o mais atroz dos inimigos para um apreciador italiano da poesia, encontra-se o teólogo puritano. Afinal, foi a Itália, e não a França ou a Inglaterra, que engendrou Pedro Damião, Jacopone da Todi e Savonarola. Eles eram os flagelos mais competentes porque, a exemplo de diversos homens semelhantes, eram muito versados nas artes. Há muitos teólogos instruídos e nobres, diz Boccaccio:

> Porém outros existem que se exultam tanto com um conhecimento quase elementar que se atiram sobre os paramentos de sua grande preceptora como se com suas garras, e em violenta afobação tomam alguns retalhos como amostra; em seguida, adotam vários títulos obtidos, muitas vezes, pelo pagamento de valores; por fim, inflados como se conhecessem toda a disciplina da teologia, lançam-se para longe do lar sagrado, causando tão grande prejuízo aos ignorantes que apenas os sábios podem estimá-lo. Ainda assim, esses crápulas são conspiradores declarados que se opõem a todas as artes superiores. (p. 33-34)

No entanto, a exemplo de Petrarca e de Coluccio Salutati, Boccaccio cobiçava a poesia em consideração à religião, e assim recorre com satisfação aos argumentos dos Pais contra aqueles homens. Isso, porém, não impediu que Petrarca, Boccaccio e Erasmo ficassem ao lado dos *simplices et ydiotae* quando o assunto era a defesa da *philosophia Christi* dos patrísticos contra os sofisticados *moderni*, isto é, os dialéticos da escolástica.[64]

(ed.), *Rer. Fam.*, livro I, carta 7; I, p. 36). A primeira acusação de Petrarca contra os dialéticos afirmava que eles eram invasores bárbaros; a segunda, que eram destruidores parasitários e improdutivos do são aprendizado. Ele os odiava, primeiro, como patriota italiano, mas também como gramático. A exemplo de todos os outros, Petrarca via o desenvolvimento da escolástica como um substituto, e não um complemento saudável e natural, da teologia patrística. A terceira razão a motivar seu ódio e medo teve maturação tardia, mas profunda: o temor daquele averroísmo, enraizado no Aristóteles arábico, que levou muitos ao ateísmo durante e após o século XIII.

[64] O fundamento da noção petrarquiana de teologia pode ser encontrado em *A Cidade de Deus* (VIII, 8). Ver Rossi (ed.), *Rer. Fam.*, VI, 2; II, p. 55. Para informações sobre a extraordinária carreira de Jacopone da Todi, autor do *Stabat Mater*, ver *The Franciscan Poets*, de Frederic Ozanan (Londres, 1914, caps. 4 e 5). Após estudar a dialética para se tornar teólogo, ele renunciou a todo aprendizado, acusando-o de ser uma fraude: "Rejeito a maravilhosa arte cujo segredo foi por Aristóteles revelado, tal como as doutrinas platônicas que, o mais das vezes, são heresias. Um entendimento puro e simples se isola, e confia em seus próprios méritos, para ascender à presença de Deus sem o auxílio daquelas filosofias" (op. cit., p. 199-200). O ideal da piedade simples suscitou crescente encanto à medida

Depois de Petrarca, o reconhecido líder do destacamento clássico italiano foi Coluccio Salutati (1330-1406), chanceler latino de Florença. Suas numerosas cartas nos fornecem uma visão completa do humanismo encontrado na Itália de seu tempo.[65] As disputas em que se envolveu abarcam exatamente aqueles problemas de antes, sendo conduzidos no mesmo espírito de Petrarca e Boccaccio. O escolástico Zonarini, seu amigo, lhe diz que Virgílio é pagão e mentiroso, e afirma também que sua consciência não lhe permite lê-lo (*Epistolario*, I, p. 301). Pela resposta de Salutati, torna-se claro que apenas a gramática ou a dialética é possível. Não há conciliação. Onde, pergunta ele, estaria Agostinho sem Cícero? Virgílio não profetizara a Encarnação? Do mesmo modo, fica claro que a Itália estava bastante dividida no que dizia respeito aos clássicos. O jovem humanista Giovanni da Samminiato questionou o porquê de lermos as fábulas dos poetas quando temos a nosso alcance as doutrinas morais de Sêneca e de Aristóteles. Além disso, os princípios básicos das coisas podem ser encontrados, de maneira mais apropriada, nas Sagradas Escrituras. Salutati o respondeu de maneira um tanto extensa.[66] Todos os seus argumentos se encontram também em Boccaccio. Nós devemos estudar a poesia porque as Escrituras se valem das técnicas poéticas. Como somos incapazes de obter um conceito de Deus, não há palavras com que possamos falar com ou sobre Ele. Assim, temos de forjar uma linguagem a partir de suas obras. Apenas o estilo mais excelente será capaz disso, e tal é o poético. Desse modo, a poesia

---

que se multiplicavam as complexidades da escolástica, o que naturalmente culminou na pergunta: "Por que não retornar aos Pais?".

Na Itália, onde a dialética chegou com atraso e onde jamais houve qualquer repressão dos clássicos como a ocorrida na Paris dos séculos XII e XIII, o projeto clássico das artes enciclopédicas foi aprimorado com maior sucesso porque isso se deu de modo exclusivo. O motivo que levou Petrarca a supor que houvera pouco interesse pelos clássicos no século XII é facilmente identificável. Em sua época, os mosteiros careciam de monges porque, em sua maioria, eles haviam partido para Paris, a fim de estudar e ensinar a teologia dialética. Era fácil supor, naquela época, que o que prevalecera por dois séculos havia prevalecido desde sempre. Quanto à descoberta dos manuscritos dos clássicos por parte dos humanistas, eles basicamente descobriram os manuscritos dos séculos XI e XII que eram bastante procurados até a ascensão da dialética. Como a preocupação dos monges se voltara à filosofia, coube em grande medida aos leigos "descobrir" a antiguidade que, recentemente, aqueles religiosos tinham passado a negligenciar.

[65] F. Novali (ed.), *Epistolario di Coluccio Salutati*. Roma, 1981-1911, 5 vols.
[66] *Epistolario*, IV, p. 170-240.

pode ser exteriormente falsa, mas é essencialmente verdadeira. Isso acontece com as Santas Escrituras. As origens da poesia encontram-se nas fundações do mundo. Reconhecidamente, porém, a leitura dos autores pagãos não pode ser um fim em si, como os Pais muito claramente perceberam.

Salutati realiza a radical defesa renascentista da poesia como rainha das artes, mas todo o seu raciocínio tem bases patrísticas. Ele não hesita em assimilar todos os argumentos que Cícero aplicou à eloquência em seu *De Oratore*, antecipando dessa forma a posição de Milton.[67] Como qualquer cristão sobrepuja qualquer pagão em sabedoria, Salutati conclui (convencido da identidade ciceroniana entre sabedoria e eloquência) que qualquer orador cristão será mais eloquente do que qualquer orador pagão (*Epist.*, IV, p. 131-35). Foi assim que Salutati respondeu ao seu querido amigo Poggio, lamentando seu ceticismo e deplorando o divórcio entre eloquência e fé cristã que via em preparação.[68] O quão impressionante e espontânea poderia ser a união entre a tradição pagã

---

[67] Mais informado e menos nacionalista do que Petrarca, Salutati sabia que a erudição clássica florescera até a época de Bernardo de Claraval e de Abelardo – e não apenas entre os homens, mas também entre as mulheres (*Epistolario*, I, p. 43). Em um trecho notável do *Ciceronianus*, Erasmo, ainda que de modo fortuito, se mostra perfeitamente consciente da *translatio studii* e do contínuo destaque recebido pela eloquência ciceroniana da época de Lactâncio à de Petrarca, passando por todos os Pais, Beda, Isidoro, São Bernardo e São Boaventura. Estando sob demasiada influência de Isócrates, Santo Ambrósio é um pouco moroso, e a maravilhosa eloquência de São Bernardo ainda é aquela de um homem que parece não conhecer Cícero. (O louvor de Lutero é relevante por associá-lo às correntes de aprendizado de seu tempo: "Bernardo sobrepuja todos os outros Doutores da Igreja" [*St. Bernard's Sermons on the Canticle of Canticles*. Dublin, 1920, I, p. xiv], uma vez que sua técnica é ultra-agostiniana e alegórica.) As pretensões à eloquência de Anselmo, Alexandre de Hales e Santo Tomás de Aquino são ponderadas. Então, o porta-voz de Erasmo afirma: "Durante várias gerações, a Eloquência pareceu ter desaparecido por completo, mas não faz muito tempo que voltou à vida entre os italianos e, depois, entre nosso povo mesmo". Ainda assim, Petrarca, líder dessa restauração, "indicia a rudeza daquele período precedente" (*Controversies over the Imitation of Cicero*. Nova York, 1910, p. 93-94). O que deve ser observado é o importantíssimo fato de Erasmo estar perfeitamente ciente da continuidade de toda a tradição clássica e patrística até o fim do século XII. A dialética, então, interferiu "durante várias gerações".

[68] *Epistolario*, IV, p. 167. Laurêncio Valla (1407-1457) é um exemplo de como esse divórcio ocorreria, culminando naquele humanismo estéril, imitador submisso dos clássicos, que não se encontra na obra de João de Salisbury, Petrarca ou Erasmo. De sua época em diante, o humanismo da imitação se desenvolve ao lado da cultura patrística tradicional que floresce em More, Nashe, Donne, Bacon, Brown e Taylor, para mencionar apenas autores ingleses.

e a fé cristã é demonstrado menos pela literatura do que pelas artes plásticas italianas. Elas não enfrentaram qualquer problema quanto à árida imitação da arte antiga, e o resultado em muito superou qualquer coisa já feita na Roma da Antiguidade. Essa é uma questão que merece ser analisada quando forem vistas as afirmações dos seguidores humanistas de Valla.[69]

Tendo sido identificados os dois principais grupos no seio da Igreja, torna-se relativamente fácil indicar os outros. Gilson, por exemplo, assinalou três: os averroístas ou os pagãos de mentalidade filosófica, cujo único mestre era Aristóteles; os pagãos de mentalidade clássica que almejavam um naturalismo pagão subtraído da religião pagã; e o grupo dos rigoristas ou ignorantes, para os quais as Escrituras bastavam.

Vivo no início do século XV, o dominicano florentino Giovanni Dominici é um representante exemplar desse último grupo. Sua *Lucula Noctis* foi a resposta de seu grupo à defesa do ensino clássico cristão realizada por Salutati.[70]

---

[69] Para aqueles que preconizam que houve, no século XV, um renascimento das letras gregas desconhecido à Idade Média, e que por isso a cultura clássica do Renascimento contou com um elemento completamente novo, faz-se necessário assinalar apenas que São Jerônimo foi o herói de Erasmo e dos helenistas. Desse modo, o Renascimento tardio representa, em especial no que diz respeito à sua parcela helenista, a restauração de parte daquela herança patrística que há muito estivera em suspenso. Se a recuperação de toda a herança patrístico-clássica nos séculos XV e XVI se deu em meio a oposições, essas resistências vieram, no interior da Igreja, dos teólogos dialéticos. Se os gramáticos no seio da Igreja, ao triunfarem sobre outro grupo eclesiástico, auxiliaram o número relativamente pequeno de humanistas pagãos, isso se deu de maneira inconsciente. No entanto, a abundante e decisiva massa de fatos históricos se revela aos olhos do investigador, provando que é impossível compreender os séculos XV, XVI e XVII escrevendo sobre eles a partir da perspectiva do secularismo dos séculos XVIII e XIX. Ainda assim, é isso mesmo o que é feito por aqueles que acreditam que Petrarca e Erasmo foram capazes, de acordo com suas capacidades, de estabelecer algo que jamais poderiam ter previsto. A melhor parte do tempo de Petrarca e Erasmo foi dedicada à tentativa de recapturar toda a cultura patrística de Ambrósio, Jerônimo e Agostinho. Suas obras não apenas demonstram isso, mas também, se não forem encaradas como parte dessa tradição, veem suas linhas gerais se tornarem obscuras e seu significado, ininteligível. Os fatos só retornam à sua perspectiva natural quando o juízo de Norden, que é o juízo convencional, é invertido. Ele chama de moderno não o novo grupo de escolásticos, mas os gramáticos que buscavam despertar os autores clássicos de seu repouso (op. cit., II, p. 743-44). Quando Erasmo é considerado membro desse grupo antigo, podemos perceber claramente por que Swift não é um "moderno" e Descartes, filho da cultura escolástica, o é.

[70] Edição e introdução de R. Coulon. Paris, 1908.

Seu argumento é o de que o cristão deve se dedicar tão somente às coisas que conduzem à beatitude, mas nem os autores pagãos, nem as disputas dos filósofos fazem isso (p. 126). Gilson afirmou, em suas lições, que o que encontramos no raciocínio desse dominicano (advindo da mesma comunidade de Savonarola) é o ideal franciscano sem a santidade e a caridade de São Francisco. Dominici conclui que, ainda que o mundo estivesse perfeitamente convertido, toda a filosofia, com exceção de determinada parte das artes liberais, seria destruída (p. 435).

É em sua relação com esse grupo de rigoristas e *ydiotae* que a carreira de Gerhard Groot (1340-1384) deve ser contemplada. Afinal, sem qualquer resquício do rigor fanático de Jacopone da Todi ou de Dominici, seu ideal de ensino cristão trazia primeiro as Escrituras e, depois, os Pais. Vivendo durante o apogeu da escolástica, o fundador da *Devotio Moderna* foi, durante toda a vida, um seguidor dos *antiqui* contra os *novi et moderni doctores*, isto é, os escolásticos. Ele alertou seus amigos do estudo da teologia na Universidade de Paris. Como Paris suprimia a gramática, os Pais e os clássicos, esses grandes fomentadores da piedade, deveriam ser estudados fora das novas universidades. Tomás de Kempis, em sua biografia de Groot, nos fornece esses dados ao mesmo tempo em que explica como vieram a existir os Irmãos da Vida Comum e a famosa escola patrística de Deventer.[71] Foi nessa escola que Erasmo recebeu sua educação elementar e que cresceu a chamada *Devotio Moderna*.[72] Gilson indica que o objetivo dela era simplesmente prestar a velha devoção a Ricardo e Hugo de São Vítor, a Bernardo de Claraval, à vida dos Pais, a Cassiano, Gregório Magno, São Bento e Santo Agostinho. Ela foi a continuação direta, nos séculos XIV e XV, do ideal de seguir Cristo que fora ensinado e cumprido no século XIII pelo *Christi perfectus imitator*: São Francisco de Assis.[73]

O ideal de Groot levado a cabo em Deventer vê a gramática, e não a dialética, como serva da teologia, e o estímulo dado ao humanismo holandês e alemão se estendeu, antes e depois de Erasmo, para muito além da escola.

---

[71] *Opera Omnia*. Colônia, 1759, vol. III.

[72] Ver A. Hyma, *The Christian Renaissance*. Nova York, 1925.

[73] A tentação de chamar de "moderna" uma forma de espiritualidade cristã que se designava "antiga" é sentida por muitos historiadores que desejam insinuar que a verdadeira piedade do cristianismo, tendo sido exterminada pelos escolásticos, foi recuperada no século XV pelos precursores de Martinho Lutero. Para esses historiadores, Lutero representa uma espécie de *terminus a quo*. Essa questão é levantada apenas para mostrar como os acontecimentos mais elementares da história da cultura podem ser baralhados de maneira controversa.

Antes de chegarmos a Erasmo e ao termo desta seção, devemos nos concentrar brevemente nos humanistas franceses que conseguiram sobreviver ao dilúvio dialético. Nesse aspecto, A. Coville nos fornece crucial auxílio.[74] Nicolas de Clamanges (c. 1360-1400), professor de retórica em Paris e, depois, secretário papal em Roma, foi um humanista cristão que, a exemplo de Erasmo e More, se interessou sobretudo pela reforma eclesiástica, em especial pela reforma da teologia e da pregação a partir da *grammatica*. À preparação do teólogo acrescenta-se, além da *grammatica*, a leitura constante das Escrituras com o auxílio de seu autor, o Espírito Santo.

Guillaume Fichet (n. 1.433) descobriu seu amor por Petrarca e pelos clássicos em Avinhão, completando seu doutorado em teologia no ano 1468, em Paris. Durante muitos anos, ensinou as artes liberais pela manhã e ministrou lições especiais de eloquência à noite. Ele editou o *De Officiis* de Cícero na primeira prensa parisiense, inaugurada por ele em 1470. No prefácio que escreveu ao seu texto sobre a retórica (1471-1472), ele dá uma declaração que só pode ter sentido à luz da longa contenda entre a gramática e a dialética:

> Nossos contemporâneos se distinguem na dialética e na filosofia, mas desprezam os oradores. Daí o resultado de, embora Paris ter se tornado local tão glorioso quanto a defunta Atenas, jamais ter surgido lá, até os dias de hoje, homem capaz de mesclar e ensinar a retórica e todo o corpo da filosofia, tal como foi um dia feito por Platão, Aristóteles, Isócrates, Teofrasto e outros atenienses. Nossos homens, pelo contrário, se contentam com o conhecimento cru das coisas: alguns deles, envolvidos em afazeres públicos ou privados; outros, menos constrangidos. Em outros casos, se não em virtude do número de autores e do tamanho de suas obras, suas mentes acometidas pela pobreza os assustam de modo a torná-los completamente incapazes de estudar a eloquência.[75]

No entanto, ele prevê que, assim como as artes languesceram quando desligadas da eloquência, elas agora ressurgirão, dado que a eloquência começa a florescer novamente. Os humanistas franceses não desejavam a destruição da dialética e da filosofia, e, sim, que a retórica reocupasse seu lugar na *egkuklios paideia*.

---

[74] *Gontier et Pierre Col et l'Humanisme en France au Temps de Charles VI*. Paris, 1934; e *Recherches sur Quelques Écrivains du XIVe et du XVe Siècle*. Paris, 1935.

[75] A. Rénaudet, *Préréforme et Humanisme à Paris Pendant les Premières Guerres d'Italie (1494-1517)*. Paris, 1916, p. 84.

Enquanto Abelardo poderia ter viabilizado a reconciliação das artes, aqueles homens realmente desejavam que ela fosse consumada. Jean Gerson, chanceler da Universidade de Paris, tentara usar seus escritos com esse propósito no início do século XIV; porém, o que se fazia necessário não era um livro, mas a reforma de todo o currículo. Assim, o corpo docente das artes poderia se tornar o instrumento de organização e disseminação de todo o ensino humanista. Isso talvez pudesse ter sido realizado em Oxford, Cambridge ou Heidelberg; contudo, segundo afirmou Gilson em suas lições, a criação do Collège de France por Budé, em 1530, pode ser lida como a triste notificação pública, destinada a todo o mundo instruído, de que a Universidade de Paris fora considerada incorrigível. Esse fracasso fez com que a restauração da cultura cristã clássica ocorresse de forma atabalhoada. Os gramáticos não tinham acesso a qualquer universidade da Europa, e assim o conflito entre os representantes dos estudos universitários e aqueles que se encontravam fora das instituições assumiu um caráter religioso. Era a essa situação que Erasmo de Rotterdã levaria sua liderança eloquente e sua erudição patrística e clássica.

É esclarecedor notar a completa falta de consistência atribuída pelos biógrafos de Erasmo ao autor. No entanto, nenhum desses pesquisadores se mostrou ciente de que a vida e a obra de Erasmo devem ser vistas como a luta por uma reforma teológica e monástica, um esforço em prol daquilo que ele, repetidas vezes, chamou de "velha teologia" dos Pais, em oposição à "teologia moderna" dos bárbaros escolásticos.[76] No momento em que os estudos clássicos de Erasmo forem vistos à luz da perspectiva patrística que ele incansavelmente defendeu, toda a sua obra passará a ter a integridade que possuía aos olhos de São Thomas More.[77]

---

[76] J. J. Mangan, *Life, Character and Influence of Desiderius Erasmus*. Nova York, 1927, 2 vol. Erasmo fala de Colet, seu inspirador, como "defensor e proclamador da velha teologia" (I, p. 109). Em carta a ele, Erasmo se refere à escolástica como "essa escola moderna de teólogos que passam toda a vida envolvidos em críticas triviais e objeções falaciosas"; em seguida, elogia Colet: "Assumiste a responsabilidade de travar guerra, até o fim de tuas forças, contra essa persistente raça de pessoas, de modo que possas recuperar o velho resplendor e a velha dignidade de nossa antiga e verdadeira teologia (...)" (I, p. 114-15). Em 1527, a Faculdade de Teologia da Sorbonne condenou a teologia de Erasmo por ser a teologia de um gramático. Mangan, cuja obra é útil principalmente por trazer abundantes excertos de Erasmo, é bastante mistificado (II, p. 265).

[77] Isso se aplica igualmente a Rabelais, que, segundo afirmou Saintsbury em artigo da *Encyclopaedia Britannica*, não tem plano ou escopo discernível a leitor algum. A *Vida de Gargântua*, de Rabelais, se mostra bastante clara e

Mesmo após a excomunhão de Lutero, Erasmo não hesitou em afirmar que Martinho estava parcialmente certo ao se opor aos estudos dialéticos realizados pelos monges de seu tempo: "Mentes piedosas se afligiram ao ouvir, nas universidades, quase discurso algum sobre a doutrina do Evangelho, e também ao ver aqueles autores sagrados, há muito aprovados pela Igreja [os Pais], chamados agora de antiquados (...)".[78] Ele logo passou a ver Lutero como um caso trágico: "Essa tragédia primeiro nasceu do ódio à boa literatura e da estupidez dos monges".[79] Era desse modo que a Reforma aparecia aos olhos de um protagonista, um monge da mesma ordem de Lutero. As universidades, erigidas sobre a dialética no século XII, se recusavam a admitir a gramática, isto é, os Pais e os clássicos. Desse modo, elas excluíam aquela que, tanto aos olhos de Erasmo quanto aos olhos de Petrarca, São Bernardo, São Gregório e Santo Agostinho, era a *philosophia Christi*. O panegírico que Erasmo dedicou a Colet logo após a morte deste segue a mesma linha: "Ó, verdadeiro teólogo! Ó, maravilhoso pregador da doutrina evangélica! Com que ardente zelo absorveu a filosofia de Cristo!".[80] Erasmo não ficou preocupado com o que chama de "a tragédia de Lutero" porque as ordens monásticas, e consequentemente as universidades, corriam riscos, mas porque a causa do ensino patrístico, dos clássicos e da milenar *philosophia Christi* estavam igualmente em perigo. Ao longo de toda a sua vida, Erasmo foi um teólogo extremamente conservador,

---

coerente quando compreendemos sua intenção de atacar os dialéticos em prol da gramática e da eloquência. Ele anuncia a alegoria gramatical como a técnica de sua obra. Ele se vale da *bona fide* clássica e da eloquência ciceroniana para contrastá-las com paródias da sofisticação bárbara dos escolásticos; ele defende o orador ideal como modelo do príncipe perfeito; ele coloca a imitação de uma exegese dialética em oposição à verdadeira exegese gramatical. No que tange a forma satírica, e sem insistir em sua relação com Luciano (modelo para o *Elogio da Loucura* e para *Utopia*), é fácil ver Rabelais como parte da longa tradição franciscana de escrita satírica. (Ver Gilson, "Rabelais Franciscain". In: *Les Idées et les Lettres*, p. 197-241.)

Ao discutir Jerônimo e os clássicos, Christopher Dawson assinala: "Nem mesmo a intolerância e a pugnacidade que escandalizaram muitos críticos modernos nascem do fanatismo de um sectário, mas da irascibilidade de um estudioso; além disso, suas vendetas literárias muitas vezes são curiosamente semelhantes àquelas dos humanistas do Renascimento, que eram eles mesmos alguns de seus mais calorosos admiradores" (*The Making of Europe*, p. 57).

[78] Mangan, II, p. 153.

[79] Ibidem, p. 57.

[80] Ibidem, p. 135.

repleto daquele humor irreverente e daquela fúria revolucionária observável em alguns conservadores de cada século.

Aqueles que acreditam que o Renascimento foi apenas a restauração da *grammatica* clássica ou da filologia certamente não têm o direito de considerar Erasmo um homem renascentista. Para ele, assim como para Jerônimo, os clássicos são meios casuais que o jovem estudioso cultivará *cautim ac moderate*, a fim de formar seu estilo. A verdadeira finalidade desses estudos é a compreensão das Escrituras, e o estudante deve atentar para a contaminação causada pelos costumes pagãos: *Verum, nolito te cum Gentilium litteris, gentilium et mores haurire*. A Antiguidade deve ser abordada com extrema cautela. Em suma, conclui Erasmo,

> (...) mostrar-se-á útil percorrer toda a literatura pagã, desde que isso seja realizado no momento certo da vida, com moderação, prudência e um espírito discernente; além disso, os jovens devem percorrê-la como peregrinos, e não permanecer como habitantes; por fim, mas igualmente importante, eles ao fazê-lo devem submeter tudo a Cristo.[81]

---

[81] Em *Héloïse et Abélard*, p. 187-88, Gilson traz, além desses, outros textos relacionados de Erasmo. Ele oferece mais comparações instrutivas entre as opiniões sobre Erasmo típicas do Renascimento e os historicismos convencionais de *The Making of the Modern Mind*, de J. H. Randall. Os que sugerem que é insincero o entusiasmo de Erasmo pelo caráter simples e não pagão dos Evangelhos ficariam desencorajados se consultassem os fatos. Ao escrever, por exemplo, a um professor italiano de língua grega – o qual, como todos os seus compatriotas, ficou incomodado com o *Ciceronianus* (1528) –, Erasmo diz: "Há também aquela espécie de inimigo que ultimamente tem deixado a tocaia. Eles se exasperam por dever a boa literatura tratar de Cristo, como se apenas o que é pagão pudesse ser elegante. (...) Com louvores, elevam ao céu Pontano, ao mesmo tempo em que erguem o nariz para Agostinho e Jerônimo. (...) Entre eles, é quase mais deplorável não ser ciceroniano do que não ser cristão, como se, estivesse vivo, Cícero não fosse abordar os assuntos cristãos com tratamento diferente daquele de seu tempo, quando era a parte principal da eloquência ir direto ao tema em questão. (...) Não me trará tanto sofrimento ser riscado da lista de *ciceronianos*, desde que meu nome seja inscrito na categoria dos cristãos" (Mangan, II, p. 294-95). É importante assinalar que Erasmo volta contra os ciceronianos o argumento ciceroniano do *decorum* estilístico. A exemplo de João de Salisbury e de Petrarca, ele era classicista demais para macaquear os clássicos. Exatamente no mesmo espírito, Erasmo desprezava o sentimentalismo demonstrado, à época, diante das ruínas de Roma: "Roma? Não há Roma, exceto suas ruínas e escombros, as cicatrizes e vestígios de seus antigos desastres. Excluídos o papa e os cardeais, o que seria Roma?" (Mangan, I, p. 269). Ver também Izora Scott, *Controversies over the Imitation of Cicero in the Renaissance*, p. 115.

O futuro teólogo, disse Erasmo, lerá os poetas pagãos do modo como, no futuro, lerá as Escrituras: alegoricamente. Afinal, até mesmo Homero e Virgílio planejaram seus poemas alegoricamente. Na verdade, quando vemos um texto clássico contradizendo o Evangelho, ou devemos tratá-lo figurativamente, ou devemos considerá-lo corrupto.[82]

O velho tema franciscano jamais deixa de ressoar nas páginas de Erasmo: *Unus Christus Magister*. Isso explica a raiva que ele sentia diante dos monges que comentavam Platão, Pitágoras, os estoicos, os cirenaicos, Aristóteles, os cínicos e os epicuristas. Em que momento Cristo e seus apóstolos falam de Aristóteles? Um seguidor de Aristóteles ficaria ruborizado se desconhecesse questões como a da matéria primeira, mas o que elas têm a ver com a salvação?[83] Caso alguém ressalte que isso seria reduzir a filosofia e o aprendizado a quase nada, nós temos, segundo Erasmo, o testemunho dos apóstolos e mártires para confirmar a retidão desse rumo.

Quando Lutero provocou uma tempestade, os mesmos dialéticos naturalmente tentaram confundir as questões a fim de recuperar o terreno que haviam perdido para o Erasmo filólogo: "Essa, porém, é uma maquinação de alguns monges que amam mais a mim do que a boa literatura e que desejam envolver-me indiscriminadamente com Lutero. (...) Contudo, por meio de trama alguma serei demovido de minha resolução mental. Eu reconheço a Igreja Romana, a qual não vejo diferir da Igreja Católica".[84]

No entanto, Erasmo também reconhece que a atitude inicial de Lutero diante dos Pais, assim como sua aversão aos escolásticos, era sã: "Sempre desejei que (...)

---

[82] Gilson, *Hélöise et Abélard*, p. 187-88.

[83] Ver Gilson, op. cit., p. 189 ss. Em *Letter to a Young Clergyman* (Londres, 1808, VI, p. 283-312), Swift defende os moralistas pagãos: "(...) até mesmo o preceito divino de amar nossos inimigos foi demasiadamente enfatizado por Platão (...)" (p. 300). Do mesmo modo, seguindo o verdadeiro espírito gramatical da *philosophia Christi*, ele se opõe à teologia escolástica e afirma que "nem o nosso Salvador julgou necessário explicar-nos a natureza de Deus (...)" (p. 301). Swift é relevante, pois até mesmo a forma alegórica de suas sátiras revela-o parte de uma tradição ininterrupta.

[84] Mangan, op. cit., II, p. 165. O problema, aqui, não é discutir a relação entre Lutero e Erasmo, mas apenas usar as declarações que Erasmo elaborou durante a controvérsia para mostrar que ele foi, de modo consciente e consistente, um expoente de todo o projeto patrístico-clássico: "Aqui, mais uma vez, apelo ao meu imparcial crítico, perguntando-lhe por que minhas posições [sobre o livre arbítrio] requerem esclarecimentos quando (...) todos os teólogos, antigos e modernos – Orígenes, Jerônimo, Crisóstomo, Hilário, Arnóbio, Escoto e Tomás –, concordam comigo neste ponto (...)" (III, p. 214).

ele [Lutero] pudesse simplesmente expor a filosofia do Evangelho, da qual o caráter de sua geração se afastou demasiadamente" (ibidem). Erasmo não está sendo esquivo. Ele está sendo perfeitamente cândido e coerente. Resta-nos mostrar, de maneira um tanto breve, que ele é de fato um dos *antiqui theologi* e que o difundido entusiasmo pelo projeto teológico que, a exemplo de Petrarca, ele tentou restabelecer no século XVI não pode ser dissociado da natureza do Renascimento.[85]

Segundo nos relata seu biógrafo contemporâneo Renano, Deventer foi um fator decisivo na lapidação de Erasmo:

> Em Deventer, iniciou-se no aprendizado ao absorver os rudimentos de ambas as línguas, sendo orientado por Alexandre Hégio de Vestfália, que consolidara amizade com Rodolfo Agrícola, homem que recentemente voltara da Itália e pelo qual ele estava sendo instruído em grego.

---

[85] A avaliação que o próprio Lutero faz de Erasmo não é irrelevante. Em carta a um amigo cuja competência como teólogo gramatical Erasmo questionara, Lutero nega que Erasmo tivesse qualquer proficiência como comentador das Escrituras, reconhecendo apenas que "[e]le cumprira a tarefa que lhe fora designada: restaurou as linguagens antigas e tomou-as dos estudos pagãos" (Mangan, II, p. 244). A questão é que Lutero nega a Erasmo o título que Erasmo dera a Colet e que ele certamente queria para si mesmo: "defensor da velha teologia". Nesse contexto, a famosa passagem de *The Advancement of Learning*, de Bacon, faz completo sentido, provando que neste estudo nós temos acompanhado a história, e não a fabricado. Desse modo, Bacon explica o que desde antes temos chamado de Renascimento: "Martinho Lutero, conduzido sem dúvidas por uma providência superior, mas descobrindo no discurso da razão que alçada empregara contra o bispo de Roma, (...) foi forçado a despertar toda a Antiguidade e a recorrer aos tempos de outrora, no intuito de formar um grupo contra o tempo presente. Assim, os autores antigos dedicados às divindades e humanidades, e que há muito dormiam nas bibliotecas, passaram a ser geralmente lidos e meditados. (...) Disso surgiu novamente o deleite em seu estilo e expressão, (...) muito fomentado e precipitado pela hostilidade e oposição que os proponentes daquelas opiniões primitivas, mas aparentemente novas, nutriam contra os escolásticos, (...) cujos escritos tinham estilo e forma completamente diversos (...)" (Everyman's Library, p. 23). Bacon apresenta essa explicação para protestar contra o monopólio da abundante eloquência patrístico-ciceroniana de seu tempo. Ele defendia o estilo aforístico como técnica científica. É acerca do mesmo assunto – o triunfo da teologia gramatical sobre a teologia dialética – que ele levanta novamente o problema do estilo no *De Augmentis* (1622). Sua qualificada preferência pela teologia patrística é abstrusamente expressa *in figura* (*Works*, op. cit., V, p. 118). Sua posição é aquela de Hobbes, cuja preferência – explicitada de modo prolongado – pelo método patrístico é dificilmente conciliável com a visão do sr. Willey, que o julga como uma pessoa "a quem um tipo de explicação 'naturalista' soa completamente satisfatório" (*The Seventeenth Century Background*, p. 97).

> (...) Quando menino, tinha fácil acesso às comédias de Terêncio, pois sua memória era demasiadamente obstinada, e seu espírito, perspicaz.[86]

Diante do desdém pelo ensino que o próprio Erasmo expressa em Deventer, vale considerar que seus motivos eram confusos e sua censura, relativa aos padrões que ele mesmo viria a alcançar. No entanto, Mangan diz:

> Nesse ponto, somos forçados a citar Erasmo contra ele mesmo. Ele afirma que esteve sob os cuidados desses Irmãos durante seis anos e meio, período ao longo do qual completou o curso de lógica, física, metafísica e moral, além de tornar-se extremamente versado em Terêncio e Horácio, a ponto de recitá-los de cor. Ele também se iniciara no grego, à época um estudo quase desconhecido.[87]

Porém, como os Irmãos haviam dado início à restauração da *grammatica* no século XIII, quando os métodos e textos foram, segundo nos mostrou Paetow, os piores de toda a Idade Média, Erasmo poderia ter alguma razão ao reclamar.[88]

Depois de ingressar no mosteiro agostiniano de Steyn, famoso por sua biblioteca clássica e patrística, Erasmo leu São Jerônimo e se tornou imediatamente lírico. No entanto, nada havia de fortuito nisso. Ele aprendera a amar os Pais em Deventer, e, quando seus fundos se mostraram insuficientes para sustentá-lo na universidade, não hesitou em tornar-se monge a fim de ter tempo livre para o saber. Foi em Steyn que ele escreveu *De Contemptu Mundi* e o *Antibarbari*. A última parte deste último texto, afirmou ele a um amigo, "ocupa-se principalmente da refutação dos raciocínios tolos dos bárbaros, e na segunda parte farei com que tu e outros homens instruídos de seu tipo faleis em louvor à literatura".[89] Os bárbaros, obviamente, são os teólogos escolásticos, de modo que o termo significa algo bastante diferente do que significara para o patriótico Petrarca. Erasmo de fato estudou – e muito – teologia em Paris, como seu tratado sobre o livre arbítrio em breve demonstraria.[90] Quando, então, passou alguns meses (em 1499) escutando Colet falar sobre as epístolas

---

[86] Mangan, II, p. 379.

[87] Mangan, I, p. 9.

[88] Em *The Age of Erasmus*, P. S. Allen nos diz que eram de João de Garlândia, Everardo de Béthune e, por fim, Alexandre de Villedieu os textos usados (p. 36 ss).

[89] Mangan, I, p. 51.

[90] Mangan afirma que esse é um tratado puramente escolástico (III, p. 247). Nesse aspecto, diferencia-se de todas as outras obras de Erasmo.

de São Paulo, ele já era um patrístico amplamente fundamentado, capaz de valorizar a fundo a reforma que Colet tentava implementar, fora do currículo, em Oxford. Foi basicamente em virtude de seu entusiasmo pelo humanismo patrístico de Colet, Grocyn, Linacre, Warham, More, Fisher e Lee que sabemos o que hoje sabemos sobre esses homens.

Erasmo simulou incompetência quando Colet o encorajou pela primeira vez a se tornar um defensor da velha teologia;[91] porém, em 1504, ele já se arrebatara com uma cópia manuscrita das *Anotações Sobre o Novo Testamento*, de Valla, as quais "encontrou na Biblioteca da Abadia de Parc".[92] Então, logo escreveu a Colet: "Não tenho palavras, meu caro Colet, para adequadamente manifestar a energia com que me entrego à teologia e o quão repugnante me parece tudo aquilo que dela me afasta ou a ela me impede de chegar. (...) Li boa parte das obras de Orígenes (...) porque ele revela as fontes mesmas da ciência teológica e indica os métodos que devem ser almejados".[93] Nada poderia ser mais explícito do que isso. Erasmo, a exemplo de São Jerônimo, afirmava que a abordagem filológica ao texto das Escrituras é a primeira responsabilidade do teólogo. Quando, em 1516, ele enfim publicou, com introdução e comentários, uma nova tradução latina do testamento grego, estava certo, junto com todos os humanistas, de que havia feito uma importante contribuição para a teologia. Afinal, para ele a teologia equivalia à explicação da doutrina de Cristo revelada pela Bíblia. Erasmo jamais deixou de indicar que as diferenças entre os escolásticos eram iguais às divergências que os Pais afirmaram existir entre os filósofos pagãos. Além disso, foi perverso para a Igreja o tempo em que ela abrira suas portas aos dialéticos.[94] Tendo eles adentrado, Erasmo não poderia pensar em meio melhor de afugentá-los do que pela reconstrução do edifício da *grammatica* por eles arrasado. É preciso apenas olhar para as numerosas obras que ele escreveu para as escolas de gramática, assim como para o vasto número de edições que elas receberam, para perceber como ele merece o título de Mestre-escola da Europa.[95]

---

[91] Mangan, I, p. 114.

[92] Ibidem, p. 196.

[93] Ibidem, p. 199.

[94] Ibidem, p. 299.

[95] Mangan fornece essas informações (II, p. 400 ss). Talvez seja desnecessário indicar que a inspiração da famosa escola gramatical de Colet teve como

Em seu prefácio ao Novo Testamento, chamado *Novum Instrumentum* ou método de estudo, Erasmo apresenta a velha enciclopédia das artes tendo como base a gramática:

> Um justo conhecimento das três línguas – latim, grego e hebraico – obviamente vem em primeiro lugar. (...) Seria também proveitoso se os alunos se mostrassem toleravelmente versados em outros ramos do saber: na dialética, retórica, aritmética, música, astrologia e, principalmente, no conhecimento dos objetos naturais – animais, árvores e pedras preciosas – dos países mencionados nas Escrituras. Pois, se tivermos conhecimento do país, podemos em pensamento acompanhar a história. (...) Outros ramos do saber podem também ser proveitosos.[96]

Desse modo, devemos a sabedoria da história natural de *Euphues* e muito do imaginário poético da literatura renascentista a uma reforma teológica que visava à reinauguração do projeto enciclopédico-gramatical dos Pais da Igreja. Sem descrever, então, a vasta tarefa de editar Orígenes, Jerônimo, Crisóstomo e outros, à qual se dedicou Erasmo durante toda a sua vida, deixemo-lo concluir esta seção com uma declaração crucial, em torno da qual todo o ensino da Europa deixou-se animar: "No que diz respeito aos escolásticos, prefiro ser um pio religioso com Jerônimo do que invencível com Escoto. Herético algum já existiu que fosse convertido por suas sutilezas? (...) 'Grande' é o doutor que prega puramente Cristo".[97]

---

origem a sua ânsia por realizar uma reforma teológica por meio da restauração da *grammatica* definida por Donato, mestre de São Jerônimo.

[96] Encontrado em Seebohm, *The Oxford Reformers*. Londres, 1896, p. 329. Seebohm assinala que essas instruções para a leitura da Bíblia foram muito ampliadas na segunda edição, sendo posteriormente impressas como a *Ratio Verae Theologiae*.

[97] Seebohm, op. cit., p. 330. Ver também a tradução realizada por Izora Scott de uma longa carta em que Erasmo fala da sabedoria cristã como a fonte da verdadeira eloquência (op. cit., p. 25-27).

B. Dialética

O Trivium *de*
Abelardo a Erasmo

Ao comentar aqui a interação das partes do trivium, McLuhan se concentra na potencial inseparabilidade da gramática e da dialética em Abelardo. Isso culmina em uma importante discussão sobre a dialética como "território de conceitos e autoridade, mas não autoridades iguais". Aristóteles, por exemplo, seria para o dialético uma autoridade, pois postulou conclusões prováveis para determinado raciocínio; no entanto, mencioná-lo seria diferente de mencionar um texto da Bíblia, cuja autoridade era absoluta. Esta última era, portanto, "objeto de investigação da dialética, e não uma prova dialética". Todo o conceito de autoridade é radicalmente diferente para a dialética e para a filologia. Se a gramática e a dialética passaram a ser utilizadas por Abelardo, afirma McLuhan, que recorre intensamente a Gilson, coube a Santo Tomás reconciliá-las.

McLuhan fornece uma orientação muito útil ao leitor, lançando mão de panoramas concisos:

- O GRAMÁTICO TEM COMO PREOCUPAÇÃO AS CONEXÕES; O DIALÉTICO, AS DIVISÕES.
- AS QUATRO FUNÇÕES DIALÉTICAS SÃO A HERMENÊUTICA, A APOLOGÉTICA, A POLÊMICA E A TEOLÓGICA.
- OS GRAMÁTICOS SUSPEITAVAM DA ABSTRAÇÃO; OS DIALÉTICOS SUSPEITAVAM DOS MODOS CONCRETOS DA LINGUAGEM.

McLuhan continua a promover sua perspectiva revisionista: "A certeza moderna de que a alegoria é um produto da escolástica medieval contraria por completo os fatos". Do mesmo modo, ele continua a propor desafios: "[A] história da educação renascentista (...) ainda se faz extremamente necessária".

As páginas finais parecem garantir ao leitor que aguardar o termo do panóptico construído por McLuhan fará Nashe ser esclarecido por completo. "A célebre sátira de Agripa relacionada ao conhecimento humano, e à qual Nashe tantas vezes recorria, só é compreensível se vista contra o cenário de uma escolástica que é decadente e que está sendo atacada pelos teólogos patrísticos."

– O editor

Após citar um famoso texto de Stow e, assim, ilustrar o profundo domínio da disputa dialética nas escolas e universidades do início do século XVII, Foster Watson comenta o prestígio milenar recebido por Donato desta maneira:

> O movimento conhecido como Renascimento pode ser brevemente descrito como a tentativa de resgatar o estudo da gramática (incluindo, sob o termo, a avaliação literária dos autores) e da retórica (a qual serviu como um estudo analítico sistemático do bom estilo latino). Essas disciplinas encontraram refúgio contra a escolástica disputativa do medievo – a qual considerava todos os estudos um árido desperdício – e foram renovadas, durante o longo percurso da Idade Média, pela introdução do ensino e do pensamento árabe, os quais, do século XII ao século XIV, encorajaram os únicos estudos "liberalizantes".[1]

Aqui, Watson mistura uma nova percepção do Renascimento, fundamentada no estudo direto de seus textos escolares e manifestos educacionais, com uma perspectiva caduca e controversa acerca dos séculos XII e XIV, baseada em rumores e conjecturas. Se Watson soubesse sobre esses séculos apenas uma parte do que sabia sobre o século XVI, sem dúvidas teria escrito a história da educação renascentista que ainda se faz extremamente necessária. Os fatos que ele conhecia o levaram a ver o Renascimento como o triunfo da velha gramática. Por que ele não se viu motivado a questionar se a velha gramática não fora esmagada pelas universidades medievais, pela chegada daquele Aristóteles arábico que ele vagamente insinua ser receptivo à gramática?[2] Incapaz de perceber que o conflito milenar entre a gramática e a dialética visava primeiramente a decidir de quem deveria ser o privilégio de auxiliar a teologia, Foster ignora o problema principal de sua própria época. Ele praticamente reduz a

---

[1] F. Watson, *The English Grammar Schools to 1660*, p. 8.

[2] Francis Bacon poderia tê-lo ajudado a esclarecer esse ponto com o *De Augmentis*, por exemplo, no qual ele acusa as universidades de terem sido fundadas sobre alicerces dialéticos, e não clássico-gramaticais (*Works*, op. cit., IV, p. 288); além disso, ele acusa Aristóteles de ser um moderno que declarava "guerra a toda a Antiguidade" (ibidem, p. 344).

gramática ao mesmo nada a que fora relegada durante o século XIX. Desse modo limitada, ela certamente não servirá como chave para as formas literárias praticadas no grande período em que foi bem-sucedida e aprimorada.³

Portanto, o presente segmento, dedicado a uma breve investigação da dialética encontrada no período que separa Abelardo de Erasmo, encontra seu termo adequado na elucidação da literatura dos séculos XVI e XVII. Nosso êxito permitirá, por exemplo, que percebamos exatamente o porquê de o calvinista Sir Hudibras, escolástico manifesto, ser motivo de zombaria para um defensor da patrística como Samuel Butler, assim como o seria para Erasmo, Reuchlin ou Rabelais:

> Na *Teologia Escolar* é hábil
> Como o que chamam de *Irrefutável*;
> Um novo *Tomás* ou, listando todos,
> ao mesmo tempo é um segundo Tolo.⁴

Butler então diagnostica as enfermidades da teologia e da sociedade humana, indicando-as como resultado dos hábitos disputativos daqueles escolásticos. Ou seja, os puritanos são representados como anti-humanistas porque são seguidores da tradição escolástica, enquanto aos luteranos e anglicanos é permitido o nutritivo cardápio dos Pais e dos clássicos.⁵

---

³ Ver, por exemplo, as declarações de Bacon sobre a oposição entre a gramática filosófica ou metafísica e a simples gramática literária: *The Advancement of Learning* (Everyman's Library, p. 37, 138) e *Novum Organum* (*Works*, op. cit., IV, p. 441-42).

⁴ Butler, *Hudibras*, parte I (1663), canto 1. [Note-se a semelhança sonora entre *Dunce*, palavra inglesa aqui traduzida como *Tolo*, e *Duns*. É referência clara ao escolástico Duns Escoto. - N. T.]

⁵ Não precisamos nos alongar muito para demonstrar que Calvino foi um perfeito escolástico. Ver H. O. Taylor, *Thought and Expression in the Sixteenth Century*, I, p. 389-417. No entanto, as extraordinárias consequências desse dado – até mesmo no plano da expressão literária formal – apenas começaram a ser reconhecidas. O fato de tanto a Escócia quanto a Nova Inglaterra terem se comprometido com um programa teológico metodologicamente escolástico no mesmo momento em que a Igreja da Inglaterra optou por aderir ao programa patrístico originou, na educação, objetivos e frutos muito diversos. A relativa tranquilidade com que os escoceses ou os habitantes da Nova Inglaterra adentram o ambiente da cultura francesa se deve à presença, comum aos três, da tradição escolástica. Descartes nada foi senão herdeiro dos escolásticos. O professor Gilson, em seus *Études sur le Rôle de la Pensée Médiévale dans la Formation du Système Cartésien* (Paris, 1930), reconstruiu por completo a base do estudo cartesiano.

Gilson está interessado em indicar as raízes agostinianas da filosofia cartesiana. Do lado mecânico-matemático, Pierre Duhem demonstra a influência do

Nos termos da gramática e da dialética, é possível discutir com precisão e frutos coisas como "o Renascimento e a Reforma". Porém a tentativa de distingui-los nos termos do "espírito humanista" e do "espírito religioso" gerou bibliotecas inteiras de escritos caóticos. Assim, Lutero era dono de um "espírito religioso", mas odiava a teologia escolástica de Wycliffe e Calvino. Ramée era dono de um "espírito religioso", tal como revelou o seu protestantismo; além disso, possuía o "espírito humanista", como revela sua hostilidade para com Aristóteles e sua devoção à eloquência; no entanto, ele se interessava pelos textos da Antiguidade como alguém que neles buscava exemplos do método dialético.[6] Ramée foi, ao mesmo tempo,

---

grande escolástico Guilherme de Ockham sobre Descartes. Os franciscanos de Paris que seguiam a tradição de Ockham no século XIV podem ser vistos, muito mais do que os franciscanos de Oxford (Bacon e Grosseteste), como os precursores da física matemática cartesiana. O rompimento com a dinâmica aristotélica não se deu com Copérnico e Galileu, mas com as doutrinas do espaço, do tempo e da locomoção postuladas por Ockham e seus discípulos João Buridan (m. 1358), Alberto da Saxônia (m. 1390) e Marsílio de Inghen (m. 1396). Ver Duhem, *Études sur Leonardo da Vinci*. Paris, II, p. 86, 193.

R. F. Jones assinala que os puritanos simpatizavam com os cartesianos e sugere que isso se dava porque ambos hostilizavam Aristóteles, que corrompera tanto a natureza quanto a divindade (*Ancients and Moderns*, p. 77. Ver também W. Mitchell, *English Pulpit Oratory*, p. 102). No entanto, a justificativa do professor Jones encontra-se repleta de contradições, uma vez que ele ignora que Aristóteles era um "moderno" para Erasmo e Bacon. Bruno, escolástico progressista da tradição nominalista de Ockham, ataca tanto Aristóteles quanto os "antigos". Os puritanos são "modernos" ou escolásticos de esquerda, combatendo os escolásticos de centro. Se o sr. Willey (*The Seventeenth Century Background*) percebesse que Bacon, Browne e os platônicos de Cambridge não eram modernos, mas antigos, defendendo a velha *grammatica* e simpáticos à tradição estoica do Logos, muitas das perspectivas acerca do século XVII teriam facilmente esclarecido a si mesmas. Por exemplo, a posição de Milton como "antigo" só se torna inteligível à luz de toda a tradição de Cícero e Agostinho. O sr. Willey quase afirma isso (p. 239), mas não vai até o fim. Não foi à toa que Milton chamou de *De Doctrina Christiana* o seu trabalho sobre a exegese bíblica.

[6] Pierre de la Ramée, seguindo a tradição de Ockham, adota a *logica utens*, ou gramaticalizada, descartando a *logica docens*. (Ver P. Rami Scholae in Liberales Artes. Basileia, 1569, a2, 13-5.) Santo Tomás promoveu ambas (ver *In. Met.*, IV, lec. 4) e definiu a *logica utens* como a ciência das conclusões prováveis. Durante os últimos três séculos, a lógica formal tem sido caracteristicamente dominada pela tradição de Ockham e Ramée. Uma das últimas obras de John Milton foi uma adaptação compendiosa da lógica de Pierre de la Ramée. Wilson, Fraunce e Sidney foram muito influenciados por Ramée, cujos alinhamentos escolásticos eram análogos ao estilo da teologia calvinista. Vives foi, por assim dizer, um convertido tardio à gramática, tendo sido treinado, nas palavras que More expressou a Erasmo, "nos mais altos ramos do conhecimento" – isto é, na metafísica e na teologia. Erasmo, então, respondeu a More: "Alegro-me por minha avaliação estar de acordo com a vossa. (...) Homem algum

um completo escolástico e o herói de humanistas puritanos como Wilson e Sidney. Obviamente, ideias como a do "espírito" do humanismo, do paganismo, do subjetivismo ou do além são inteiramente inúteis no debate sobre o século XVI.

Antes de partirmos para uma análise mais atenta da dialética medieval, não será inoportuno vermos mais um exemplo da importância de abordar a literatura do Renascimento a partir desse itinerário. As primeiras palavras que Fausto pronuncia na peça de Marlowe têm como objetivo indicar à plateia que ele é um escolástico odioso que confundiu a *philosophia Christi* com Aristóteles:

> Se iniciaste, mostra-te teólogo,
> Mas contempla o final de toda arte.
> Vive e morre co'as obras de Aristóteles.
> Ó, Analíticos!, tanto moveis-me!
> *Bene disserere est finis logices.*
> Fará bem disputar o fim da lógica?[7]

Obviamente, Fausto é condenável por seu método teológico mesmo antes de se tornar um nigromante. Tendo rejeitado as carreiras lucrativas do direito e da medicina, ele decide que:

é mais preparado para sobrepujar por completo os batalhões de dialéticos em cujos acampamentos serviu por tanto tempo". (Ver Watson, *Vives: On Education*, p. xxiii.) É interessante notar que Vives endossa a *logica utens* antes de Ramée, remetendo-nos especificamente a Rodolfo Agrícola e aos *Tópica* de Aristóteles: "(...) não tanto com o objetivo de refinar e adaptar esse meio de julgar o que é crível [*logica docens*], mas mais a fim de observar as máximas e os preceitos acerca de todas as questões reunidas naquela obra, tendo-a ao próprio alcance quando a matéria sob consideração assim o exigir" (ibidem, p. 178-79). Tendo chegado à conclusão de que a dialética destruíra o restante das artes, Vives deseja subordiná-la novamente à retórica. Os textos encontrados em Watson são de extrema relevância para a compreensão desses objetivos que o próprio Watson foi incapaz de entender.

[7] A questão, aqui, é um pouco mais complexa, uma vez que o latim pertence à primeira frase da *Dialecticae* de Ramée. Em *O Massacre em Paris*, Ramée é apresentado de uma forma que demonstra como Marlowe estava familiarizado com suas doutrinas e com as diferenças entre ele e Aristóteles. Dessa forma, a fidelidade de Fausto a Aristóteles e seu aparente desdém pelo método de Ramée podem indicar que Marlowe era simpático à teologia dialética de Ramée, que era o modelo puritano. No entanto, à época era Cambridge, e não Oxford, que adotava a perspectiva ramista, e o desprezo de Hooker por Ramée é bastante conhecido. Marlowe talvez desejasse colocar de lado tanto Aristóteles quanto Ramée, exaltando assim São Jerônimo. Mais provável, porém, é que ele lance à questão uma luz mais agradável aos olhos da maior parte de seu público. Isso deixa a questão em suspenso, sendo necessário um estudo muito mais amplo.

Tudo feito, melhor é a teologia:
A Bíblia de Jerônimo vê, Fausto.
Stipendium peccati mors est. Ah!
Do pecado é a morte a paga: duro!
Si peccasse negamus, fallimur, et nulla est in nobis veritas: Se afirmamos que pecado não temos, a nós enganamos e verdade alguma em nós existe. Mas, ao que parece, devemos pecar e assim morrer:
Ai, devemos morrer de morte eterna.

Nada poderia ser mais claro para o público do século XVI. Fausto toma a Bíblia de Jerônimo, grande herói da gramática e modelo de Erasmo. Em seguida, ele aplica ao texto, de maneira precária, o método dialético de exegese, e não o gramatical; por fim, o personagem se deixa levar pelo desespero calvinista. Deixando de lado as opiniões particulares de Marlowe, é necessário apenas notar que as principais questões dessa grande guerra entre a gramática e a dialética eram tão evidentes que puderam fundamentar uma peça popular.[8] Em segundo lugar, essas questões não são "humanistas", a não ser acidentalmente. Nesse aspecto, a relativa importância da teologia e das letras continua sendo, ao final do século XVI, exatamente igual à importância que tinha para João de Salisbury no século XII e para Petrarca, no século XIV.[9]

---

[8] Quando, no *Paraíso Perdido*, os anjos caídos discutem a teologia "e saída alguma encontram, vagando por labirintos em vão", o que está sendo questionado é, obviamente, a teologia dialética (livro II, l. 557-569). Na época de Milton, a posição do gramático era mais bem aceita, e ele trata a questão de modo mais casual.

[9] O leitor de *Table Talk*, de Selden, recordará quantas vezes ele discute as afirmações da teologia patrística e escolástica. Do mesmo modo, a *History of the Royal Society*, do bispo Sprat, não pode ser compreendida em qualquer outro contexto. O diagnóstico, feito por Sprat, das enfermidades de seu tempo é o diagnóstico convencional dos teólogos gramaticais: a Igreja recorreu a Aristóteles para sobrepujar os dialéticos pagãos e acabou arruinada por seu ajudante gentio. (Ver *Oxford Book of English Prose*, 1925, n. 204.) Inicialmente, é um tanto desconcertante descobrir que as típicas acusações protestantes contra a Igreja Romana são geralmente tomadas, *verbatim*, dos teólogos patrísticos e católicos que guerreavam com os dialéticos.

Em seu famosíssimo *Art of Prophecying* (1607) [McLuhan cita uma edição de 1592 - N. E.], Perkins formula o juízo rigorista que encontraremos muitas vezes na Idade Média. Nos sermões, não há espaço algum para a eloquência humana. Ciente, porém, de que sua exortação à simplicidade discursiva pode ser confundida com uma defesa dos escolásticos, ele acrescenta: "Se algum homem julga que por esses meios a barbárie deve ser levada aos púlpitos, ele deve entender que o Ministro pode, e deve, usar as artes privadamente e ao seu arbítrio (...)" (citado por W. F. Mitchell, op. cit., p. 100). A "barbárie", nesse período, sempre diz respeito aos escolásticos. Donne disse: "Eles tanto se enganam

A preparação geral do solo que produziria a maior colheita da teologia dialética dos séculos XII e XIII já foi indicada em seções anteriores deste estudo. Do mesmo modo como a necessidade da leitura da *divina pagina* mantivera viva, desde o tempo dos Pais, os clássicos pagãos e as disciplinas do *trivium*,

> ce fut au XIIe siècle la théologie qui garantit à la dialectique le réalisme sans lequel elle ne serait qu'un jeu insipide; car, dans le domaine de la philosophie, tant que la physique d'Aristote et la science des Arabes ne seront pas parvenues aux esprits occidentaux, la logique fonctionnera à vide, comme une machine tournant sur elle-même, comme une méthode à raisonner sans matière de raisonnement, comme un instrument de science sans objet de science.[10]

Antes da aplicação da dialética às Escrituras, a teologia como ciência não apenas não existia: a própria palavra não era utilizada. Isidoro empregou *theologi* para designar os autores pagãos que falavam sobre os deuses (*Etymol.*, Lib. VIII, c. 6-7). Dessa forma, muito após

> [l]a formulation des recueils sententiaires et la naissance de "questions" modifient, au cours du XIe siècle, la physionomie de la lectio scriptuaire (...) la dénomination demeure, car les mots ne ratifient qu'après coup l'évolution des institutions et le progrès des disciplines. A la fin du XIe siècle, saint Anselme (...) ignore le mot theologia. (...) En plein XIIIe siècle, alors que le livre des Sentences du Lombard sera décidément installé comme texte de cours, alors que le maître tiendra, hors sa leçon scriptuaire, des "disputes", on dira encore parfois magister in sacra pagina. Le formulaire juridique, le plus immuable de tous, conservera l'appellation: "Universis doctoribus sacrae paginae", dira Innocent III en 1208; et la traditionaliste université d'Oxford parlera encore ainsi au XIVe siècle.[11]

Na verdade, foi Abelardo mesmo quem, falando de seu método, usou o termo *theologia* em seu sentido moderno, intitulando *Theologia Christiana* o seu primeiro trabalho importante e, depois, escrevendo uma *Introductio ad Theologium* cujo objetivo era, segundo escreveu em seu prefácio, "ut multo facilius divinae paginae intelligentiam nostrum penetraret ingenium" (ibidem, p. 308). Trabalhos suficientes já foram realizados para que vejamos Abelardo em sua verdadeira

---

que acreditam que o Espírito Santo optou por um estilo baixo, bárbaro e rude, não por uma maneira eloquente e poderosa de manifestar-se" (ibidem, p. 189). Exemplos como esse são numerosos demais para serem multiplicados aqui.

[10] Paré, Brunet e Tremblay, *La Renaissance du XIIe Siècle*, p. 306-07.

[11] Ibidem, p. 307-08. "Theologia *au sens aujourd'hui reçu, désignant une discipline distincte de l'exégèse scriptuaire, fait donc son apparition, dans la langue chrétienne des écoles médiévales, avec Abélard; et ce sens naît très précisément dans l'explication scientifique du donné révélé*" (p. 309).

perspectiva: como alguém que aproveitou o trabalho de séculos de exegese gramatical. Os Pais haviam se esforçado para desenvolver um acordo entre o Antigo e o Novo Testamento, assim como entre os próprios evangelistas. A tarefa dos dialéticos dos séculos XII e XIII era dar um passo adiante e harmonizar as doutrinas cristãs.

O fato de gramáticos como Erasmo terem julgado conveniente desafiar a teologia escolástica, vista como uma novidade estranha e pagã que corrompia o depósito da filosofia cristã, torna-se mais facilmente compreensível nos termos da escolástica decadente dos séculos XV e XVI do que na atmosfera essencialmente criativa dos séculos XII e XIII. Essa é uma questão que só precisa ser discutida aqui enquanto for relevante para a compreensão de quais eram e quais viriam a ser os verdadeiros problemas. Para Abelardo, não houve quase problema algum. Ao contrário do Fausto da peça, ele empregava livremente o método gramatical antes de seguir para uma resolução dialética dos problemas: "(...) *Abélard groupe une première série de réflexions sur la variabilité des significations: selon les besoins du langage, selon les habilités de l'écrivain, selon l'adaptation à l'auditoire, selon l'usage, prévalant sur la propriété des termes, selon l'inadéquation des mots par rapport au fond de notre pensée*" (ibidem, p. 291).

Em sua técnica, o método dialético é quase inseparável da exegese gramatical.[12] No entanto, a técnica estritamente dialética da exegese é encontrada com clareza na demonstração da identidade de conceitos em textos díspares e da diversidade de conceitos em textos aparentemente concordes. O estabelecimento da autoridade de determinado texto dentro do sistema de pensamento de um autor está além da alçada do gramático e do filólogo. A dialética é, portanto, o território de conceitos e autoridade, mas não autoridades iguais; assim, quando os dialéticos invocavam a "autoridade" de Aristóteles, Platão,

---

[12] Paré, Brunet e Tremblay mostram como as *questiones disputatae* estiveram, no início, firmemente unidas ao comentário bíblico (p. 129). As famosas *Sentenças* de Abelardo *"ne sont autre chose que les questions qu'il soulevées ou disputées au cours de son enseignement de la Bible"* (p. 131). Os excessos em que incorreram os dialéticos foram retificados pelos maiores de todos os escolásticos: São Boaventura e Santo Tomás. Eles encabeçaram um retorno à *expositio* antiga, a qual, porém, tivera sua técnica e eficácia altamente aprimoradas (p. 129).

"Portanto, sem abandonar sua defesa das artes, Abelardo pode afirmar que, juntamente com Gregório, ele considera bastante inadequado restringir as palavras do oráculo divino sob as regras do gramático Donato" (McKeon, "Renaissance and Method", p. 65).

Agostinho ou Avicena, eles estavam fazendo o que um dialético deve fazer para definir conclusões prováveis. Contudo, citar Aristóteles é algo completamente diferente de citar um texto das Escrituras, o que é também diferente de citar Cícero, Sêneca ou Virgílio. A "autoridade" de Aristóteles não era maior para um dialético do medievo do que a integridade de seus princípios e a compreensão de suas conclusões. Desse modo, Arístoteles podia ser citado, acerca da mesma questão, por debatedores de várias posições diferentes. A "autoridade" de Cícero dependia de sua integridade moral e do prestígio de sua eloquência, quase nunca apresentando qualquer vigor dialético, mas retórico. A "autoridade" das Escrituras era absoluta, mas, por essa mesma razão, foi objeto de investigação da dialética, e não uma prova dialética.[13] No entanto, o clamor humanista contra a senilidade da dialética do século XIII e sua "autoridade de Aristóteles" possui um alicerce muito fraco para merecer análises. Esse mesmo clamor, porém, torna-se fonte de esclarecimento quando percebemos que ele é uma miopia ocupacional do filólogo, para quem a "autoridade" possui um sentido completamente diferente daquele compreendido pelo dialético. Sempre que o desprezo por Aristóteles é declarado, também vemos o gramático queixando-se de que os dialéticos arruinaram a velha teologia dos Pais e corromperam as verdades simples da *philosophia Christi*.[14]

---

[13] Isso levanta a questão do suposto ceticismo racionalista de Abelardo, o qual é suficientemente debatido por Paré, Brunet e Tremblay nas páginas 290, 294, 296, 301-03, 305. Eles citam Gilson quando tratam da intenção de Abelardo: *"Ce n'est pas le sens de la révélation qu'il a la prétention de nous découvrir, mais un sens de la révélation, juste ce qu'il faut pour que la formule ne s'en réduise pas à des mots privés de sens lorsque nous la prononçons"* (p. 303).

[14] Outro aspecto importante do método dialético é a definição precisa da extensão e abrangência dos termos – fato que, na Itália infestada pelo direito, não tornava os dialéticos funcionais. O direito está demasiadamente preocupado com o particular e o individual para tornar-se acessível às necessárias formas de abstração do raciocínio dialético. Do mesmo modo, a gramática é pragmática e positivista, o que fez com que inevitavelmente se tornasse o método da física para Vives e Bacon, mas não para os matemáticos. Ao discutir essa distinção crucial em *The Philosophy of St. Bonaventure*, Gilson assinalou que, quando o mundo sensível, as formas e as almas são vistas como alegorias ou analogias da trindade (o *Logos* do mundo antigo), o silogismo de Aristóteles perde sua força. "Adaptado ao universo de naturezas que é capaz de analisar, ele nos deixa sem instrumentos para explorar os segredos de um mundo simbólico como o da tradição agostiniana (...)" (p. 320). Desse modo, a natureza da analogia em São Boaventura e Santo Tomás é totalmente diferente; ademais, "as fórmulas idênticas nas quais eles empregam o termo principal quase nunca possuem o mesmo

No século XII, então, a exegese, sumo objeto do esforço humano na Europa Ocidental, foi submetida às técnicas sistemáticas do *Organon* – agora completamente recuperado – de Aristóteles:

> *La doctrina sacra se développait dès lors en deux espèces différentes, non seulement comme genre littéraire, mais comme objet: la pure* expositio, *commentaire scripturaire ou patristique, attachée à son texte et serve de l'occasion que ce texte suscite, et d'autre part, la spéculation théologique, ordonée de soi à une systématisation indépendante de toute attache textuelle, comme à une élaboration intrinsèque de chacun des éléments proposés. Ce souci rationnel, plus ou moins actif, plus ou moins conscient surtout, chez les maîtres de 1200 à 1240, est très nettement exprimé par Saint Thomas dans le prologue de sa Somme (...).*[15]

---

valor" (p. 235). Santo Tomás reconciliou sozinho a gramática e a dialética: "A fim de satisfazer as exigências do exemplarismo, ele assinala a dependência e o parentesco que unem elementos particulares e seus modelos eternos; porém, para satisfazer as exigências da lógica aristotélica, ele separa o que é análogo do que é unívoco por meio de uma linha demarcatória que não pode ser ultrapassada" (p. 235). O gramático está interessado nas conexões; o dialético, nas divisões. Naturalmente, Platão era visto como amigo dos gramáticos, uma vez que se valia de modos figurativos de expressão. Para um bom exemplo do trabalho linguístico realizado pelo dialético, ver a posição de Abelardo diante de Porfírio em McKeon, *Selections from Medieval Philosophers*, I, p. 213.

Um exegeta gramatical como Hugo de São Vítor, portanto, explora palavras e termos por meio de analogias e alegorias complexas, dado que a interpretação parabólica é autenticamente pragmática. Assim, a certeza moderna de que a alegoria tem origem na escolástica medieval contradiz por completo os fatos. A descrença moderna na alegoria e na parábola encontra-se comprovadamente enraizada na supremacia dos modos matemáticos de abstração que se difundem ao longo do século XVII, mas não é menos característica de Abelardo e dos dialéticos. São os cartesianos que desconfiam da fantasia, com suas metáforas, alegorias e comparações. Assim como os gramáticos desconfiavam da abstração, os dialéticos condenavam os modos concretos da linguagem.

[15] M.-D. Chénu, "La Théologie Comme Science au XIIIe Siècle", p. 32-33. Na passagem de seu prólogo, Santo Tomás rejeita o método de Pedro Lombardo e define a teologia como ciência no sentido que Aristóteles, em seus *Analíticos Posteriores*, deu ao termo (ibidem, p. 57-58). Chénu apresenta uma sucinta descrição da iniciativa precedente: "*Au départ, dans un labeur encore fruste malgré la lente perfection acquise depuis le XIe siècle, un simple recueil de sentences, de flores, désormais ordonné et systématique (...). Puis (...) l'oeuvre abélardienne, oeuvre déjà critique, où le souci d'harmonisation par recours à la dialéctique, introduit avec soi un effort rationnel de mise au point, de discussion, de précision conceptuelle. (...) Pierre Lombard, jusqu'en son allure traditionaliste est un premier fruit de cet effort; mais son précieux recueil reste encore bien sommaire en fait d'argumentation, et les* Hic solet quaeri *(...) provoqués de-ci de-là par les textes patristiques sont loin d'introduire vraiment ce qu'on appellera bientôt les* quaestiones *avec leur appareil dialectique*" (p. 31). Ele então indica numerosos dialéticos importantes do início do século XIII, concluindo: "*Les Sommes de Guillaume d'Auxerre, de Philippe le Chancelier, et, de suite après eux, la série des Sententiares, achèvent en tout cas, dans l'ensemble*

Desse modo, é na *Summa Theologica* de Santo Tomás que o novo método amadurece; que ele reflete criticamente sobre o próprio procedimento; que observa suas próprias implicações, sua extensão e limitações; que se subordina à *sacra pagina* e, assim, abrange também o objetivo da teologia patrística. Santo Tomás dá início ao seu debate com a grandiosa questão: *Utrum sacra doctrina sit scientia*. Apenas sobre ele podemos fazer tais afirmações.[16] Antes de Santo Tomás, a exegese patrística englobara a interpretação, as opiniões livremente manifestas e as técnicas incipientes de sistematização. Com Anselmo e Abelardo, tivera início a aplicação consistente da dialética; porém não era realizada qualquer distinção entre as várias funções dialéticas: a hermenêutica, a apologética, a polêmica e a teológica.[17] Em Santo Tomás, todas essas distinções são observadas, com a sucessão de todas as ciências claramente definidas para esclarecer a posição da teologia.[18]

---

et dans le détail de leur travail, cette oeuvre d'introduction de la ratio et de son mécanisme dans l'explication et l'élaboration du révélé et des données patristiques. Et si Bacon se plaint, en 1267, que le goût des quaestiones ait fait abandonner depuis trente ans le textus sacer (...) c'est que son esprit obstinément retardataire n'avait pas compris la nécessité – et la légitimité – d'une évolution qui établissait efficacement, au coeur même de la doctrina sacra, ce facteur de progrès théologique, de 'science' théologique: la raison" (p. 32).

[16] É extraordinário o fato de Erasmo sempre excluir Santo Tomás de sua censura geral aos dialéticos, inclusive no *Elogio da Loucura*.

[17] Paré, Brunet e Tremblay, op. cit., p. 303. "Os autores dos séculos XI e XII se dividem entre aqueles que viam na razão e na dialética a fonte de todo erro e heresia e aqueles que viam em ambas a fonte do entendimento e o único meio de defesa contra o erro e a heresia. As fronteiras dessa oposição podem parecer menos claras porque mesmo aqueles que usavam a dialética e que eram suspeitos de usá-la em demasia poderiam suspeitar do emprego que outros lhe davam: ao mesmo tempo em que podia ser acusado de empregar excessivamente a dialética em seus comentários sobre Paulo, Lanfranc podia acautelar Anselmo quanto a ela (...)" (McKeon, "Renaissance and Method", p. 59).

[18] Chénu, op. cit., p. 62. Em nossa própria época, um notável esforço para estabelecer a ordem das ciências foi feito por J. Maritain, em *Les Degrés du Savoir*, Paris, 1935. Um segmento da *Summa Theologica* particularmente relevante a este estudo é o artigo 10 da primeira parte: *"Utrum Sacra Scriptura sub una littera habeat plures sensus"*. Sua ordem traz, primeiro, a declaração de várias autoridades importantes sobre o assunto. Em seguida, encontra-se a *conclusio* ou a posição a ser defendida pela disputa: *"Cum Sacrae Scripturae auctor Deus sit, qui omnia simul suo intellectu comprehendit, ea ipsa doctrina sub una littera plures sensus habet; litteralem multiplicem, spiritualem triplicem; videlicet allegoricum, moralem et anagogicum"*. [Essa é a forma em que a passagem é citada tanto na versão hológrafa quanto na versão datilografada do texto de McLuhan. Como tal, sua fonte não pode ser identificada. A passagem da *Summa Theologica* que ele deseja citar se apresenta da seguinte forma: *"Quia vero sensus litteralis est, quem*

Quando nos referimos à cultura escolástica da Idade Média, referimo-nos à enorme quantidade de escritos e especulações que tratavam de questões teológicas e filosóficas e que surgiram entre os séculos XII e XV. No entanto, evidências suficientes já foram reunidas para indicar que, quando assim falamos, a "cultura escolástica" é abstraída da Idade Média. Ela foi apenas um aspecto da cultura daqueles séculos, sendo entusiasticamente desafiada pela cultura patrístico-clássica que há muito era prestigiada e que apenas temporariamente foi ofuscada pelos dialéticos. Desde o início, portanto, os dialéticos encontraram seus verdadeiros opositores no interior da própria Igreja, pois muita coisa acerca deles tinha um quê de duvidosa inovação e de fútil curiosidade. Além disso, e deixando de lado a oposição gramatical, havia a hostilidade oficial da hierarquia e a rivalidade das novas ordens religiosas. Em 1231, o papa Gregório IX repetiu a interdição dos livros proibidos de Aristóteles e encorajou a leitura de Prisciano acerca dos mestres e alunos de teologia, uma vez que a disputa é odiosamente não cristã. Em 1277, a questão alcançou seu ponto crítico com a crise averroísta. Os historiadores ainda ignoram a verdadeira natureza desse complexo episódio, mas o sentimento antiaristotélico era forte. Santo Tomás mesmo foi condenado.[19]

---

auctor intendit, auctor autem sacrae Scripturae deus est, qui omnia simul suo intellectu comprehendit, non est inconveniens, ut dicit Augustinus XII confessionum, si etiam secundum sensum in una littera Scripturae plures sint sensus". - N. E.] Segue-se, então, a prova dialética de sua posição, após a qual as autoridades conflitantes são abordadas separadamente.

[19] Em face das alegações, interminavelmente repetidas pelos humanistas, de que o Aristóteles dos escolásticos não era o verdadeiro Aristóteles, talvez seja adequado trazer a posição contemporânea de um especialista. O pesquisador do período clássico não é capaz de traduzir ou de julgar uma tradução de Aristóteles, uma vez que ela não se resume à versão das palavras, mas à aplicação de toda a sua filosofia à interpretação de um único termo. Desse modo, a palavra *imitação*, tão crucial para a compreensão da *Poética*, é insignificante fora do contexto da *Metafísica*, tratado que é anterior para o leitor da *Poética*. O latim do século XIII era uma língua mais adequada para a tradução de Aristóteles do que qualquer uma que temos hoje, pois as pessoas filosofavam em latim há anos. Na época de Guilherme de Moerbeke, contemporâneo de Santo Tomás, os acréscimos e corrupções do texto arábico de Aristóteles haviam sido eliminados. Sob supervisão direta de Santo Tomás, Guilherme realizou uma tradução de todos os escritos de Aristóteles que, até hoje, é considerada a melhor já feita. Ver J. Maritain, *An Introduction to Philosophy*, p. 97. Para informações sobre o Aristóteles anterior ao século XIII, ver McKeon, "Renaissance and Method", p. 83 ss. McKeon indica as razões pelas quais, "do ponto de vista filosófico, os filósofos do século XIII tinham informações para discutir as posições filosóficas

No interior da ordem dominicana, muitos se dedicavam à teologia antiga, como demonstrou Mandonnet.[20] No entanto, os franciscanos formavam uma oposição muito mais impiedosa. O grupo que, na ordem, se chamava de Espirituais desejava adotar à risca a regra de São Francisco. Para eles, os estudos escolásticos pareciam frivolidades diabólicas.

Após a crise averroísta do final do século XIII, tiveram início em Paris os notáveis conflitos entre os escolásticos, o que enfim culminou no descrédito universal da dialética. Assim que os métodos científicos dos escolásticos levaram ordem e precisão aos seus temas, tornou-se evidente que três ou quatro sistemas irreconciliáveis coexistiam. Como indicou Gilson em suas lições, essa situação explosiva piorou quando cada ordem religiosa, a fim de salvaguardar a própria unidade, selecionou um teólogo oficial para si. Santo Tomás foi o escolhido pelos dominicanos entre 1278 e 1279. Egídio Romano se tornou o teólogo oficial dos agostinianos em 1287. Duns Escoto ocupou a mesma posição, de maneira quase imediata, entre os franciscanos. Esses alinhamentos foram interrompidos por Guilherme de Ockham, franciscano cuja posição foi brevemente descrita por Gilson como sendo a de um fideísmo teológico vinculado a um probabilismo metafísico, este mesmo fundamentado sobre o nominalismo epistemológico. A influência desse homem, cuja obra é pouco conhecida até mesmo entre os especialistas de hoje, foi enorme. Um conjunto de proposições suas foi condenado pela Universidade de Paris em 1339 e 1340, mas isso não afetou a propagação do ockhamismo.[21] Na oposição a Ockham, os tomistas e escotistas estavam unidos; então, teve início aquela retumbante guerra que reverberou por toda a literatura até o século XVIII. A perspectiva convencional dos gramáticos é expressa por Pope:

> Que os escolásticos lhes ensinem a lutar,
> Dedicados mais a dividir que juntar. [22]

Nesse momento, ganharam novos usos os termos "antigo" e "moderno", o que tem confundido os desatentos. Ensinar a filosofia e a teologia segundo os

---

dos gregos, até mesmo aquelas de Platão, de maneira tão inteligente quanto seus sucessores do século XVI" (ibidem, p. 45).

[20] *Siger de Brabant*. Louvain, 1911, I, p. 33, 35-36.

[21] Denifle e Chatelain (ed.), *Chartularium*, II, p. 485, 505.

[22] Pope, *Essay on Man*, II, l. 81-82.

métodos de Tomás ou Escoto equivalia a seguir a *Via Antiqua*; se segundo os métodos de Ockham, a *Via Moderni*. Essa distinção foi feita com base na doutrina dos universais, uma vez que a posição realista era vista como tradicional e a posição nominalista ou terminalista, como novidade. Outra anomalia: a lógica de Ockham era chamada de "Lógica Velha" porque prescindia das partes recém-recuperadas do *Organon* de Aristóteles. A Lógica Nova foi propagada entre aqueles que adotavam a *Via Antiqua*. Quando é discutido o embate entre gramáticos e dialéticos, porém, todo o grupo de escolásticos é composto de *moderni theologi*. Os antigos são os patrísticos. Nestes últimos encontram-se as posições básicas dos séculos XVI e XVII.[23]

Embora as coisas não estivessem ruins em 1473, Luís XI interferiu repentinamente e decretou que as doutrinas de Aristóteles e de Averróis, seu comentador, assim como de Alberto Magno, de Tomás de Aquino, de Egídio Romano, de Alexandre de Hales, de Escoto e de outros *Reales* deveriam ser ensinadas nas faculdades de artes e teologia como se fossem mais proveitosas do que as doutrinas dos novos doutores: Ockham, Gregório de Rimini, Buridan, Pierre d'Ailly, Marsílio de Inghen, Adam Dorp, Alberto da Saxônia e outros *Nominales*.[24]

Jean Gerson, chanceler da Universidade de Paris de 1395 a 1429, exemplificou precisamente o estado de espírito suscitado pela confusão. Após muitas tentativas de ordenar as circunstâncias, ele começou a se voltar cada vez mais para os problemas práticos da espiritualidade e da vida mística – tal como eles eram representados, na mesma época, por Groot e muitos outros. Segundo resumiu Gilson em suas lições, o problema tinha origem na confusão geral acerca das ordens do conhecimento, com cada um usando o modo de significação próprio de determinada ordem da realidade para indicar algo que pertencia a outra. Como epígrafe ao seu *De Modis Significandi* (1426), Gerson coloca um texto de São Mateus: "*Generatio mala et adultera signum quaerit: et signum non dabitur*

---

[23] "Com os escritos de Guilherme de Ockham e dos averroístas, o século XIV preparou uma transformação da filosofia que tem sido representada como uma revolta contra toda a tradição filosófica da Idade Média. (...) Essa revolta, dizem, se opunha às doutrinas de Aristóteles; eles retornaram às fontes antigas, a Platão, a Agostinho, a Jerônimo e ao Novo Testamento (...)" (McKeon, "Renaissance and Method", p. 53).

[24] Rénaudet, *Préréforme et Humanisme*, p. 92. O nominalismo recuperou seu predomínio quando, em 1482, o rei revogou seu decreto.

ei, nisi signum Jonae prophetae". O texto não era adequado apenas ao seu tema imediato, mas também à conclusão fatal das desordens. Significar é representar algo por meio de sua expressão. Ao olhar para a sua escola, o chanceler de Paris via seus mestres de gramática, cuja ordem era a da congruência da fala, resolvendo problemas gramaticais por meio da lógica, que tinha como ordem a da verdade ou falsidade dos enunciados. No entanto, ele também via seus mestres da lógica, cuja arte diz respeito apenas aos problemas dos enunciados, solucionando por meio das regras formais da lógica os problemas da metafísica, que lida com as coisas, e não com enunciados; pior ainda, ele via todos lidarem com problemas teológicos como se as Escrituras pudessem ser reduzidas a um modo humano de significação qualquer.[25]

Na segunda metade do século XV, muitos homens de importância inquestionável – como Pedro Tatareto e Johannes Major – tinham condições de impedir que até mesmo a escolástica tardia fosse abrangentemente condenada. Além disso, havia muitos pensadores competentes que não foram examinados por nenhum pesquisador das últimas gerações. Na verdade, conhecemos muito menos sobre a cultura escolástica do que os escolásticos sobre a cultura clássica, e os historiadores da ciência moderna há muito sabem que, nessa questão, a complacência é fatal para o entendimento da ciência desenvolvida nos séculos XVI e XVII. Em geral, porém, é verdade que os últimos escolásticos comentavam muito e criavam pouco. Eles escreviam tratados filosóficos sobre a filosofia, e não sobre as coisas.[26]

---

[25] Vives, que com o *De Causis Corruptarum Artium* e *De Tradendis Disciplinis* realizou esforços sérios para dar ordem aos vários saberes, escreveu: "Os modernos confundem as artes em virtude de sua semelhança, fazendo uma mesma arte de duas que se opõem por completo. Eles chamam a retórica de gramática e a gramática de retórica, pois ambas tratam da linguagem" (citado por J. E. Spingarn em *History of Literary Criticism in the Renaissance*, p. 313). Os "modernos" são, obviamente, os dialéticos, que haviam dado início à confusão com suas gramáticas especulativas.

[26] Em seu *Secretum*, Petrarca definiu o estilo que pautaria muitas descrições subsequentes: "Essa tagarelice dos dialéticos jamais terá fim; ela lança resumos e definições aos ares como bolhas. (...) A melhor forma de lidar com essa raça é lançando-lhe injúrias como esta: 'Criaturas miseráveis, por que esse interminável esforço por nada, esse desperdício de inteligência com tolas sutilezas? (...) Que o Céu permita que uma tal tolice prejudique tão somente a vós, causando o menor dano possível ao excelente espírito e capacidade dos jovens'". Em seguida, Petrarca faz Santo Agostinho atacar os dialéticos – o que era um tanto incongruente, já que o santo nada tinha contra eles: "Concordo que nada do

Não é necessário citar textos que mostram como, nos séculos XVI e XVII, os homens culpavam os escolásticos por terem levado a guerra e a confusão à Europa, uma vez que, com suas disputas, eles haviam buscado não a verdade, mas a vitória.[27] No entanto, como exemplo do quão preparado um desses escolásticos arrependidos estava para rejeitar sua posição, Vives, no *De Tradendis Disciplinis* (1532), oferece o que em sua época era uma declaração moderada:

> Deixem-me prevenir agora, de imediato, uma vez que a iniquidade amadureceu em todo o mundo. (...) [N]ão é necessária maior precisão na crítica (mas, por assim dizer, um embotamento); não que os homens devam despojar-se da sabedoria prática; eles devem desenvolver maior sinceridade, simplicidade e, por essa razão mesma, tornarem-se mais sábios, não mais astutos. Será muito mais alegre a nossa vida quanto menos for deformada pelo engano e pelo sofisma, quanto mais semelhante se tornar à vida dos homens de outrora, cuja retidão e simplicidade de espírito lhes valeram colóquios com Deus.[28]

---

que foi dito sobre essa monstruosa perversão do aprendizado pode ser grave o bastante" (*Secretum*, p. 29-30). A propósito do famoso elogio feito por Milton a Spenser, "mestre superior ao aquinate", o debate de Petrarca acerca do confronto entre a ética prática e teórica é interessante por mostrar que a posição do poeta no século XIV era idêntica à posição do poeta no século XVII (*Secretum*, p. 99 ss). Obviamente, Aristóteles e Santo Tomás eram ensinados nas universidades inglesas e europeias do século XVII. Na verdade, todas as grandes edições dos escolásticos foram produzidas nessa época. Ver Gilson, *Les Idées et les Lettres*, p. 251-56. No *De Doctrina Christiana*, indicada pelo professor Kelley como uma explicação ou comentário do *Paraíso Perdido* (*This Great Argument*. Princeton, 1941), Milton usa a expressão "barbárie escolástica" no mesmo sentido que lhe dera Petrarca. Ao definir e defender o método gramatical na interpretação bíblica, ele diz: "(...) Que tolice não é ver que até mesmo os teólogos protestantes persistem em obscurecer as mais momentosas verdades da religião por meio de comentários metafísicos, (...) unindo todas as filigranas e distinções inúteis da barbárie escolástica (...)" (livro I, cap. xxx, "Of The Holy Scriptures"). A posição "humanista" de Milton é exatamente aquela da tradição de Cícero e Agostinho.

[27] Ver R. F. Jones, *Ancients and Moderns*, p. 34 ss.

[28] Foster Watson, *Vives: On Education*, p. 47. Vives está defendendo de maneira óbvia o desarmamento intelectual. Ele não questiona o valor da dialética em si, mas afirma que o mundo é perverso demais para saber usar essa arma tão poderosa e explosiva. Assim, com a confiança gerada pela façanha de Santo Tomás, ele pode se vangloriar: "Busquei também libertar as ciências das dúvidas ímpias, retirá-las de sua gentílica escuridão e trazê-las à luz de nossa fé. Devo mostrar que os velhos autores se equivocavam não em virtude das limitações do intelecto humano, como pensaram alguns, mas por culpa própria. Eu, portanto, retirei minhas razões da Natureza, não de oráculos divinos, de modo que não saltasse

Vives obviamente anseia pela simplicidade da *philosophia Christi* desfrutada pelos Pais. Como gramático que via a justificativa dos estudos na elucidação da Bíblia, e não na fama e no poder humanos, ele temia a eloquência: "Os gentios, por fim, possuem em seu discurso todo adorno, graça, elegância e esplendor. (...) Quando os interesses e pensamentos humanos são orientados para a ambição e para o lucro, apenas aquelas coisas que trazem dinheiro ou glória são almejadas" (p. 49-50). Então, ele dá destaque aos Pais "para mostrar a impureza daqueles e a excelência dos nossos, fazendo com que, comparada à escuridão, nossa luz pareça mais resplandecente".[29]

Quase tão famosas quanto o *Elogio da Loucura* e *A Vida de Gargântua*, as *Epistolae Obscurorum Vivorum* são um dos subprodutos mais notáveis da guerra contra os dialéticos.[30] Como tanto a técnica de zombaria quanto o tema surgem novamente em Nashe, eles merecem ser mencionados aqui. Útil em diversos aspectos, a discussão do assunto proposta pelo sr. Stokes é incapaz, porém, de demonstrar a natureza da obra ou de explicar seu enorme sucesso, visto que ele

---

da filosofia para a teologia" (p. 7). Talvez um pouco menos otimista que Bacon, ele ainda assim está de acordo com a posição de que a ciência natural deve contribuir para fins mais elevados: "A observação da Natureza é tão vasta, tão ilimitada, que, se alguém dela se saturar, não alcançará o que deseja, perdendo todos os frutos de uma vida inteira de esforços – a não ser que aplique o conhecimento que adquiriu com seus estudos aos exercícios da vida ou à admiração e louvor de seu Criador" (p. 47).

[29] Ibidem, p. 50. Vives também temia os poetas, mas os encarava como um membro doente que deveria ser curado, e não amputado (p. 128). Suas páginas estão repletas daquelas visões tipicamente patrísticas da literatura profana que tantas vezes encontramos no século XVI. A propósito da grande controvérsia sobre o papel da arte e da natureza na poesia – controvérsia em que Nashe tomou parte e em que Shakespeare foi inevitavelmente relegado ao grupo dos desorientados –, diz: "Talvez alguém se pergunte de onde vem essa grande admiração por eles [os poetas], nutrida não apenas por pessoas comuns, mas também pelas escolas daqueles que buscam a sabedoria. (...) Por mais tola e distante da erudição que seja, não há mente humana que não tenha recebido da natureza alguns germes de cada arte. (...) Então, temos nossos próprios poetas, que produzem poemas em línguas vernáculas e que, embora saibamos não serem homens instruídos, colocam em seus textos coisas que nos levam a, conhecendo-os, maravilharmo-nos com sua capacidade de lá incluí-las; desse modo, eles com facilidade convencem os ignorantes e ineruditos de que se dedicaram a cada ramo do saber com estudos longos e profundos" (p. 129-130). À poesia heroica, Vives admite uma importante função ética, a mesma que era atribuída ao épico por Spenser, Sidney, Davenant, Milton e Dryden (p. 126).

[30] Ed., intr. e trad. F. G. Stokes. Londres, 1925.

ignora os postulados daqueles que orquestraram esse ataque aos escolásticos de Colônia e Wittenberg. Herder parece ter compreendido melhor a obra, uma vez que Stokes o cita dizendo que ela fez mais pela Alemanha do que *Hudibras* pela Inglaterra e o *Gargântua* pela França (p. lxviii). Pascal assimilou o livro por completo, usando sua técnica de pseudorrevelação nas *Cartas Provinciais*. São Thomas More, escrevendo a Erasmo, a recebeu com alegria porque a encarava como um duro golpe contra a teologia escolástica, desferido pelos defensores da velha teologia representada por Colet, Erasmo e Reuchlin:

> É muito gratificante notar como as *Epistolae Obscurorum Virorum* agradam a todos, com os instruídos tomando-as como piada e os ignorantes aceitando-as com toda a seriedade, julgando que, enquanto rimos, rimos apenas do estilo. Embora não as defendam nesse aspecto, declaram que ele tem como objetivo compensar a importância dos sentimentos ali expressos e que, nessa desbotada bainha, encontra-se uma excelentíssima espada. Gostaria que houvessem dado outro nome ao livro; pois, de fato, nem em cem anos os homens de tola inclinação perceberiam o nariz da obra, ainda que fosse maior do que o de um rinoceronte.[31]

Vistos a partir das principais perspectivas da contenda entre a nova e a velha teologia, os fatos que dizem respeito à controvérsia e que também diziam respeito a Reuchlin se tornam perfeitamente inteligíveis, fornecendo-nos informações úteis para a compreensão de Rabelais, que entrou em cena bem depois.[32] Nesse aspecto, a concórdia entre Reuchlin, Mirandola, Erasmo, Rabelais, More e

---

[31] Mangan, *Life, Character, and Influence of Desiderius Erasmus*, II, p. 305. Erasmo escreveu a Lípsio: "Quando apareceram as *Espitolae Obscurorum Virorum*, foram recebidas com grandes aplausos pelos monges franciscanos e dominicanos da Grã-Bretanha, os quais se convenceram de que o livro fora escrito com toda a seriedade, no intuito de ofender Reuchlin e favorecer os monges (...)" (p. 304).

[32] Talvez baste apenas uma amostra das *E. O. V.*: "Há um que leciona sobre Valério Máximo, mas que esteve longe de me agradar como me agradaste quando, em Colônia, lecionaste sobre Valério Máximo, dado que ele apenas expôs o texto; tu, porém, tratando da 'Negligência da Religião', dos 'Sonhos' ou dos 'Auspícios', citavas as Sagradas Escrituras, isto é, a *Catena Aurea* de Santo Tomás, que recebe o nome de *Continuum*, *Durandus* e outros faróis brilhantes da teologia (...)" (p. 381). Comparem isso com as formas exegéticas conflitantes que Gargântua e o monge aplicam à famosa charada profética. O gramático Gargântua acha que ela significa o progresso e a continuidade da verdade divina, enquanto o monge, com seu método escolástico, vê apenas a descrição de um *set* de tênis. O propósito desta última figura é explicado por um habitante da Nova Inglaterra que ataca a escolástica de Harvard no século XVII. A Bíblia, disse Webster, é o esporte dos dialéticos, "uma bola de tênis que deve ser arremessada e rebatida

Agripa nos ajuda a abordar muitos dos problemas enfrentados por quem estuda Nashe. A célebre sátira de Agripa relacionada ao conhecimento humano, e à qual Nashe tantas vezes recorria, só é compreensível se vista contra o cenário de uma escolástica que é decadente e que está sendo atacada pelos teólogos patrísticos. O *De Incertitudine et Vanitate Scientiarum et Artium* possui um objetivo muito simples e consistente, como o próprio Agripa nos alerta: "Nossos arrogantes magistrados exigirão de mim a renúncia, e serei proscrito com a magnífica aprovação dos homens mundanos da Sorbonne; ainda assim, escrevo isso porque vejo homens repletos de saber humano desprezando o estudo das Escrituras, dando mais importância às máximas dos filósofos do que às leis de Deus".[33] A *philosophia Christi* torna vão todo o conhecimento humano, em especial a teologia dialética: "Além disso, adentrou nossas escolas de saber o que julgamos detestável costume: o de fazer seus discípulos jamais contradizerem Aristóteles, Boécio, Tomás de Aquino ou qualquer outro que possa ser seu deus escolástico (...)".[34] Agripa, feito doutor em teologia aos 23 anos por suas lições sobre a teologia gramatical de Reuchlin, permaneceu teólogo por toda a vida. Sua fama como alquimista ou mago tinha fundamentos sólidos, uma vez que seu sistema de filosofia oculta é idêntico ao de Platão, Fílon, Agostinho e Boaventura: ele começa com as palavras e tem continuidade com os métodos de exegese gramatical, constituindo a apresentação mais completa, no século XVI, das perspectivas tradicionais.[35] Desse modo, a magia de Agripa é um subproduto de seus interesses teológicos, e seu tratado sobre o tema foi diretamente inspirado pelos estudos gramaticais de Reuchlin.[36]

---

por sua inteligência e suas perversas motivações" (Perry Miller, *The New England Mind*. Nova York, p. 114).

[33] Ibidem.

[34] Fornecido por Henry Morley em *The Life of Henry Cornelius Agrippa*. Londres, 1856, II, p. 153.

[35] Quase não se faz necessário dizer que a alquimia encontra seu alicerce nos estudos gramaticais. Muitos cientistas respeitáveis do século XVII foram alquimistas convictos, incluindo Boyle e Newton. Ver L. T. More, "Boyle as Alchemist". *Journal of the History of Ideas*, 2, 1941, p. 61-76. Morley nos oferece um resumo esplêndido da ciência de Agripa: I, p. 63-76, 115-203. Ver p. 159-60 para informações sobre a doutrina da fala como algo consolidado não ao acaso, mas a partir do alto.

[36] Hardin Craig, em *The Enchanted Glass* (ibidem, I, p. 63), afirma: "Nenhum aspecto da filosofia de [George] Chapman é mais significativo do que sua doutrina da expressividade. De fato, ela parece um indício do amor renascentista pelo teatro e por todas as artes expressivas. Os poetas e artistas ouviam a voz do mundo inteiro lhe falando, viam um universo repleto de mensagens e davam à fala um

Quando Agripa chegou a Londres, ele aprimorou Colet e, a exemplo de Erasmo, foi seu hóspede, trabalhando arduamente nas Epístolas de São Paulo.[37] Logo em seguida, acolhendo a teologia gramatical, ele lecionou em Pavia, onde expôs "a antiga teologia" e atacou os silogismos vãos dos monges.[38] O modelo de sua vida é tão somente a oposição de um gramático minucioso ao Aristóteles pagão dos escolásticos monacais. No entanto, quase todos os seus amigos e defensores também eram monges, a exemplo do que acontecia com Erasmo.[39] Esse fato, como quase todos da vida de Agripa, precipita Morley no tipo de historicismo que tem dissimulado a natureza dessas controvérsias.[40]

Dois pontos relacionados à influência direta da escolástica precisam ainda ser mencionados. O primeiro é o efeito que tiveram as gramáticas especulativas sobre a história daquilo que, hoje, chamamos de filologia; o segundo é o problema de avaliar a influência da escolástica sobre o que há muito chamamos de humanidades. Acerca do primeiro, a síntese de Paetow é útil:

> Uma mudança muito mais importante se deu pela influência da escolástica, que aos poucos transformou a gramática em um estudo especulativo. Em vez de recorrerem a exemplos da melhor literatura latina para explicar uma questão controversa, os gramáticos agora preferiam

---

significado especial. Chapman explora tudo isso. Ele desejava encontrar todo o significado de um mundo que era, ele mesmo, uma mensagem de Deus. Em *Ovid's Banquet of Sense*, Chapman descreve a capacidade que o olho tem de inflamar o coração. (...) Recordando que cada agente natural age apenas com a finalidade de transformar em algo semelhante a si aquilo em que trabalha, podemos compreender a importante doutrina da persuasão de Chapman. A retórica não opera a persuasão, mas é um meio de fazê-la funcionar" (p. 179). Isso quer dizer que Chapman foi um gramático da escola de Agripa, Mirandola, Boaventura e Crátilo. Em grande medida, isso se aplica a todos os humanistas do século XVI.

[37] Ibidem, I, p. 200, 303-04.

[38] Ibidem, p. 285-86, 299-303.

[39] Ibidem, II, p. 43.

[40] No que diz respeito ao aspecto satírico do *De Incertitudine*, sua forma deliberadamente paradoxal o coloca na mesma classe em que figuram *Elogio da Loucura* e *Utopia*. Impressionantemente engenhoso, o tratado de Agripa sobre a supremacia das mulheres ostenta todo o arsenal da retórica sofística a que recorriam os humanistas. Um exemplo especialmente interessante desse gênero é a *Oration Against Rhetoric* do bispo Jewel, proferida na solenidade de *Corpus Christi* quando ele era professor de retórica. Os argumentos tradicionais contra a retórica são repetidos e coroados com um elogio a Escoto, que prosperou "quando Cícero, negligenciado e escarnecido, mofava na escuridão" (trad. e intr. Hoyt Hudson. *The Quarterly Journal of Speech*, 14, 1928, p. 324-92).

solucionar os problemas por meio das regras da lógica. Prisciano não era capaz de satisfazer as novas exigências. A situação é assim resumida na explicação de um dos novos compêndios: "Como Prisciano não ensinava a gramática valendo-se de todos os meios possíveis, o valor de seus livros é muito reduzido. Dessa maneira, ele apresenta muitas construções sem designar-lhes motivos, confiando apenas na autoridade dos gramáticos antigos. Ele, portanto, não deveria lecionar, pois apenas devem fazê-lo aqueles que apresentam razões para o que afirmam".[41]

Uma das consequências dessa atitude foi a aparição de dois dos textos mais influentes já escritos: o *Doctrinale*, de Alexandre de Villedieu, e o *Graecismus*, de Everardo de Béthune.[42] Em seguida, vieram as gramáticas especulativas. Que não se suponha, porém, que os dialéticos não reconheciam o caráter *sui generis* das línguas; eles apenas insistiam também no fato de que toda língua desempenhava a mesma função ao expressar as intenções do espírito humano. A *grammatica speculativa* visava a analisar esses problemas que, hoje, estão mais uma vez em primeiro plano nos estudos linguísticos.[43]

---

[41] Paetow, op. cit., p. 35. [A citação foi retirada de Wrobel, "Prefatio", ix, *Eberhardi Bethuniensis Graecismus*. - N. E.]

[42] Ibidem, p. 38.

[43] O leitor de *Diversions of Purley*, de Horne Tooke (2. ed. Londres, 1829, 2 vols.), reconhecerá nele um dos verdadeiros filhos de Ockham e da *grammatica speculativa*. A partir de suas numerosas notas de rodapé, é quase possível construir uma história do tema que vai de Tomás de Erfurt, cujo *De Modis Significandi* ainda era recomendado na época de Tooke, a Duns Escoto, Bacon, Urquhart, James Harris e Condillac. Não é difícil continuar essa história, por meio de J. W. Donaldson (*The New Cratylus*. Londres, 1850), até Ogden e Richards. Donaldson, embora esquivando-se do nominalismo radical de Hobbes e Tooke, aclama Ockham como o pai da filologia moderna: "(...) ele demonstrou (...) que as palavras são instrumentos da argumentação, não objetos da ciência" (p. 24), a exemplo do que acreditavam Platão, no *Crátilo*, e os gramáticos antigos. Segundo Donaldson, a *Summa Totius Logicae*, de Ockham, é "um tratado tão judicioso acerca da filosofia da sintaxe quanto qualquer outro de que temos conhecimento" (ibidem).

Donaldson tem razão no que diz respeito à grande influência de Ockham, embora suas ideias sobre o surgimento dessa influência sejam as mais vagas possíveis. Prantl é mais claro (*Geschicte der Logik*. Leipzig, 1967, vol. III). Ele demonstra (p. 73) como a lógica gramaticalizada ou a gramática logicada, desenvolvidas pelos dialéticos ao final do século XIII, lidavam com o elo existente entre as formas gramaticais e as formas do pensamento. Como representantes mais importantes dessa nova arte temos as influentes *Summulae Logicales*, de Pedro Hispano. Desse modo, foi preparado o terreno em que floresceriam as perspectivas nominalistas ou terminalistas de Ockham. Ver também Martin Grabman, *Die Entwicklung der Mittelalterlichen Sprachlogik*. Munique, 1936, p. 117. O relato histórico padrão é

O segundo ponto, a influência da filosofia escolástica sobre as humanidades, foi discutido por Gilson em seus ensaios "Humanisme Médiévale et Renaissance" e "La Scholastique et l'Esprit Classique".⁴⁴ É necessário apenas indicar suas principais conclusões. Primeiro, se Santo Tomás e os outros, como geralmente se afirma, recuperaram todo o Aristóteles para a Europa, devemos negar que Aristóteles fosse parte integral do humanismo grego? Se esse discípulo de Platão foi verdadeiramente um representante da cultura grega, é falaciosa a posição daqueles que censuram a Idade Média por ignorar a Antiguidade e, ao mesmo tempo, apreciar Aristóteles apaixonadamente (p. 190). Embora Gilson não diga isso, essa dificuldade só pode ser solucionada se tal falácia for analisada historicamente. E, é claro, os responsáveis por ela são os gramáticos.

A Idade Média jamais perdeu de vista o *ius naturale*, mas Santo Tomás recuperou por completo a *Ética* e a *Política* de Aristóteles. Sem essas obras, o Renascimento teria sido muito diferente do que foi. "*La théorie du Magnifique est antérieure à Laurent le Magnifique, et c'est dans la Somme théologique qu'on la trouve. (...) Car le magnificence est force; elle domine les vices opposés qui retiennent le souverain d'agir selon son essence*" (p. 191). A tragédia se deu quando os italianos separaram essas grandes concepções morais de suas grandes sanções sobrenaturais (p. 192).

O que dizer, então, do classicismo definido na França dos séculos XVIII e XIX? O classicismo, disse Taine, é *l'esprit abstrait*. Ele é o espírito da escolástica mal aplicado, diz Gilson. Diante da rica diversidade da literatura francesa, ele busca uma fórmula (p. 248). Ao *esprit classique*, ele opõe *l'esprit gaulois* e recosta-se satisfeito. Por que Taine e seus companheiros historiadores, contentemente irresponsáveis na presença de realidades profundas e concretas, jamais procuraram a fonte desse *esprit classique*? Porque, para eles, o espírito clássico é o espírito moderno: "*C'est essentiellement une manifestation littéraire de l'esprit rationaliste et cartésien; c'est donc, en fin de compte, la négation de tout un passé, qui ne valait d'ailleurs pas mieux, mais qui, en étant l'antithèse, ne saurait aucunement servir à l'expliquer*" (p. 249).

Gilson então demonstra que Descartes pensava como seus contemporâneos, pois na universidade recebera a mesma educação aristotélica e escolástica que

---

Charles Thurot (*Notices et Extraits de Divers Manuscrits Latins pour Servir à l'Histoire des Doctrines Grammaticales du Moyen Âge*. Paris, 1868). Uma das consequências óbvias dessas exposições foi o fato de a gramática e a retórica passarem a ser assimiladas como ramificações da dialética. A lógica incluía todo o *trivium*. Esses foram tempos difíceis para os gramáticos clássicos, que não deixaram passar sua vingança.

⁴⁴ *Les Idées et les Lettres*, p. 171-96; 243-61.

eles recebiam.⁴⁵ Ele mostra como o problema da *Poética* de Aristóteles se adequa a esse pano de fundo. A imitação da natureza nesse ambiente significava observar e registrar os princípios internos da atividade de um ser, e não suas manifestações exteriores (p. 259).

Graças a esse espírito abstrativo de gerações de historiadores da literatura – não apenas da literatura francesa, mas também da italiana, espanhola e inglesa –, e graças a uma confiança cega no "espírito moderno" como solução dos problemas impostos pela explicação da diversidade do passado literário, os verdadeiros problemas permanecem intactos.⁴⁶

---

⁴⁵ Em 1644, Boileau descreveu o pedante como alguém que
Croit qu'un livre fait tout, et que, sans Aristote,
La raison ne voit goutte, et le bon sens radote. (*Satire*, IV, l. 9-10)
O pedante conserva as características do dialético medieval.

⁴⁶ Ficam em completa evidência, no fascinante *The New England Mind*, de Perry Miller, as dificuldades e confusões inevitáveis a qualquer descrição das controvérsias renascentistas que não se estenda para muito antes do Renascimento. Miller reconhece as duas poderosas influências sofridas pelos habitantes da Nova Inglaterra no século XVII: Santo Agostinho e Pierre de la Ramée. Mesmo sem interpretar essas influências diacronicamente, ele consegue demonstrar sua força por meio de uma grande quantidade de informações. Se o suposto "espírito empírico" da mente inglesa tem relações com Ockham, de um lado, e com a teologia patrística, de outro, o pragmatismo, tanto na teoria quanto na prática, é consequência direta dos teólogos ramistas de Harvard e Yale, que já no século XVII substituíram ousadamente a "tecnologia" pela metafísica (Miller, p. 175). William James e John Dewey são subprodutos legítimos da teologia puritana quase no mesmo sentido em que o são *A Letra Escarlate* e *A Volta do Parafuso*.

O retrato que Miller traça da influência do ramismo é o melhor que temos, bastando para fazer-nos perceber como, aos olhos dos teólogos puritanos, toda forma de expressão literária estava subordinada aos métodos da dialética, sendo também organizada em função deles – e isso não apenas na Nova Inglaterra (p. 119, 132, 145, 205, 345).

C. Retórica

O Trivium *de Abelardo a Erasmo*

Com a história do trivium chegando ao seu termo, McLuhan se aproxima do ideal de trabalhar com a maior perspectiva possível, a qual permeia seus comentários e convida o leitor a adotar o mesmo ponto de vista. McLuhan explica que, embora a gramática e a retórica unissem forças "contra as sutilezas bárbaras e as divisões tortuosas dos dialéticos", ambas travaram uma longa disputa. Isso é relevante tanto para as questões literárias (a oposição entre poesia e retórica é fictícia e desaparece quando temos em vista as definições exatas da gramática e da retórica) quanto para as questões teológicas (o inesgotável significado literal da perspectiva patrística e os vários significados neutralizados pelas funções retóricas da perspectiva calvinista formam uma oposição de posições preestabelecidas que não pode ser desfeita).

Foi João de Salisbury quem levou para a retórica o emprego, de objetivo filosófico e científico (gramática), que os estoicos antigos davam à etimologia, encorajando o estudo das origens e da natureza das coisas para maior compreensão das palavras. Isso, segundo observa McLuhan, representou o retorno de "todo o prestígio da posição ciceroniana", segundo a qual a eloquência era uma virtude e se encontrava inseparável da sabedoria. Porém, uma vez separadas filosofia e retórica, esta última decaiu à condição de verbosidade vazia.

Aqui, os comentários sobre os autores estão sistematicamente relacionados às informações sobre o trivium que foram antes desenvolvidas: o estilo de Playfere é atribuído ao domínio da exegese patrística; os Ensaios ou Conselhos Civis e Morais, de Bacon, são descritos como se fundados sobre as cores do bem e do mal (ver p. 193); a paralisante circunspecção de Hamlet é analisada de acordo com o conceito retórico da prudência civil no príncipe modelo; Maquiavel é caracterizado como um anticiceroniano consciente.

Quanto a Nashe, sua retórica, a exemplo da retórica de Bacon, é vista como inseparável de seu objetivo moral e da ideia das cores do bem e do mal. Têm início aqui as citações do autor, antecipando a próxima seção da obra. McLuhan continua a delinear o trabalho que ainda precisa ser feito pelos pesquisadores da literatura que desejam empregar as apropriadas distinções da gramática e da retórica.

A referência à empobrecida visão da retórica como "mero embelezamento estilístico" – perspectiva que sustenta convenientemente a crítica que desdenha de Nashe – é o gancho de que se vale McLuhan para passar à seção final desta obra e ao intenso escrutínio dos escritos de Nashe.

Por fim, em um comentário que, feito à mão no manuscrito hológrafo do livro, data da época em que o autor se dedicava por completo à ecologia midiática, ele examina o vínculo existente entre os traços da retórica e a típica alternância entre figura e fundo na atividade da mídia.

– O editor

Em seu *Speculum Doctrinale*, Vicente de Beauvais (m. 1262) nos oferece uma perspectiva interessante e, ao mesmo tempo, característica da eloquência como arte necessária e virtude prática. A exemplo do que faria Francis Bacon, ele ordena as artes de acordo com a função que exercem na mitigação do estado de queda humano. Os principais males da queda são a ignorância, a concupiscência e a morte, e para combatê-los são necessários três remédios: a Sabedoria, a Virtude e a Necessidade.

> Para a obtenção desses três remédios, foram inventadas cada arte e cada *disciplina*. Visando à Sabedoria, foi desenvolvida a *Theorica*; a *Practica*, em prol da Virtude; e a *Mechanica*, para a Necessidade. (...) Pois o fim e objetivo de todas as ações e estudos humanos, que são regulados pela razão, devem ser a busca da reparação da integridade de nossa natureza ou o alívio das necessidades a que se encontra sujeita a vida. (...) Por fim, encontra-se a Lógica, fonte da eloquência, pela qual o sábio que compreende as supraditas ciências e disciplinas principais pode dissertar sobre elas de modo mais preciso, verdadeiro e elegante: preciso, pela Gramática; verdadeiro, pela Dialética; elegante, pela Retórica.[1]

Vicente, como João de Salisbury e os estoicos antigos, amplia o termo Lógica de modo a fazê-lo abarcar todas as artes relacionadas à fala. Nessa ordem ao mesmo tempo ampla e lúcida da enciclopédia das artes, o ideal de Cícero se sobressai de maneira claríssima. A eloquência, que implica a sabedoria, é um meio importante para que a integridade de nossa natureza seja alcançada novamente, pois ela age sobre as paixões humanas através da imaginação, dominando os homens com vistas a um bem social comum. Desse modo, a eloquência e a prudência política são conceitos inseparáveis para Cícero, para João de Salisbury, para Vicente de Beauvais e para Francis Bacon, entre muitos outros.[2]

---

[1] Taylor, *The Mediaeval Mind*, II, p. 350-51.

[2] A unidade entre Política e Eloquência permeia as obras de Bacon. Para uma passagem quase idêntica à de Vicente acerca da função da retórica no alívio da condição do homem, ver *The Advancement*: "(...) é a eloquência que prevalece em

uma vida ativa. (...) O dever e função da retórica é aplicar a razão à imaginação em prol da melhor ação da vontade" (Everyman's Library, p. 146). Ver também *Works*, op. cit., IV, p. 287-88, 373; V, p. 16, 75.

Em 1553, Thomas Wilson escreveu um prefácio a *The Arte of Rhetorique* que contém a inscrição: "A eloquência é antes dada por Deus, em seguida perdida pelo homem e, por fim, restaurada mais uma vez por Deus" (Ed. G. H. Mair. Oxford, 1909, A vi^v). Sua visão é indiretamente ciceroniana, mas diretamente patrística, representando a opinião mais comum acerca da importância da eloquência na sociedade. Após a Queda, "enquanto os homens viviam como selvagens pelos campos, (...) Deus reuniu-os pela manifestação da fala (...)" (A vii).

Parece que ninguém ainda percebeu que Próspero e Calibã são expressões um tanto literais dessas visões corriqueiras: Calibã, do homem caído que se encontra em condição subvocal; Próspero, do príncipe erudito, do *doctus orator* de Cícero, do homem de sabedoria cívica e de prudência eloquente cujo domínio das artes lhe valeu o poder da magia branca que é discutida por Agripa e Bacon:

> (...) tal como Próspero entre os outros príncipes.
> Gozando de tão alta dignidade,
> não achava rival no que respeita
> às artes liberais. A estas dedicando
> todo o meu tempo, o peso do governo
> transferi a meu mano, assim tornando-me
> cada vez mais estranho à minha terra,
> porque às ciências secretas dedicado. (I, ii, 72-77)

Próspero diz a Calibã:

> Tive piedade
> de ti; não me poupei canseiras, para
> ensinar-te a falar, não se passando
> uma hora em que não te dissesse o nome
> disto ou daquilo. Então, como selvagem,
> não sabias nem mesmo o que querias;
> emitias apenas gorgorejos,
> tal como os brutos; de palavras várias
> dotei-te as intenções, porque pudesses
> torná-las conhecidas. (I, ii, 353-58)

Desse modo, os homens se tornaram, "em vez de bestas, homens: tal força era a da língua, e tal o poder da Eloquência e da razão. (...) Portanto, os poetas assim simulam que Hércules, sendo homem de sabedoria imensa, reunira os homens todos pelo ouvido. (...) Era tão grande sua sabedoria, tão eloquente sua língua, tamanha a sua experiência, que a seu raciocínio homem algum pôde se opor (...)" (loc. cit.). No entanto, os homens estão enfermos: "Julgo ser neste aspecto que sobrepujam todas as outras criaturas vivas: por terem o dom da fala e da razão. E, entre todos os outros, julgo ser ele o mais digno de fama, e de todos os homens, o que deve ser tomado por semideus, pois suplanta principalmente e sobretudo os outros homens onde os homens suplantam as bestas" (A vii^v).

Quintiliano, ao discutir todas as definições de eloquência em vigor, nota como Cícero igualou a eloquência, a política e a filosofia. Sem discordar dele, mas seguindo rumos um pouco distintos, Quintiliano acrescenta: "A definição

Ao apresentar João de Salisbury, Taylor diz: "Os estudos clássicos alcançaram seu ápice no século XII. Esse período superou todos os seus predecessores e sobrepujou o século XIII, que aos estudos clássicos dedicou um quinhão menor de suas energiais intelectuais" (II, p. 143). João de Salisbury era um homem de negócios, e, a exemplo de Cícero, as letras lhe eram mais um consolo do que uma ocupação. "Acredita neste que tentou", escreve ele; "todas as doçuras do mundo, se comparadas a esses exercícios, são amarguras" (ibidem, p. 141). Ele não parece apenas ter um ágil conhecimento de toda a literatura latina, mas domina um estilo que é, de uma só vez, sociável e elegante.

A atitude de João diante dos dialéticos já foi discutida. O que se faz necessário dizer aqui é que, no período que antecede Petrarca, seu *Metalogicus* é a principal contribuição à causa da eloquência ciceroniana.[3] A lógica é entendida como *logos*, razão e fala, de modo que João trata todo o *trivium* sob sua liderança (I, 10, 13). No capítulo onze do primeiro livro, ele define arte: "Uma arte é um método que, em pouco tempo, desenvolve a habilidade de fazer coisas que são naturalmente possíveis". Essa posição é desenvolvida de maneira convencional: "Desse modo, a natureza é a fonte de todas as artes, dado que, por sua presença, ela ocasiona a prática e o exercício do talento. Este, por sua vez, produz a arte". Essa é a perspectiva popular formulada no *Conto do Inverno*:

> (...) mas em nada melhora a natureza,
> senão por meios que ela mesma cria.
> Assim, essa arte a que vos referistes,
> que ajuda a natureza, é uma arte feita
> por ela própria. (IV, iii)

Recorrendo à Antiguidade como se ela houvesse alcançado a sabedoria por meio do ciclo das artes, João indica que pelas artes nós alcançamos uma exegese dos livros e da natureza: "(...) a fim de elevar o espírito ao conhecimento de todas as coisas e ser capaz de solucionar os pontos nodosos de todos os

---

que melhor se adequa à sua verdadeira natureza é aquela que faz da retórica a ciência do falar bem. Essa definição inclui todas as virtudes da oratória e o caráter do orador, uma vez que homem algum pode falar bem se não for, ele próprio, bom" (II, xv, 33-34). Essa concepção estoica é fundamental para o pensamento medieval e renascentista sobre a fala. As modificações patrísticas não prejudicaram a doutrina de forma alguma.

[3] Em seu *Medieval Rhetoric and Poetic*, C. S. Baldwin prova que "nenhum outro autor medieval deu maior atenção a esta obra [de Quintiliano]" (p. 169-70).

problemas possíveis" (I, 12). João deturpa curiosamente o velho uso estoico da etimologia, usada então como instrumento de conhecimento filosófico e científico. Enquanto, para os estoicos, a gramática fora um instrumento científico, João nos exorta a estudar as origens e a natureza das coisas para que possamos "ter uma compreensão mais lúcida das palavras" (I, 7). De maneira significativa, ele levanta essa questão no intuito de assinalar o caráter inseparável da sabedoria e da eloquência. João reconstrói todo o prestígio da posição ciceroniana para defender a eloquência contra aqueles que "julgam desnecessários os preceitos da eloquência, uma vez que ou ela existe naturalmente, ou não existe" (I, 7). A eloquência recebe a condição de virtude: "Na ordem das coisas que devem ser desejadas, a virtude e a sabedoria, que (...) diferem mais no vocábulo do que em significado, têm a primazia. A eloquência clama para si o segundo lugar" (I, 7). Segue-se então a doutrina estoica, fortemente arraigada na posição patrística: "Se, portanto, é em virtude do uso da fala e da faculdade racional que a dignidade do homem supera a natureza das outras criaturas vivas, o que seria mais universalmente útil e eficaz para alcançar a boa fama do que superar, no único dom pelo qual o homem sobrepuja as outras criaturas, aqueles que partilham de nossa natureza?" (I, 7).

Como Cícero, João subordina a dialética à eloquência, uma vez que a lógica é uma simples serva desta última e da sabedoria. No entanto, ela também é extremamente necessária à eloquência (I, 10). Isso não é desculpa, porém, para dedicarmos muito tempo a isso. A dialética só pode servir o sábio na medida de sua sabedoria. Ela não pode torná-lo sábio ou instruído (II, 9). Aqueles que se detêm sobre a disciplina parecem apenas se importar em criticar e debater, acabando por não encontrar a verdade, e sim criar novos erros (II, 7). O verdadeiro conhecimento que ela proporciona ao sábio é o conhecimento de si próprio. Quando, portanto, João pergunta quem são os filósofos verdadeiramente sábios e eloquentes, ele indica aqueles da Academia, em especial Cícero (*Policraticus*, VII, 2). Não havia sido a eloquente sabedoria do *Hortensius*, de Cícero, que levara Santo Agostinho à Igreja? Enfatizando vigorosamente a virtude como caminho para a felicidade, Cícero e os acadêmicos exercem grande atração para os muitos cristãos que suspeitavam da filosofia e da teologia sistemáticas.[4] O orgulho intelectual dos escolásticos era muitas

---

[4] João aborda a questão no sétimo livro do *Policraticus*, agrupando Cícero e Santo Agostinho. (Pike, op. cit., p. 221. Ver também p. 243 ss para o ideal

vezes comparado à simplicidade pagã de Cícero. Ao se voltarem para a virtude prática e para a eloquência, muitos cristãos sentiam como se retornassem, a exemplo dos teólogos gramaticais, à verdade primitiva dos Pais e da Igreja nascente. Não devemos nos surpreender, portanto, se virmos a retórica seguindo o exemplo da gramática e se alinhando contra as sutilezas bárbaras e as divisões tortuosas dos dialéticos. Alguns humanistas se opunham aos escolásticos apenas no que dizia respeito à teologia. Outros se mostravam igualmente hostis porque sentiam que o desprezo da escolástica pela eloquência rebaixara o homem. Se o homem deveria ultrapassar os animais selvagens e tirar vantagens de sua vida política, como tudo isso poderia ser realizado sem a eloquência? Muitas vezes, essas posições se unem tacitamente num só homem. Milton é um exemplo notável.[5]

Não se segue, porém, que um humanista como Erasmo aprovasse o programa retórico de um Poggio ou de um Valla. Muitas vezes, a aparente anomalia da contenda entre os sacerdotes e os retóricos do humanismo faz parte de uma disputa antiga entre gramática e retórica – mesmo quando ambas se alinham contra a dialética. Isso nos ajuda a explicar muitos momentos complicados da história cultural do século XVI. Explica, por exemplo, de que modo alguém como Bacon poderia colocar a retórica acima da poesia: equivalendo a eloquência à prudência civil, ela conduz diretamente à mitigação do estado de queda do homem. Ela é a maior força prática para o governo do homem na sociedade.[6]

---

ciceroniano de erudição [defendido por João].) Notando as influências que a *Educação do Príncipe Cristão*, de Erasmo, deixa transparecer, L. K. Born diz: "A conclusão, para sermos óbvios, só pode ser a de que as escolas acadêmicas e estoicas exerceram imensa influência sobre as visões de Erasmo" (p. 98). Born ignora a tradição ciceroniana e agostiniana que explica a "imensa influência" sem pressupor que Erasmo tenha desenvolvido uma preferência pessoal por essa parte específica da Antiguidade.

[5] As filiações patrísticas de Milton, assim como seu conceito gramatical de exegese bíblica, correspondem à noção ciceroniana de poeta: "O poeta tem como função gerar e cultivar, em grande número de pessoas, as sementes da virtude e da civilidade pública (...)" (Willey, *The Seventeenth Century Background*, p. 223). Desse modo, ele precisa ser um homem dotado de vasta erudição e de experiência prática nos assuntos públicos. Embora ambos fossem inteiramente ciceronianos, as carreiras de Bacon e de Milton como funcionários públicos não devem ser consideradas aberrações, mas parte de um deliberado projeto de autoeducação.

[6] Bacon discute a poesia e aprova o poema heroico por ser "verdadeiramente nobre" (*Works*, IV, p. 314-18). Obviamente, ele acredita que o poeta também

Isso também explica o fundamento de muitas disputas exegéticas, uma vez que os calvinistas rejeitavam categoricamente a *grammatica* tradicional como técnica de exegese e recorriam à técnica retórica. Essas informações devem constituir a base de um estudo separado e muitíssimo necessário. Assim, Lancelot Andrewes, gramático patrístico, ataca a exegese retórica: "Não tomeis uma figura para transformá-la em discurso plano; não busqueis a salvação pela sinédoque".[7] Como os gramáticos tradicionalmente

---

explorará todos os recursos da retórica. De todo modo, a retórica, ou eloquência, é mais nobre do que a poesia, ainda que apenas em virtude da função, mais elevada, que exerce para a comunidade. Com a filosofia civil e moral considerando "o homem segregado, congregado ou em sociedade", Bacon repete, de maneira muito significativa, o alerta de Cícero, para quem as ciências especiais "se tornam áridas, rasas e errôneas" se não se referirem ao homem moral e social: "Então, vemos o orador Cícero queixando-se de Sócrates e sua escola, pois foi ele o primeiro a separar a filosofia e a retórica; doravante, seria a retórica uma arte vazia e verbal" (*Works*, IV, p. 373). Esse alerta de Cícero contra a separação da cabeça e do coração também é repetido por Ascham, ciceroniano típico que clama pelo cuidado com as palavras e as coisas em *The Scholemaster* (Ed. J. E. B. Mayor, p. 181).

No prefácio que escreveu a *The Battle of the Books*, Swift fala da inteligência desamparada pela erudição como "um cérebro que resistirá a uma desnatação apenas. (...) Sem conhecimento, a inteligência é uma espécie de nata que, à noite, sobe à superfície (...)" (*Works*, II, p. 384). Mais uma vez, em *The Tale of a Tub*, fica claro que seus inimigos, os modernos, são os dialéticos, que afirmam prescindir do saber em favor da precisão e do método naturais. Swift escreve exatamente como João de Salisbury ao atacar os *cornificiani*, ou então como Hooker ao desdenhar dos atalhos compendiosos de Ramée ao aprendizado: "Nós, desta época, desenvolvemos um método mais curto e prudente para tornarmo-nos doutos e inteligentes, sem a fadiga da leitura ou do pensamento" (ibidem, p. 306). Swift é completamente ciceroniano em sua certeza de que a sabedoria, a erudição e a eloquência são uma só coisa. Muito mais complexa é a relação que essas ideias tradicionais mantinham com a sua posição patrística. Um estudo completamente novo sobre Swift se faz necessário.

[7] Citado por W. F. Mitchell em *English Pulpit Oratory from Andrewes to Tillotson*. Londres, p. 159-60. A obra de Mitchell é repleta de informações úteis. A confusão do livro se deve à inexistência de qualquer trabalho anterior que pudesse auxiliá-lo. Lido de acordo com as perspectivas deste estudo, o conteúdo de sua obra assume uma ordem e uma importância das quais ele não parece sequer ter suspeitado. Típica das confusões básicas que necessariamente surgem nos estudos que não consideram a longa rivalidade entre gramática e retórica é a incapacidade demonstrada por Mitchell de distinguir as técnicas gramaticais e dialéticas de exegese (ver, por exemplo, p. 138, 144-45, 185). Pode ser tomado como regra o fato de que, aceitando Plínio por qualquer razão, o pregador estará usando a exegese gramatical ao modo patrístico. Donne utilizou tanto a gramática quanto a dialética; porém, quase tudo o que foi chamado de "metafísico" em seus sermões é, na

consideravam os vários níveis de interpretação, sustentando que o sentido literal dado pelo autor das Escrituras era essencialmente inesgotável, os calvinistas foram procurar na retórica seu método exegético. Desse ponto de vista retórico, o Espírito Santo nada mais almejava do que persuadir por meio de expressões figuradas. As figuras da Bíblia eram vistas como a manifestação ou o ornamento de uma declaração simples. Reduzidas a seu sentido elementar, as passagens bíblicas deveriam ser submetidas ao raciocínio dialético. Entre os calvinistas, portanto, a exegese retórica era tão somente um prelúdio ao método dialético dos escolásticos:

> A retórica era uma ferramenta com a qual os puritanos se viam capazes de remover as cores do discurso bíblico, deixando apenas a superfície suave e branca "daquele único sentido completo e natural". A intenção das parábolas, por exemplo, era "explicar e esclarecer uma Verdade com a ajuda dos sentidos", recorrer às faculdades sensíveis por meio "dos elementos sensíveis, óbvios como são aos nossos olhos, ouvidos, etc., e que assim nos conduzem à concepção das coisas espirituais"; porém, ao pregar sobre elas, o trabalho do ministro se resumia ao que pode ser chamado de decifração, cujo intuito era fornecer "sua Explicação ou Interpretação" e, com isso, lançar "mais luz à compreensão dos homens". A retórica de Talon, em outras palavras, era uma dádiva celeste dada aos homens que declaravam acreditar na interpretação literal da Bíblia (...): "Devemos mesmo a tudo vender, abraçar diariamente nosso Patíbulo, emprestar sem restrição, sem esperar nada em troca, dar a outra face para aquele que uma delas golpeia, arrancar nossos olhos, cortar mãos direitas, etc.?". Felizmente, nada disso é necessário, pois a retórica nos faz compreender que essas expressões são figuradas, comunicando uma verdade abstrata que é muito menos incômoda.[8]

---

verdade, exegese gramatical. Para mais evidências desse dado nos tipos de sermões patrísticos que Mitchell apresenta – tanto de Donne quanto de outros –, ver p. 88, 114, 118, 120-21, 125, 137-40, 141, 162, 165, 171, 174, 189-93, 201, 225, 228, 232, 236, 246, 279 ss. Em geral, as complexas metáforas estendidas se baseiam diretamente na exegese patrística, a exemplo do que se dá com as de Playfere (Mitchell, p. 171). Desse modo, não há nada de anormal no fato de o bispo Fisher ter utilizado metáforas estendidas complexas um século antes, pois também ele foi um grande erudito que seguiu a patrística. São João Fisher não pode ser acusado de frivolidade ao apresentar uma alegoria de quatro páginas em que o corpo crucificado de Cristo é comparado a um livro (ibidem, p. 170). Como já indicamos, toda a arte barroca tem como fundamento a exegese patrística.

[8] Miller, *The New England Mind*, p. 343. Isso explica, obviamente, as numerosas retóricas que vão das *Artes of Logicke and Rhetorike*, de Fenner, ao *Mysterie of Rhetorick Unveil'd*, de Smith, ou a *Centuria Sacra*, de Hall, que ofereceu uma "Sinopse

ou Compêndio dos Tropos e Figuras mais materiais encontrados nas Escrituras". Um estudo especial é necessário para mostrar como a exegese calvinista na Inglaterra foi quase tão eficaz na defesa do estudo retórico quanto a aspiração secular. A paixão elisabetana pelas figuras sintáticas e as figuras semânticas não era apenas profana. Segundo afirma Smith, "(...) a ignorância da Retórica é fundamento (e um grande fundamento) de muitos Erros perigosos de nosso tempo"; afinal, "(...) toda Ciência, em particular a Retórica, quando reduzida à abençoada subordinação e conformidade aos ensinamentos do Espírito da Verdade, é um bom dom de Deus, tendo origem no Pai das luzes e conduzindo ao desenvolvimento da reta compreensão das Elegâncias Figurativas e Tropológicas do Livro sagrado, que abunda com a mais excelente e divina eloquência" (Miller, p. 311). A paixão puritana pela retórica ajuda a explicar como, para os saberes da Restauração, as figuras sintáticas e semânticas estavam associadas à barbárie e ao entusiasmo. Em geral, porém, os puritanos cultivavam intensamente a exegese retórica ao mesmo tempo em que pregavam em estilo simples (ver Miller, p. 331 ss). As anáforas complexas dos sermões de Donne foram estigmatizadas como eloquência sensual pelos puritanos: "Obviamente, não era possível ser ramista e ainda pregar como John Donne; uma vez ramistas, parecia impossível, para os puritanos ingleses, pregar de outro modo que não por doutrinas, razões e usos" (Miller, p. 345).

O tratamento que Miller dá a Ramée é inconclusivo, mas ao menos ele apresenta, pela primeira vez, uma série de textos relacionados à sua extraordinária influência sobre os séculos XVI e XVII (p. 114-74, 201-330). Nada de conclusivo sobre Ramée poderá ser feito até que seus antecedentes ockhamistas sejam completamente investigados. O prestígio de Ramée foi preparado por Ockham. Miller é tão limitado nesse assunto que acredita que os aristotélicos eram nominalistas, e os ramistas, realistas (p. 146). McKeon demonstrou quais são as linhas corretas de investigação ("Rhetoric in the Middle Ages", p. 30-31): "A tradição em que a retórica dominava as artes permaneceu, ao longo do Renascimento, não apenas nos métodos e doutrinas da teologia, mas também em uma tradição secular que assumiu uma destas duas formas: ou toda a filosofia e todas as disciplinas são conformadas à retórica, como nas doutrinas de Majorágio e Nizolio, ou o método de descoberta é restaurado e retirado da retórica para revitalizar e revolucionar a dialética, como nas doutrinas de Rodolfo Agrícola ou Pierre de la Ramée". Na verdade, o que se deu foi a destruição da lógica tradicional, por Agrícola e Ramée, em nome de Ockham, assim como a destruição da retórica tradicional em prol da dialética. A invenção e disposição retóricas (as duas primeiras partes da arte) foram modificadas e passaram a constituir a base da dialética ou da lógica "reformada". Tudo o que restou à retórica foram a elocução e o proferimento. Em consonância com Agrícola, diziam que a retórica e a dialética haviam se corrompido porque a filosofia civil amadurecera na Grécia antes das outras artes (ver Agrícola, *De Inventione Dialectica*, livro II, cap. 18. Colônia, 1538, p. 538 ss). Desse modo, Aristóteles, Cícero, Quintiliano e Boécio haviam começado com o pé esquerdo, atribuindo à retórica (a filosofia civil) o que pertence à dialética. Ramée declarou que tornaria a dialética verdadeiramente útil e removeria dela as vãs sutilezas de Aristóteles, remetendo-a às suas origens naturais nos processos comuns e cotidianos de aprendizado e fala: "A partir dessa linha de raciocínio, Ramée chegou a outra de suas peculiares distinções: se a lógica torna

Além da exegese, a influência da retórica está necessariamente atrelada à educação moral e política, à pregação e às formas seculares de literatura.[9] Deixando esta última para ser analisada em sua relação com Nashe, talvez seja conveniente indicar rapidamente as linhas gerais das outras duas.

Apesar de seu viés senequista, a demonstração, realizada por Roger Bacon no *Opus Majus*, de que a ciência prática é a ciência moral e civil sustenta fortemente a posição ciceroniana de João de Salisbury:

> Pude mostrar, nas partes precedentes, que o conhecimento das línguas, da matemática e da perspectiva, assim como da ciência experimental, é extremamente útil e particularmente necessário para a busca da sabedoria. (...) Agora, gostaria de debruçar-me sobre as raízes da quarta ciência, que é melhor e mais nobre do que qualquer outra antes mencionada; é a ciência prática que, de todas, é a operativa, consistindo em nossas ações nesta e na outra vida. De fato, todas as outras ciências são ditas especulativas. Pois, embora algumas sejam ativas e operativas, ainda dizem respeito a ações artificiais e naturais, não a ações morais; elas consideram as verdades das coisas e das atividades científicas que se referem ao intelecto especulativo, sem relacionar-se às coisas que pertencem ao intelecto prático. Ademais, é chamada prática por orientar a *praxis*, isto é, a operação do bem e do mal, (...) por causa das principais

---

ponderado aquilo que é natural no intelecto, o que é produzido naturalmente pelos melhores intelectos, pelos grandes poetas, oradores e historiadores da Antiguidade clássica deve se tornar exemplo infalível do uso da lógica" (Miller, p. 145). Por essa razão é que Abraham Fraunce ilustrou sua *Lawiers Logicke* (1588) a partir de *The Shepheardes Calender* (W. G. Crane, *Wit and Rhetoric in the Renaissance*, p. 56). "Lê Homero", disse ele, "lê Demóstenes, lê Virgílio, lê Cícero, lê Bartas, lê Torquato Tasso, lê aquele digníssimo ornamento de nossa língua inglesa, a Arcádia da Condessa de Pembroke, e aí encontrarás o verdadeiro impacto da Lógica natural, fundamento daquela artificial" (Miller, p. 145-46). Essas doutrinas não exerceram grande influência apenas sobre a teologia e a filosofia, mas afetaram profundamente as formas e os temas da literatura inglesa. Por exemplo, a completa separação de estilo e conteúdo na retórica ramista contribuiu diretamente para aquele empobrecimento deliberado do imaginário poético ocorrido após a Restauração. Ao lado do inatismo cartesiano, ela, na melhor das hipóteses, ajudou a transformar em frivolidade a experiência imaginativa ou ilusória.

[9] McKeon não assinala qualquer outra influência: "A tradição pela qual a retórica se tornara uma disciplina de palavras, independente tanto da filosofia quanto da dialética, (...) fundamentou muitas das primeiras teorias da física e da matemática, e a lógica simbólica, embora indiferente ao seu passado, ainda repete os elementos dessa herança; (...) ademais, a filosofia política nunca perdeu o movimento retórico de que retirou sua concretude e sua praticabilidade modernas" ("Rhetoric in the Middle Ages", p. 31).

operações humanas que estão relacionadas às virtudes e vícios, assim como à felicidade e à miséria na vida próxima.[10]

Talvez a forma mais eficiente de ilustrar a poderosa continuidade do conceito ciceroniano de sabedoria eloquente seja indicando a longa tradição dos manuais do estadista. Muitos deles são citados por L. K. Born no útil texto introdutório que escreveu à tradução da *Educação do Príncipe Cristão*, de Erasmo. "Não há dúvidas de que existe uma linha de sucessão contínua, a qual vai da época de Isócrates, com seu *Ad Nicoclem*, ao século XX" (p. 99). Infelizmente, Born não percebeu que o conceito de *doctus orator* é o que de fato dá consistência à tradição. Assim, Platão e Aristóteles, sobre quem ele se debruça gratuitamente, não encontram lugar na discussão principal, ao passo que Maquiavel é conscientemente o antípoda da tradição. Não há indício melhor do conhecimento que Maquiavel tinha da tradição ciceroniana e do deliberado desprezo que sentia por ela do que o *Contre-Machiavel* de Gentillet (trad. Simon Patericke, 1577), obra que traz o ideal de educação principesca tradicional, baseado na moralidade e na sabedoria eloquente.[11] Os maquiavélicos desdenhavam da eloquência cívica ou pública e favoreciam o estilo críptico ou sucinto que M. W. Croll estudou para nós. Assim, como veremos, as disputas estilísticas de Ramée e Nashe baseiam-se em uma radicalíssima oposição de pontos de vista.[12]

---

[10] McKeon, *Selections*, II, p. 81-82. Aqui, Roger Bacon expressa perfeitamente as visões de Francis Bacon. Os *Ensaios ou Conselhos Civis e Morais* se fundam completamente sobre as cores do bem e do mal. No terceiro capítulo do sexto livro do *De Augmentis*, o qual diz respeito aos "fundamentos e ofícios da retórica", Bacon aborda essas cores de modo completamente pertinente à compreensão de seus ensaios (*Works*, IV, p. 454 ss). Em *The Advancement of Learning*, ele chama a retórica de arte das artes (Everyman's Library, p. 66), uma vez que "Salomão disse: *Sapiens corde appelabitur prudens, sed dulcis eloquio majora reperiet*, indicando que a sabedoria profunda ajudará o homem a ganhar nome e admiração, mas que é a eloquência que prevalece na vida ativa" (Everyman's Library, p. 146). O importante é reconhecer que essa visão existiu ininterruptamente de Isócrates a Francis Bacon. Muitas vezes, por ficar constrangido pela falta de originalidade de suas posições, Bacon parece manifestá-las de maneira confusa.

[11] Ver a tradução de Patricke (1608), p. 1, 12-13, 34, 189-90, 240-42, 309, 366. [No manuscrito hológrafo, esta nota prossegue desta maneira. - N. E.] Gentillet defende os Pais e a Igreja medieval contra a acusação de hostilidade à literatura feita por Maquiavel (p. 112).

[12] Born nada consta no que diz respeito a essas questões, sendo incapaz de perceber como o *Gargântua*, de Rabelais, é ao mesmo tempo um golpe contra

Os tratados que Woodward publicou sob o título *Vittorino da Feltre and Other Humanist Educators* (Cambridge, 1921) ajudam a retratar o ideal ciceroniano de eloquência. Vittorino e os outros sucessores de Petrarca são unanimemente patrísticos. Os Pais certificam seu ciceronianismo e, em geral, o modificam consideravelmente: "O tratamento puramente imitativo de Cícero não era o objetivo de Barzizza e dos outros estudiosos que ele tipifica, como Zabarella, Vergerio e Vittorino. No mais amplo sentido possível, esses homens propuseram a reconciliação do ensino antigo com a vida, o pensamento, e o Estado cristãos de seu tempo; eles não sonhavam com uma reprodução morta do passado".[13] Nada indica mais as afinidades patrísticas de Vittorino do que sua aversão à dialética, exceto quando esta é uma preparação incidental à retórica (p. 60). Do mesmo modo, Eneias Sílvio nos exorta a "tomar cuidado com os lógicos que dedicam tempo e ingenuidade a sutilezas verbais, e em cujas mãos a lógica não é algo de uso vivo, mas de morte intelectual. Haveis de recordar que Cícero censurou Sexto Pompeu por dedicar-se em demasia à Geometria, afirmando que tempo demais, em sua época, era gasto com o Direito Canônico e a Dialética, (...) a qual afasta nossas energias de atividades fecundas e é indigna do verdadeiro Cidadão" (ibidem, p. 153).

---

os dialéticos e uma defesa do conceito ciceroniano de educação principesca. De fato, a *Utopia* de More pertence a essa tradição tanto quanto o *Governour*, de Elyot; o *Courtier*, de Castiglione; o *Scholemaster*, de Ascham; ou o *Faerie Queene*, de Spenser. Nesse contexto, torna-se relevante para o esclarecimento da tradição ciceroniana o *Doctrine of the English Gentleman in the Sixteenth Century*, de Ruth Kelso.

Ainda assim, Born, ao traçar a história dos manuais principescos, confirma inconscientemente a integridade da tradição enciclopédica. Isidoro de Sevilha e Alcuíno contribuíram para essa literatura (p. 102-04); Pedro Damião e João de Salisbury foram representantes notáveis (p. 109-14); e o *De Eruditione Filiorum Nobilium*, de Vicente de Beauvais, é um exemplo clássico (ed. A. Steiner. Cambridge, Massachusetts, 1938).

[13] Woodward, op. cit., p. 10. Ver também p. 21, 27, 67 e 185 para informações sobre a posição de Vittorino como patrístico. A incapacidade de Woodward de ver a tradição patrística em ação pode ser facilmente desculpada quando notamos que, quarenta anos depois, muitos especialistas na área ainda a ignoram. Leonardo D'Arezzo, definindo o verdadeiro aprendizado e a verdadeira eloquência, ataca os dialéticos: "O verdadeiro aprendizado, digo, e não um mero conhecimento daquele jargão vulgar e gasto que satisfaz os que se dedicam à teologia; ou seja, o conhecimento das realidades – Fatos e Princípios – unido à perfeita familiaridade com as Letras e a arte da expressão. Essa combinação nós encontramos em Lactâncio, em Agostinho ou em Jerônimo (...)" (ibidem, p. 123-24). Os Pais são os protótipos do *doctus orator*, o estadista de Cícero.

Esse conceito de cidadão inteiramente equilibrado, o indivíduo versátil e enciclopédico que todos os historiadores atribuem ao ideal renascentista, nada mais é do que o orador ideal de Cícero:

> Resumindo o que me empenhei para propor. Aquele alto nível de educação ao qual inicialmente recorri deve ser alcançado apenas por quem muito viu e muito leu. O Poeta, o Orador, o Historiador e o restante: todos devem ser estudados, todos contribuem com seu quinhão. Nosso aprendizado é, portanto, completo, preparado, variado e elegante, tornando-nos prontos para agir e discursar sobre todos os temas. No entanto, para que sejamos capazes de usar com eficácia o que sabemos, devemos acrescentar ao conhecimento a capacidade de expressão.[14]

Na formação do príncipe ideal, e a exemplo de Roger Bacon, Eneias Sílvio coloca a filosofia moral acima das ciências matemática e física: "Corremos o risco de, em nosso interesse pelos objetos naturais ou externos, atribuirmos lugar inferior àquelas coisas mais ricas que dizem respeito ao caráter e à ação" (ibidem, p. 156).

Abordando a questão de como a retórica pôde despertar o interesse da maioria no século XVI, torna-se fundamental considerar o fato de que o ideal ciceroniano necessariamente dava preferência, na educação, às formas de alcançar a eloquência. Afinal, a eloquência era indispensável para o administrador e para o príncipe. Nós já tivemos a oportunidade de ver que esse conceito de aprendizado foi valorizado ao longo de toda a Idade Média, uma vez que fora batizado por Santo Agostinho e inserido no cerne da cultura patrística. Dessa maneira, o século XVI esteve longe de redescobrir o conceito ciceroniano, embora os novos desenvolvimentos comerciais tenham ampliado enormemente o escopo de sua aplicação.[15] A declaração de L. K. Born acerca da

---

[14] D'Arezzo, ibidem, p. 132.

[15] É excelente o resumo que Samuel Daniel faz das formas pelas quais a crescente comercialização da sociedade aprimorou as avenidas educacionais que conduziam ao poder: "Uma época não da virilidade anterior, mas mais sutil, liberta em conceitos mais abertos. (...) Uma época em que teve início grande melhora da soberania, em que mais passou a ser realizado pela inteligência do que pela espada; encontros iguais e justos: entre estados, na força, e entre Príncipes, na suficiência. O início de um novo mundo, que estranhamente alterou os costumes deste (...) pela geração de infinito Tesouro e que abriu um mais amplo caminho à corrupção, pela qual os Príncipes muito ganhavam sem suas espadas. (...) Embaixadores estrangeiros primeiro buscavam inteligências. Bancos Comuns foram edificados, a fim de lucrar e prover dinheiro

ideia do príncipe perfeito nos séculos XIII e XIV é na verdade aplicável a toda a Idade Média e a todo o Renascimento:

> No pensamento político dos séculos XIII e XIV, é o príncipe a figura ao redor da qual tudo gira. Isso enfatiza a visão particular do governo que é característica da época. Ademais, em consonância com a atitude do medievo, os autores desses séculos olhavam para o real à luz do ideal, não estando interessados em nada menos do que no modelo do príncipe perfeito.[16]

Maquiavel e Castiglione encontram-se ao fim de uma longa linhagem de escritores. Maquiavel ainda aguarda a erudição histórica que se faz necessária para colocá-lo em sua verdadeira perspectiva. A maioria dos autores reconheceu que sua satanocracia — ou sua violenta cisão entre natureza e graça, por meio da qual ele se encontra de acordo com Lutero e Calvino — é completamente cristã. Ou seja: como Hobbes, Swift ou Mandeville, Maquiavel não pode ser explicado senão nos termos da cultura cristã. Não há nada de pagão em seu ceticismo a respeito da natureza humana.[17] Na verdade, ele olhava para a natureza como se ela estivesse isolada da graça e fechada em si mesma, abandonada à interação de suas próprias forças destorcidas. No interior dessa ordem agonizante, porém, Maquiavel viu o príncipe ideal como alguém dedicado à ação política, imprimindo seu caráter no fluxo dos acontecimentos e vivendo apenas para a comunidade, que é a expressão única das leis integrais

---

para tais afazeres. Além de estranhas mudanças no Estado Eclesiástico: a religião passou a ser Atriz nos maiores esquemas da Ambição e da Intriga" (B. Alexander (ed.), *The Complete Works in Verse and Prose of Samuel Daniel*. Grosart, vol. IV, p. 77). Foi nesse mundo que os estudiosos e os mestres-escolas assumiram os ofícios da prudência civil. Ruth Kelso indica que, no século XVI, "o direito era, de todas as profissões, a mais adequada para os cavalheiros e para aqueles que desejavam ser cavalheiros" (op. cit., p. 51). Isso é essencialmente ciceroniano. As dificuldades encontradas na aplicação do ideal ciceroniano do estadista erudito à aristocracia feudal são evidentes em muitas acusações levantadas contra os que julgavam afeminados os estudos. Ver *Governeur*, de Elyot (Everyman's Library, p. 49 ss), *Tears of the Muses*, de Spenser (l. 79-90), e *Scholemaster*, de Ascham (p. 40).

[16] L. K. Born, "The Perfect Prince". *Speculum*, 3, 1928, p. 470.

[17] Ver J. Maritain, *True Humanism*, p. 95-96, 147 ss, 208, 220. J. Allen mostra como Marsílio de Pádua define a teoria do Estado de Maquiavel e Hobbes muito antes dos dois (F. J. C. Hearnshaw (ed.), *Great Medieval Thinkers*, p. 176-77). De maneira igualmente significativa, Wycliffe antecipa as mesmas teorias (p. 217 ss).

de nossa natureza agora decaída.[18] Muito da atitude do Antigo Testamento pode ser encontrado em Maquiavel – a atitude de confiança no príncipe como alguém que ajuda Deus a tirar o bem do mal, observando a violência cega e exacerbada dos homens. Se Maquiavel acabou por confundir a ação política com a mera técnica política, fazendo desta última um fim em si, não é algo que pode ser definido com facilidade. É necessário insistir apenas no fato de Maquiavel ser um anticiceroniano, e de maneira consciente. Ele não dá espaço à eloquência em sua educação, uma vez que não confia na capacidade que o homem tem de se deixar convencer por um raciocínio correto, ou até mesmo por qualquer raciocínio. O Estado deve forçar o homem a abraçar uma vida útil, livre da anarquia das paixões, e para isso a eloquência de nada serve.

Certamente, não é dessa maneira que são desenvolvidos os personagens do príncipe Hal e de Hamlet. Castiglione, porém, não pode ser visto como "fonte" de Hamlet, já que seus conceitos estavam universalmente em voga na sua época. Talvez seja possível afirmar, com justiça, que Castiglione foi a fonte de Sir Philip Sidney.[19] Por outro lado, ele certamente não desfrutaria do enorme prestígio de que desfrutou no século XVI se não fosse o porta-voz de um grande grupo. Hoby compara Cícero e Castiglione com certo detalhamento, afirmando, entre outras coisas: "Cícero, excelente Orador, em três livros de um Orador para seu irmão, criou um que jamais existiu e que provavelmente

---

[18] Ver *The Statecraft of Machiavelli*, de H. Butterfield.

[19] As correspondências óbvias entre Hamlet e Castiglione foram indicadas por W. B. D. Henderson no prefácio à edição da Everyman's Library que possui a tradução de Hoby (p. xiii-xvi). Ascham tinha em alta estima Castiglione (*Scholemaster*. Mayor, p. 119). Em *The Advancement of Learning*, Bacon une significativamente o conceito do cortesão ideal ao conceito do príncipe e orador: "Todavia, assim como Cícero, ao propor a ideia do orador perfeito, não deseja com isso dizer que cada pleiteante deve a ela satisfazer, também isso acontece com o príncipe e orador descritos como hábeis em tais disciplinas; o molde costumava ser feito de acordo com a perfeição da arte (...)" (Everyman's Library, p. 203).

Um dos testemunhos mais enfáticos a reconhecer o papel do príncipe na união da sabedoria com a eloquência é o *Papyrus Geminus*, publicado em Cambridge, no ano de 1522, como *Eleatis Hermathena Seu de Eloquentia Victoria*, um espetáculo em que a Eloquência, filha da Sabedoria que conta com a ajuda de César, Cícero e Sérvio Sulpício, implora nos Campos Elísios para que sua mãe seja libertada do cativeiro mantido por seus inimigos: nobres, mulheres, sofistas e juristas. A Eloquência leva a Sabedoria para a Inglaterra, onde Henrique VIII a saúda e o povo a admira. Henrique, de maneira um tanto semelhante a Jaime I, foi um príncipe erudito.

jamais existirá; Castilio, excelente Cortesão, em três livros de um Cortesão para seu estimado amigo, criou um que é difícil de encontrar (...)" (p. 3). O próprio Castiglione diz: "Satisfaço-me em errar com Platão, Xenofonte e M. Túlio (...) na imaginação de uma ventura comum perfeita, de um rei perfeito e de um Orador perfeito (...)".[20]

É perfeitamente natural, portanto, que Elyot dedicasse dois terços de seu *Governour* à discussão das virtudes que se tornariam as de um cavalheiro com autoridade na comunidade. É igualmente natural que um sistema educacional surgido no século XVI para fornecer membros à classe governante se preocupasse primeiramente com o "caráter" ou a conquista de virtudes sociais e políticas. É inútil repetir tanto a famosa insistência de Elyot na necessidade da eloquência quanto o seu projeto enciclopédico, destinado à satisfazer esse ideal tradicional. Talvez seja menos reconhecido o quão profundamente Elyot imaginou esse ideal à luz da tradição patrística – o que se percebe, por exemplo, diante de seu entusiasmo pela instituição de um príncipe cristão (*The Institution of a Christian Prince*, Everyman's Library, p. 48). Por fim, no intuito de focarmo-nos na grande influência da tradição retórica, precisamos apenas

---

[20] P. 13 (Everyman's Library). A ênfase elementar dada por Cícero ao fato de que o orador devia ser um amador versátil ou enciclopédico mesclou-se com a importante condição que Castiglione impôs ao cortesão, que precisa "abster-se tanto quanto for possível ao homem, sendo como rocha penetrante e perigosa, de excessos de curiosidade e de afetação, devendo (em novas palavras) sempre cobrir a arte com certa desonra e parecendo, em tudo o que fizer e disser, fazê-lo sem sofrimento e (supostamente) sem importar-se" (p. 46). Graças a Cícero, os hábitos da mitigação e da despreocupação diante de determinada façanha foram incorporados no código cavalheiresco do século XVI. Ver, em Hamlet:

> Vou servir de fundo para
> vosso brilho, Laertes. Minha inépcia
> fará luzir vossa arte, como a noite
> a uma estrela fulgente. (V, ii, 255-257)

Compare a fala de Hamlet aos protagonistas com Castiglione, p. 56-57. Compare seus gracejos com a p. 58. Compare, com a p. 71, seu cauteloso pavor ao acusar Cláudio. Tudo isso faz parte da prudência civil do príncipe ideal. Também é notável o fato de a doutrina retórica da conveniência adentrar a esfera do costume cortês, de modo a tornarem-se idênticos o decoro retórico e social: "(...) demos ao Cortesão o conhecimento de variadas coisas, desejando que possa muito bem variar seu colóquio e adequar-se àqueles da massa que o acompanham (...)" (p. 121). Acreditava-se que uma das funções do comandante aristocrático era "conservar a obediência civil, conquistando antes a boa vontade das classes mais baixas e depois a das classes mais altas" (Kelso, *The Doctrine of the English Gentleman*, p. 88).

recorrer à longa série de manuais dedicados aos aspirantes a estadistas,[21] escritos, em sua maioria, pelos retóricos profissionais da época: os mestres-escolas.

Debruçando-nos sobre o sermão medieval e renascentista, podemos encontrar um desenvolvimento mais abrangente da teoria e da prática retóricas. Comparativamente, as manifestações da retórica na literatura secular são muito escassas, ainda que a maior parte da prosa e da poesia vernácula dos séculos XVI e XVII seja colocada na balança. Isso se mostra um tanto natural se levarmos em consideração que a composição formal exigia uma educação formal e que a grande maioria das pessoas que recebiam treinamento formal pertencia a alguma ordem religiosa. Não há motivos, porém, para traçarmos uma linha entre a eloquência sermonária e a eloquência secular. Ainda que seus objetivos diferissem nitidamente – o que nem sempre ocorria –, seus métodos eram os mesmos: as mesmas técnicas retóricas de invenção, de disposição, de amplificação, o mesmo emprego da eloquência no sermão, no épico e no panfleto.[22] Desse modo, um retórico como Donne podia com facilidade trocar a poesia

---

[21] Ruth Kelso lida com eles, p. 118 ss. Obviamente, o *Euphues* de Lyly tem lugar de destaque na lista. Ela não inclui o *Ludus Literarius* de Brinsley, cujo conselho sobre a redação temática é assinalado em função das finalidades ciceronianas da educação: "Julgo ser esta a principal finalidade de promover Temas: oferecer aos estudiosos toda a reserva de questões refinadas, de modo que, assim, aprendam a compreender, falar ou escrever acerca de qualquer Tema comum, Moral ou Político – como os que geralmente figuram no discurso dos homens e nas práticas da vida –, especialmente a respeito das virtudes e dos vícios" (Reimpressão: Londres, Compagnac, 1917, p. 172).

[22] Os impactos de teor especialmente panfletário de muitos sermões dos séculos XVI e XVII já foram observados com frequência. Mitchell [em *English Pulpit Oratory*] menciona os vívidos efeitos encontrados em Henry Smith (p. 212) ao mesmo tempo em que reconhece sua semelhança com Santo Agostinho. A explicação para o fato é simples: os panfletistas elisabetanos recebiam o mesmo treinamento dos pregadores ou dos dramaturgos. Além disso, como veremos em Nashe, seus panfletos têm objetivos essencialmente morais, uma vez que a retórica era inseparável das "cores do bem e do mal" e da *laus et vituperatio*. O *exemplum* há muito vinha sendo usado como importante recurso retórico, fosse na forma da *chria* ou na forma mais longa encontrada no *Pardoner's Tale*, de Chaucer. (Ver Baldwin, *Medieval Rhetoric*, p. 234-36, 245-47, para indícios do grande espaço dado aos *exempla* nos manuais sermonários.) A forma do *exemplum* permitia o uso de muitas figuras retóricas, incluindo a caracterização e a *prosopopoeia*. Crane demonstrou vastamente a natureza inseparável do caráter e do discurso moral (*Wit and Rhetoric*, p. 132-61). Essa união de interesses se aplica tanto a Nashe quanto a Overbury, Addison, Johnson, Crabbe ou Jane Austen. Com a substituição da ética sentimental ou racional, o caráter necessariamente desapareceu. Desse modo, Mitchell se equivoca acerca da função do caráter no sermão (p. 215-21).

pelo púlpito ao final da vida; e, pela mesma razão, Lyly e Nashe podiam ser ávidos ouvintes de Henry Smith.²³

> O problema da invenção sermonária ou da obtenção de matéria adequada ao discurso depende muito de se o pregador preferia as formas exegéticas patrísticas ou escolásticas. O método de composição de Donne, de acordo com o que descreve Walton, era patrístico (Temple Classics, I, p. 79). Ou seja, ele ampliava seu texto por meio de um comentário gramatical livre, ou *enarratio*. Esse foi também o método de Menot e de muitos pregadores medievais e renascentistas. A amplificação do tema se dava de acordo com várias técnicas, como os *exempla*, a parábola ou *simile*, a *icon*, a *indicatio* ou autoridade, os provérbios e a *anaphora*. Esses métodos foram listados por Erasmo em seu *Ecclesiastes* e retomados por Sherry (Crane, op. cit., p. 99-100). As técnicas de amplificação medievais das *Artes Praedicandi* e da *Ars Concionandi*, na medida em que analisadas por Gilson (*Les Idées*, p. 94 ss), dão conta da mesma coisa, enfatizando a etimologia, a contrariedade, os exemplos contemporâneos, as autoridades concordantes e as mudanças da explicação literal à explicação alegórica ou tropológica, assim como a causa e o efeito.
>
> Pode parecer estranho o fato de os teólogos escolásticos, em especial os calvinistas, usarem frequentemente um método retórico que dividia e subdividia seus sermões. Contudo, nós já vimos os puritanos usarem a retórica na exegese, e assim torna-se necessário apenas recordar que Ramée arrancara a invenção e a disposição da retórica e lhes chamara de dialética. O texto é abordado a partir da análise das circunstâncias: quem, por quê, quando, onde e para quem; Baldwin cita o manual de Alain de Lille a respeito desse método (*Medieval Rhetoric*, p. 238). Gilson o contrasta especificamente com o sermão gramatical e o relaciona às categorias aristotélicas (*Les Idées*, p. 125-26). O exórdio, segundo demonstrou Miller, era desprezado por esses pregadores escolásticos (op. cit., p. 332-33, 340). Porém, após a explicação e a confirmação, o pregador puritano poderia usar figuras retóricas (p. 347-49). A confirmação, parte mediana do sermão escolástico, muitas vezes era uma *questio disputata* no exato sentido que a dialética atribuía ao termo (Gilson, op. cit., p. 135). Na Idade Média, a frequência de pregações a clérigos fez com que dois modos de divisão textual surgissem até mesmo no lado escolástico: um, exotérico; o outro, esotérico (ibidem, p. 113).

²³ Nashe diz sobre Smith: "Daí se deu que fostes tão plausível no púlpito que, antes de tomadas as trilhas ásperas da teologia, refinastes, preparastes e purificastes vosso espírito com a doce Poesia" (*Works*, 1.193.4-7). Mitchell observa que "Smith partilhava por completo o deleite que sentia Donne diante da alegoria e da especulação cabalística" (p. 149). Obviamente, Smith estava em terreno patrístico, sendo, portanto, apreciador da poesia definida por Boccaccio em sua *Genealogia Deorum Gentilium*. Até mesmo na Comunidade da Inglaterra – em Oxford – a exegese e oratória patrísticas floresceram. Harris foi elogiado porque "todos os traços particulares de Nazianzeno, Basílio, Crisóstomo, Agostinho, Ambrósio e Bernardo pareciam vir a seu encontro. Ele ensinou à Retórica nossa língua materna (...)" (Mitchell, p. 118). Como já demonstramos, a pregação puritana tendia a adotar os métodos escolásticos e o estilo simples. O longo tratamento dado por Perry Miller ao tema é conclusivo (op. cit., p. 331-62). Ver, de modo especial, sua análise dos *Five Sermons in Five Different*

Ao falar de Michel Menot, Crisóstomo da França do século XVI e dono de uma retórica sermonária tão patrística e medieval quanto a de Donne, Gilson diz: *"Heureusement, nulle époque ne fut plus consciente que le moyen âge des fins qu'elle poursuivait et des moyens requis pour les atteindre: (...) et l'histoire littéraire aurait tout intérêt à chercher la clef de son art oratoire dans les* Artes Praedicandi *qu'il nous a laissés".*[24]

Encontramo-nos em um período em que Berengário de Tours, amigo de Abelardo, atacava São Bernardo por negligenciar as regras da retórica em seus sermões.

> O imperdoável crime de São Bernardo consistia em perpetrar uma mistura de gêneros literários. (...) Havia pessoas no século XII de tal maneira tomadas pela retórica, tão repletas da *Ars Poetica*, que diante do misticismo de São Bernardo não conseguiam formular nenhuma pergunta melhor que esta: esses sermões foram compostos de acordo com as regras? (...) O Cântico é uma canção nupcial, uma canção de alegria; portanto, uma oração fúnebre não deve a ele se misturar.[25]

Styles (1656), de Wright, indícios mais diretos ou convincentes do reconhecimento integral não apenas das diferentes aplicações da técnica retórica, mas também dos pressupostos teológicos por trás de cada uma (p. 333-37).

[24] "La Technique du Sermon Médiéval", in: *Les Idées*, p. 95-96. Gilson examina (nota 2, p. 96) as pesquisas sobre o assunto e as considera completamente falhas. O ótimo trabalho de G. R. Owst só veio a público depois. [*Literature and Pulpit in Medieval England*, de Owst, teve sua primeira edição publicada em 1933, um ano depois da primeira edição da obra de Gilson mencionada. - N. E.] Owst, porém, é vago a respeito da teoria retórica das *artes praedicandi*, e, ao concentrar-se demasiadamente nas correspondências e nas antecipações apresentadas por obras aparentadas da literatura vernacular, mostra-se incapaz de apreender o jogo, mais amplo, que se encontra por toda parte. Afinal, como demonstra Gilson: *"Lire un sermon du moyen âge sans avoir présenté à la pensée toute cette technique, et sa raison d'être, c'est se condamner à n'y comprendre absolument rien"* (p. 104). Ver também a p. 149. Estimulado por Gilson, Th.-M. Charland editou várias dessas *artes* (*Artes Praedicandi*. Paris, 1936).

[25] Gilson, *The Mystical Theology of St. Bernard*, p. 168. Considerem, também, a cuidadosa atenção ao decoro retórico que orientou Dante. Em seu *De Vulgari Eloquentia*, Dante define a poesia como "apenas uma ficção retórica musicalmente elaborada [*fictio rhethorica musice composita*]" (livro II, cap. iv); além disso, ele menospreza a obra daqueles que pouco tragaram a retórica (ver também o *Convivio*, II, 12, 14, 15; IV, 8). Ao citar a *Retórica* de Aristóteles (livro III) em sua décima epístola, Dante chama de proêmio o início de seu poema e mostra, também, como o poeta e o orador precisam ter muita coisa em comum. Gelli, lecionando sobre Dante em 1562, resume com aprovação a famosa carta de Dante a Cangrande: "Mais uma vez, ele mostra que a Comédia difere da Tragédia no estilo de sua expressão, sendo a linguagem da Tragédia elevada e inflamada e a linguagem da Comédia, natural e simples; daí, conclui: *Et per hoc patet*

A concepção ciceroniana do *doctus orator*, a qual forma a base do humanismo de João de Salisbury no século XII, é integralmente expressa por São Boaventura no século XIII:

> Se, porém, analisarmos a fala em função de sua finalidade, ela existe para expressar, instruir e convencer. Todavia, jamais expressa algo sem a mediação de uma forma, jamais ensina sem a mediação da luz da convicção, jamais convence sem a mediação da virtude ou do poder. (...) E, de acordo, Agostinho conclui que só é verdadeiro doutor quem consegue imprimir forma, infundir luz e oferecer virtude ou poder ao coração do ouvinte. (...) Desse modo, claro fica que é maravilhosa essa contemplação, por meio da qual Agostinho, em muitos livros, nos conduz pela mão à sabedoria divina![26]

No século XVI, Erasmo fala da função da retórica exatamente do mesmo modo: "(...) os mistérios da Fé devem o poder que exercem sobre o espírito e a conduta dos homens, em grande medida, à graça e eloquência de sua apresentação".[27]

---

quod Comoedia dicitur praesens opus. Nam si ad materiam aspiciamus, a principio horribilis et foetida est, quia Infernus; in fine prospera, desiderabilis et grata, quia Paradisus. Ad modum loquendi, remissus est modus et humilis, quia locutio vulgaris, in qua et mulierculae communicant; et sic patet, quia Comoedia dicitur (P. Toynbee, *Dantis Alagherii Epistolae*, p. xxxvii). As pesquisas sobre Dante ainda não começaram a explorar as implicações dessa doutrina estilística, a qual ele recebeu e aplicou com o mesmo cuidado literal dos poetas dos séculos XVI e XVII. No que diz respeito à expressão poética, os cânones críticos fundamentais de Addison e do dr. Johnson diferem pouco – quiçá nada – daqueles de Dante e de João de Garlândia! Ver, por exemplo, *Spectator*, 285, e *The Lives of the Poets* (World Classics), I, p. 49-53, 152, 205, 212, 306-07, 310, 334. É digno de nota o fato de o crítico ideal de Addison ter como modelo o orador ideal de Cícero: um homem "com bom discernimento em todas as partes do saber".

[26] Wallis, *On the Reduction of the Arts to Theology*, p. 9. Como já indicamos, a ideia, formulada por Cícero, da união entre sabedoria e eloquência não foi reduzida de forma alguma por Santo Agostinho.

[27] Citado por W. H. Woodward, *Erasmus Concerning Education*, p. 124. Embora Erasmo esteja falando da linguagem das Escrituras, reiterando o que havia sido e continuaria a ser um lugar-comum, Woodward não aprova esse ideal e parece ignorar sua ancestralidade. Ele cita Erasmo falando sobre os usos seculares da retórica: "Minha maior aceitação encontra-se reservada ao poema retórico e à oratória poética; (...) a arte retórica deve transpirar pelo poema". Ele comenta: "Está aí a perversa influência de Lucano" (loc. cit.). Porém esse era o ideal poético da Europa do século XVI. Woodward observa que, na catedral de São Paulo, Colet exigia a eloquência como resultado característico da erudição (loc. cit.).

No século XVII, os pontos de vista sustentados por Donne acerca do estilo adequado às Escrituras e do estilo adequado à pregação são os mesmos:

> Não há, no mundo, livros tão eloquentes quanto as Escrituras. (...) O estilo das Escrituras é um estilo diligente e artificial, e grande parte dele encontra-se em composição musical, métrica, cadenciada, em verso. (...) Assim, quis o Espírito Santo falar por aqueles Instrumentos que escolheu para a redação das Escrituras, e assim falaria pelos que envia para a pregação: ele colocaria, neles, o cuidado pela comunicação da palavra de Deus, com consideração, com meditação, com preparação, e não ao modo bárbaro, repentino, eventual, extemporâneo, capaz de desmerecer a dignidade de tão magnificente serviço.[28]

No entanto, Donne teria concordado com Erasmo, para quem o sermão difere da alocução secular por ter como fim o ensino, e não o deleite.[29] Isso

---

[28] Citado por Evelyn Simpson, *A Study of the Prose Works of John Donne*, p. 237. Donne chega até a buscar na retórica algumas das alegorias de seus sermões: "Se considerarmos os variados Tópicos e lugares de onde vem o infortúnio dos iníquos (...)" (Logan Pearsall Smith, *Donne's Sermons*, p. 189). E, de maneira mais generalizada: "Lá [no Paraíso], nossa curiosidade encontrará sua nobre satisfação. (...) Não passaremos de Autor a Autor, como na Escola de Gramática, nem de Arte a Arte, como na Universidade; porém, como aquele General que uniu todo o seu Exército, Deus fará de nós Doutores em um só minuto. Aquela imensa Biblioteca, os Livros das Criaturas em infinitos volumes, será levada para longe, (...) as próprias Escrituras serão levadas para longe, bem longe; nenhuma pregação haverá. (...) Saberei, e não apenas como agora sei, que uma Colmeia, que um Formigueiro é o mesmo Livro em *Decimo Sexto* que o Reino é em *Folio* (...)" (ibidem, p. 234). Esse é o método de amplificação por meio da alegoria ou da metáfora estendida. Para uma vasta seleção de opiniões semelhantes nos séculos XVI e XVII, ver Mitchell, op. cit., p. 197 ss. Henry Smith acreditava que "pregar é apenas não pregar de maneira rude" (Mitchell, p. 210).

[29] Mitchell apresenta os textos relevantes: p. 101 ss. Ver também *Les Idées*, de Gilson, para o fato de a eloquência sermonária necessariamente divergir dos objetivos da eloquência ciceroniana, muitas vezes alcançando, porém, uma vida própria e fortemente organizada (p. 149). No entanto, esse fato não é solapado de forma alguma pelo projeto ciceroniano, uma vez que a educação enciclopédica era igualmente importante para o pregador e para o estadista (ver Mitchell, p. 156). As incessantes referências a Jaime, nos sermões jacobeanos, como o "Salomão britânico" são um tanto defensáveis à luz do ideal ciceroniano do príncipe erudito, modelo para a educação da época. Henry Peacham, em *The Valley of Varietie* (1638), afirma que devemos levar o jovem príncipe "à Escola de Retórica, para que eloquente se torne: (...) um bom Príncipe, valendo-se da Eloquência, pode com facilidade conservar o respeito e a ordem em seus súditos (...)" (p. 110).

talvez pareça contradizer a prática de Donne, mas a análise revelará que, assim como "os solavancos e quebrantamentos dos sermões de Andrewes" (ibidem, p. 175) são o resultado de seu interesse primeiro pela edificação realizada pela exegese, as complexas anáforas e alegorias de Donne são, antes, o comentário de um texto. O importante e ulterior fato que diferencia muitos sermões da prosa profana é o hábito de citar as Escrituras ou os Pais com frequência. O professor Gilson foi o primeiro a lançar sobre essa prática a luz que ela merece. Ela é uma técnica básica da exegese e da argumentação, que alcança, no sermão medieval, um grau de precisão notável. Assim como os Pais, por meio do acordo entre o Antigo e o Novo Testamentos, edificaram um Espelho da Fé, os pregadores medievais e renascentistas utilizavam o acordo entre textos como técnica exegética.[30]

Donne é um tanto claro acerca dos objetivos retóricos da pregação. Sua intenção era dispor seus efeitos retóricos de modo a "embaraçar o entendimento, deslocar, descompor e desordenar o juízo, (...) ou então esvaziá-lo de noções prévias e abalar a crença que ele mesmo possuíra; em seguida, quando estiver assim fundido e pronto para ser colocado em novos moldes, quando estiver, desse modo, mais maleável, prensar e imprimir, nele, novas formas, novas imagens, novas opiniões" (Mitchell, p. 191). Aqui, Donne exprime o conceito estilístico ático, ou anticiceroniano, adotado pelos senequistas. Suas palavras descrevem os objetivos estipulados por Montaigne e Bacon em seus ensaios. Em *The Advancement of Learning*, Bacon contrasta as duas formas de transmissão de conhecimento a partir das técnicas do aforismo e do método ordenado:

> Todavia, a escrita por meio de aforismos possui muitas e excelentes virtudes, inalcançáveis pelo Método. Em primeiro lugar, ela põe à prova o autor a fim de saber se é superficial ou sólido; pois o Aforismo, exceto se ridículo, não pode ser feito senão do âmago e coração das ciências; o discurso de ilustrações é eliminado; a récita de exemplos é eliminada; o discurso do vínculo e da ordem é eliminado; as descrições práticas são eliminadas (...). Por fim, os Aforismos, representando um conhecimento incompleto, convidam os homens a investigarem ainda mais, enquanto os Métodos, a tudo expon-

---

[30] *Les Idées*, p. 156-59. Os exemplos da técnica realmente precisam ser estudados antes de serem apreciados.

do, deixam seguros os homens, como se já alcançassem o limite. (Everyman's Library, p. 142)

Tanto Montaigne quanto Bacon fizeram concessões, adotando gradualmente exemplos, autoridades e descrições, mas ainda persistindo na intenção original de empregar um estilo aforístico que desviasse a mente de seus percursos costumeiros.[31]

Que Donne era um senequista consciente é algo admitido por Mitchell quando ele menciona sua peculiar devoção à postura de Tertuliano (p. 108), durante muito tempo chamado de "nosso Sêneca" pelos cristãos. Contudo,

---

[31] M. W. Croll dedica seu "Baroque Style in Prose" à análise dos efeitos desejados pelos estilistas áticos: "O período anticiceroniano era às vezes descrito, no século XVII, como uma época 'dinamitada' (...). Eis, como exemplo, uma conclusão de Sir Henry Wotton, a qual é expressão típica da arte política da época:

> Os homens devem tomar cuidado para não descerem lugares íngremes com corpos pesados; uma vez em movimento, *suo feruntur pondere*; os passos deixam então de ser voluntários.

Os elementos desse período se afastam muito mais uns dos outros do que o fariam em uma frase ciceroniana; não há qualquer conectivo sintático entre eles, sendo necessários os pontos e vírgulas ou os dois pontos para sua adequada pontuação. Na verdade, parece-nos que o período foi cindido por uma explosão vinda de dentro" (*Studies in English Philology*, p. 429-30).

É fácil perceber como o aforismo era indispensável a essa forma de composição empregada por Bacon, Burton, Donne e Browne. É igualmente importante reconhecer que, assim como a retórica, o estadismo – ou a teoria política – era o sustentáculo do estilo ático. Segundo afirma Croll: "A negligência da construção poderia às vezes ser tomada como um mero desdém pela arte ou como o desprezo pela forma; além disso, é de fato verdade que Montaigne e Burton, ou até mesmo Pascal e Browne, se deixam levar a uma liberdade demasiadamente licenciosa pela aversão à formalidade. Contudo, até mesmo as suas extravagâncias possuem um motivo, expressando uma crença que é ao mesmo tempo filosófica e artística. Seu objetivo era retratar não um pensamento, mas uma mente que pensa ou, nas palavras de Pascal, *la peinture de la pensée*" (ibidem, p. 430).

Desse modo, o "período curto", a assimetria dos elementos, as mudanças repentinas da declação direta à declaração metafórica, ou então de uma metáfora a outra, são os frutos de um estilo "que tem sempre o aforismo, ou *pensée*, como forma ideal (...). Em suma, é um estilo senequista (...)" (ibidem, p. 435).

O anticiceronianismo de Gabriel Harvey está explicitamente vinculado a essa forma de composição: "As melhores inteligências preferem o vago período do mestre Ascham ou de Sir Philip Sidney à mais engenhosa página de *Euphues* ou *Pap-hatchet*" (Gregory Smith, *Elizabethan Critical Essays*, II, p. 274). Harvey pode parecer inconsistente. Como Ascham poderia ser considerado anticiceroniano e *Euphues* não? As respostas serão fornecidas adiante.

Mitchell negligencia todo o propósito da retórica de Donne ao lamentar: "(...) em certa medida, essa característica teve reflexos adversos em sua prosa, e, mesclada com uma predileção por Tertuliano, Agostinho e até mesmo Sêneca, tornou-o indiferente ao cultivo de um estilo fluido".[32]

---

[32] Mitchell, op. cit., p. 183. Ver também as p. 189-90. Graças a uma completa incapacidade de distinguir os objetivos conflitantes da cultura patrística e escolástica no interior da Igreja medieval e, portanto, no Renascimento, Mitchell perpetua e intensifica a confusão da srta. Ramsay (*Les Doctrines Médiévales Chez Donne*) e da srta. Simpson. É possível retificar seus erros de interpretação apenas indicando o significado de suas próprias declarações. Por exemplo, a srta. Simpson cita a srta. Ramsay para assinalar que a filosofia de Donne, longe de ser escolástica, "tem natureza amplamente neoplatônica. (...) Foi por meio de Santo Agostinho, Gregório de Nissa, o pseudo-Dionísio e outras fontes cristãs que as ideias neoplatônicas foram assimiladas por Donne e por outros estudantes da teologia" (op. cit., p. 90). Isso quer dizer que, como praticante da exegese gramatical, Donne é um perfeito teólogo patrístico. Sua educação jesuítica confirmaria esse fato por si só. Obviamente, ele conhecia os escolásticos, mas nunca chegou a confundir as duas tradições como fazemos hoje.

Quando forem compreendidas todas as implicações dessa distinção elementar, ficará claro que a tarefa que se encontra diante dos pesquisadores modernos não é senão a de reformular todas as histórias da literatura europeia desde o século XV. A "era de ouro" da literatura espanhola, por exemplo, é uma expressão da retórica e da exegese patrísticas. Assim, esse trabalho sequer pode ter início se essa expressão não for encarada como uma elementar revolta metodológica e estilística, sendo então vista de acordo com a perspectiva medieval. Valendo-se das atuais certezas históricas acerca da propagação do gongorismo, do conceptismo e do barroco da Espanha e da Itália para a França e a Inglaterra, Mitchell chega ao ponto de afirmar: "O que a Itália aprendeu com a Espanha, nesse aspecto, foi a recorrer a certos autores patrísticos e medievais que estimavam determinados recursos, os quais eram então imitados; tal como os pregadores ingleses (...), etc." (p. 137). Afora a hipótese de uma homogeneidade medieval nesse aspecto, todo o problema é distorcido pela suposição de um embelezamento puramente estilístico.

CAPÍTULO 4

Thomas Nashe

A. Gramática

Thomas Nashe

....

O uso de Nashe como teste para a história do trivium que McLuhan traça se dá por meio da tese de que o conflito entre Nashe e Gabriel Harvey é análogo ao confronto entre a escola de Erasmo e os partidários da escolástica. Motivado por sua visão das artes interdependentes do trivium, McLuhan levanta uma enormidade de questões interessantes, propondo razões que explicam por que não importa se Nashe desconhecia diretamente os textos de Rabelais que sua obra tantas vezes evoca; por que Nashe agia com cautela (o que não acontecia); e por que Nashe jamais opinou explicitamente sobre a teologia patrística (era desnecessário e perigoso).

A retórica ramista (a "reductio ad absurdum ramista"), observa McLuhan, representou uma grande vantagem para os racionalistas, "pois, uma vez removidas todas as figuras do texto, ele poderia significar tudo ou nada". Deixando novamente de lado um intrigante vínculo com o pós-modernismo, essa descrição insinua que os ataques realizados contra as obras de Nashe por seus inimigos se assemelham a leituras desinformadas do autor, como aquela de McKerrow. Ambos ignoram a força coesiva de seus trabalhos, chamada por McLuhan de "textura quase ininterrupta de implicação patrística". Nashe, por sua vez, atacou Ramée nominalmente e condenou a separação entre palavras e conteúdo por ele defendida. Nashe tinha plena consciência da antiga disputa e estava completamente posicionado, mas essa contenda ultrapassa as fronteiras entre a teologia do catolicismo romano e a teologia protestante, tal como observa McLuhan.

Como estilista, e a serviço da sátira, Nashe mesclou o estilo refinado e imagens baixas. Com o mesmo objetivo, formulou etimologias fantásticas e parodiou os absurdos etimológicos propostos pelos dialéticos, que acreditavam que a gramática não era empírica, mas especulativa. McLuhan menciona esses fatos aqui, reservando para seu capítulo final as questões mais complexas da retórica.

A nota 19 explica por que Nashe desprezava o estilo simples; para isso, faz referência à técnica, derivada de Ramée, pela qual "[o] retórico apenas reduzia todas as figuras de um texto, proferindo uma declaração abstrata simples que era tão útil em uma língua quanto em outra". Na versão datilografada da tese, esse comentário manuscrito de McLuhan resume a questão e aviva o problema, valendo-se do próprio uso retórico da terminologia: "conceito vs. percepto"; a isso acrescenta-se uma expressão que recorda que, no problema abordado, a teologia é inseparável do estudo da linguagem: "a heresia da paráfrase".

– O editor

Aqui, apresentamos Nashe como uma espécie de teste para o estudo anterior. Se um autor tão reconhecidamente excêntrico e original vier a ser mais bem compreendido à luz do que já foi exposto, a utilidade desta pesquisa para a compreensão de outros autores do mesmo período estará razoavelmente garantida. Nesta seção, portanto, meu objetivo é atacar de frente o problema mais obscuro e importante relacionado a Nashe: sua contenda com Harvey. Devo mostrar que a briga entre ambos é completamente compreensível em função de muitas das grandes questões que contrapuseram Reuchlin, Erasmo, Agripa, More, Rabelais, Aretino e Von Hutten à massa de escolásticos contemporâneos. Também será indicado que a controvérsia de Martin Marprelate faz parte da mesma contenda. Como, nos últimos anos, foram poucos os que compreenderam a natureza exata das disputas entre Erasmo e os escolásticos, não surpreende muito o fato de a disputa entre Harvey e Nashe permanecer irresoluta. No entanto, foi necessário mais do que isso para que o fundamento da oposição entre Nashe e Harvey fosse percebido. É indispensável ao menos uma compreensão geral do lugar ocupado por Ramée no lado calvinista. Embora a admirável erudição de McKerrow não abordasse essas questões, ele deu forma acessível a muitos indícios pertinentes, de modo que será possível lidar com todo o problema de maneira relativamente breve.

Como comprovação dos tipos de dificuldades que atrapalharam nossa compreensão do tema, vale a pena reproduzir aqui a exposição geral de McKerrow:

> É inútil, para nós, tentarmos compreender agora a natureza exata da oposição entre Harvey e Nashe. Muitos fatores contribuíram para ela; diferenças religiosas podem tê-la ajudado; a inimizade entre os amigos e patronos de ambos pode ter transformado qualquer recuo em questão de honra; dezenas de razões menores, sobre as quais nada sabemos, podem ter elevado a violência da disputa. Porém, antes e acima de qualquer coisa, julgo ter existido aquela velha oposição entre o velho e o novo, entre a servidão e a independência, entre o preconceito e o direito do homem à consideração que suas

habilidades e façanhas mereciam. Assim, Harvey abraçou o futuro, e Nashe, o passado. (5.67)[1]

Debruçando-nos ordenadamente sobre essas afirmações, notemos primeiro que o desespero de McKerrow dificilmente é justificável, uma vez que todas as grandes controvérsias dos séculos anteriores podem ser reconstruídas para a contemplação do historiador. O erro de McKerrow foi supor que uma contenda puramente pessoal devesse ter as ramificações desta. Sua próxima declaração acerca das "diferenças religiosas" é vaga, pois ele não considerou que tais diferenças na interpretação bíblica envolveram, no século XVI, a gramática, a dialética e a retórica de modo muito íntimo. Quanto à inimizade entre os patronos, ela também dizia respeito ao *trivium*. McKerrow afirma: "Originalmente, a contenda entre Nashe e os Harvey parece ser um desdobramento da conhecida contenda entre Eduardo de Vere, o conde de Oxford, e Sir Philip Sidney, ocorrida em 1579 (...)" (5.73). O grupo ao redor de Sidney, formado por figuras conhecidas como Harvey, Spenser e Fraunce, era tão ramista em sua teologia e sua retórica quanto Sidney.[2] O italianizado conde de Oxford era um alvo óbvio para esses militantes puritanos. De todo modo, não foi por acaso que Lyly, cujo *Euphues* tem estilo claramente patrístico, se juntou a Greene e Nashe contra o ramista Harvey.[3]

---

[1] Todas as referências aos cinco volumes de McKerrow estão oferecidas entre parênteses [com pontos separando o volume, a página e o número dos versos]. Não há referências ao número de versos no quinto volume.

[2] Ver Hardin Craig, *The Enchanted Glass*, p. 146, 154-56. "O prestígio do ramismo na Inglaterra está vinculado àquele primeiro Sir William Temple (1555-1627), membro do King's College, Cambridge, tutor em lógica (1576-1585), secretário de Sir Philip Sidney (Sidney morrera em seus braços em Arnheim), secretário de Essex e, ao final da vida, reitor distinto e eficiente do Trinity College, em Dublin. (...) Em 1584, Temple lançou uma edição comentada da *Dialectica* e, nos anos seguintes, tornou-se um controversista tipicamente europeu, defendendo Ramée contra Aristóteles. Dizer que Sir William Temple foi ramista ou que Cambridge foi um centro ramista significa dizer que esse método de estudo especialmente prático e íntimo se tornou familiar para a importante geração que floresceu em Cambridge enquanto Temple esteve por lá" (p. 149). Craig desconhece a função exegética imediata da retórica e da dialética ramistas, e por isso ignora sua persistente relação com as questões mais violentamente contestadas à época. Já vimos que *The New England Mind*, de Perry Miller, compensa essa falha.

[3] Mais uma vez, aplica-se aqui a "regra" proposta já por Plínio. Sempre que Plínio é usado, temos por perto um teólogo patrístico. Antes de *Euphues* ter início, o ramista Wilson, em *Arte of Rhetorique*, condenou seu estilo por ser

patrístico e medieval. Ele está discutindo as figuras da *similiter desinens* e *similiter cadens*: "Santo Agostinho um belo dom possuía nesse aspecto, e ainda assim pensam, alguns, que ele deixou de lado a medida. (...) Todavia, eram tais as pessoas onde ele vivia, que muito se deleitavam com as frases rimadas, conhecendo a balada em Orações. (...) [A]ssim também com o fluido estilo e a farta sentença que, insinuando-se na elocução do menestrel, abordam as questões todas em rima (...)" (op. cit., p. 203). (A propósito, vale indicar que Wilson tinha ciência de que a balada medieval fora retirada do mesmo tecido estilístico do sermão da época. Os pesquisadores modernos da balada sofrem por não conhecerem historicamente a retórica.) Muito mais importantes para a contenda entre Harvey e Nashe são os ataques contra o estilo de Lyly e dos Pais realizados por John Hoskins em seu *Directions for Speech and Style* (Ed. Hoyt Hudson, Princeton, 1935). A exemplo de Fraunce e seu *Arcadian Rhetorike*, Hoskins esclarece suas figuras da *Arcadia*. Nesse aspecto, o próprio ataque de Sidney ao uso das comparações de Plínio só se faz compreensível se visto como o ataque de um retórico ramista às técnicas patrísticas de argumentação e embelezamento: "(...) como a força de uma comparação nada prova a um Disputador contrário", seu uso exige alguém "que mais cuidado tenha para falar curiosamente do que verdadeiramente" (Smith, *Elizabethan Critical Essays*, I, p. 203). Em seguida, ele ataca os cortesãos instruídos que acometem essa forma de eloquência, preferindo, em seu detrimento, o discurso natural ou simples. Note-se que ele não elogia o discurso simples, mas apenas opta por ele em vez do adorno patrístico. A chave para essa preferência é encontrada na distinção, feita por Ramée, entre a lógica natural e a lógica artificial. Ver Perry Miller, *The New England Mind*, p. 145.

Hudson diz o seguinte sobre a redução da retórica, por parte de Hoskins, a uma simples elocução e um simples proferimento: "Os dois tópicos de Hoskins correspondem exatamente àqueles da *Rhetorica* ramista de Omer Talon, (...) uma das fontes declaradas de sua obra; ao mesmo tempo, Johann Sturm, outro de seus mestres, escrevera uma obra dedicada apenas à elocução" (p. xvi). Quando chega à figura da *compar*, Hoskins indica Lyly como aquele que dela mais abusou (p. 16). Retomando-a, ele traz os exemplos: "(...) como em Santo Agostinho, mas muitas vezes também no Teólogo Gregório, no bispo de W. (...) e em muitas partes do *Euphues* (...)" (p. 37). São inquestionáveis, portanto, o fato de os recursos estilísticos de Lyly serem amplamente reconhecidos como patrísticos e o fato de eles não terem sido aprovados pelos retóricos ramistas. Mais indícios disso serão encontrados a respeito do próprio Nashe.

Em um de seus muitos ataques contra o ramismo dos Harvey, Nashe faz o velho mestre-escola de Gabriel dizer que detestava a *Gramática Latina* de Lyly (3.60.25-28): "Seu Mestre-escola jamais o ouvira analisar ou interpretar, mas gritou *O acumen Carneadum! O decus addite diuis!* e, então, jurou por Susenbroto e Talon que ele se mostraria, por seu conhecimento e profundo juízo, outro Fílon Judeu (...)" (3.64.8-12). A gramática de Lyly era, obviamente, parte do projeto de restauração – encabeçado por Colet – da "velha teologia", detestada pelos ramistas. Carnéades era o equivalente antigo do escolástico medieval. A retórica de Talon foi elaborada em parceria com Ramée. A piada acompanha uma referência a Fílon, que já vimos ser o fundador daquela teologia patrística, do método de exegese alegórica para cuja destruição Ramée forneceu um método. Nashe estava do lado de Fílon. Os motivos que levaram Nashe a tratar Harvey

A próxima declaração de McKerrow sobre "aquela velha oposição entre o velho e o novo" nos remete a fundamentos familiares, mas não era assim que McKerrow os compreendia, exceto no que diz respeito ao pensamento do século XIX. Ele provavelmente elencaria Erasmo, Rabelais e Agripa como parte do "novo", quando eles mesmos se viam como antigos. Nashe, admite, certamente estava ao lado de Erasmo e Agripa: "Tive a sorte de encontrar certas obras a que Nashe muitas vezes recorreu para obter seus fragmentos de saber clássico, como as *Parabolae* de Erasmo e o *De Incertitudine et Vanitate Scientiarum* (...)" (5.115). Do mesmo modo, McKerrow reconhece um vínculo obscuro entre Rabelais e Nashe; porém, enquanto Rabelais fora "sobretudo um homem de intelecto livre e original, apresentando, com o pretexto do gracejo, esquemas novos e precisos para a vida e o pensamento", "o que se dá com Nashe é o extremo oposto". Nashe era um homem "puramente convencional", sobre o qual se pode dizer que "jamais, independentemente do tema, parece ter pensado por si só" (5.130). Com uma incompreensão fundamental dos objetivos de Rabelais, dificilmente se poderia entender sua relação com Nashe, do mesmo como não seria possível compreender os intuitos do próprio Nashe. Sendo Rabelais um monge como Erasmo, lutando contra os dialéticos pela restauração da *grammatica* antiga, é questão de pouca importância se Nashe o conhecia diretamente.[4] O problema das "fontes" do método e do estilo de

---

como um bárbaro ou como um destruidor das artes e do aprendizado serão esclarecidos mais adiante.

Para que não se ache que Donato e Prisciano devem ser colocados ao lado de "Tomás de Aquino, de Escoto e do bolorento rifão do velho Donato" (Marston, *What You Will*, II, ii, 167), como se fossem igualmente escolásticos e bárbaros, devemos lembrar que as gramáticas de Lyly e Colet os haviam suplantado, pelo menos na forma em que apareceram nos séculos XIV e XV. Ver as famosas falas de Skelton em *Speke, Parrot*, nas quais ele fala em rachar a cabeça de Prisciano.

[4] McKerrow cita a passagem na qual Harvey parece insinuar que Nashe há muito se familiarizara com Aretino e Rabelais (5.98). Sem saber que ambos os autores estiveram profundamente envolvidos em uma controvérsia teológica, McKerrow se mostra incapaz de perceber a direção das observações de Nashe. Harvey ataca Nashe porque este buscara, em *Chrísts Teares*, "a Ceifa da mais madura *Teologia*". O fato de isso se seguir imediatamente ao "tão desesperado e abominável Panfleto *Strange Newes*" (*The Works of Gabriel Harvey*. Ed. Grosard. Londres, 1884, I, p. 273) é descrito, por Harvey, como exemplo da "política" maquiavélica da qual Nashe o acusara. A questão, proposta por McKerrow, de se Nashe teria compreendido Rabelais caso o houvesse lido (5.131) deve ser respondida afirmativamente. Tanto Harvey quanto Nashe conheciam muito mais do que McKerrow as intenções e os métodos específicos de Rabelais. Até

Nashe se desdobra numa questão muito mais ampla, a qual diz respeito aos seus objetivos como membro do grupo patrístico dentro da Igreja Anglicana. Nessa importante controvérsia, os oponentes de Nashe são prontamente designados como os membros do grupo calvinista, adeptos do método escolástico na teologia e de um esquema ramista rigoroso na dialética e na retórica.

Nesse sistema de referências, é possível perceber por que McKerrow julgou ser Harvey quem "abraçou o futuro e Nashe, o passado"; afinal, o grupo patrístico, embora alcançasse seu maior sucesso no período jacobeano, não sobreviveu. É por isso que é tão difícil, hoje, compreender o que ele representava. No entanto, é um equívoco achar que, ao se opor a Harvey, Nashe parecesse reacionário a seus contemporâneos, uma vez que, no século XVI, Harvey parecia ligado ao escolástico Ramée, enquanto Nashe pertencia ao grupo dos antigos que defendiam a reformada teologia gramatical de Erasmo.

Uma das formas pelas quais Gabriel Harvey pode ser visto como alguém do futuro é mencionada por Hardin Craig:

> Uma característica que não deve ser esquecida acerca do estudo lógico e retórico realizado ao longo do Renascimento é seu vínculo com a doutrina do sucesso. Gabriel Harvey, cujas pinturas ambiciosas se fazem perceptíveis por sua vaidade, revela continuamente esse ideal acadêmico que era popular à época. O que se segue ele retira de "Smith": "A audácia, a eloquência e a postura vencedora conduzem ao sucesso". (...) Harvey acredita na união entre autoconfiança e política: "Um grão de crédito vindo de outrem e uma dracma de confiança em si mesmo são capazes de mover montanhas e Estados, tal como de operar milagres, se aplicadas politicamente com razoável discrição". Sê como a serpente e a pomba, como o cordeiro e o lobo, diz ele (...). Eis o que Harvey tem a dizer sobre Bruno: "*Jordanus Neopolitamus, (Oxonii disputans cum Doctore Vnderhil) tam in Theologia, quam in philosophia, omnia revocabat ad Locus Topicos, et axiomata Aristotelis; atque inde de quauis materia promptissime arguebat (...)*". Mais tarde, ele acrescenta: "Galante Audácia, esta jamais se deixa perturbar; sempre tem à vontade uma Língua e uma Mão".[5]

---

mesmo as passagens aleatórias que McKerrow retira de Harvey (5.85-86) provam seu completo ramismo. Harvey revela-se ousado e convida Nashe a juntar-se aos ramistas "em uma Era de Política e um mundo de Dedicação" (5.85).

[5] Craig, *The Enchanted Glass*, p. 140-41. Comparem essa passagem com aquelas que foram escritas por Harvey e citadas por McKerrow (5.85-86). Nelas, Harvey vincula explicitamente a "Era de Política" às "ambiciosas capacidades", anunciando em seguida seu apoio ao pragmatismo de Ramée e convidando Nashe a se juntar ao seu grupo. Uma passagem sobre o estilo de Harvey em

Hardin Craig não encontra problemas para demonstrar os explícitos elos que ligam essa doutrina do sucesso não apenas à lógica e à retórica, mas também a Maquiavel.[6] Por trás das zombarias que Greene dirige ao filho do cordoeiro, assim como por trás dos longos ataques de Nashe, encontramos o conflito da lógica, da retórica e da política tradicionais com os defensores ingleses de Ramée, Bruno e Maquiavel. Infelizmente, Craig não nos serve de auxílio aqui, pois não examinou o bastante as motivações contrárias do *trivium* do século XVI. Claramente admitidos em Oxford, Cambridge e Londres, o escopo e as linhas desse conflito estão sendo reconhecidos aos poucos. Desse modo, as obras da srta. Yates e da srta. Bradbook serviram ao menos para indicar uma disputa profunda e de múltiplas manifestações.[7] Contudo, não há

Have With You enfatiza a relação intencional entre sua filosofia e seu estilo: 3.42.15-44.37, 76.12-13. Em particular, os "vigorosos versos" e os "aforismos resolutos" (44.1-7). O vínculo com o "resoluto John Florio" não é acidental, mas ata essa disputa à controvérsia ático-ciceroniana.

[6] Na segunda epístola aos leitores de *Christs Teares* (2.179.13-180.16), Nashe é explícito ao acusar Harvey de praticar maquiavelismo ou "política". Ele ridiculariza suas pretensões prudenciais: 1.288.2-18, 327.15-30. (Ver Harvey, *Letterbook*, p. 70, em que ele diz a Spenser que alguns homens de Cambridge são tão "astuciosos" com Maquiavel quanto "os homens da universidade costumavam ser com os *parva Logicalia*". Esta obra de Pedro Hispano é uma referência à velha escolástica, que fora banida para dar lugar às novas doutrinas da *práxis* e do sucesso mundano. Veremos Nashe atacando, ao mesmo tempo, a política maquiavélica, Ramée e a "tolice abundante". Estes representam a nova escolástica, tal como acima sugere Harvey e como Nashe vigorosamente ressalta em *Foure Letters* (1.316.31-317.20). Veremos que a investida precisa de Nashe contra essa nova "tolice" é realizada por um homem completamente ciente do projeto clássico dos Pais, com suas implicações ciceronianas e enciclopédicas e seu amor por Plínio e pela exegese alegórica. Assim, quando Nashe zomba, por exemplo, do orgulho que Harvey sente diante do caráter informal e pessoal de suas famosas epístolas (1.296.26-34, 297.20-27), toda a filosofia que se encontra por trás desse estilo é atacada; do mesmo modo, a piada sobre o filho do cordoeiro é explicável em função dos métodos "heroicos" e "resolutos" da alta política.

[7] M. C. Bradbrook, *The School of Night*. Cambridge, 1936; F. A. Yates, *A Study of Love's Labour Lost*. Cambridge, 1936. Segundo indica a srta. Bradbrook (p. 16), a "escola" se aborrecia com os exegetas bíblicos que afirmavam que a interpretação literal era inspirada divinamente. Aos olhos dos racionalistas, claro, a retórica ramista era uma dádiva divina, pois, uma vez removidas todas as figuras do texto, ele poderia significar tudo ou nada. No entanto, é importante notar que a "escola" estava bastante ligada às disputas exegéticas em voga e a Ramée.

Na *Apologia*, Sidney declara especificamente sua posição ramista a respeito da exegese bíblica: "Certamente, até mesmo Cristo, nosso Salvador, pôde oferecer os lugares-comuns morais da falta de caridade e da humildade na forma

forma de esclarecer essa disputa que contorne o *trivium* e suas várias raízes na política e religião do século XVI. A tentativa, por parte dos ramistas ingleses, de revolucionar a gramática, a lógica e a retórica sugeria, aos olhos da época, desvios radicais no estudo dos clássicos, das Escrituras e da filosofia. Essa revolução encontrava defensores poderosos no interior da Igreja da Inglaterra e era respaldada por "homens de devoção" na vida secular. Do mesmo modo, a ela se opunha um forte grupo na Igreja, nas universidades e no Estado. Oxford tendia a ficar de fora da briga porque nem Erasmo nem Ramée criaram raízes por lá. Assim, Hooker o rejeita com desprezo porque seria o inventor "daquela ferramenta recém-desenvolvida", a qual "exibe os que a possuem em praticamente três dias, como se habitasse com eles sessenta anos".[8] Essa, como veremos, é a acusação feita repetidas vezes por Nashe e encontrada em *The Pilgrimage to Parnassus*. Por muito tempo, acreditou-se que entre Nashe e as peças de Parnaso havia um misterioso elo. Descobriremos que esse elo é a visão antirramista das artes. Afinal, o St. John's College era o maior baluarte de estudos patrísticos e clássicos, do mesmo modo como, em Cambridge, Harvey era o expoente menos influente e mais vulnerável do ramismo.[9]

---

da divina narrativa de *Dives* e *Lázaro* (...)". Contudo, esses embelezamentos retóricos da *sacra pagina* têm como objetivo assistir "a memória e o juízo" (Smith, *Elizabethan Critical Essays*, I, p. 166). De maneira semelhante, o ataque de Sidney aos moralistas escolásticos e aos seus "gêneros e diferenças" (p. 165; do mesmo modo, p. 161-62), assim como sua defesa dos poetas e oradores – os quais desfrutariam de modelos superiores de razão e virtude –, seguem exatamente o raciocínio que Ramée formulou contra Aristóteles e os escolásticos. Esse aspecto de Ramée é adequadamente exposto por Perry Miller (*The New England Mind*, p. 144-48), mas as implicações de tal raciocínio para a *Apologia* de Sidney ainda não foram observadas.

[8] *Laws of Ecclesiastical Polity*, I, vi.4. Quando Bruno disputou em Oxford, deve ter utilizado a dialética dicotômica ramista. De todo modo, ele se queixou dos "estúpidos aristotélicos" de lá (Yates, op. cit., p. 89).

[9] Esse fato nos proporciona uma abordagem pertinente ao *Pedantius*, de Anthony Wingfield (Ed. G. C. Moore Smith). O que está em jogo é muito mais do que uma sátira acadêmica casual. Ao contrário do que afirma Moore Smith (p. xxvii), Pedantius não representa a retórica ciceroniana tradicional, mas a retórica dos ramistas, a qual servia como substituta para a gramática e para a dialética na exegese. Dromdotus é o protótipo do escolástico, igualmente malvisto pelos exegetas patrísticos ou erasmianos. O pedante das sátiras de Erasmo, Reuchlin, Rabelais e Aretino é o mestre-escola ingênuo que ainda se dedica aos tratados gramaticais da Idade Média tardia, já discutidos aqui. Esse pedante citará Alexandre de Villedieu ou o *De Modus Significandi* de Alberto.

A precaução que se fazia necessária para lidar com essas controvérsias é evidente, e não apenas a partir do cuidado com que as peças de Parnaso contornam os problemas imediatos da teologia e da disciplina eclesiástica de então, mas também a partir dos perigos e desastres que acabaram por acometer o próprio Nashe. Em *Lenten Stuffe*, Nashe expõe a exata natureza das acusações feitas contra ele. Os homens das Hospedarias da Corte (3.213.12-20) dedicaram um rigoso escrutínio às suas obras: "São estes aqueles que usam os escritos dos homens como feras selvagens, fazendo-os seguir a direção em que declinam, tal como queixa-se um importante agente das controvérsias eclesiásticas de nosso tempo" (3.215.3-6).¹⁰ Em face dessa explícita admissão e da supressão (em junho de 1599) das obras de Harvey e Nashe pela ordem eclesiástica (e não política), fica claro que o principal problema dos pesquisadores de Nashe é o de explicar como os escritos do autor poderiam ser vistos, naquela época, como algo que se preocupava basicamente com "controvérsias eclesiásticas". Esse deve ser o objetivo do restante desta seção.

Os escritos de Nashe apresentam uma textura quase ininterrupta de implicação patrística – e isso se dá de tal modo que é difícil saber por onde iniciar sua demonstração. Talvez algumas observações preliminares sobre o St. John's College sirvam para tornar mais compreensível o Nashe que defendia a "velha teologia" ou a exegese gramatical de Erasmo, Colet, Agripa e Rabelais.

Falando de Ascham, Nashe afirmou que, embora escrevesse com desprezo sobre os homens de Yarmouth em seu *Scholemaster*, ele "era o mestre-escola de Sua Majestade e o homem de St. John's em Cambridge, em cuja casa um dia

---

Como tal, essa espécie de Holofernes defende uma gramática dominada pela dialética e, portanto, hostil aos teólogos patrísticos.

¹⁰ Em *The Returne from Parnassus*, a *Ile of Dogges* de Nashe é descrita nos termos que Nashe aplica, aqui, aos advogados londrinos. (Não devemos nos esquecer de que muitos advogados eram ramistas entusiasmados na lógica e puritanos na teologia. Vejam a *Lawiers Logike*, de Fraunce.) Ingenioso diz: "(...) nossa viagem tem como destino a Ilha dos Cães, onde a grosseira besta governa e reina, despedaçando a honra de quem lhe aprouver" (Ed. W. D. Macray, p. 150). Phantasma diz: "*Canes timidi vehementius latrant*. Há certos árcticos na Ilha dos Cães que, em nossa língua inglesa, são chamados homens de devoção; certas urzes, como as chamam os *indianos*, e dos quais dizemos alguns advogados (...)" (p. 152). Como veremos, uma derrota de Nashe seria um golpe contra o St. John's College.

Nashe volta a atacar os advogados nos mesmos termos em que ataca o clero calvinista: "Bobos sem latim, desairosos estúpidos e saturninos (...) que, em comparação com suas leis confusas e bárbaras, julgam todas as Artes fantochadas e garrulices próprias às crianças (...)" (3.216.2-5).

hospedei-me durante sete anos sem dinheiro algum, e a qual ainda amo, pois é e sempre foi a doce ama do conhecimento em toda a Universidade" (3.181.22-26). Antes, em *Anatomie of Absurditie*, Nashe elogia Ascham mais uma vez, logo após ter desenvolvido um longo ataque contra o clero e os professores ramistas de Cambridge. Do ramista Mulcaster ele desdenha, e é levado "a indicar-te Ascham, o mais antigo dos dois; seus louvores o Mestre Grant tão gloriosamente teceu, e indicarei a ti suas obras, mais especificamente seu *Scholemaster*, em que de modo tão douto censurou nossos autores latinos e gregos" (1.48.26-31). É nesse contexto extremamente importante que Nashe delimita, como vítimas especiais de seu ataque, os ramistas "que desejam separar as Artes da Eloquência, e a cujas censuras nos opomos porque ofendem a experiência comum" (1.45.16-18). Nós já tivemos a oportunidade de discutir como Ramée retalhou as artes, transferindo, à maneira de Agrícola, as primeiras duas partes da retórica à lógica e tratando o que restara da retórica como mera decoração. A lógica sofreu ainda mais, como indica Nashe: em vez da "sutileza da Lógica", tínhamos então "os queixumes de Ramée" (1.45.4-5).

Ascham afirma exatamente o mesmo em seu *Scholemaster*. Ao apresentar o esquema tradicional das artes que se fazia necessário como introdução à teologia patrística, ele observa de que modo, "até mesmo na França de hoje, Ramée e Talon" são dados a "contradizer, repletos de rancor, o juízo de Túlio".[11] Ascham, a exemplo de Nashe, acusa-os de "divergir do juízo dos melhores homens, apreciando tão somente a própria opinião" ao separarem as artes da eloquência e ao se recusarem a adotar "o aprendizado, a discrição e a sabedoria" (loc. cit.). Ascham está lutando contra o espírito separatista daquela famosa variedade medieval de dialéticos, fazendo-o em prol do ideal enciclopédico das artes unificadas – das artes unidas sob a eloquência e orientadas à pregação, de um lado, e à prudência política, de outro: "Pois aquele incapaz de apreciar Aristóteles na Lógica e na Filosofia, tal como Túlio na Retórica e na Eloquência, muito provavelmente adotará, por meio do mesmo orgulho aqui definido, a aversão a grandes temas: até na Religião mostrará coração faccioso (...)" (ibidem, p. 151-52). Ele então menciona o exemplo de um aluno que, seguindo o odioso método de Ramée, "estudou diligentemente Orígenes, Basileu e São Jerônimo apenas para colher, de suas obras, as perniciosas heresias de Celso,

---

[11] Ascham, op. cit., p. 161.

Eunômio e Helvídio (...)" (loc. cit). Temos somente de colocar Harvey no lugar desse aluno para sermos capazes de contemplar toda a força das acusações de Nashe contra ele e contra o poderoso grupo a que, no seio da Igreja, ele se vinculava. Se ser um ramista em 1570 equivalia, para Ascham, a ser um dissidente religioso e um intriguista político, isso era muito mais evidente para os homens que, em 1590, pensavam de maneira semelhante.¹²

---

[12] Não será necessário detalhar a controvérsia teológica para que fique clara a disputa entre Harvey e Nashe. No entanto, os manifestos dados que Mullinger disponibilizou servem para enfatizar a urgência dessas disputas, as quais naturalmente tinham em Oxford e Cambridge seus protagonistas. Durante o reinado de Elisabete, diz Mullinger, "[f]ora decidido que Cambridge seria basicamente uma escola de teologia e que a doutrina comunicada em suas escolas deveria ser definida e prescrita com antecedência" (James Bass Mullinger, *A History of the University of Cambridge*, p. 134). Disso resultou uma situação explosiva. Muitas vezes, tornava-se inevitável a expulsão de diretores, professores e alunos. Como veremos, o louvor que Ascham e Nashe conferem ao St. John's College é o louvor ao ensino patrístico e clássico que tivera início, lá, sob a orientação do bispo Fisher e de Erasmo; ainda assim, St. John's foi por muito tempo dominado pela política e pela doutrina puritanas. Note-se que Nashe nada diz sobre William Whittaker, diretor do St. John's quando lá residiu. Whittaker foi um dos principais teólogos calvinistas da Europa, o homem que ajudou Whigift a preparar, em 1595, os Artigos de Lambeth, "materialização da vitória conquistada pelo grupo calvinista na Igreja da Inglaterra" (James Bass Mullinger, *St. John's College*, p. 73). Em outras palavras, havia no St. John's College, à época, um grupo dominante contra o qual se dirigiam ardentemente todo pensamento e toda opinião do Nashe retórico, teólogo e patriota. Se alguém desejasse incitar, naquele tempo, as paixões humanas mais ferozes, deveria apenas pronunciar o nome de Erasmo, Ascham, Pedro Hispano, More, Ramée ou Tomás de Aquino com um tom de aversão ou aprovação. Uma mera dica da posição assumida por alguém diante das partes do *trivium* o qualificava imediatamente como puritano, luterano, papista ou anabatista (ibidem, p. 76). Devemos nos surpreender, portanto, ao vermos Nashe agindo com o que hoje nos parece ser cautela e imprecisão? Na verdade, ambas são mais brandas do que se tem dito. Nashe se envolveu num jogo extremamente perigoso sem se preocupar muito com sua segurança.

Até o fim da vida de Nashe, foram intensos os confrontos entre os escolásticos calvinistas e os defensores do programa patrístico de Erasmo, Fisher, Colet, More e Ascham. Além disso, todos os panfletos que Nashe escreveu tinham alguma relevância para as discussões de Cambridge e, também, para a política nacional. Embora esta seja uma questão de importância relativamente pequena, *Have With You* provavelmente visa a amarga escolha para a direção do St. John's em 1595. "Aquela foi uma crise entusiasticamente observada por espectadores externos, e em toda a universidade via-se um vívido interesse pela eleição" (ibidem, p. 88). Após a morte de Whittaker, em 1595, um grande esforço foi realizado dentro da instituição para eleger ou Bois, ou Playfere, dois teólogos patrísticos de destaque. Ambos foram deixados de lado, e Burghley colocou no

O alerta de Nashe contra aqueles que separavam as artes da eloquência foi antecipado por Ascham numa passagem muito citada e, segundo penso, pouco entendida: "Não sabeis o dano que causais ao ensino quando não é das palavras que cuidais, mas da substância, divorciando, assim, a língua do coração" (op. cit., p. 181). Como na passagem contra Ramée, ele então indica os perigos que esse divórcio traz para a religião. É muito comum e correto dizerem que, aqui, Ascham faz um alerta contra os puritanos. Mais especificamente, ele avisa que os puritanos ou calvinistas que, a fim de eliminarem todas as figuras de linguagem das Escrituras, usam a retórica como método exegético, e não a gramática, farão a religião e o ensino sucumbirem. Porém, nem mesmo a Ascham era seguro dizer algo assim de maneira tão direta. Talvez seja por isso que ele retroceda no alerta feito por Cícero acerca do divórcio, desastrosamente instituído por Sócrates, entre a língua e o coração. Tanto Cícero quanto Ascham se opõem àquela visão hostil da linguagem eloquente que era partilhada pelos dialéticos estoicos, pelos dialéticos medievais e pelos dialéticos calvinistas de cunho ramista.[13]

---

lugar o calvinista Richard Clayton (ibidem, p. 85-89). Vale notar que os filhos de John Knox eram membros do St. John's College na época de Nashe.

[13] Nesse aspecto, não importa muito o que de Nashe é analisado. Ele é sempre coerente: Harvey "é um perverso e herético *ramista*, reprovador inquieto dos princípios de todas as Artes e semeador de subversivos paradoxos (...)" (3.136.24-26). Após o grande sucesso de Cheke, Mason, Watson, Redman, Ascham, Grindal, Lever e Pilkington na eliminação dos escolásticos e na restauração de "um método de estudo mais perfeito" (3.317.31), surge um novo conjunto de "Tolos Teólogos" (3.318.5), os quais se apressam pelo *trivium* com o auxílio de epítomes (elaborados por Ramée, é claro) e viram "homens do púlpito antes mesmo que se conciliem com Prisciano (...)" (3.318.5-6). Ver também 3.313.

Ascham volta a atacar os ramistas por causa dos epítomes. É interessante notar que, na sua opinião, eles aderem "mais ao conteúdo do que às palavras" (p. 171), reforçando a sugestão de que ele tinha os ramistas em mente ao formular sua declaração anterior. Ao mesmo tempo, os epítomes tinham lugar limitado nas escolas de gramática: "O epítome agride mais as universidades e o estudo da Filosofia, mas sobretudo a teologia mesma" (p. 172).

Pode ser útil citar, aqui, algumas frases da epístola ao leitor encontrada na tradução inglesa de *The Logike of the Moste Excellent Philosopher P. Ramus Martyr* (Londres, 1581): "Em poucas palavras, devo mostrar como o conteúdo neste livro encontrado, seu método e forma, pode ser com mais facilidade assimilado do que o de todos os outros; como deveis aplicá-lo a todas as artes e ciências; e, brevemente, que nenhuma arte ou ciência pode ser ensinada ou aprendida com perfeição sem seu conhecimento. (...) [N]ão há nada pertencente à dialética do décimo-sexto livro da lógica de Aristóteles, de seus oito livros de Física ou de seus treze livros de Filosofia, dos livros de Oratória de Cícero ou de Quintiliano

A exemplo daquele de Nashe, o panegírico de Ascham ao St. John's College tem como destino os dialéticos calvinistas que faziam parte tanto do St. John's quanto do restante da universidade. À semelhança do que se dá com Nashe, seu elogio à posição do St. John's College como restaurador do saber antigo encontra-se inevitavelmente vinculado ao elogio de Erasmo.[14] Por um lado, Ascham elogia o St. John's por sua teologia; por outro, pelos serviços prestados ao bem público (p. 204). Os ideais cristãos e ciceronianos de Ascham eram, como para Erasmo e Santo Agostinho, indivisíveis. Obviamente, não há nada de original nele, e a importância do *Scholemaster* para seus contemporâneos estava no golpe poderoso e orientado que desferiu no meio de uma importante controvérsia eclesiástica. Como tutor da rainha, que com ele lia Tertuliano de manhã e Cícero à tarde, Ascham realmente era um formidável rival dos ramistas.

Graças, provavelmente, ao seu amigo Watson, Ascham permaneceu no St. John's durante o reinado de Maria, ao passo que Lever fugiu para se sentar aos pés de Calvino.[15] Watson, a exemplo de Ascham, era um patrístico apaixonado, "e os estudiosos estavam certos de que, sob sua orientação, um retorno à barbárie escolástica não receberia qualquer estímulo" (ibidem, p. 45). Outras

---

(...) que não encontrareis brevemente declarado neste livro, de acordo com um perfeito método" [p. 3 da reimpressão de Dunn]. "Este é o único método perfeito que Platão e Aristóteles de fato conheciam, (...) (sendo, durante muitos anos, por ignorância suprimido) resgatado da morte pelos (...) [p. 6-7 da reimpressão de Dunn] dez locais da invenção, com a disposição da proposição, o silogismo e o método. A partir de exemplos selecionados dos mais antigos Autores, todo local de invenção e toda forma de disposição são feitos tão claros e manifestos que vós, quase sozinhos (se tiverdes alguma perspicácia de espírito), podereis alcançar em espaço de dois meses uma perfeita compreensão do conteúdo" [p. 8 da reimpressão de Dunn].

Devemos nos impressionar ao ver Ascham e Harvey com medo de que esse tipo de coisa representasse a nova barbárie – e uma barbárie ainda pior do que a antiga, que ao menos exigia um esforço honesto?

[14] *Scholemaster*, p. 115, 183, 188, 193, 198 ss. Nashe, 3.316.29-318.9. Erasmo é elogiado, em oposição a Ramée, na *Anatomie*, 1.26.5-28.5. Em *The Unfortunate Traveller*, ele é colocado ao lado de More e Agripa para que pareçam ridículos os teólogos escolásticos de Wittenberg (2.245.20-255.11). Se os teólogos calvinistas de Cambridge não fossem, de maneira consciente e hostil, escolásticos fortemente contrários aos Pais, Nashe, nessas passagens, pareceria alguém que fustiga um cavalo morto. Em sua própria época, porém, saiu do Emmanuel College o fundador de Harvard, assim como Thomas Hooker, John Cotton, Thomas Shepard e outros que lançariam as bases da escolástica puritana na Nova Inglaterra (James Bass Mullinger, *A History of the University of Cambridge*, p. 132).

[15] James Bass Mullinger, *St. John's College*, p. 44-45.

instituições, segundo nos diz Ascham, não estavam tão bem em 1553. Com deliberada cautela, ele culpa a sucumbência dos estudos patrísticos em 1553 pela ascensão do ramismo em Cambridge após a morte de Maria:

> (...) o amor ao bom saber de súbito esfriou; o conhecimento das línguas (apesar de alguns que lá floresceram) foi claramente desprezado; e assim, aos caminhos do verdadeiro estudo foi levada intencionalmente a perversão: a escolha de bons autores por malícia foi perturbada. A Velha Sofística – equivoco-me: não a velha, mas aquela nova e podre sofística que passou a enfrentar e afastar a lógica em sua própria língua: sim, bem sei que chefes se reuniram e que conselhos arquitetaram que Duns, com a multidão de inquiridores bárbaros, deveriam tirar de seus lugares e lares Aristóteles, Platão, Túlio e Demóstenes, os quais floresceram com eminência em Cambridge, tal como florescido haviam na Grécia e na Itália, pelas mãos do bom mestre Redman e daquelas duas e digníssimas estrelas da universidade, mestre Cheke e mestre Smith, junto com seus alunos (...).[16]

Supor que Ascham está atacando a escolástica medieval é ignorar suas próprias palavras e negligenciar aquilo de que tudo isso se trata. É, também, compreender de maneira equivocada a direção e o propósito dos panfletos de Nashe, sobre os quais nos debruçaremos agora.

O primeiro trabalho publicado com a assinatura de Nashe foi um prefácio de 1589 ao *Menaphon*, de Greene. O texto suscitou uma réplica curta de Richard Harvey, a qual veio a ser incluída em *Lamb of God* (citado por McKerrow, 5.176-180). McKerrow não consegue encontrar qualquer motivo para a ira de Harvey além da "impudência" de Nashe (5.76). De todo modo, ao falar sobre Richard Harvey, ele nos diz: "O traço mais notável de sua carreira na Universidade parece ter sido uma adesão à lógica ramista, em cujo louvor ele escreveu o *Ephemeron Sive Paean, in Gratiam Perpurgatae Reformataeque Dialecticae, 1583*" (5.72). Lendo o prefácio de Nashe com isso em mente, a questão se torna bastante simples.[17] Nashe aborda dois tópicos: a defesa da poesia contra a ignorância

---

[16] Ascham, *Scholemaster*, p. 203. Em seguida, ele associa a esse raciocínio outra acusaçao que Nashe jamais deixou de lançar contra Harvey: "(...) então, começou a ser deixada de lado a simplicidade das vestes; uma fidalga suntuosidade foi assumida (...)".

[17] Um aspecto relevante, mas não importante, desse prefácio escrito para seu amigo estudante é o fato de Greene, como Lyly, estar explorando conscientemente o prestígio do estilo patrístico em seus romances e panfletos.

Diante dos ataques tardios de Nashe contra o ramismo dos Harvey, fazemos bem em recordar a declaração de que, quando em Cambridge, ele muitas vezes

e a defesa da teologia e da pregação contra esse mesmo adversário. Na verdade, como já vimos ao examinar a união patrística entre poesia, eloquência e teologia, esses tópicos não passam de um só. Não há qualquer incongruência, portanto, no fato de Nashe repentinamente passar da pseudoeloquência do "verso arrogante e vazio" (3.311.29) aos "dezesseis anos de empenho de Pierre de la Ramée, que glorificaram sua insignificante Lógica" (3.313.1-2).

O célebre panegírico prefacial de Nashe ao St. John's serve a um objetivo claro, permitindo-lhe elencar, com aparente desinteresse, os membros da instituição que se tornaram famosos pela devoção a Erasmo (isto é, aos Pais e os clássicos); ao mesmo tempo, ele omite os numerosos teólogos calvinistas da faculdade, em especial o famoso diretor Whittaker (3.317.24-31). Aqueles eram os homens que, "diante de nossos olhos, haviam colocado um método de estudo mais perfeito" (3.317.30-31).[18] Recordemos que, exatamente nesse contexto – um ataque contra a velha e a nova escolástica –, Ascham se vale quase do mesmo fraseado – "(...) aos caminhos do verdadeiro estudo foi levada intencionalmente a perversão (...)" (p. 203) –, listando em seguida quase os mesmos nomes do St. John's College que Nashe lista. Do louvor à grande proficiência nas línguas e na teologia patrística dos antigos membros da instituição, Nashe passa para a censura dos dirigentes ramistas: "(...) pois desconheço como, pela caducante prática de nossos Tolos Teólogos, esforçam-se para transformar seus pupilos em homens do púlpito antes mesmo que se conciliem com *Prisciano*; aqueles anos que deveriam ser dedicados a *Aristóteles* expiram nos Epítomes, e do mesmo modo possuem demasiadas férias do catecismo, a fim de que absorvam um pequeno refugo de filosofia" (3.318.2-9).[19]

---

ia escutar Richard Harvey lecionando filosofia (1.315.20-24), assim como o fato de ele mencionar aqueles que, em sua época, eram os mais apreciados na área (1.313.23-27). Após ter completado o *trivium* e deixado Cambridge, Nashe ainda enfrentou quase três anos de estudos filosóficos (3.181.23-25).

[18] Ao retorquir a essa passagem específica, Harvey afirmou que Belarmino jamais satisfará os protestantes e que "Whittaker jamais contentará os papistas" (Smith, *Elizabethan Critical Essays*, II, p. 248). Em outras palavras, ele chama Nashe de papista por deixar de elogiar Whittaker. O propósito de Harvey é deliberadamente obscurecido pela mistura de cautela e faceirice. Havia amplas motivações políticas para a cautela.

[19] A famosa passagem sobre o "Sêneca inglês lido à luz de velas" (3.315.30-31) é dirigida, obviamente, à poesia secular; no entanto, ela é também muito pertinente à grande contenda teológica indicada nesse prefácio. Não é necessário recordar que a retórica ramista encontrava importantes expoentes em Spenser, Sidney e

Parte das intenções de Nashe é esclarecida pelas peças de Parnaso. Elas deixam bastante claro que estamos diante de uma fase nova da célebre disputa medieval e renascentista entre a gramática e a dialética, entre o domínio de uma ou de outra sobre o restante das artes. Quando Philomusus e Studioso partem para Parnaso, eles abandonam temporariamente os prazeres da imaginação: "A primeira terra que devemos percorrer (segundo afirmou-me o velho Eremita) é a Lógica. Trago comigo o mapa de Jack Seton, para que nos guie por esta região".[20] Após recusarem o enganador mapa de Pierre de la Ramée oferecido por Madido (p. 9), Philomusus e Studioso encontram Stupido. Graças às orientações úteis e aos atalhos de Ramée, Stupido estivera parado na estrada rumo a Parnaso durante dez anos. Ele saúda Philomusus e Studioso com piedade: "Bem-vindos, meus caríssimos irmãos! Até o dia de hoje, vivi verdadeiramente (e agradeço a Deus por isso!) com grande conforto. Analisei

---

Fraunce. Sêneca e os moralistas pagãos eram anunciados, por alguns teólogos puritanos, como substitutos dos Pais. A questão se complica pelo fato de Sêneca ter sido o preferido de Tertuliano (ver Mitchell, *English Pulpit Oratory*, p. 108).

Nesse prefácio, fica evidente que Nashe está atacando os teólogos calvinistas ignorantes que defendem seu desdém pelas letras a partir da *Lógica* de Ramée. O tradutor inglês da *Lógica* deixa clara essa posição: "Aqui, nada falarei dos invejosos, aqueles que julgam indecente escrever qualquer arte liberal em língua vulgar e que preferem tudo mais próximo às línguas hebraica, grega ou latina. Conheço o grandioso mal que acometeu a Igreja de Deus por meio dessa perversa opinião (...)" (op. cit., A viii). O fato é que aquela exegese patrística e gramatical dependia, e sempre dependerá, do conhecimento das línguas originais das Escrituras, enquanto a retórica ramista não somente prescindia da erudição linguística, mas também a hostilizava. O retórico apenas reduzia todas as figuras de um texto, proferindo uma declaração abstrata simples que era tão útil numa língua quanto em outra. Se desejamos compreender por que, aos olhos do humanista patrístico, o escolástico Ramée e seus seguidores representavam a nova barbárie da "tolice abundante", devemos compreender que ele voltou a retórica para a destruição da retórica. Isso é o que fundamenta o desprezo de Nashe pelo estilo simples dos panfletos de Martin, pelo qual "o espírito dos perversos é com essa estupidez alimentado, de modo que atribuem singularidade àquele que em segredo difama e julgam grande exemplo de Arte um pedante que, nos mais vulgares termos, expõe seus superiores à inveja. Não negarei que, em questões controversas da erudição, um estilo mais breve poderá ser recomendado, nem que a repreensão é tão boa para o imbecil quanto o aguilhão o é para o boi; todavia, quando o idiota irregular, que imerso estava na teologia até encontrar o *probabile* na Universidade, deve deixar o *pro et contra* antes de sequer saber pronunciá-lo, ordenando então o bem comum (...)" (3.315.6.17). Aqui, Nashe não está falando apenas dos religiosos entusiastas e ignorantes de seu tempo, mas daqueles que negam dogmaticamente a necessidade de erudição na teologia, até mesmo quando têm acesso a ela.

[20] Ed. W. D. Macray, p. 5.

(rogo a Deus para que prosperem meus esforços!) uma homilia de acordo com Ramée, e de fato o sr. Petrus, em minha mente e minha humilde opinião, torna tudo muito claro e fácil. Quanto à lógica de Seton, que na verdade jamais consultei, faz ela doer minha cabeça!" (p. 11). A Lógica de Seton era, obviamente, aristotélica; Ramée, por sua vez, reduzira aos dez locais da invenção retórica toda a arte da enunciação de proposições. O caráter teológico da sátira fica claro, nesse momento da peça, porque Stupido estivera analisando um sermão. Ademais, ele é representado como um puritano radical (p. 12, 14). De maneira suficientemente interessante, Stupido alega que a retórica de Ramée permitira-lhe "perceber a tolice dessas artes vãs (...). Tenho em meu tio um grande homem, o qual jamais usa barrete ou adornos, (...) e o mesmo conselho que um dia a mim ofereceu, ofereço agora a vós, pois em caridade abundo. 'Não estuda essas vãs artes da Retórica, da Poesia e da Filosofia (...)'".[21]

Nessa cena de *The Pilgrimage to Parnassus*, a contenda entre Seton e Ramée – a qual é imediatamente relevante para Nashe – encontra-se diretamente vinculada ao caso de Martin Marprelate. Depois de Stupido elogiar Ramée, professar o puritanismo e denunciar a poesia, a retórica e a filosofia, ele acrescenta: "Ora, jamais vereis um retórico, um rimador (ou poeta, como chamais), senão

---

[21] Ibidem, p. 11-12. Comparem essa passagem com *Pierce Penilesse* (1.192.1-196.14), em que Nashe chama os inimigos da poesia de teólogos estúpidos "que não julgam mais astucioso escrever um Poema primoroso do que pregar um Calvino puro (...)" (1.192.5-7). Aos autores de "néscios Sermões" (1.192.18-19) se opõe o grande pregador patrístico, o "eloquente *Smith*, cujo modulado estilo transformou tua morte nas lágrimas universais das Musas. (...) Daí se deu que foste tão plausível no púlpito que, antes de tomadas as trilhas ásperas da Teologia, refinaste, preparaste e purificaste teu espírito com a doce Poesia (...)" (1.192.33-193.7). Encontra-se aí a famosa união patrística entre poesia e teologia que observamos em Boccaccio. É nesse contexto que Nashe passa a criticar o ramista Richard Harvey (1.195.23-196.14): "Vós que, quando bacharéis, tivestes sobre as orelhas o capucho, insultando Aristóteles (...)". Nashe volta a atacar Richard da mesma maneira em *Strange Newes* (1.272.3 ss), convidando os "Pais da Igreja" a testemunharem contra ele (1.273.12).

É interessante notar que, nessa passagem, Nashe está ridicularizando o método de exegese bíblica de Harvey. O próprio *Strange Newes* é realizado como uma exegese tropológica de suas obras. Isso faz parte da piada, uma vez que Harvey abominava esse tipo de exegese. De maneira semelhante, Nashe promete, em *Have With You*, que "com um contínuo discurso Tropológico vos surpreenderei, todo ele temperado e recoberto de frases e alegorias, não tendo sobre si qualquer migalha que não advenha da culinária dos próprios Doutores" (3.41.7-10). Em outras palavras, Nashe mostrará ao mundo que, apesar de seu ramismo declarado, Harvey é um teólogo patrístico.

em rufos diabólicos e calções ferinos, repletos de pecado, capazes de fazer sangrar de tristeza o coração de um zeloso professor. Bem, o sr. Wigginton e o sr. Penry jamais usaram tão profanos calções, mas vestes simples como as minhas" (p. 12). A alusão, aí, é ao estilo simples dos panfletos de Marprelate, cuja autoria era comumente creditada a Wigginton e Penry.[22]

A questão do estilo torna-se claramente uma questão teológica. Isso explica por que os teólogos calvinistas poderiam, nas palavras de Nashe, "chamar de gárrulos fazedores de baladas os nossos melhores Autores" (1.192.2-3), uma vez que as figuras da prosa patrística, usadas não apenas por Lyly, Greene e Nashe, mas também por muitos pregadores, eram associadas não somente aos "sermões rimados" de Santo Agostinho, mas à arte do menestrel

---

[22] Se Nashe foi ou não o autor de *An Almond for a Parrat* pouco importa para a discussão de uma disputa de base tão ampla e inclusiva. É interessante, porém, comparar com essa passagem um trecho semelhante do *Almond*, no qual os trajes religiosos, retóricos e políticos de Genebra são associados a Penry, Ramée e Martin. De Penry é dito que "havia pouco experimentado o que chamamos *Setons modalibus*" quando "começou a produzir tumultos na arte, revelando a si próprio como um aplicado aviltador da Antiguidade. Fez-se então um artificial inimigo de Aristóteles e um supérfluo amigo de Ramée" (3.367.37-368.2). Curiosamente, o *Almond* contém várias semelhanças verbais com o prefácio escrito ao *Menaphon*: comparem 3.312.25 com 3.347.22; 311.14 com 347.34; 318.1-32 com 350.24-27; 315.32 com 356.11; 313.21 com 356.30; 318.30-32 com 358.5; 315.17-18 com 358.18; 318.4-8 com 358.33-36; 315.8-10 com 361.29-30; 315.14-21 com 365.27-28; 316.16-18 com 366.30-37; 318.1-32 com 367.37-38; 314.33-34 com 369.36, etc. Entre *Almond* e *Strange Newes*, encontramos alguns elos curiosos. Um deles, negligenciado por McKerrow, é a repetição do fraseado "em ti não encontram qualquer satisfação" – ver 1.283.23 e 3.352.1. A repetição do trecho em si não é digna de nota, mas o contexto é interessante. No *Almond*, o contexto são as Escrituras e os Pais, os quais Nashe afirma que nada significam para Martin e seu grupo. No *Strange Newes*, o contexto é "Túlio, Arquíloco, Aristófanes, Luciano, Juliano, Aretino", nomes reprovados pelos calvinistas e associados ao grupo da gramática e da sátira clássicas. Quanto às dificuldades do trecho de *Strange Newes* em que Nashe afirma ser ele o autor de *An Almond for a Parrat*, elas parecem ter origem num trocadilho de Nashe: *Dame Laws. Poet* (1.268.15-16). Dame Lawson foi um martinista ou antiprelatista notável (ver a nota de McKerrow para 1.83.13). Nashe apenas reduz Lawson para *Laws*, a fim de indicar que ele ao mesmo tempo atacava Lawson e defendia a Igreja inglesa estabelecida pela lei [*law*]. Nashe pode muito bem ter desconfiado de que, para Harvey (*Works*, I, 156), a Igreja da Inglaterra era a mãe [*dam*] do demônio. Notem a acusação inicial de Nashe, para quem Harvey estivera tentando causar-lhe problemas com as autoridades – as autoridades eclesiásticas, claro (1.307.34-35). O contexto é aquele de sempre, no qual a "néscia pedantice" calvinista é atribuída a Harvey como resposta à ridicularização da gramática escolar de Nashe.

da Idade Média – em suma, ao papismo. Do mesmo modo, isso explica o porquê da sátira de Nashe no início de *Strange Newes*. Nashe se apressa para responder a acusação de Harvey, cujo tratado "ostenta muitas rimas descalças, contendo tantos solavancos quanto uma rabeca com todas as notas dos que compõem baladas" (1.265.10-20). "Rimas descalças" significa monacal, o que motiva a acusação de pedantice: "Com essas duas expressões hermafroditas, metade em inglês, metade em latim, expuseste as vísceras mesmas do pedante" (1.265.13-15). Na epístola ao leitor, a mesma acusação de barbarismo medieval é insinuada contra Gabriel e Richard. Os métodos escolásticos de Richard, "um certo alamar teológico" (1.262.3-4), são descritos: "(...) observei a ordem que da extremidade do púlpito contra mim veio, e não havia remédio senão que o confuso vigário me atacasse com sino, livro e vela (...)" (262.11-15). Richard, "o tolo eclesiástico" (262.28), completamente confuso com o saber patrístico de Nashe (262.24-28), "toma um velho Espadachim, seu irmão, (...) com seu montante feito de Oratória e Poesia" (262.30-32). Em suma: Richard, perfeitamente ciente de sua deficiência na sabedoria patrística e clássica, convocou Gabriel para enfrentar Nashe, uma vez que Gabriel era professor de retórica. Que a contenda – a velha disputa teológica entre, de um lado, a gramática e a retórica (Erasmo e os Pais) e, do outro, a teologia dialética – era evidente para os contemporâneos de Nashe é algo que se torna manifesto com a avaliação que Dekker faz do autor em *News from Hell*: "(...) vós que fizestes do Doutor um mero Tolo, golpeando-o com duas Armas elevadas e diversas, a Poesia e a Oratória (...)" (5.152). Nada poderia ser mais natural do que a afirmação de Gabriel Harvey: "As maiores inteligências preferem o vago período do mestre Ascham ou de Sir Philip Sidney à mais engenhosa página de *Euphues* ou *Pap-hatchet*".[23]

---

[23] Smith, op. cit., p. 274. A referência a Ascham é autoprotetora e típica da cautela de Harvey. A retórica de Ascham é declaradamente ciceroniana – e de tal modo que ele quase repudia Quintiliano, que até mesmo naquela época era associado ao estilo "ático" ou anticiceroniano: "(...) tal como Túlio excede *Quintiliano*, *Ramée* e *Talon* na perfeita eloquência, assim também, em minha opinião, estes vêm atrás de Túlio no verdadeiro juízo do ensino" (ed. Mayor, p. 152). Sidney representa a opinião contrária, e disso Harvey sabia muito bem. Era por meio de recursos assim claros que os autores se protegiam das consequências da heterodoxia no século XVI.

Do mesmo modo como Ascham passa do ataque a Ramée à defesa de Plínio (p. 153), Harvey passa do ataque a Plínio ao elogio de Ramée. Harvey ataca Plínio (isto é, a teologia patrística) através das comparações de *Euphues*, e de

O próximo elogio de Nashe ao St. John's encontra-se em *Strange Newes* (1.314.1-16). O contexto e objetivo desse enaltecimento são os mesmos do prefácio ao *Menaphon*. O "acanhado discurso do Cordeiro de Deus", de Richard Harvey, deixa claro que "Richard removeu as impurezas dos escolásticos, fazendo, da espuma de sua tolice, um alimento de fermentação teológica que sequer os cães ingeririam" (1.312.22-27). Os melhores conferencistas da filosofia escolástica são então mencionados (313.23-31), dos quais um, presume-se, era um dos filhos de John Knox vinculados ao St. John's.[24] Em seguida, Nashe desfaz-se em louvores ao "enormemente fecundo St. John's", cujos maiores sábios, pertencendo ao grupo patrístico ou antiescolástico, "não desvencilharam-se das obscuridades" (314.1-3). Nashe, é claro, não diz explicitamente nada sobre a teologia patrística. Isso era ao mesmo tempo desnecessário e perigoso. No entanto, ele logo em seguida tece elogios a Thomas Playfere, um dos pregadores e teólogos patrísticos mais destacados da época.[25]

The Anatomie of Absurditie, muito provavelmente escrito pouco antes do prefácio ao *Menaphon*, também constitui um ataque contra as posições calvinistas na teologia e nas artes: "Quando os homens fizerem publicamente a profissão de

---

passagem faz alusão à "Imagem da Divindade" (Smith, II, p. 269). (O ataque de Sidney a "todos os herboristas, todas as histórias de Bestas, Aves e Peixes" [Smith, I, p. 202], possui a mesma motivação. Na dialética ramista, não havia lugar para os argumentos analógicos do gramático Plínio.) De maneira um tanto irônica, Harvey zomba de Nashe por ter este atacado "nós, os velhos Tolos" (Smith, II, p. 246, 255). Ele não nega a acusação de ramismo ou escolasticismo, mas se contorce sob ela.

[24] Ver a nota de McKerrow para 313.23.

[25] Ver W. F. Mitchell, op. cit., p. 170-73. Ele demonstra que a postura de Playfere era bastante semelhante à de Andrewses. Ver a nota de McKerrow para 1.314.4, na qual ele menciona que Playfere, cogitado em 1595, pelos membros do St. John's, para suceder o calvinista Whittaker, foi deixado de lado por Elisabete e substituído por Clayton. Nashe se mostra excessivamente ousado ao criticar a corte por essa atitude (1.314.6-7). O relativo poder que os dois grupos detinham na teologia torna-se claro quando vemos que, em 1596, a Playfere foi dada a cátedra de Lady Margaret. Aparentemente, Burghley não se dispunha a permitir que um dos dois grupos tivesse domínio completo, uma vez que desejava manter o equilíbrio do poder em suas mãos. Ele mesmo era membro do St. John's, e tudo indica que estivesse do lado de Ascham e Nashe. [Ver Mullinger, *History of St. John's*, p. 51.] Apenas no período de Stuart é que o ideal erasmiano recuperou sua supremacia na Igreja inglesa, quando foi concebido "um catolicismo reformado (...), no qual Crisóstomo ou Alfredo poderiam se sentir à vontade e o qual Davi, Bonifácio, Chad ou Anselmo não repudiariam por lhes ser desconhecido" (Mitchell, op. cit., p. 139).

um chamado mais íntimo, interrompendo as obras de caridade e tornando-se fervorosos na malícia (...)" (1.22.13-15). Então, Nashe passa a atacar Harvey (sem que seu nome seja mencionado), cujo discurso astrológico resultou "na ilusão dos ignorantes, no abuso dos simples e no descrédito da sagrada Ciência da Astronomia" (1.23.33-34). Em seguida, o autor retoma sua piada e diz que os Harvey recuperaram "as gárrulas baladas" medievais "que todo rabequista de nariz vermelho possui à ponta dos dedos e que cada beberrão ignorante recordará sobre seu copo (...)" (1.23.1-2). A escolástica dos teólogos calvinistas lhes foi ironicamente atribuída como uma forma extremamente vulgar de papismo.

O ataque é desenvolvido com perfeita coerência: "Esses falcões encaram como fardo o conhecimento. (...) Eles condenam as Artes por serem elas vãs e contentam-se com o conhecimento de uma pequena Gramática do interior (...)" (1.24.33-25.2). Com seu superficial desprezo pela disciplina árdua das artes, esses ramistas representam o tipo de poeta "que *Platão* excluiu de sua Comunidade, que *Agostinho* baniu *ex civitate Dei* (...)" (1.25.8-9). Essa última expressão foi cuidadosamente ponderada por Nashe, pois ele está prestes a descrever o conceito patrístico de exegese: "Estimo a Poesia como uma espécie mais oculta e divina de Filosofia, envolvida em Fábulas confusas e histórias sombrias, e na qual estão contidos os princípios das excelentíssimas Artes e dos preceitos morais dos costumes, ilustrados por meio de exemplos variados de outros Reinos e Países (...)" (1.25.23-28). Foi a partir desse velho conceito de poesia como polissêmica teologia natural que Fílon e os Pais, assim como Petrarca, Boccaccio e Erasmo, chegaram a seu método poético e teológico. Na página seguinte, Nashe confirma explicitamente a orientação antirramista de seu raciocínio: "(...) nos Poemas, aquilo que há de mais proveitoso é envolto nas Fábulas mais obscuras: (...) daí que Erasmo de Rotterdã, com enorme sabedoria, designa Poesia um saboroso prato temperado com os prazeres de todo tipo de disciplina".[26]

---

[26] (1.26.8-14) Em 1591, a *Apologie of Poetrie* de Sir John Harington, anteposta à sua tradução do *Orlando Furioso*, também "trata a poesia como uma introdução à teologia, e não como uma das belas-artes" (J. E. Spingarn, *Literary Criticism in the Renaissance*, p. 275). Ao encontrar semelhanças específicas com a apologia de Sidney, Spingarn se deixa impressionar pelo fato de que "[e]le, porém, se distingue de Sidney por enfatizar de maneira particular a interpretação alegórica da literatura imaginativa" (p. 276). Não é necessário dizer que Harington sabia que estava tomando partido numa controvérsia que não era apenas literária, mas também teológica, ao "discutir detalhadamente a concepção medieval dos três significados da poesia: o literal, o moral e o alegórico" (p. 276). Uma

Nashe enfim desfere seu golpe direto: "Talvez ocorra de algum tolo sonhador, cuja pobre eloquência torna odioso seu ofício, (...) anunciar que o exame de tais panfletos faz nascer uma crosta sobre a consciência (...)". A razão do mal-estar encontra-se no fato de os panfletos de Nashe terem exposto aquela barbárie escolástica: "(...) sendo, na verdade, a demonstração de sua tolice, propagando o desgosto por essa barbárie estúpida e tediosa a partir do exame de sua invenção retórica" (1.27.22-29). A última expressão é importante, pois se refere à exegese ramista das Escrituras e da poesia, pela qual as figuras, longe de serem vistas como se escondessem ou transmitissem uma sabedoria profunda, eram encaradas como um simples adorno ou condimento.[27]

---

discussão bastante útil dos quatro sentidos da interpretação bíblica e da teoria medieval do sermão é fornecida por H. Caplan ("The Four Senses of Scriptural Interpretation and the Medieval Theory of Preaching". *Speculum*, 4, 1929, p. 282-90). A bibliografia é particularmente boa.

O sr. Willey, segundo julgo, compreendeu de modo equivocado o *Mythomystes* de Henry Reynolds (*The Seventeenth Century Background*, p. 209-10). Reynolds está longe de ser um adepto do método exegético de Bacon: "De que maneira devemos compreender as voluntárias contradições de um homem que, a fim de dar vazão às suas fantasias, nos diz, antes, que elas são a sabedoria dos Antigos e, depois, que aquelas fábulas Antigas nada mais eram do que meras fábulas (...), declamando com desdém e desprezo, ao fim daquele discurso seu sobre a Poesia, que *Não faz bem permanecer no Teatro por muito tempo*" (J. E. Spingarn, *Critical Essays of the Seventeenth Century*, I, p. 177). O ataque que Reynolds dirige aos "modernos" é um ataque à exegese tropológica ou moralista realizada à maneira ramista e calvinista. De forma um tanto cuidadosa, ele ataca Sidney, Spenser e Daniel por reduzirem a poesia aos modelos éticos e morais de virtude, negligenciando as antigas funções da poesia como teologia e como expressão dos mistérios do universo (ibidem, p. 147). Pico della Mirandola, modelo perpétuo de Thomas More, é seu exegeta ideal (p. 151). Os modernos haviam eviscerado as preciosas profundezas da sabedoria antiga por meio de sua arrogante concepção da interpretação literal e moral. Imaginem, diz ele, que um espírito de grande erudição precisasse realizar uma exegese profunda do mito antigo e das Escrituras: "(...) fingiria saber quem seriam (...) leitores adequados, hoje, a um tal Tratado" (p. 172). Deixando bastante claro que é um antirramista e um anticalvinista vigoroso, assim como um adepto da exegese alexandrina, ele cita Santo Agostinho (p. 174).

[27] Ver 1.272.25-273.21, em que Nashe ataca por completo o ramismo de Richard Harvey. Seu ataque tem o respaldo de exemplos engraçados da exegese propiciada por Ramée. Em *Christs Teares*, como veremos, Nashe está bastante preocupado com a exegese patrística, fazendo da obra uma clara condenação do método ramista: "As Escrituras, capazes de ser literalmente expostas e sofisticamente examinadas, podem ser Arauto tanto do Céu quanto do Inferno, e antes alimenta o Desespero do que a Fé" (2.39.35-40.3). "Literalmente expostas" indica a exegese retórica, enquanto "sofisticamente examinadas" designa a organização dialética desse subproduto literal. Antes, Nashe menciona São Jerônimo como o expoente

O panfleto chega ao fim com mais um ataque complexo aos ramistas de Cambridge, os quais, "pela palavra, tornam comum sua eloquência, empavonando-se com os próprios conceitos até que desprezados sejam por sua parvoíce. (...) Eles ensinam muitas vezes o que não compreendem e anunciam o que não conhecem, (...) tornando-se Mestres dos ignorantes antes de se tornarem os Sábios dos instruídos. Não existe tal descrença na Arte, ao contrário do que um ignorante Artífice (...)" (1.44.29-37). Nashe então ataca Ramée nominalmente, deplorando, a exemplo de Ascham, sua separação de palavras e coisas.[28]

Naturalmente, a passagem de *Pierce Penilesse* que elogia o grande pregador patrístico Henry Smith tem início com uma defesa da Poesia (1.192.1-193.29) e fim com um ataque ao ramismo de Harvey (1.195.23-196.14). Nashe não reafirmava apenas os ideais da *grammatica* antiga como base da

---

do estilo simples de exegese gramatical. Agripa era, obviamente, o expoente da escola alexandrina de exegese em que a alegoria era usada ao máximo. Nashe deixa isso implícito ao citar Agripa e ao insinuar que seu *Lenten Stuffe* segue essa mesma técnica (3.221.6-24). De fato, o panfleto é um grande *tour de force* do método alegórico, testificando o considerável estudo que Nashe dedicara à exegese.

Em *Christs Teares*, Nashe assinala: "Se uma simples linha (vossa casa vos ficará deserta) inclui tudo isso, o que não incluem todas as Escrituras? (...) É como uma aljava de Flechas curtas, cujo tamanho não é exibido até que sejam completamente lançadas, (...) um novelo firmemente enrolado, conduzindo aqueles que com elas imprudentemente lidam ao interminável sofrimento do Labirinto do Minotauro " (2.79.30-80.3). O próprio Nashe estivera conduzindo uma complexa exegese. Em seguida, ele passa a reprovar os excessos e a cegueira dos "Cabalistas" (2.80.4-12), mostrando a familiaridade de um de seus adeptos com esse ramo altamente técnico do saber.

Christs Teares, como a maioria das obras de Nashe, contém um ataque feroz aos "nervosos Teólogos" (2.124.5-6) – isto é, os ramistas "que acreditam que o conhecimento superficial das Artes liberais e a rápida leitura da Bíblia, seguida de um Comentário, bastam para torná-los Pais dos Teólogos" (2.122.7-9). Há um trecho dos *Trabalhos de Amores Perdidos* que reflete diretamente as pretensões do ramismo. Armado diz: "Prometi estudar durante três anos com o duque"; Moth replica: "Poderíeis fazer isso em uma hora, senhor" (I, ii, 33-34).

[28] Com essas passagens, comparem o prefácio do *Menaphon* a respeito da "abjeta abreviação das Artes" (3.318.11) que recomendava Ramée à "emergente disciplina de nossos clérigos reformatórios, os quais julgam vaidade a sabedoria e impiedade a poesia (...)" (3.321.1-3). Ver também 3.313.1, 318.1-32. Durante muito tempo afirmou-se que o ataque puritano ao aprendizado e à eloquência nada mais era do que o resultado da piedade mal direcionada de simples entusiastas. Era o ataque dos instruídos ao aprendizado o que assustava Nashe e seus contemporâneos. Esse ataque foi organizado pelo representante de uma escolástica degenerada; desse modo, a contenda do século XVI possui muitos traços em comum com aquela da Idade Média.

exegese bíblica. Em determinado momento de *Strange Newes*, ele expressa por completo o ideal ciceroniano de eloquência, mostrando plena ciência da maneira como os Pais haviam adaptado Cícero às necessidades da pregação cristã (1.292.33-296.27). Além disso, vale notar que os homens com quem o estilo de Nashe era o mais das vezes comparado são especialmente apresentados como oradores cuja consideração deve ser realizada de acordo com esse projeto de eloquência (1.284.1-285.20). Luciano, Petrarca, Aretino, Pasquil, homens "admiravelmente abençoados com dons abundantes da arte e da natureza", fundiam "deleite e censura" em suas invenções (1.285.11-14). Assim, o pregador deve tomar cuidado para não expor "todo o Direito e nenhum Evangelho", ou então "toda amargura e nenhum rancor" (1.285.4-5). Nashe é ainda mais claro quando menciona, em *Christs Teares* – este mesmo um complexo sermão ao estilo patrístico –, os "muitos bezerros vociferadores e os muitos canhestros de andar pesado" que cambalearam até o ministério "sob a recomendação de tua faculdade ou Alojamento" (2.123.24-26), molestando o público com "sermões baldos" (2.123.27):

> Com ousadia, usurparão a cátedra de Moisés sem qualquer estudo ou preparação. (...) Eles suam, exclamam, arremetem e precipitam-se no púlpito, mas é tudo voz e nada é conteúdo: (...) as Escrituras a que porventura chegam é densa e múltipla, mas tão engessada, rebocada e remendada, tão retalhada e suturada, que impressão temos de haver um Remendão (com uma série de remendos de Cetim e Veludo) prestes a emendar e reformar gibões de couro e calções de pano.[29]

Como mudar isso, diz Nashe, é claro: "Ponderar os antigos Pais e notar quão doces e melífluos eles são para a boca e quão musicais e melodiosos eles são para os ouvidos. Orador algum foi tão agradavelmente persuasivo como o humilde Santo Agostinho. (...) É a superabundância de inteligência que produz Ateus: esperais então derrotá-los com uma indestreza morta e mofenta?".[30]

---

[29] (2.123.28-124.4.) A referência parece ser novamente a Harvey e ao ataque que, em *Upstart Courier*, Greene dirige aos filhos do cordoeiro. Nashe está apenas lançando mão de uma piada casual sobre o ramismo de Harvey e sobre o culto da virtude heroica que lhe estava associado. Ele está dizendo que, se elaborado de acordo com a orientação ramista, um bom sermão é tão possível quanto o nascimento de um bom cavalheiro a partir desse projeto educacional.

[30] Ver 2.124.23-32. Mais uma vez, Nashe deixa claro que uma importante acusação contra os ramistas é a de barbárie escolástica. Na dedicatória de *Have With You*, ele acusa o "Camarada Astrológico" Harvey de barbarismo e de ignorar os

A verdadeira eloquência não se fundamenta apenas no conhecimento da gramática e da retórica, dos poetas e oradores. Se desejarmos convencer os ateus, diz Nashe, empregando o milenar raciocínio patrístico, "[t]odas as histórias de outrora deveis ter a vosso alcance. Não deveis ignorar, dos Filósofos, qualquer profissão ou opinião sobre Deus. Os pagãos deveis assaltar com armas pagãs. Labirintos infinitos de livros ele deve percorrer para tornar-se um Defensor completo da Igreja de Cristo" (2.125.1-6). Em seguida, fazendo referência direta aos métodos compendiosos de Pierre de la Ramée: "Não deixeis que a indolente inovação de vós abuse. Cristo, quando disse para deixardes tudo e segui-lo, não dizia para deixardes todas as Artes e segui-lo" (2.125.6-9). Afinal, "as Artes Humanas são os degraus e estágios que Cristo a nós prescreveu e destinou, a fim de que escalemos ao paraíso das Artes, que é a Teologia".[31]

Pouco surpreende que a publicação de *Christs Teares* tenha deixado Nashe nos sérios apuros que McKerrow observa (5.25). Em face do poder dos calvinistas em Cambridge e em Londres, tal como em face da violência com que Nashe atacou cada princípio de sua exegese e pregação – isso sem falar na exposição, em seus panfletos, de princípios e práticas contrárias –, é verdadeiramente maravilhoso que ele tenha sobrevivido por tanto tempo. Escrito mais ou menos na mesma época e publicado alguns meses depois, *The Unfortunate Traveller* repete os mesmos ataques de *Christs Teares*. O método dessa célebre "narrativa" é diferente, mas ela não deixa de ser um golpe desferido no meio de uma acalentada controvérsia teológica. Deixando de lado a extensa e burlesca exegese, realizada por Nashe, dos aparatos armoriais dos cavaleiros que se opõem a Surrey (2.271.21-278.3), partamos para os episódios elementares da obra: a história

---

Pais. Ele o faz de maneira irônica, dizendo que Harvey é tão humilde e abstinente que deixou "de lado todos os estorvos mundanos e todos os colóquios prazerosos com Santo *Agostinho, Jerônimo, Crisóstomo*", ao mesmo tempo em que se mortifica percorrendo "as sutis distinções entre um cão de *corte curto* e um de *cauda longa*" (3.8.25-31).

[31] Ver 1.125.34-36, assim como o elogio feito por Nashe a Lancelot Andrewes, em virtude de sua vasta erudição e de "sua pregação firme, como Paulo em sua cátedra; (...) o mais absoluto Oráculo da sã teologia entre nós: ele une em uma só pessoa as várias e distintas propriedades do Orador e do Poeta, o que não tem como fim apenas persuadir, mas também conquistar admiração" (3.105.15-22). Ver também 1.307.23-28. A subordinação das artes à teologia, assim como a tradicional cautela quanto aos excessos na poesia e na dialética, é expressa por Nashe em *The Anatomie of Absurditie* (1.48.31-49.9). Serve ao mesmo objetivo o exemplo retirado das confissões de Santo Agostinho (2.88.9-33).

dos münsterianos e da celebração em Wittenberg: "Paz, paz no campanário, pois começa a cerimônia: antes que eles ingressem, sobre os joelhos caem João de Leiden e sua fraternidade com enorme devoção; rezam, uivam, admoestam Deus a conceder-lhes a vitória, valendo-se de uma veemência tão inexprimível que poder-se-ia pensar que são os únicos homens de boa inclinação sob o céu" (2.234.5.-10). Nashe dá início, então, a um raciocínio exegético longo, dirigido diretamente aos calvinistas da Inglaterra. Os münsterianos não traziam um tipo de doutrina e de homens muito diferente daquele que ganhava espaço em Cambridge e Londres: "Esses anabatistas ainda não deixaram tudo e seguiram Cristo, ainda não deixaram o desejo de vigança e inovação (...)" (2.239.26-28). Que o armamento dos münsterianos tinha como objetivo ridicularizar o aparato intelectual dos calvinistas ingleses é algo um tanto claro: "Asnos demasiadamente devotos eram, pois tudo apresentavam com grande nescidade (...)" (2.233.9-10). Harvey é colocado entre eles (2.241.11).

A transição do "conflito münsteriano" para Wittenberg é realizada por meio do louvor a Surrey e aos poetas: "Como doces e angelicais coristas, habitam continuamente o Paraíso das Artes (...)" (2.242.20-21). Que Nashe está se referindo à teologia fica evidente a partir de uma afirmação anterior, na qual ele explicitamente afirma ser a teologia o paraíso das artes (2.125.9). É nessas circunstâncias que Erasmo e More são apresentados (2.245.20-26). Antes, como prelúdio a seu ataque contra os abusos teológicos de Cambridge, Nashe já havia apresentado o "idoso pai Erasmo" (3.316.30) ao lado de Elyot e More. Sua eloquência perspicaz e satírica é assinalada, sendo indicada também sua resoluta defesa da velha teologia patrística. Não precisamos expor com detalhes o que se dá naquela "solene atividade escolástica" (2.246.12). Ela ilustra perfeitamente a posição de Nashe como defensor do grupo de Erasmo e dos Pais contra Ramée e os escolásticos calvinistas. O problema "da oração repleta de compaixão (...) que, em fragmentos, sai de Túlio" (2.246.23-25) está no fato de a retórica ramista tender naturalmente à colcha de retalhos.[32] Enquanto a verdadeira eloquência de Cícero

---

[32] "Nenhuma invenção própria ou tópico eles possuem, criando um estilo a partir de suas bolorentas miscelâneas. (...) Tenho dó de *Nizolio*, que nada podia fazer senão puxar as linhas que saltavam de seu velho e surrado vestuário" (2.251.22-27). Para algumas informações úteis sobre Nizolio, ver Izora Scott, *Controversies over the Imitations of Cicero*, p. 103, 105, 119. R. P. McKeon deixa claro como Nizolio, aparentemente um ciceroniano radical, poderia ser listado como ramista, a exemplo de Harvey. Em seu *De Veris Principiis et Vera Ratione Philosophandi Contra*

advinha do aprendizado e da sabedoria, Ramée dizia que bastava procurar as formas de raciocínio natural nos poetas e oradores, às quais, se necessário, acrescentava-se expressões e elocuções ornamentais. Precisamos apenas olhar para as *Epistolae Obscurorum Virorum*, na qual os teólogos escolásticos são representados como se tentassem alcançar empoladamente um embelezamento que se encontra além do domínio da arte, para percebermos o objetivo e a técnica de Nashe.[33] A exemplo da descrição dos anabatistas, a descrição da aparência de Vanderhulke é uma representação figurada da néscia barbárie do aparelhamento intelectual daqueles homens. "Vulgarmente encenada" (2.249.25), a peça *Acolastus* expõe a incompetência que esses dialéticos demonstram até mesmo numa gramática de nível escolar. Esses deleites escolásticos têm fim quando, a pedido de Erasmo, Agripa invoca Cícero.

A forma como Nashe dispôs a cena em Wittenberg não deixa dúvidas. Os defensores modernos da velha teologia se reúnem para testemunhar a nova barbárie dos reformadores. Contudo, as características dos atores e do palco são, aqui, exatamente aquelas que encontramos em todos os escritos de Nashe. Desse modo, Nashe foi um protagonista completamente esclarecido de uma contenda antiga, cujas origens notamos, cuidadosamente, em Abelardo e João de Salisbury. Aquela não era uma disputa entre católicos e protestantes, mas uma disputa a respeito dos métodos de exegese na teologia

---

Pseudophilosophos, Liber III, cap. 3 (Parma, 1553), p. 211, "(...) ele afirma que a dialética é parte da retórica, uma vez que consiste apenas em uma das cinco divisões da retórica, isto é, na descoberta (...). [P]or fim, ele defende que a retórica é uma arte e uma ciência geral, sob a qual encontram-se todas as outras artes e ciências (...)" ("Rhetoric in the Middle Ages", p. 31, n. 1). Ramée fez afirmação semelhante acerca da dialética, mas, como Nizolio, identificou-a a uma porção da retórica. Na prática, o resultado foi o mesmo. Para ambos, era sua arte o método de exegese gramatical.

[33] Para informações sobre o ramismo de Harvey e suas noções de oratória, ver a edição do *Pedantius* [de Wingfield] organizada por Moore Smith (p. xxxiv-xxxvi). Comparem, com a oração de Wittenberg, as *Epistolae*. Ed. Stokes, op. cit., p. 221 ss. Encontrada em Nashe, a popular técnica que combina o estilo elevado com imagens baixas também é utilizada constantemente pelos autores das *E. O. V.*, mas com muito menos requinte. Ver ibidem, p. 349, 361, 366, 431. Outro importante traço que é comum a Nashe e à técnica satírica das *E. O. V.* é a introdução de analogias absurdas na oração de Vanderhulke. Os dialéticos haviam tratado a gramática como um estudo especulativo, e não empírico. Etimologias fantásticas surgiram. A etimologia era um método tradicional de definição e raciocínio dialético, e esses dialéticos também a viam como instrumento de adorno retórico.

e na pregação, na qual alguns católicos e protestantes sustentavam posições patrísticas e outros, pontos de vista escolásticos. Por essa razão, Nashe podia afirmar que Erasmo, More, Rabelais, Aretino e Agripa estavam do seu lado sem ser acusado de defender ideias católicas; do mesmo modo, podia, com perfeita coerência, descrever a posição calvinista dos Harvey, com seu caráter aparentemente "avançado", como uma simples "tolice abundante" tomada da filosofia escolástica medieval. McKerrow, portanto, está completamente enganado quando diz: "A conclusão de todo o problema deve ser encontrada na ordem dada por Whitgift e Bancroft em 1º de junho de 1599 (...)" (5.110). As Guerras Civis que estavam por vir não deram fim ao problema. Ele ainda não teve conclusão, e provavelmente não terá tão cedo; no entanto, a ordem eclesiástica contra "todos os livros de Nashe e do doutor Harvey" pode agora ser vista de acordo com seu verdadeiro significado.

As técnicas específicas que Nashe empregou durante a disputa ainda serão indicadas na seção sobre a retórica.

B. Dialética

Thomas Nashe

....

Se, de acordo com o que vimos anteriormente, a rivalidade entre a dialética e a retórica muitas vezes foi uma rivalidade essencialmente vinculada à autoridade, neste capítulo torna-se relevante descobrir, a respeito da metodologia e das implicações que esse fato tem para um trivium *revitalizado e integral, a analogia que McLuhan apresenta:*

Exemplum : Retórica :: Indução : Lógica

– O editor

Esta seção deveria conter um debate sobre os estágios pelos quais a dialética de Pierre de la Ramée emergiu da tradição de Guilherme de Ockham. A solução de um tal problema cabe ao filósofo profissional. No momento, R. P. McKeon está empenhado no estudo de Ramée, e os resultados de sua investigação certamente serão de grande auxílio para o historiador da literatura. Esta seção também deveria conter uma descrição do prestígio da lógica aristotélica em Oxford e Cambridge nesse período; no entanto, um trabalho preliminar, saído das mãos de um lógico profissional, também precisa ser feito. É suficiente notar, aqui, que a defesa que Nashe faz de Aristóteles se dá sempre com referência a Ramée. Ela nunca o vincula ao monopólio dado a Aristóteles em algumas escolas medievais tardias.[1] No entanto, o historiador responsável deveria se resguardar de repetir a afirmação de que "a autoridade de Aristóteles" chegou a ser absoluta em algum momento da história do pensamento europeu.[2]

Faríamos bem em lembrar rapidamente que Nashe esteve ciente das tradicionais contendas entre a gramática e a dialética ou entre a poesia e a filosofia. Ele aplaude Aristófanes por apoiar a posição dos poetas na antiga disputa (1.285.9-12). De modo semelhante, o faz também com referência a "Chaucer, Lydgate, Gower, entre outros similares, que viveram sob a tirania da ignorância" (3.322.22-23). Nashe não se refere à ignorância dos dialéticos, mas à *grammatica* clássica. Desse modo, quando elogia os poetas

---

[1] Ver a declaração de Nashe em 1.27.4-13.

[2] Recentemente, G. B. Phelan chamou a nossa atenção para o fato de que "o emaranhado de doutrinas filosóficas conflitantes no século XIII" era constituído por "doutrinas que, em sua maioria, surgiam de Plotino, tal como nossos sistemas modernos derivam de Kant" ("St. Thomas and the Modern Mind". *The Modern Schoolman*, 20, 1942, p. 40). Ao menos no que diz respeito ao pensamento medieval e renascentista, a síntese de Platão e Aristóteles realizada por Santo Tomás mostrou-se completamente incapaz de dar ordem a esse caos. Aristóteles foi proporcionalmente incapaz de influenciar o mundo antigo. O pensamento moderno, assim como aquele de Ramée, Bacon e Descartes, tem origem nas ramificações platônicas e plotinianas da filosofia medieval.

por terem purgado o inglês da barbárie (1.193.15-20), ele está falando dos termos néscios e pedantes da *grammatica* e da dialética escolásticas (1.316.3-317.10). Nashe pode estar até mesmo falando da velha tradição da *translatio studii* ao falar da Arte como "Rainha banida deste solo árido, tendo sobre ele monarquiado por muito tempo entre os gregos e romanos (...)" (1.317.5-7). As palavras "tolo" e "barbárie" não são, para Nashe, termos imprecisos e de uso vago. Sua observação de que aquela "inundante barbárie" havia "retornado ao seu canal setentrional escocês" (1.316.35-36) é uma referência ao escolasticismo inveterado da Escócia de seu tempo.[3] Milton dá esse mesmo sentido à palavra "bárbaro" no soneto:

> Pedi à era que deixasse o estorvo
> Pelas normas da liberdade antiga,
> Quando, a mim, bárbaro som sitia
> De mochos, cucos, asnos, símios, cães.

Sobre o mesmo tema, o soneto anterior, *A book was writ* (...), contrasta o saber escolástico dos escoceses com aquele outrora ensinado em Cambridge por Sir John Cheke. Como Nashe, Milton lamenta a hostilidade dirigida à velha *grammatica*.[4]

A exemplo de Erasmo, More e Rabelais, Nashe descreve os romances medievais como se escritos sob a tirania da ignorância. Além disso, S. L. Wolff observa (op. cit., p. 459) que Nashe não se vale em momento algum dos romances gregos tão caros a Sidney e outros. Acredito que Sir Sidney Lee esteja certo ao sugerir (*Dictionary of National Biography*) que, em *The Unfortunate Traveller*, Nashe faz uma sátira dos romances medievais. Isso faz parte de seu ataque contra Duns, Orbelli e os calvinistas. Se esse ataque também se dirige ao culto da virtude heroica fomentado por Bruno e pelos retóricos ramistas é uma questão importante, a qual deve ser reservada para investigações ulteriores. No entanto, é nesse contexto que devem ser encarados os persistentes esforços de Harvey para, em virtude do panfleto dos Sete Pecados Capitais (*Pierce Penilesse*), acusar Nashe de medievalismo. Nashe, por

---

[3] A mesma ideia é preconizada em *The Returne from Parnassus* (Macray, op. cit., p. 60).

[4] Em *A Knight's Conjuring*, Dekker mostra Nashe chegando aos Campos Elísios e dizendo a Marlowe, Greene e Peele "que a Barbárie cresceu a ponto de se tornar um doença epidêmica" (5.152). Também está presente o "douto Watson", patrístico do St. John's.

sua vez, apelida Harvey de "ajudante de Fadas e Elfos noturnos, suplantando e desprezando os verdadeiros filhos ingleses e colocando crianças trocadas em seu lugar (...)" (1.317.26-29).[5]

Quanto ao talento prático de Nashe com o raciocínio dialético, seus escritos fornecem materiais em abundância para que um estudo especial seja realizado. A própria forma assumida por parte de sua sátira o vinculava, pelo bem da ridicularização, ao raciocínio retórico, ao louvor e à censura, tal como ao paradoxo. Um bom exemplo de demonstração dialética é encontrado em *Christs Teares* (2.34.8-19). Além disso, a quantidade de *sententiae* no sermão lhe confere, mais do que a qualquer outro de seus escritos, um caráter dialético; afinal, como indicou Aristóteles em sua retórica (II, 21), uma vez abolida a forma silogística, as máximas e as sentenças são as conclusões dos entimemas e de suas premissas. Ainda assim, as mesmas formas que Nashe opta por empregar em sua sátira o desligam do laconismo tão caro aos anticiceronianos.

A relativa ausência da forma sentenciosa na obra de Nashe levou McKerrow a supor que uma passagem sentenciosa de *The Anatomie* fora roubada de alguém (1.42.11-43.26). Ainda assim, todo o trecho é habilmente construído, tendo fim com uma revogação aparentemente casual das afirmações de Ramée (1.43.29-34). Em face do uso extremamente peculiar que Nashe dá a essa série de sentenças (e o fato de ele estar plenamente ciente da mudança de método e de ritmo torna-se evidente a partir de sua observação: "Atenta ao que *Crisipo* disse em seus provérbios (...)"), não importa nem um pouco se elas são originais ou não. Além disso, na extensa discussão que diz respeito à saúde física e que precede as críticas à integridade do espírito e dos estudos, Nashe introduz uma disputa dialética (1.39.27-42.37) que tem como termo: "(...) Por que me estendo tanto ao disputar a dieta de nossos corpos (...)" (1.42.2-3). Ao longo de sua obra, Nashe emprega o *exemplum* como técnica de demonstração, à semelhança do que se dá em 1.18.5-19.36, em que um grupo inteiro deles é apresentado em sequência, durante um raciocínio. Todos os retóricos reconheciam que o *exemplum* era para a retórica o que a indução era para a lógica.[6]

---

[5] Na *Anatomie* (1.11.1-15), Nashe deixa clara a relação entre essa piada sobre os romances e as controvérsias teológicas em curso.

[6] Algumas das numerosíssimas ocasiões em que Nashe utiliza o *exemplum* como forma de raciocínio retórico são:

Aparece em *Christs Teares* uma curiosa exemplificação do quão ciente estava Nashe do aspecto filosófico de seu ofício. Antes de ela matar e comer o próprio filho, é dada a Miriam, a matrona judaica, uma longa *prosopopoeia* (2.71.21-75.21), na qual Nashe lança mão de uma série de sofismas: "A fome, não o ódio, ensinou Miriam a esquecer a maternidade. Por esse motivo, agradava-lhe confabular consigo mesma" (2.71.18-20). A sofística era vista como uma arte que deveria ser dominada por todos os bons, a fim de que pudessem detectá-la e refutá-la. Assim como a sofística ajuda a aumentar o horror em *Christs Teares*, ela ajuda a aumentar a comicidade em *Have With You* (3.59.21-60.5), sendo também forma de ridicularizar o talento lógico, celebremente deficiente, de Harvey (1.278.22-26).

1.32.18-33.17, 38.20-39.26, 174.33-175.12, 356.33-357.14, 371.10-372.24, 383.8-28;
2.39.15-41.7, 210.1, 268.33-269.5;
3.168.19-25.

C. Retórica

Thomas Nashe

A importância de Nashe, afirma McLuhan, deve ser estipulada de acordo com o "caráter e objetivo de sua retórica" – uma observação que recorda o princípio fundamental da crítica literária que ele assimilou a partir de I. A. Richards e de outros homens de Cambridge: o da análise guiada pelo contexto e pelo objetivo. McLuhan oferece uma sólida documentação de textos de Nashe, da qual emerge, de maneira um tanto obscura, a demonstração de como Nashe embosca Harvey e protege a si mesmo; a ideia de figuras de emoção (somadas à já exposta distinção entre figuras de linguagem e figuras do pensamento); e os critérios para encontrar método e clareza em Nashe.

A fortuita referência, apresentada muito antes, ao segundo movimento sofístico da literatura romana (c. 0-400 d.C.) torna-se agora explícita em várias passagens. Ela ocupa uma posição privilegiada nas linhas finais, em que James Joyce é chamado de "devoto bem-sucedido da segunda sofística". A expressão "fantástica grandeza", da qual McLuhan se vale no início do capítulo para caracterizar a segunda sofística, forma um elo que vincula Joyce e Nashe. Para McLuhan, o advento de Joyce anuncia a esperança de que Nashe e toda a literatura elisabetana venham a ser revitalizados pelo reconhecimento de que é no contexto de um trivium *revigorado que eles podem ser estudados de maneira mais proveitosa.*

– O editor

Nashe via a si mesmo como um orador profissional, e assim também o faziam seus contemporâneos. Num famoso trecho das *Foure Letters*, Harvey estende uma "amistosa" mão a ele e o insta a: "Experimentar a profunda e divina arte, do modo como eu misericordiosamente recomendaria a cada espírito amável que se oculta sob a satânica paixão, a deformidade mais suja das honradas inteligências" (*Works*, I, p. 216). Harvey está se referindo ao paradoxal disfarce que Nashe adota, em *Pierce Penilesse*, como orador do Diabo, assim como ao fato de o veio de Nashe ser realmente a paixão. Seu objetivo declarado era tornar-se um *tragicus orator*: "Sabes que é minha verdadeira tendência ser um *tragicus Orator*, e, de todos os estilos, o que mais prezo e procuro imitar é o de *Aretino*, não importando-me esse recatado, brando e *mediocre genus* (...)" (3.152.7-10).[1] Utilizada por Harvey, a expressão "divina arte" indica que ele tinha plena ciência de que Nashe era um combatente teológico, associando um método específico de eloquência a um método específico de teologia. Harvey deixa isso mais claro após fazer uma zombeteira referência aos "termos pavorosos e invencíveis" de Nashe, "impregnados de *Aquafortis* e Pólvora" (p. 216). Ele diz:

> Meu Deus, que são estes fantásticos espasmos? Quem escreveu num tal estilo, senão aquele divino *Aretino*, na Itália, e os dois *Tarltons* celestiais, na Inglaterra: os únicos modelos da estranha Elocução? (...). Dois deles, que de maneira tão imoral se apropriaram dos temas mais elevados e profundos da contemplação espiritual, (...) conhecem já seu repouso: assim, alertam seriamente o terceiro do quão pródigo é seu flerte. (p. 217)

---

[1] Ver 3.312.15-29, em que Nashe fala do *Menaphon* como se estivesse em estilo mediano e desdenha daqueles "serventes" que se esforçam para alcançar o *sublime dicendi genu* (3.314.7-8). A afirmação de que Nashe é um *tragicus orator* deve ser tomada literalmente, uma vez que, naquela época, isso se referia aos temas passionais tratados em estilo elevado. A "paixão" era, em todas as suas formas, a desgraça do grupo "ático" dos séculos XVI e XVII. O ataque à retórica, portanto, fazia parte do credo estoico dos áticos. A famosa distinção entre *pathos* e *ethos* era elementar para o Renascimento (ver a citação de Varchi incluída por Spingarn em *Literary Criticism in the Renaissance*, p. 41), estando por trás da recomendação que Harvey dirige a Nashe ao instá-lo a mudar seu estilo (*Works*, I, p. 217).

A ameaça nessas palavras é inequívoca. Aretino e Greene estão mortos; Nashe corre perigo. Porém o que mais nos interessa é isto: Harvey acusa Nashe de usar o estilo elevado para assuntos sublimes da teologia, os quais deveriam ser deixados de lado. Em seguida, ele declara a existência de muitos outros temas para a invenção retórica, desde que "não produzam vãs hipérboles dos veneráveis mistérios de Deus" (p. 217).[2]

Em seguida, temos o apelo para que Nashe atribua outros propósitos à sua habilidade retórica e sua devoção à teologia: "Doce Orador, sê de fato um poeta divino, usa de fato a Eloquência celeste (...)" (p. 217). Ou seja, Harvey diz que Nashe deveria trocar a divindade ou a teologia pela poesia divina. Em seu segundo uso, "divino" tem sentido figurado: "(...) emprega teu brilhante talento com crescente uso, e com heroicos Cantos honra a justa Virtude e o bravo valor, tal como fizeram, com Fama imortal, o nobre Sir Philip Sidney e o gentil mestre Spencer (...)" (p. 217-18).

Esse convite deve ter estampado um riso de desprezo no rosto de Nashe, que compreendia muito bem suas implicações. Tanto *Faerie Queene* quando *Arcadia* são épicos que exerceram influências claras sobre "uma era de Política". Um pouco do que Harvey tem em mente é expresso de maneira mais minuciosa. Ele se queixa de que deveria ser envolvido na controvérsia: "Ah, ei-lo lastimosamente postado, pois, em uma Era de Política e um mundo de Dedicação (em que as maiores questões do Governo e o Valor parecem pequenos às ambiciosas capacidades), é forçado a tornar o miserável Greene e o desprezível Pierce Pennylesse (como se fossem um Gafanhoto e um Grilo: dois belos músicos, mas duas criaturas tolas) o sustentáculo de seu estilo (...)" (p. 222-23).

Deixando momentaneamente de lado a relação entre esse contexto, Sidney e Spenser, seria estranho que Nashe ridicularizasse o sério maquiavélico que escreveu: "(...) a Fortuna é uma Dama favorável a certos e ousados aventureiros: eles podem com facilidade nadar, sendo sustentados pelo queixo (...)" (p. 227). No entanto, implicações sérias se encontram por trás da ridicularização de Nashe. Harvey diz que, embora seus castigos tenham sido negligenciados, o

---

[2] A própria declaração de Harvey em *A New Letter of Notable Contents* deixa clara a concatenação entre a teologia e Aretino, Rabelais, Juliano, Luciano, etc. Nashe é "o *Orador do Diabo* e o *Secretário de Cristo*. Ainda que *Greene* fosse um Juliano e *Marlowe*, um Luciano, eu teria reservas. Deve ser ele um Aretino, parafraseando os inestimáveis livros de Moisés e proferindo os Caprichosos Diálogos da mais grosseira irreverência (...)" (*Works*, I, p. 289-90).

que está verdadeiramente em questão não é sua sorte, mas o método de preparar as ambiciosas capacidades: "(...) não há Treinamento na Educação de Ciro, nem qualquer procedimento para o emprego de César" (p. 227). Sidney via o *Ciro* de Xenofonte como um poema heroico: "Pois Xenofonte, cuja enorme excelência na imitação deu-nos a *effigiem iusti imperii*, (...) produziu com isso um Poema absolutamente heroico" (G. Gregory Smith, *Elizabethan Critical Essays*, I, p. 160). A poesia supera a filosofia porque é mais proveitosa: "(...) uma fornece o preceito; a outra, o exemplo" (ibidem, p. 163).[3] Foi em virtude dessa mesma

---

[3] Sidney encara até mesmo a *Utopia* de More como um poema heroico: "(...) pois, de todas, aquela maneira de imitar uma sociedade foi a mais absoluta, embora ele porventura não a tenha encenado de fato; a questão é quem possui força maior no ensino: se a simulada imagem da Poesia ou a comum instrução da Filosofia (...)" (ibidem, p. 166).

Vale notar que é superficialmente ciceroniana a afirmação, feita por Sidney, de que, "sendo a ação virtuosa o sumo fim de todo o aprendizado mundano, aqueles dons que a ela conduzem devem, com maior justiça, a todos os outros governar" (p. 161). Todas as artes devem contribuir para "o sumo fim do principal conhecimento, chamados pelos gregos *Arkitecktonike*, o qual se encontra (segundo penso) no conhecimento do ser do próprio homem, na Ética e na reflexão política (...)" (loc. cit.). Ao contrário do que se dá com Cícero, o aprendizado não serve à eloquência, mas à arquitetura da fortuna do indivíduo e do Estado. Daí, segundo Ramée, a importância dos Poetas e Oradores da Antiguidade, que em seus trabalhos apresentavam os melhores modelos da razão e da ação. É preciso enfatizar que a mistura do ramismo de Sidney com os argumentos tradicionais em prol da poesia constitui um registro que ainda carece de elucidação.

Ninguém notou ainda que *Schoole of Abuse* (1579), de Gosson, deve ter ocasionado o grave constrangimento de Sidney, uma vez a obra é, declaradamente, um tratado ramista dedicado a outro ramista. O próprio título do livro anuncia seu ramismo fundamental: "(...) derrubando seus baluartes por meio de autores profanos, da razão natural e da experiência comum (...)" (Smith, op. cit., I, p. 61). O que a "razão natural" significava para um ramista é exatamente o que alega Gosson: "(...) a teologia revelada, sumo exemplo do raciocínio não artificial. Ramée explicou que esses raciocínios são pouco úteis na investigação da natureza das coisas, mas extremamente valiosos para os temas civis e humanos, em que muito deve se basear no testemunho" (Miller, *The New England Mind*, p. 130). "Autores profanos" e "experiência comum" também recebem um sentido ramista, mas este não precisa ser explicado aqui. Se examinarmos a *Defence of Poetry* de Thomas Lodge, escrita como censura direta a Gosson, veremos que suas frases iniciais constituem uma crítica patrística lançada contra Gosson. Os argumentos que se opõem ao conceito ramista de autoridade ou testemunho são cuidadosamente formulados à maneira gramatical de Plínio e dos Pais (Smith, op. cit., I, p. 63). "Erasmo fará deste o caminho para o conhecimento que repreendes; e de modo algum permitem os Pais que, em suas sérias questões teológicas, entrem censuras poéticas." Logo em seguida, encontramos a acusação de futilidade

motivação ramista que Milton viu Spenser como "um professor melhor do que Tomás de Aquino". Afinal, de acordo com Ramée, a filosofia deve ter utilidade. Se a poesia é mais útil do que a filosofia, ela também é mais filosófica. Isso é o que afirma Sidney e, também, a seguinte passagem retirada da terceira carta de Harvey, a qual diz respeito ao conselho a Nashe que já reproduzimos:

> Regras férteis ajudam muito; todavia, Exemplos visíveis somam incrivelmente: é a Experiência a única vida de perfeição e a única perfeição da vida. Toda ocasião que me leva ao equívoco, como a demasiada dependência da Teoria, sem apreço pela ação (...); jamais considerei qualquer estudo, meditação, conferência ou Exercício que não possuísse importância para um fim eficaz e que não almejasse também a ação: a singular marca pela qual toda Arte e toda virtude deve nivelar-se. (p. 227-28)

Havia uma importante divergência entre os objetivos retóricos de Nashe e os objetivos retóricos do grupo ramista. Os ramistas substituíam livremente a política e a ética pela poesia. Obviamente, a expressão ou a elocução se tornam, nesse esquema, elementos apenas fortuitos. A poesia supera a filosofia porque, nela, encontramos os modelos castos e arquetípicos da razão natural e rudimentar: "É, contudo, a simulação daquelas notáveis imagens de virtudes, vícios e tudo o mais, ao lado daquele aprazível ensinamento, que deve ser a nota distintiva do poeta (...)" (Sidney, [Smith, op. cit.,] p. 160). Nashe afirma uma visão mais tradicional, segundo a qual a função da poesia é louvar a virtude e censurar os vícios, açoitar as tolices do mundo e tornar ridículos os abusos. É por essa razão que, como veremos, ele foi chamado de "jovem Juvenal". O que é importante e nos permite perceber por que sua posição deveria ser atacada por Harvey é o fato de a filosofia e a teologia ramistas se oporem vigorosamente às doutrinas de Nashe e seu grupo.[4] É irônico que a

---

destinada a "vossos tolos doutores" (p. 67). Então, Lodge refere-se a Agostinho: "(...) seu zelo estava em organizar a casa de Deus, não em atacar a eloquência (...)" (p. 70). Davi, Isaías, Jó, Salomão, Josefo, São Jerônimo, Orígenes, Cassiodoro, Ambrósio, Lactâncio e Paulino "admitiam as práticas poéticas" ou "diziam que o início de toda a Poesia se encontra nas Escrituras" (p. 71). Até mesmo Donato, aquele que servira como modelo de exegese para Erasmo e que era por ele prestigiado, é evocado em defesa da poesia e da comédia (p. 80). Lodge zomba de Gosson da mesma forma como Nashe viria a zombar de Harvey: "De que livro roubaste a Oração de Cícero?". Tudo isso torna manifesto o fundamento teológico dessa contenda na disputa entre gramática e dialética.

[4] Em *Strange Newes*, Nashe responde explicitamente ao ataque de Harvey à sua técnica satírica: "*Túlio, Horácio, Arquíloco, Luciano, Juliano, Aretino* não encontram

teoria e a prática de Sidney tenham sido aplicadas por Scudéry, Davenant, Chamberlayne, Blackmore e Richardson (afinal, Sir Charles Grandison e sua prole vitoriana melodramática são as versões da classe média desses modelos aristocráticos) ao mesmo tempo em que Nashe, aparentemente excêntrico, encontra-se na linhagem de Butler, Dryden, Boileau, Pope, Johnson, Crabbe e Austen. Enquanto muitos estudos não forem dedicados a essas questões, provavelmente seremos incapazes de apreciar o significado de grande parte da literatura europeia – e até mesmo de uma parte tão essencial dela, como o *Don Quixote*.

O tema da sátira ou da *vituperatio*, o qual dividia as graduações da retórica na época de Nashe, possui uma história antiga. Antes da era cristã, a diatribe quase se tornara um gênero literário, tal como mostrou o *monsieur* Oltramare em *Les Origines de la Diatribe Romaine*.[5] Mais importante para compreender como a própria técnica de exprobração de Nashe poderia se tornar a insígnia de um grupo teológico é o testemunho do *monsieur* Marrou, que afirma que os Pais se apropriavam livremente dos métodos retóricos dos gregos e romanos a fim de realizarem uma vívida exortação da virtude e a difamação do vício (*Saint Augustin et la Fin de la Culture Antique*, p. 528-29). Do mesmo modo, as vendetas literárias dos Pais foram ressaltadas por Filelfo enquanto ele justificava suas furiosas invectivas contra Poggio.[6] Não foi à toa que os ataques de Erasmo, More, Rabelais, Aretino e Agripa vieram de defensores da teologia patrística, do mesmo modo como foram os autores antipatrísticos e anticiceronianos que constituíram uma sólida linha de frente contra as "queixas".[7] J. M. Campbell

---

em ti recompensa; seus estilos declamatórios, colocados ao grande teste de seu juízo, tornam-se falsificações, *são uma raça perversa e venenosa de censores*, uma vez que criaram um tipo novo e rápido de peleja, com a qual seus movimentos lentos e decrépitos são incapazes de se conciliar" (1.283.22-28). As implicações teológicas dessa passagem já foram mencionadas.

[5] Genebra, 1926. Ver, em especial, p. 45 ss.

[6] Dawson, *The Making of Europe*, p. 57.

[7] Vives talvez pareça uma exceção, dado que foi um patrístico que se opôs veementemente ao uso da retórica com esses propósitos (p. 116-17, 175-77, 184-85). Em muitos aspectos, sua posição é equívoca e necessita de esclarecimentos. Os ramistas tendiam a vê-lo com bons olhos (Smith, op. cit., II, p. 236). Ver F. A. Yates (*Love's Labour's Lost*, p. 39-40) para uma diatribe tipicamente anticiceroniana que ataca as diatribes de William Vaughan. A epístola de Richard Harvey ao Cordeiro de Deus traz uma diatribe contra a invectiva em que Luciano, modelo de Erasmo e More, é vinculado a Rabelais (McKerrow,

assinala o desenvolvimento da diatribe em relação à retórica da segunda sofística, demonstrando como ela contribuía para os objetivos e métodos da eloquência patrística e como ela ia de encontro às escolas áticas de retórica.[8]

Desenvolvendo-se a partir da disputa dialética realizada pelo diálogo, a diatribe se tornou uma popular forma de declamação após a morte de Alexandre (p. 5). "Na vacuidade das circunstâncias, ela se dedicou à moralização, arremetendo contra a tolice dos homens, repreendendo-os ou ridicularizando-os. Nessa declamatória inclinação à censura, muitas vezes adotou um tom patético que ora recorda a comédia, ora recorda a tragédia" (p. 6). Campbell remontou o desenvolvimento dessa forma "a Atenas e, depois, às cidades florescentes e populosas da Ásia Menor" (loc. cit.), onde se tornou um dos métodos mais elementares da eloquência asiática. Ele demonstra que, dos dois tipos de asianismo, a diatibre foi naturalmente atraída ao segundo. O primeiro, representado por Hegésias, caracterizava-se por sentenças curtas, e tanto as suas ordenações vocabulares quanto suas assonâncias eram daquele gênero que encontramos em *Euphues*. Ele se dissolveu nos sermões rimados de Santo Hilário e Santo Agostinho (ibidem, p. 7-8).

5.177). "*Rabelais* não serve para reformar Igrejas e Estados: se Santo *Agostinho* for insuficiente, *Luciano* é ainda mais inadequado (...)" (5.178). O vínculo atribuído a Rabelais, Santo Agostinho e Luciano indica as linhas gerais que pautavam as questões entre os ramistas e os patrísticos. A longa e preliminar reclamação que Harvey dirige às invectivas de Martin pode parecer um desvio que busca solapar as acusações de puritanismo a ele dirigidas; afinal, não é Martin, e sim Nashe, quem ele está de fato atacando. O estilo baixo de Martin não tinha nada em comum com o estilo de Rabelais e Luciano. Em *Plain Perceval*, Richard agrediu os que se opunham a Martin: "(...) jovens ladrões que fazem de toda palavra um golpe e de todo livro, um tapa" (5.75). É importante, então, reconhecer que a frequente queixa contra os estilos de Lyly, Greene e Nashe não é a lamúria frustrada de pedantes atormentados, mas uma disputa entre noções rivais de retórica e, portanto, de teologia – de teologia e, portanto, de retórica (1.11.1-15). Isso explica porque Gabriel Harvey se esforça para desacreditar os objetivos e pretensões da retórica de Nashe, associando-os àquilo que era pouco apreciado pelos eruditos da época: "Seus mais vistosos floreios são apenas vestes de Gascoigne, truques de Tarlton, guinadas de Greene ou bravatas de Marlowe; seus gracejos, apenas a borra da comum vulgaridade, os retalhos do teatro ou o refugo dos novos Panfletos (...)" (5.92). No entanto, Harvey tomou essas comparações de Nashe, que dissera sobre Richard Harvey em *Pierce Penilesse*: "Toda a Universidade manda que se cale; no Teatro, *Tarlton* lhe dirige chistes; e *Elderton* desperdiçou a embriaguez de sua cerveja molestando-o com um feixe inteiro de baladas" (1.197.6-9).

[8] *The Influence of the Second Sophistic on the Sermon Style of St. Basil the Great.* Washington, 1922.

O segundo estilo asiático remete à velha prosa sofística, ao *"pathos* e à fantástica grandeza" de Górgias, Hípias e Alcidamo, "com seu grau de abuso variando de acordo com a personalidade de quem o empregava" (p. 9). Ele é bem descrito por Cícero no capítulo 286 de *Brutus* e por Dionísio de Halicarnasso no *De Compositione Verborum*, capítulo 18. Luciano foi um dos mais interessantes elos entre essa forma de prosa florida e sua intenção satírica – tal como cultivadas, por exemplo, por São Crisóstomo e São Basílio no século IV. "A exemplo de seu antecessor imediato, o satírico Menipo; do ilustre neoplatônico Porfírio, no século III; e do orador Libânio, no século IV, Luciano era originalmente sírio."[9]

Ora, Libânio foi professor de São Crisóstomo, e a importância de Luciano aos olhos de Erasmo, Aretino, More e Nashe estava diretamente relacionada à harmonia e influência de seu método de eloquência satírica sobre a forjadura da eloquência patrística. "Durante o século XVI, 66 edições (em grego ou latim) (...) prestaram testemunho da estima de que ele desfrutava entre os homens instruídos" (ibidem, p. xx). Vale notar, mais uma vez, que a forma do diálogo prestigiada por Luciano e imitada por Erasmo está diretamente vinculada à velha disputa sofística que veio a se tornar a diatribe ou, então, a declamação satírica ou panegirística. Nós voltaremos a abordar os recursos retóricos que Nashe partilhava com esses autores.

Em *Strange Newes*, Nashe responde a acusação de Harvey: "Onde apropriei-me de *Greene* ou *Tarlton, de modo a ter de agradecer-lhes pelo que tenho?*" (1.318.34-319.1). Em seguida, ele menciona a devoção a *Euphues* que nutrira quando em Cambridge, mas insiste no fato de que "o que de vão tenho (...) é cria apenas minha, e não chama pai homem algum da Inglaterra senão eu mesmo (...)" (1.319.9-11). Isso, obviamente, não quer dizer que seu estilo não tenha pais fora da Inglaterra. De todo modo, Nashe está prestes a dar o que, para nós, é uma importante declaração: "Dizes que professo a arte do queixume: certamente não é em vão, pois, se há nela arte ou profundidade, mais do que *Aretino* ou *Agripa* descobriram ou adentraram, vede que a sondarei e examinarei ao máximo; mas antes que termine contigo, de ti farei a criatura mais miserável que o sol já contemplou" (1.320.8-13).[10] No mesmo lugar, Nashe

---

[9] H. Williams, em prefácio a *Lucian's Dialogues*. Londres, 1903, p. xiii.

[10] Note-se que Nashe, após declarar lealdade aos adeptos da sátira patrística, desafia Harvey a provar que, em *Pierce Penilesse*, ele agredia os teólogos calvinistas

apresenta uma noção muito específica da função de sua sátira: *"I feare-blast thee nowe, but with the Wind of my weapon. With the wast of my words I lay wast all the feeble fortifications of thy wit"* [Não te sopro medo já, mas com o Golpe de minha arma. Com o refugo de minhas palavras, assolo as fracas fortificações de teu espírito] (1.321.29-32).

Nesse trecho, Nashe se vale de várias figuras. As metáforas na primeira frase dão espaço à alegoria na segunda. Encontramos *paromoeon* (aliteração) em ambas e *polyptoton* na última, em que *wast* é usado em dois sentidos. Metáfora, alegoria, *paromoeon* e *polyptoton* constituem a base de *Euphues* e da eloquência patrística.[11] Porém há aqui uma figura da qual podemos dizer que caracteriza a sentença mais do que essas e que justifica o fato de Nashe renunciar à influência de Lyly e Greene. Trata-se da hipérbole, figura que é típica do estilo elevado e que Nashe dominava. Não é exagero dizer que, se todas as hipérboles fossem removidas dos escritos de Nashe, eles perderiam seu traço mais distintivo. Isso foi claramente reconhecido pelos seus contemporâneos, que o associaram a Aretino e Rabelais. Em carta a Spenser, Harvey menciona Luciano, Petrarca, Aretino e Pasquil como homens

> cujo principal esforço e objetivo nada desejavam de vulgar, mas, em alguns aspectos, e em especial nas VIGOROSAS AMPLIFICAÇÕES HIPERBÓLICAS, de raro, incomum, estranho; e, como diria certo homem, ao menos um

---

(1.320.23-321.9). Nashe está saboreando seu triunfo porque as técnicas alegóricas de enunciação que utiliza exigem as técnicas exegéticas que os ramistas execram. Os ramistas devem utilizar a exegese que negam existir a fim de perceber sua sátira. Desse modo, grande parte da sátira de Nashe recorre à fábula, ao enigma e à alegoria para proteger-se, mas essa é uma forma ainda mais refinada de insultar e de causar irritação.

[11] Em lugar algum Nashe utiliza tanto a *paromoeon*, ou *Letter leapper* (1.309.9), do que na longa passagem de *Christs Teares* em que defende os recursos da eloquência profana na teologia: *"(...) nay, what place is it in the Scripture, where the holie Ghost doth not stoope himself to our capacities, by humaine Metaphors & similitudes? (...) Vaunt you yee speake from the holy Ghost neuer so, if you speake not in the compasse of his five sences, hee will despise you, and floute you"* (2.128-23-30). Ver toda a passagem (2.123.28-129). Com Nashe, esse *Letter leapper* não tem como função demonstrar facilidade ou curiosidade, mas paixão. Trata-se de uma figura emotiva. A emoção em geral é o desdém ou o desprezo. Ver particularmente:

1.282.14-17, 304.20-21, 307.3-4, 307.23-24, 309.9, 309.25, 326.23-24;
2.11.4, 11.7-9, 67.1-10, 122.19-20, 123.24, 124.1-4, 233.12-13, 314.20;
3.42.15-25, 109.6-7, 123.4-5, 124.11, 160.12-13, 164.32-33, 185.16-24, 185.29-34, 194.3-35, 195.201, 201.8-204.9, 311.23-312.25, 321.3.

grau ou dois acima do alcance e compasso da capacidade dos comuns escolásticos. Não obstante, tanto pela singularidade da postura quanto pela Teologia do objeto, certa feita ouvi que um Teólogo preferia A REVELAÇÃO DO ST. JOHN'S (...).[12]

Outra descrição sincera do estilo e dos propósitos de Nashe pode ser encontrada em *The Returne from Parnassus*. Ingenioso diz de Nashe: "Eis um companheiro, *Iudicio*, que com sua pena deu a fatal espadeirada, tendo sua musa armada com protuberantes dentes e sua pena, com as fúrias de *Hércules*" (Macray, p. 87). Mais adiante, Ingenioso diz que está a caminho da Ilha dos Cães:

> Há de ser o grosso veneno meu nanquim,
> A pena, mais aguda que do ouriço o espinho,
> E o papel sujo, esta terra de pecado.[13]

Quando mencionado, Aretino é apresentado em relação às hipérboles de John Marston:

> Mas caso faz dos termos modestos, velados,
> Exímios ao cobrir os grandes libertinos?
> Dá-lhe palavras simples, das vestes pelado,
> Que oportunas seriam ao franco Aretino:
> ....
> O ingente aríete de termos leva às urbes
> E ao tiro primeiro do canhão oriundo,
> Tala os muros do bolorento e antigo mundo. (Ibidem, p. 86)

Isso quer dizer que, para um juiz do século XVI, Nashe e Marston tinham muito em comum. Talvez já tenhamos dito mais do que o suficiente para indicar

---

[12] Smith, op. cit., I, p. 114-15. Em sua nota à página 47.17, Smith retira dos comentários marginais de Harvey a observação: "*Aretinus voluit albis equis praecurrere, et esse vnicus in suo quodam hyperbolico genere*" (...) (I, p. 35.9). Nashe não deixou de indicar a incoerência de Harvey, que aprovou as vigorosas hipérboles desses homens em 1580 e, em 1590, insultou Nashe por imitá-las: "(...) seus estilos declamatórios, colocados ao grande teste de seu juízo, tornam-se falsificações, *são uma raça perversa e venenosa de censores*, uma vez que criaram um tipo novo e rápido de peleja, com a qual seus movimentos lentos e decrépitos são incapazes de se conciliar" (1.283.23-28). Então, Nashe menciona o elogio que Harvey previamente dirigira a eles (1.283.31-284.14) e, depois, justifica a tradição ciceroniana da sátira e da eloquência que os havia motivado (1.284.15-286.25).

[13] Macray, *The Pilgrimage to Parnassus*, p. 151. Ingenioso ingressa "com Juvenal nas mãos" e declara os objetivos morais da sátira, os quais são, como veremos, os mesmos de Nashe. Aretino está expressamente vinculado a Juvenal (p. 80-81).

que é no caráter e no propósito da retórica de Nashe que devemos buscar o *locus* de qualquer solução para o problema de seu prestígio profissional e artístico. Embora este seja um tema um tanto longo, os dados mais relevantes podem ser formulados de maneira bastante sucinta.[14]

Em primeiro lugar, Nashe possuía uma filosofia retórica definida, tal com uma ideia precisa da função que ela desempenhava na sociedade da época. Ele sabia que era um satírico moral, acompanhando Juvenal no uso do estilo grandiloquente. Às vezes, valeu-se desse estilo em conjunto com imagens baixas, mas isso só ocorre de acordo com um decoro retórico estrito. Em segundo lugar, foi em especial dos estilos da segunda sofística, tal como exemplificados pelos grandes patrísticos, que Nashe retirou seu aparato e seus objetivos retóricos. Sem uma perspectiva clara dessa adoção militante do legado patrístico, nenhum método ou clareza podem ser encontrados em sua obra.

Na seção sobre a gramática, algo já foi dito sobre a filosofia retórica de Nashe. Ele adota a posição ciceroniana, para a qual o orador deve agradar: "Jamais na censura *Túlio* sobrepujou tanto a si próprio quanto no louvor" (1.284.17-18). E: "*Horácio, Perseu, Juvenal,* meu pobre juízo cedeu-vos abundantes aplausos; contudo, houvésseis (...) mesclado (...) alegria e prazer, vossos medicamentos amargos não seriam tão difíceis de engolir" (1.284.33-285.2).[15] Ao insultar os sermões calvinistas, Nashe comenta: "(...) não há inteligência

---

[14] Isso, porém, só pode ser feito se descartarmos nove décimos do material reunido para ilustrar esta parte do estudo da prosa de Nashe. Não serão mencionadas, por exemplo, dezenas de figuras retóricas que se destacam em seus escritos. De maneira semelhante, foi omitida uma sinopse completa de todas as figuras definidas e ilustradas por Wilson, Sherry, Rainolde, Puttenham, Peacham, Hoskins, Fraunce, Fenner, Day e Butler. A obra de Maurice Evans fez com que isso se tornasse um pouco menos necessário.

[15] Ver: "Homens são homens, e com tais coisas devem ser comovidos (...). É-lhes necessário que um pouco de Açúcar seja misturado às amargas Pílulas de censura. (...) Volta-te para os antigos Pais. (...) Orador algum foi mais agradavelmente persuasivo do que o humilde Santo *Agostinho*" (2.124.17-27).

Não tive tempo de reavaliar as diferenças de opinião sobre o vernáculo; porém, a posição Ramista deu mais espaço para o otimismo nesse aspecto, uma vez que a reprodução e a elocução eram vistas pelos ramistas como questões muito inferiores à invenção e ao juízo ou disposição. É interessante ver Chapman seguindo esse caminho em sua defesa do Homero vernacular. Ele despreza Virgílio por causa de sua elocução ardilosa, enquanto Homero "não é apenas todo o saber, todo o governo e toda a sabedoria, (...) mas toda a inteligência, elegância, disposição e julgamento" (Smith, op. cit., p. 299. Ver também p. 300). Essa concepção ramista domina o período do "neoclassicismo".

que comova ou paixão que instigue, mas apenas uma forma ordinária de pregação, inflada pelo uso de falas e audições frequentes. Assim, encontrareis mais requintados cuidados e maior pureza de espírito na redação de um raro Poema como *Rosamund* do que em uma centena de vossos néscios Sermões" (1.192.13-19). O tolo e pedante Harvey, respaldado apenas por Calvino e Ramée, provavelmente não alcançará nada: *"Squeise thy heart into thy inkehorne and*

A probabilidade de a controvérsia entre os ramistas e os ciceronianos encontrar-se por trás das controvérsias sobre o vernáculo é parcialmente confirmada pela diferença entre Campion e Daniel quanto à rima. Campion começa declarando seu firme ciceronianismo: "(...) o homem supera todas as outras criaturas pela razão e pela fala (...)" (Smith, II, p. 327). Em seguida, a rima é condenada em função da autoridade de Cícero (ibidem, p. 330.17-24). Daniel responde com a franca doutrina ramista, tendo como critério não as palavras, mas o conteúdo, não a arte, mas a ação e a experiência: "Não é o tecido das palavras, mas os resultados da Ação, o que concede glória aos tempos; (...) e, de todas as eras, embora não fossem ciceronianos, eles conheciam a Arte dos homens, que é tão somente a Ars *Artium*; (...) eles tinham o conhecimento do governo e da disposição do Estado, tal como Eloquência o suficiente para expor seus julgamentos" (ibidem, p. 371.16-24). Aqui, não é apenas a experiência prática que se opõe à eloquência, mas também o julgamento se opõe à elocução ou ao "tecido das palavras". Precisamos lembrar apenas que Ramée afastara a invenção e o julgamento da retórica, transformando-os numa arte separada – uma arte que era realmente inseparável da experiência prática.

Há mais uma informação nessa contenda que possui grande importância para a seção deste estudo em que tracei o desenvolvimento da *translatio studii* de Roma para a Inglaterra. Campion baseia parte de seu raciocínio contra a rima na perspectiva convencional, para a qual ela pertence ao período dos godos e dos hunos, ao período de barbárie escolástica em que o aprendizado e a língua "permaneceram extremamente deformados, até chegar a época de Erasmo, Rewcline, Sir Thomas More e outros instruídos (...)" (ibidem, p. 329.12-28). Ponderemos sobre o fato de Nashe utilizar esses argumentos repetidas vezes ao atacar Harvey e os ramistas ou calvinistas. Eles representam a nova barbárie. Em virtude da gravidade dessas acusações, Daniel realiza um grande esforço refutatório e produz uma defesa completa da Idade Média! Ele começa mostrando que houve uma legítima *translatio studii* do período romano ao período medieval, sendo Petrarca sua prova (368.4-32). Muitos outros precederam Reuchlin e Erasmo (369.1-31). Ele até mesmo evoca Beda, Adelmo e outros (369.32-370.12). Por fim, Walter Map, Bracton, Roger Bacon e Guilherme de Ockham aparecem como os homens de grande gênio que "deixaram para trás monumentos do mais profundo juízo e saber em todas as ciências! Assim, são apenas as nuvens que cobrem nosso próprio discernimento o que nos leva a pensar que todas as outras eras estiveram envoltas em névoa (...)" (370.16-19). Parece que o calor da controvérsia sectária poderia até mesmo fazer com que um humanista do século XVI relatasse fatos históricos quando desprevenido. No entanto, apenas um ramista e um calvinista, cientes de sua dívida para com a escolástica medieval, poderia ter proferido essas palavras.

it shall but congeal into clodderd garbage of confutation, (...) thou canst not sprinkle [thy soule] into a sentence, & make euerie line leap like a cup of neat wine new powred out, as an Orator must doe that lies aright in wait for mens affections" [Força o coração tinteiro adentro e ele se tornará apenas o refúgio coagulado da represensão; (...) és incapaz de salpicar [tua alma] em uma frase & fazer cada linha transbordar como um copo de vinho puro, recém-decantado, tal como deve fazer um Orador que corretamente aguarda o apreço dos homens].[16] Mais uma vez: "Quando disse Cristo: *o reino dos céus deve sofrer violência*, não se referia à violência (...) dos enfadonhos e invectivos sermões desprovidos de inteligência (...)" (2.234.16-19). Com o mesmo teor, muitas outras observações de Nashe se opõem à doutrina do estilo simples adotada pelos calvinistas, como em 3.315.7-10 e 3.345.16-31. Por fim, Nashe diz a Martin: "Jamais aprovarei a precisão de tua época". "Precisão" é, ao mesmo tempo, um ataque ao estilo e à doutrina. Contrastando seu estilo com o de Harvey, Nashe diz: "Eu (...) faço meu estilo partir com as velas desfraldadas (...)" (1.301.3-5).[17]

Em toda a obra de Nashe, encontramos figuras do estilo elevado: metáforas, alegorias, hipérboles, paradoxos, écfrases e os recursos dramáticos que os retóricos chamavam de prosopopeia. Defendendo *Christs Teares*, obra magistral que escreveu ao modo patrístico e que publicou pouco antes de *The Unfortunate Traveller*, ele diz: "O tipo diligente de Zoilo que ocupa Londres exclama que é um estilo inflado, repleto da eloquência profana (...). Respondo que meu estilo não é mais inflado do que deve ser o de todo aquele que escreve com algum Espírito (...)" (2.183.22-30). Em seguida, ele afirma a doutrina da conveniência: "Quem, para assunto tão divino, não usaria um Espírito magnífico e arrebatador? Quanto à profanidade de minha eloquência, devem eles chamar

---

[16] Ver 1.307.23-28. Essa última frase contém muitos traços de Nashe numa pequena extensão. Vemos tanto o louvor quanto a censura. A censura é realizada por meio da hipérbole, cujo veículo é uma metáfora estendida ou alegoria. O desprezo é expresso por meio de imagens baixas e sublinhado por *parimion* ou aliteração. Essas figuras também ocorrem na metade final da frase, só que agora as figuras são nobres, e não ignóbeis.

[17] Ver também 1.192.13-15 [citado anteriormente] e 1.282.32-34: *"Idem per idem*, fria e estupidamente, quem não consegue escrever? Porém, com vida e espírito para ilustrar a própria morte, *Hoc est Oratoris proprium*". "Para ilustrar a própria morte" é uma figura paradoxal que veremos comumente vinculada à hipérbole e até mesmo ao enigma, sendo um traço do estilo elevado segundo os oradores da segunda sofística.

profana também a eloquência de Santo *Agostinho, Jerônimo, Crisóstomo*, uma vez que todos apresentaram uso mais livre de Tropos, Figuras e Metáforas, evocando exemplos e histórias Pagãs" (2.183.30-36).[18]

Ao descrever a função da elocução ou da retórica na composição, Nashe muitas vezes é tão explícito quanto um manual de retórica. Relatando os fatos que ocorreram a um "cavalheiro de grande honra" (1.378.13-14), diz ele: "Deixando, porém, as amplificações e prosseguindo (...)" (1.380.35). Então, ele recorre a mais amplificações e, por fim, assevera que "não há parte essencial que eu tome da invenção estendida (...)" (1.382.3-4). Ou seja, Nashe afirma que amplificou um tema simples, "não maior do que um velho Prefácio" (1.382.22), por meio da virtuosidade de sua arte: "(...) apenas para a diversão de meus Leitores, os quais receava enfastiar com uma história simples e ordinária, aqui e ali debruei-a e protegi-a com ornamentos & comparações (...)" (1.382.5-9); "(...) por ser sempre nua que a Verdade é exposta e retratada, e por ter eu emprestado-lhe um remendado manto de couro que a protegesse do frio, isto é, para que não se mostrasse desfigurada e fria" (1.382.14-18).

O conceito de decoro que orienta o uso das figuras de Nashe pode ser encontrado em muitas ocasiões: "(...) pois, embora um pouco rebaixe meu estilo, a fim de falar com razão a vós, que razão alguma tendes, não pretendo que assim escapeis" (1.197.24-26). Segundo sugere a passagem, Nashe reconhecia que a invectiva demandava o estilo elevado tanto quanto o panegírico. De fato, ele acabara de concluir um panegírico antes da declaração (1.193.5-194.3). Nashe ri do esforço que faz Harvey para dominar a invectiva: "(...)

---

[18] Esse último ponto, sobre os exemplos da história, merece um capítulo isolado. Ao discutir a ampla leitura histórica de Nashe, McKerrow parece não entender que tais exemplos são um importante recurso do retórico (5.125). Do mesmo modo, Woodward fica confuso quando diante da difundida ênfase dada à história pelos humanistas, que a consideravam um treinamento indispensável para os homens de negócios (*Desiderius Erasmus Concerning the Aim and Method of Education*, p. 128-32). Para textos que expliquem as dificuldades de McKerrow e Woodward, ver *De Ratione Studii*, de Vives (trad. F. Watson, *Vives and the Renascence Education of Women*, p. 241-50); Bacon, *Works*, IV, p. 301-02; Peter Heyleyn, citado por F. Watson em *The Beginnings of the Teaching of Modern Subjects in England*, p. 53-58; Braithwait, ibidem, p. 69; Ross, ibidem, p. 60-61; e o *Tractate on Education*, de Milton. John Locke sustentava as mesmas visões (S. S. Laurie, *Studies in the History of Educational Opinion from the Renaissance*, p. 215-16). Em sua discussão sobre a supremacia da retórica na educação grega e romana, J. F. D'Alton fornece um excelente retrato da subordinação da história à retórica (*Roman Literary Theory and Criticism*, p. 491-524).

vociferou contra mim como contra a um dos inimigos do Cordeiro de Deus, buscando alusões na despensa a fim de aviltar-me" (1.262.21-23). Além disso, "ele tomou as Metáforas dos vigaristas & nada fez além de atormentar-nos com tautologias" (1.299.28-30). Como já indicamos, a própria invectiva de Nashe une hipérboles com metáforas e comparações retiradas das coisas mais basilares: "Queremos aqui, entre nós, um *Aretino* que pudesse esfolar esses asnos de ouro (...) e, após abatê-los com insultos, deixá-los apodrecer sobre o monte de estrume" (1.242.15-18).[19]

---

[19] Como não há necessidade de insistir no óbvio, devo apenas listar alguns dos numerosíssimos exemplos desse aspecto da arte de Nashe:

1.9.20-27, 27.24-26, 35.10-18 (comparem, com essa alegoria, a famosa 1.158.23-24, notando que esta última é usada duas vezes em *The Pilgrimage to Parnassus*, p. 8, l. 34-36, e p. 21, l. 38-40);

1.221.5, 261-263, 306.14-15 (comparem com 1.158.13-14, em que a mesma figura é utilizada com outro objetivo e sem a imagem baixa), 349.19-33, 361.29-373.36;

2.227.10-33, 228.21-231.4, 231.5-232.2, 232.18-233.33, 255.30-31, 327;

3.33.33-36, 34.1-36, 93.20-94.35, 98.20, 112.20-44, 126.10-16, 132.17-19, 133.12-13, 134.18-21.

Esse provavelmente é o melhor momento para indicar a afinidade entre Nashe e Juvenal. Estranhamente, quando McKerrow pondera sobre quem poderia ser aquele a que Greene se referiu como "jovem Juvenal, o mordaz satirista" (5.143-4), ele não leva em consideração qualquer outra referência a Nashe como Juvenal além daquela de Francis Meres (5.148). Esta nota pode ser consideravelmente reduzida com a indicação do magnífico estudo *The Grand Style in the Satires of Juvenal*, de Gertrude Scott (Northampton, Mass., 1927). O propósito do estilo elevado e do decoro que determina seu uso é "*ad permovendos et convertendos animos*" (p. 12). Segundo coloca Nashe: "(...) toda fala ou palavra, de qualquer poder ou força, deve ser, para refutar ou persuadir, inflamada e impetuosa" (2.184.4-6). Esse gênero *grande* é adequado à suma poesia e oratória, tal como mostrou Cícero (p. 13) e concordaram Horácio e Longino (p. 14-15). A figura genérica da *enargia*, abarcando todos os recursos da descrição vívida, domina as sátiras de Juvenal (p. 20-21) e de Nashe. Juvenal foi professor de retórica até o meio de sua vida (p. 21). Por compreender equivocadamente as antigas doutrinas da *laus et vituperatio*, a srta. Scott fica confusa com o fato "de, em alguns casos, as vívidas descrições que classifiquei como *enargia* serem utilizadas com objetivos puramente humorísticos, uma vez que a descrição pode ser vivificada tanto para os objetivos da ridicularização quanto para a expressão de paixões eminentes. A imagem da crueldade da mulher, vi.486, e principalmente a descrição do triunfo de um cônsul em X, 36 ss, são inteiramente humorísticas, e portanto seriam excluídas da descrição do estilo elevado proposta por Cícero" (p. 23).

Um recurso que Juvenal partilha com Nashe é a hipérbole. A de Nashe será mencionada mais adiante. Juvenal a utiliza no contexto da indignação

A partir da fala de Jack Wilton, o pródigo reformado, podemos perceber como Nashe observa a conveniência da imagem e do tema de uma forma muito mais ampla. Ao menos em sua linguagem vulgar e suas escatologias, a fala de Jack é retoricamente decorosa. Jack Wilton, o astuto maquiavélico, despreza a todos (2.210.20-21). A própria descrição de suas roupas, realizada por meio de metáforas baixas, indica desaprovação moral (2.227.10-33). Como Jack Wilton provavelmente representa, de maneira elaborada e burlesca, a ambição de políticos resolutos do naipe de Harvey, torna-se mais fácil compreender por que Nashe o descreve como alguém que é ao mesmo tempo reformado

---

(p. 34), mas "muitas vezes se entrega a hipérboles que são demasiada e intencionalmente expandidas (...). [E]le torna humorística sua sátira ao usar a forma externa do estilo sublime para expressar um pensamento que não o é (...)" (p. 35). De modo semelhante, a invectiva muitas vezes o leva a formular gracejos mesquinhos (p. 44), fazendo-o aplicar o estilo grandiloquente aos temas mais inferiores (p. 45). Nashe alcança seus resultados mais conhecidos por meio dessa técnica. Sem mencionarmos nenhuma de suas hipérboles sérias ou panegíricas, examinem as seguintes passagens:

2.213.24-31, 223.11-18, 226.1-12, 227.10-33, 229-231, 232.18ss, 247.26 ss, 267.27-28, 268.3-5, 271.21-278.3, 305.20-35, 310.18-31, 324, 356-326, 327;

3.34.5-6, 77.30-34, 93.20-94.35, 98.20, 134.15-32, 200.4-29, 365.32-37.

A explicação da srta. Scott para o emprego, por parte de Juvenal, do épico para efeitos cômicos também é relevante para Nashe (p. 46-90). Todo o *Lenten Stuffe* segue essa disposição: "O *Homero* dos ratos e sapos heroicizou-o (...)" (3.176.20). Em Horácio, o único exemplo desse costume burlesco, tão típico de Nashe, é "o episódio do camundongo da cidade e do campo – uma óbvia paródia do estilo épico" (p. 23).

A srta. Scott observa outra forma de obter vivacidade que era cara a Juvenal e a Horácio, a saber: o uso de "pequenos episódios dramáticos" que podem ou não estar no estilo dialógico (p. 23, nota). Estes são especialmente característicos de Nashe, proporcionando muitos de seus toques mais eficazes: "Ergue tua mão, G. H. (...)" (1.261.23-34). Ver também:

1.272.3-5, 276.4-5, 277.15, 280.15-23, 280.24-281.27, 286.26-30, 288.27-29, 292.13-15, 293.5, 298.20-23, 305.25, 305.35-306.2, 308.18-20, 314.21-33, 315.9-34, 317.34-36, 331.14-15, 368.25-28, 384.4-13;

2.207.1-10, 208.19-21, 209.17-18, 227.2-5, 234.5, 241.14-16, 269.33-36, 310.18-19, 320.4-5;

3.20.9-34, 42.35-37, 98.33-99.3, 158.35, 167.4-5, 172.7-9, 168.34-35, 170.16-17, 183.28-30, 201.6-8, 216.19-20, 218.15-27, 219.28-36, 345.16-25, 346.38, 373.32-34, 369.6.

Vale notar que há poucos exemplos desses episódios em *Christs Teares*. Nashe utiliza-os basicamente para os propósitos da invectiva. Uma exceção encontra-se em 2.69.6-10.

(2.217.12-13, 227.9-10) e depravado. Afinal, diz Nashe, é na arte, tal como no mundo, que "nossa fala deve estar de acordo com nossa vida" (1.46.10-11).[20]

No mesmo relato, ao conde de Surrey é concedida uma fala ou prosopopeia em que ele se expressa no estilo elevado adequado à sua posição e ao seu talento poético (2.243.9-245.19). Naturalmente, a oração de Cutwolfe é semelhante às vilanias fantásticas e hiperbólicas de sua vida (2.320.24-327.1). A consecutiva imagística de *Christs Teares* é, por questões de decoro, diferente das outras imagens de Nashe. Ela é retirada basicamente das Escrituras. Do mesmo modo, as hipérboles quase nunca parecem ridículas, e a apóstrofe é patética, não cômica. "Nada tenho a oferecer-te senão a paixão. Uma centena de infaustas despedidas à fantástica Sátira" (2.212.3-5).[21]

Nashe usa a doutrina da conveniência ao afirmar que os terrores da noite são maiores do que aqueles do dia. (Ele está se divertindo bastante ao retalhar as pretensões da "Escola da Noite", virando sua retórica pelo avesso.)

> À noite, acometeu o Dilúvio a superfície de toda a terra; à noite, *Judas* traiu Cristo, *Tarquínio* violentou *Lucrécia*.
>
> Quando qualquer Poeta descreve um terrível e trágico acidente, ele, a fim de acrescentar-lhe maior probabilidade e credibilidade, começa com tristeza a relatar como a noite era escura quando o fato ocorreu (...).
>
> Eis o porquê de, nas Escrituras, o pecado geralmente ser chamado de obra das trevas (...). (1.386.4-13)

O decoro – ou a arte – e a natureza são uma só coisa. Muitas vezes, quando menos se espera, Nashe faz alusões perspicazes ao decoro retórico, como em: "É agora a hora em que todos os Rios devem fluir para o Mar, em que tudo aquilo que trago na inteligência ou na eloquência deve ser drenado ao

---

[20] Sobre o caráter tolo dos pajens, ver 1.205.2-33.

[21] Ver 2.56.2 ss, 71.15, 80.32-81.11. Apóstrofes sérias ocorrem em outros momentos, claro: por exemplo, em 2.320.4-21. Em virtude de sua completa adesão ao decoro retórico em todas as partes da composição, Nashe é capaz de criticar Harvey por "mesclar todos os estilos em um único tinteiro, como se imitasse a todos & não possuísse forma de escrita própria (...)" (1.317.29-31). Isso é absolutamente verdadeiro, dado que Harvey adotava o estilo simples e os "versos fortes" do espírito ático ao mesmo tempo em que tentava fazer frente a Nashe com as mesmas armas de sua invectiva.

retrato da desventura" (2.63.1-3).²² Algumas linhas depois, ele suplica para que Deus "dilate minha invenção e minha memória, a fim de que, sincero e comovido, repita eu o afeamento da mãe das Cidades" (2.63.25-27). Ou seja: dá-me todo o poder da *enargia* retórica e do ornamento, de modo que eu possa mostrar Jerusalém desprovida de ornatos. Dessa forma, Nashe alcança o paradoxo e a hipérbole, figuras que são decorosamente aplicáveis a um tema grandioso.²³ Uma alegoria semelhantemente brilhante, baseada nas doutrinas da retórica, é empregada com decoro contra Harvey: "(...) [P]ois, por fazer uma Súplica ao Diabo, *Pierce Penilesse* deve ser chamado de Orador do Diabo tanto quanto ele deve ser considerado um Retórico por apresentar *Gabrielis Harueii Rhetor*, no qual julgou ter acabado com o pobre *Túlio Orador* quando, na verdade, apenas reuniu o mais insípido e ostentoso ramalhete de sua grinalda" (1.267.32-268.7). Em suma, ao tentar acabar com Cícero a partir de seu manual ramista, Harvey apanha sua inteligência e desfila com o floreio retórico de Cícero que, nele, é "insípido". Outra ilustração do decoro que orientava a imagística de Nashe na refutação da retórica de Harvey tem lugar em *Have With You*: "Figura retórica? Se possuísse eu uma centena de filhos, preferiria que fossem desfigurados & mantidos em casa como cifras do

---

²² Exatamente a mesma apóstrofe hiperbólica aparece em *The Unfortunate Traveller*, com a única ressalva de que a conveniência da ridicularização ou da invectiva altera as imagens para artigos mais vis: "Ó, retórica de orifício, limpa tua perene boca e fornece uma metáfora mais índia que essa para o corajoso sangue principesco de um saxão. Oratória, abre a bárdica arca de teus louvores e, com o mais triunfante de teus tropos, dá-lhe o tributo" (2.248.10-15).

²³ O paradoxo, chamado de "o deslumbrador" por Puttenham, é muitas vezes usado ao lado da hipérbole pelos elisabetanos. Eles muitas vezes recorreram ao exemplo de São Paulo ante Agripa: Atos 26,7-23. Um excelente exemplo na modalidade da invectiva ocorre em *Hamlet*: "Realmente, que a beleza, com o seu poder, levaria menos tempo para transformar a honestidade em alcoviteira do que esta em modificar a beleza à sua imagem. Já houve época em que isso era paradoxo; mas agora o tempo o confirma" (III, i, 110-115). Na modalidade do panegírico, a descrição hiperbólica da barca de Cleópatra é coroada com um paradoxo:

> (...) que agitavam ventarolas
> de mil cores cambiantes, cujo sopro
> parecia deixar muito mais vivo
> o rubor de suas faces delicadas,
> que acalmar se propunha, desfazendo,
> dessa maneira, a um tempo, o que fazia. (II, ii, 203-205)

Aqui, o paradoxo e a hipérbole se misturam a um tipo de prosopopeia não assinalado anteriormente: a atribuição de faculdades humanas ao sub-racional.

que enviá-los à escola para aprender a retratá-la de acordo com tal disposição" (3.120.3-6).²⁴

É difícil discutir um tema deste tipo sem ser em função de uma contínua *explication de texte*, e não há espaço disponível para isso aqui. No entanto, uma curiosa ilustração da fidelidade que Nashe dedica ao decoro, até mesmo em questões pequenas, aparece em *Lenten Stuffe*. Lamentando a falta de "meu caderno", ele elabora uma hipérbole alegórica:

> Pois, afora o sonoroso e assombroso sopro de indignação contra mim revolvido quando de minha ausência e eliminação da mais alta região de nosso regimento celeste, o qual de certa forma excretou-me ao fundo infernal da desolação e, de modo tão inquieto, maculou com dor e esmero toda célula ou canal de minhas faculdades intelectuais mais puras, de modo que não mais se associam a divertimentos alegres e engenhosos, aqui no campo estou privado de meus cadernos e todos os outros livros pelos quais eu poderia esmaltar e guindar este artifício de maneira mais artificial e magistral, revestindo-o com seu verdadeiro verniz e sua verdadeira tintura orientais; (...) e atribuir essa custosa culinária a este *Marine magnifico* (...). (3.175.26-176.8)

A imagística que une as imagens incidentais é retirada do mar, das embarcações e da vida da gente de Yarmouth. Daí o "assombroso sopro" que fez afundar seu destino. Daí o "guindar este artifício". As cores da retórica são astutamente identificadas com os matizes do arenque e seu tema panegírico.²⁵

---

²⁴ Uma interessantíssima passagem dá seguimento a esse desprezo explícito pela retórica de Ramée. Com ironia, é dito que, do ponto de vista da retórica ramista, se um homem jamais é capaz de dizer algo que vale a pena, ele ao menos não pode ser atrelado a quaisquer afirmações incriminatórias (3.120.7-23). Nashe é bastante claro quanto ao fato de os ramistas terem separado completa e fatalmente a invenção da elocução, o conteúdo das palavras.

²⁵ Antes, nessa própria obra, Nashe utiliza a mesma imagística marítima para descrever seu estado: 3.156.15-22. Esse decoro orienta todo o trabalho, embora raramente seja tão manifesto como em 3.175.15-16. Acerca da queixa de Nashe por não ter à disposição seu caderno ou suas ferramentas de composição, é preciso apenas dizer que esse é um repúdio retórico convencional, tal como o que prefacia a maré de eloquência ornada em *Christs Teares*: 2.10.11-15, 15.29-30. Também aqui ele precede uma das realizações mais elaboradas de Nashe.

Quanto ao fato de ele ser "um operário sem suas ferramentas" (3.176.4-5), podemos dizer que McKerrow poderia ter evitado muitas suposições em suas notas se houvesse reconhecido que não apenas Nashe, mas todos os outros naquela época, aceitavam a doutrina retórica da imitação exposta por Ascham (*Scholemaster*, p. 184). Esse método foi empregado por Virgílio, e portanto veio

Na prosopopeia ou falas de *Summers Last Will*, Nashe emprega a costumeira conveniência dramática e retórica. Will Summer se vale de imagens baixas e da prosa. Spring é descrito como irresponsável e elogia a pobreza. Solstice louva o contentamento e a imunidade à ambição. Harvest utiliza imagens campestres e a prosa. A Bacchus é dada a prosa. Tendo feito Will Summer beber, este último elabora, em verso, uma oração contra o vinho. Aparentemente, o vinho o transforma em outra pessoa, e portanto temos um novo decoro. Winter ataca o aprendizado. Nesta peça tão pouco lida, encontramos quase todos os recursos da oratória sofisticada.

Embora a questão dos modelos patrísticos da prosa de Nashe já tenha sido mencionada e, em certa medida, descrita, um retrato um tanto mais completo servirá para refinar a presente discussão sobre o autor. O suficiente já foi dito sobre a importantíssima posição ocupada pela teologia e pela retórica patrísticas não apenas na mente dos humanistas do Renascimento, mas também na de seus predecessores medievais; do mesmo modo, não se julgou necessário explicar como o prestígio patrístico desapareceu tão rapidamente após o período jacobeano, de modo que os historiadores da literatura hoje carecem da maior parte dos dados relevantes para a compreensão da arte literária renascentista.

Os estudos sobre São Crisóstomo e São Basílio conduzidos por Ameringer e Campbell bastam para nosso objetivo.[26] Será mais adequado notar os traços salientes de Basílio e Crisóstomo e ilustrar, *en passant*, a presença das mesmas características em Nashe. Comecemos com a écfrase.

---

a agradar Pope (*Essay on Criticism*, I, l. 130-140), Spenser e Milton. Assim, obras como os *Adagia* e *Similia*, de Erasmo, não representavam fontes de leitura para Nashe, mas certamente eram os instrumentos com que ele trabalhava quando de fato se ocupava da composição. Essas coleções de frases e comparações eram indispensáveis para a forma de amplificação praticada no Renascimento. No que diz respeito ao decoro, tanto a invenção quanto a elocução dependiam dessas enormes compilações organizadas sob cabeçalhos. Como exemplo, McKerrow observa que a *Politica* de Lípsio é "um livro praticamente composto de citações retiradas dos clássicos" (5.120). (Isso também acontece com os ensaios de Montaigne, Bacon, Jonson e outros aticistas.) Não obstante, Lípsio foi visto como um homem instruído e original por sua própria geração.

[26] A obra de Campbell já foi citada. A de T. E. Ameringer a precedeu em um ano: *The Stylistic Influence of the Second Sophistic on the Panegyrical Sermons of St. John Chrysostom*. Washington, 1921.

São Basílio explica a utilidade da écfrase no panegírico: "Recordemos publicamente os feitos desses homens, (...) descrevendo suas corajosas proezas como se em um retrato (...). [I]nstiguemos as almas mais nobres, aquelas que mais se assemelham às dos mártires, à emulação".[27] Os Pais também utilizam a écfrase na *vituperatio* e no panegírico: "As veementes denúncias de Crisóstomo contra o teatro sugeriam descrições como estas: a do personagem de um rapaz que representa uma jovem menina, de um velho no papel de escravo e de atrizes desavergonhadas".[28] O mais interessante para aquele que estuda Nashe talvez seja o fato de os Pais, ao descreverem o sofrimento dos mártires, com frequência apresentarem descrições físicas exasperadamente realistas.[29] Apenas uma amostra desses horrores patrísticos se faz necessária para que descubramos imediatamente qual é a fonte e propriedade de muitos episódios de *Christs Teares* e *The Unfortunate Traveller*.[30]

---

[27] Campbell, op. cit., p. 129. Campbell discute a écfrase de acordo com a forma como ela era praticada nas escolas do período escolástico: "A vivacidade e a planejada reunião de detalhes que o ensino sofístico estimulou nas metáforas e comparações inevitavelmente produziram descrições pictóricas em oradores entusiasticamente receptivos aos padrões pagãos. Esse amor pelo pitoresco que a retórica tardia acabou por radicalizar não era satisfeito nem mesmo por uma figura tão desimpedida como a comparação sofística. Por conseguinte, ele desenvolveu um novo recurso. (...) A écfrase almejava retratar um objeto adequado com detalhes tão elaborados e contundentes que uma imagem vívida acabava por imprimir-se na mente do público" (p. 128). A variedade de temas abarca naturezas externas, pinturas, templos, jardins, banquetes e batalhas. Todos eles aparecem nos Pais do século IV.

[28] Ameringer, op. cit., p. 92. Ameringer também mostra como a comparação acabou por tornar-se écfrase (p. 78-80) e como os Pais a utilizaram sem medida no panegírico e na censura, de acordo com as doutrinas da *vituperatio* retórica (p. 86 ss).

[29] Ameringer, op. cit., p. 96-97; Campbell, p. 138.

[30] Os episódios aterradores de *Christs Teares* aparecem em: 2.37.23 ss, 60-62, 63-80, 79.26 ss. Em *The Unfortunate Traveller*: 2.228.21-231, 231.11-232, 232.18-241. Essa série de horrores é interrompida com a écfrase de um jardim romano que, segundo Nashe, quase restaura a devastação da Queda do homem. Em seguida, temos uma "impetuosa praga" e horrores muito piores: Esdras e Heráclide, 2.287-295. Em 310.18, Nashe diz: "Descrições, a postos; será aqui expressa a fúria de Lúcifer, quando por brigão foi rejeitado ao portão celestial". A execução de Zadoch (315.22 ss) é artisticamente contrastada com o festim de São Pedro (317). A execução de Cutwolfe coroa a safra de horrores patrísticos: 327.6 ss. Um estudo mais detalhado demonstraria de maneira completa que *The Unfortunate Traveller* é um subproduto dos estudos patrísticos que Nashe realizou para criar *Christs Teares*. Ambas são farinhas do mesmo saco.

A écfrase é uma figura que inclui a metáfora, a comparação, o paradoxo, o enigma e a hipérbole – e isso mencionando apenas as figuras de maior destaque. Ao falar sobre a presença da metáfora nos Pais, Campbell diz: "A abundância de metáforas no Antigo e Novo Testamentos contribuiu para o emprego cristão da figura. (...) Ainda assim, São Gregório de Nissa é um verdadeiro sofista ao usá-la, (...) enquanto São João Crisóstomo sobrepuja ambos com sua pródiga exuberância" (p. 98). É a metáfora estendida, ou alegoria, que mais importa ao estudante de Nashe. Essa figura, que nele abunda, é parte integral da textura dos sermões patrísticos. Os Pais empregaram a metáfora alegórica com fins exegéticos e explicativos: "Os conflitos teológicos do século IV afetaram até mesmo a laicidade, fazendo-o de modo tão íntimo que os termos abstratos, a linguagem especializada da filosofia e da teologia, necessariamente encontraram espaço nos sermões populares. Assim, por esclarecer as ideias de tal modo descritas, a metáfora mostrava-se um instrumento extremamente eficaz" (Campbell, p. 97-98). Esse tipo de coisa é a fonte do espírito "metafísico" de Donne. Nashe o emprega de diversas formas além daquela da hipérbole; no entanto, ele o faz para ornar, e não explicar.[31]

Em sua natureza, o paradoxo e o enigma são quase inseparáveis da hipérbole, sendo mais bem ilustrados em função de sua relação com ela. Segundo demonstra Campbell (p. 96), a metáfora estendida tende a ser enigmática; por outro lado, "[o]riginalmente, a hipérbole era um tipo de metáfora. (...) [U]ma forma específica de comparação tácita: a comparação de um objeto com a mesma característica de outro objeto, mas ampliada muitas vezes. Na hipérbole típica da retórica tardia, o elemento do exagero obscurece a metáfora básica. Em sua ânsia por efeitos espantosos, a hipérbole adota uma qualidade sensacional, muito semelhante à do paradoxo contemporâneo" (p. 69). Ameringer mostra como esses efeitos são característicos de Crisóstomo, que "via essa figura artisticamente defeituosa como algo bastante adequado

---

[31] Um exemplo que é típico de dezenas também ilustra o quão difícil é distinguir a alegoria da comparação e do símile. Falando de Aretino, ele diz: "Porém ao seu espírito escreverei por meu mensageiro, e espero que seu chicote conserte e o utilize contra nossos Pavões ingleses, os quais, retratando a si próprios com espólios da Igreja, como importantes sepulcros humanos nada têm senão ateísmo, cisma, hipocrisia e vanglória, escondendo podres ossos em seu interior" (1.242.18-23). Como Nashe geralmente tem como fundamento a invectiva ou o panegírico, poucas são as alegorias, comparações ou símiles que não tomam parte no caráter da hipérbole.

à apresentação do caráter maravilhoso e sobrenatural da religião cristã. Os mistérios da Fé, os sacramentos, os milagres: tudo isso fornecia uma rica reserva de temas que eram, humanamente falando, paradoxais". Em seguida, ele parte para as ilustrações.[32] Um exemplo de como o paradoxo (sua forma reduzida é o oximoro) se torna enigma é retirado de um sermão sobre a Paixão: "Nossas armas não estavam manchadas de sangue, nós não estávamos em formação de combate, nós não recebemos golpes, não vimos guerra e, ainda assim, conquistamos a vitória! A luta foi do Senhor, mas a coroa é nossa!" (p. 38). Acerca da hipérbole, Ameringer assinala que "o paradoxo é, por assim dizer, apenas uma forma mais sutil de exagero" (p. 39). Crisóstomo emprega o paradoxo e a hipérbole nas mesmas situações em que Nashe os utiliza: "sob a influência de determinada emoção forte, como a piedade, a dor, a indignação ou a admiração" (p. 39). São Basílio se vale de ambos tanto para elogiar quanto para censurar: "(...) o excesso de beberrões, (...) a insaciabilidade de uma esposa extravagante, (...) a valentia dos Quarenta mártires, (...) e então, em seu desejo de ser enfático, ele se torna pitoresco" (p. 70-71).

Um excelente exemplo de *Christs Teares* mistura alegoria, paradoxo, hipérbole e enigma. As palavras são uma prosopopeia expressa por Cristo: "Quando, em vez de estrelas, o Céu se tornar artilharia de Granizos, quando Planeta algum revolver algo além de meretrício e desolação, verás o que é, por dizer que *não querias, ter tua casa feita deserta*" (2.47.20-24).[33]

---

[32] Ameringer, op. cit., I, p. 35-36. Devemos ter Crashaw em mente aqui, assim como todos os artistas "barrocos".

[33] "*Prosopopoeia*: representação de uma pessoa falando diretamente. (...) Uma figura que possibilita tão rica oportunidade de demonstrar o talento dramático não seria ignorada pelos sofistas da segunda sofística" (Campbell, p. 58). Os Pais a utilizam com abundância. Os escritos de Nashe são quase uma prosopopeia contínua, a qual tem ele mesmo como porta-voz. Em *Christs Teares*, ele diz: "Para mais penetrar e reforçar, imaginemos Cristo, em Oração contínua, desse modo alegando-lhes" (2.21.28-29). Ver também:

1.202.3-9, 205.14-18, 240.33-241.30;

2.15.13-14, 71.15-75.21, 243.9-245.19, 287-295, 320.24-327.1.

Jack Wilton contando sua história em primeira pessoa também é um exemplo. Da prosopopeia no sentido de "falácia patética" Nashe fornece muitos exemplos, como em:

2.38.4-35, 49.5-29;

3.156.24-158.9, 160.5-24, 182.9, 183.8-9, 186.5-9, 186.10-26, 189.20-190.7, 216-219.

Nada poderia ilustrar melhor o uso que Nashe dá à hipérbole no louvor e na censura, no panegírico e na invectiva, nem sua deliberada mistura de hipérbole, panegírico e paradoxo. O exemplo clássico encontra-se em *Lenten Stuffe*: "O Homero dos ratos e sapos heroicizou-o (...)" (3.176.20-178.26). Nashe demonstra que está completamente familiarizado com toda a literatura do paradoxo; e, em vista do paradoxo heroico que está prestes a formular, ele despreza os filósofos que "se infiltram com seus paradoxos de pobreza, aprisionamento, morte, enfermidades, expulsões e aridez, estando tão ocupados com a abelha, a cegonha, o macaco, o asno, a raposa e o furão" (3.176.27-32). Nashe possui objetivos mais elevados: "Podemos expressar pequenas coisas pelo incrível, e o incrível pelo pequeno, embora a grandeza do arenque não seja pequena (por menor que pareça, como um pequeno polegar)" (3.185.34-186.2). De acordo com o estilo elevado, Nashe dá prosseguimento a esse paradoxo panegírico com uma comparação que é, também, um enigma: "Dá-se com ele o que se dá com grandes personagens, os quais do alto de seu prestígio, e não de sua estatura, multiplicam os elevados títulos de seus Gogue e Magogues" (3.186.2-5).[34]

---

[34] Ingenioso, em *The Returne from Parnassus*, diz: "(...) todo John Dringle pode compor um livro em louvor à temperança e contra os sete pecados capitais, ao passo que raro é o espírito capaz de tirar algo a partir do nada (...)" (p. 54). O mesmo é expresso por meio de uma enigmática alegoria e de uma enigmática hipérbole na epístola de Nashe ao leitor de *Lenten Stuffe*: "Todo homem pode identificar o que é óbvio, escrever em louvor à Virtude e às sete Ciências Liberais, debulhar o trigo de um molho inteiro e retirar do Tâmisa sua água; todavia, obter algo da resteva seca e uma abundante safra sem semear, ou então extrair de uma rocha o suco: isto é *penetrar o nome de Deus*, o grande ardil do trabalhador" (3.151.29-152.5). [Note-se o trocadilho por Nashe realizado neste trecho, em que o verbo penetrar, *pierce*, é ao mesmo tempo referência ao pseudônimo do autor: Pierce Penniless. No caso, o trabalhador (*workman*) é o poeta (*wordman*) que penetra o nome divino. - N. T.]
Nashe busca constantemente o estilo grandiloquente, repleto de discursos enigmáticos:

1.216.5-21, 322.31-34, 287.14-16, 363.32-368;

2.10.11-15, 185.12 ss;

3.21.18-22, 18.23-19.15, 147.20-152.19, 213.1-220.27.

Outro exemplo de alegoria que se transforma em enigma encontra-se em *Strange Newes*, 1.305.3-6. Ver também 1.221.13-226.28; 2.10.9-11; 3.216.19-27. Um brilhante paradoxo tem lugar em *Summers Last Will*, no momento em que Christmas, privada da alegria pelos puritanos, elabora uma oração contra a festividade (3.284-287). Ver também 3.67.2-15. O panegírico de Cutwolfe sobre a vingança é um notável exemplo (2.324-326).

Obviamente, muitíssimos são os exemplos da hipérbole mesclada com outras figuras. Ela é inevitavelmente encontrada onde temos o panegírico e a invectiva, e portanto listarei algumas dessas ocasiões. Em primeiro lugar, o louvor:

    1.6.15-32, 25-30, 211.34-215.34, 314.4-18, 374-375;

    2.9.8-24, 89.25-31 (um divertido exemplo de invectiva contra o panegírico), 242.6-25, 243.17ss, 264-266, 324-326;

    3.156.10 ss, 168.34-35, 175 ss, e também o prefácio a *Menaphon*, passim.

Embora Nashe afirme, com razão, que a disputa não é seu único estilo (1.259.8-18), encontramos muito mais exemplos dela do que de qualquer outra coisa. Aqui, incluo alguns momentos em que Nashe discute seus métodos e objetivos:

    1.259.8 ss, 285.1-8, 285.24-30, 320.3-13, 321.22-35, 324.16-27, 361.29-373.36;

    2.12.1-27, 13.2-4, 180.16-35, 80.15-26, 202.1-3, 234.18-19, 264.19-266.22;

    3.11.23 ss, 18-19, 93.20-94.35, 105.28-106.16, 213.1-220.27, 314.29-315.13.

Entre 1.242.25 e 244.10, Nashe vai e volta da censura ao louvor.[35]

---

[35] Um dos muitos recursos retóricos incidentes no louvor e na reprimenda era a caracterização. Há várias modalidades dessa figura. A *icon* ou *effictio* tende a se ater a descrições externas:

    1.162.30-63.6, 166.16-167.10, 167.11-20, 167.21-168.27, 168.33-169.28, 169.29-170.25, 170.26-171.6, 173.4-20, 173.21-176.10, 175.13-27, 183.18-25, 199.31-200, 205.2-33, 209.5 ss, 379.1-381.14;

    2.227.10-33, 232.18-233.9, 247.26 ss, 271.21-278.3.

A *notatio* emprega outros recursos além da descrição externa. A *effictio* em 2.232.18-233.9 termina como *notatio*: 233.10-31, em que a motivação psicológica do personagem é substituída pela aparência e pelas ações. Ver também:

    1.169.29-70.25, 170.26-171.6, 175.13-27, 175.28-176.10, 176.11-22, 176.23-177.3, 177.4-23, 177.24-178.15, 183.18-25, 205.2-33.

A caracterização dos costumes, das virtudes, dos vícios, etc. é, em geral, chamada *ethopoeia*. Por exemplo:

    2.81.12-92.27 (a ambição é representada como uma grande cortesã), 108.5.15 ss, 114.31 ss, 117, 129.23 ss, 132.17 ss, 134.36-135 ss, 136.5-144, 144.33 ss, 147.8 ss, 148.2 ss, 155.13 ss.

Trarei aqui alguns exemplos de hipérbole, de modo que a deliberada relação dessa figura com o louvor e a censura seja verificada, tal como os objetivos e a prática retórica de Nashe em geral:

1.190.11-191.6, 192.16-20, 192.24-26, 193.13-29, 194.14-22, 194.23 ss, 195.11 ss, 197.7-9, 197.21-23, 197.28-199.3, 199.31-200.34, 204.20-207.5, 215.18-25, 216.2-21, 239.21-240.9, 242.15-27, 242.28-244.10, 257.3-6, 262.3-263.25 (essa série engloba também alegorias), 271.7-31, 282.11-17 (primeiro, o elogio de Spenser, seguido pela reprimenda de Harvey), 287.17-25, 289.20-22, 293.27-29, 299.31-35, 301.12-15, 307.1-5, 307.21-22, 308.5-17, 315.1-6, 321-322, 323.1-5, 341.1-18, 341.25-28, 345.26-30, 349.19-350.2, 359.36-360.16, 361.11-15, 361.29-373.36, 379.19-23, 380.10-12, 385.25-29;

2.9.1-11.26, 27.27-28, 35.13-19, 35.36-36.16, 37.23-35, 49.5-29, 59.2-19, 69.6-10, 69.11-36, 79.26-28, 135.1-2, 151.16-19, 180.18-20, 183.1-12, 209.6-8, 213.24-31, 216.3-13, 217.25-34, 223.11, 226.1-12, 228.25-231.4, 242.6-25, 243.17 ss, 246-253, 254.14-255.4, 264-268, 270.10-11, 279.31-33, 305.20-35, 324-327;

3.7.4-17, 34.1-36, 93.20-94.35, 98.20, 105.28-106.16, 126.10-16, 132.17-19, 154.30-155.4, 158.5-34, 172.33-34, 174.14-175.12, 183.18-22, 183.23-27, 183.28-184.9, 184.10-17, 184.18-27, 184.27-34, 185.1-2, 185.4-7, 185.7-15, 185.16-24, 185.25-34, 186.10-14 ss, 187-190.7, 191.1-12 ss, 192.1 ss, 193.6-29, 195.10-16, 220.9-17, 220.20-24, 226.1-19 (*Lenten Stuffe* tem fim com um resplendor de hipérboles: 311.14-312, 322.20-324, 329 ss. O prefácio a *Arcadia* também é cheio delas, estando de acordo com a conveniência imposta pelo tema).

Almond também se encontra recheada de hipérboles. A partir dos exemplos acima, é possível perceber rapidamente que, em Nashe, essas figuras não se

---

Note-se que, ao prometer uma oração latina em louvor a atores ingleses, Nashe diz: "Notarei e registrarei, de acordo com seus costumes e vestes" (1.215.34-35). A propósito do caráter em geral, tal como utilizado para louvar ou censurar, ver:

1.217.16 18, 284.25-26, 286.15-25, 287.5-33, 288.2-18 (em que ele descreve o caráter de Greene a fim de expor a mesquinhez de Harvey), 357.37-358.24 (exemplo de uma descrição da paixão alheia que não dá espaço à caracterização – o célebre contraste entre *ethos* e *pathos*; ver também 2.71.7-75.21);

2.63.28-65.9, 209 ss, 210.22 ss, 217.14 ss, 225.11 ss, 225.27-226.22, 242.2-243, 255.14-21, 255.23-256, 259.30-260.12, 261.3 ss, 264.19-266.22, 271-278;

3.147.20-149.4 (parece ser um amargo ataque contra Essex);

3.280.1500 ss (caráter de Winter), 256.670 ss (caráter dos cães).

relacionam apenas com o louvor e a censura, mas muitas vezes são instrumentos da écfrase que é tão frequente no maior dos escritores patrísticos.

Ao apresentar aqui um conjunto de alegorias de Nashe, espero oferecer provas que permitirão que qualquer um verifique se ele as empregou deliberadamente ou não, vinculando-as à hipérbole com fins laudatórios ou censórios:

> 1.9.18-27, 161.18-29, 161.30-35, 179.18-28, 198.7-24, 199.16-19, 201.13-15, 216.5-21, 242.15-27, 243.23-26, 256.33-34, 259.6-7, 261.15-18, 262.8-11, 262.11-18, 262.25-30, 262.30-37, 263.7-19, 265.11-13, 265.22-24, 266.14-16, 268.1-7, 269.26-28, 271.17-18, 272.3-5, 280.10-19, 282.27-31, 285.27-30, 286.33-287.4, 287.13-16, 291.24-30, 291.15-16, 291.34-292.4, 292.7-12, 293.1-5, 294.32-35, 298.20-23 ss, 300.2-3, 301.5-8, 301.12-15, 302.4-6, 302.13-16, 305.4-6, 307.1-5, 317.1-10, 321.22-35, 342.5-6, 345.12-25, 346.3-5 ss, 356.28-32, 361.11-15, 376.1-4, 376.19-26, 377.32-37, 382.14-18;
>
> 2.9.9-11, 10.3-4, 10.5-7, 13.14-19, 16.21-23, 16.24-25, 57.10-26, 63.1-3, 98.17-99.7, 123.8-10, 123.28-129, 157.18-21, 180.33-34, 183.19-20, 184.6-20, 202.7-22, 209.15-17, 210.7-10, 236.21-30, 238.3-7, 271.3-4, 271.21-278.3;
>
> 3.11.19-21, 32.20-26, 42.25-35, 101.33-36, 109.9-17, 153.14-22, 154.30-155.4, 156.12-13 ss, 159.14-23, 160.7-15, 167.4-15, 172.7-9, 175.20-26 ss, 176.1-19, 182.12-19, 215.4-5, 216.13-16 ss, 217.19 ss, 247 ss, 282.1547 ss, 311.23-24, 320.30-34, 332.1-31, 333.4-16.

Como as comparações ou os símiles constituem um traço inseparável do panegírico e do vitupério, e como, nesse aspecto, seu caráter é orientado pela doutrina do decoro retórico, o mínimo que posso fazer é oferecer uma lista que representa toda a variedade da obra de Nashe:

> 1.9.24, 10.7, 11.21-28ss, 16.13-21, 20.18-22, 22.1-4, 24.6-7, 26.5-14, 27.33-36, 30.10-16, 31.10-14, 32.27-36, 33.18-34.26, 41.7, 184.26 ss, 241.3-8, 241.30-33, 276.34 ss, 278.27-30, 282.20-23 ss, 307.26-27 ss, 327.15-30, 354.5-31, 355-356, 357.15-19, 362.2-5, 370.17-25, 373.24 ss, 376.9-11 ss, 377.32-37, 377.17-23, 379.19-23, 380.10-12, 382.8-9, 382.28-32, 385.25-29;
>
> 2.9.16-18 ss, 13.14-19, 16.10-16, 20.12-21.11, 21 ss, 28.12-14, 31.12-14, 31.9-17, 69.19-36, 96.17-31, 98.17-99.7, 100.5-9, 102.31, 104.11, 107.34-108.10, 113.24-35, 123.18-22, 123-129, 132.28-

133.29, 179.10 ss, 180.16, 181.1 ss, 184.3-6, 228.20-231.4, 231.11-232.2, 236-237, 247.26 ss, 305.20-35, 326.1-13, 327;

3.7.9-11, 33.27-30, 61.32, 77.30-34, 93.20-94.35, 98.20, 105.28-106.16, 109.8-17, 121.22-122.13, 123.4-5, 133.12-13, 134.15-32, 158.10-14, 183.10-14, 183.10-22, 186.2-5, 187.8-35, 191.33-34, 223.28-224.2, 234.26-27, 311.21-22, 313.25-314.12, 314.24-29, 318.17-28, 320.30-34, 330.11-34.

Já que deve haver um fim para este estudo, pouca discussão pode ser dedicada ao frequente uso que Nashe dá às figuras de palavras, por maior que seja o interesse e a relevância desse tema. A paronomásia, por exemplo, é um traço comum de suas alegorias e comparações, e não algo meramente ornamental.[36] O poliptoto é mais importante porque era figura popular entre os Pais, que a utilizavam com propósitos exegéticos e enfáticos.[37] E, de todas, a mais interessante é a anáfora, uma vez que caracteriza muito da oratória patrística praticada nos séculos IV e XVI.[38]

Poderíamos julgar sensato reconhecer como importante indício das fontes patrísticas do estilo de Nashe o fato de ele ter usado essa figura em apenas uma

---

[36] Aquela que aparece em 2.210.20-21 (e também na linha 27), por exemplo, está a serviço do decoro na descrição do caráter de Jack Wilton. Ver também 2.207.10, 209.9, 217.25-26, 230.27, 257.14-15, 258.24-25, 259.10-12, 272.1-2, 299.23, 308.16, 309.15-16, exemplos retirados da mesma obra. Que o decoro determinou o uso dado por Nashe a esse recurso (alguns retóricos o chamam de "antanáclase", deixando "paronomásia" para o jogo feito com os sons, e não com os significados) torna-se claro a partir da frequência com que eles aparecem em *Have With You*, outra obra de vitupério cômico: 3.5.1-12, 6-7, 32.20-26, 33.9-26, 34.1-4, 129.4-10; ver também 3.182.31-35, 185.29, 186.5-7 e 1.384.34-385.

[37] Ver Mitchell, op. cit., p. 160-61. Os puritanos, em especial, abominavam isso e a figura da anáfora que lhe estava associada (Miller, op. cit., p. 345). A figura do poliptoto era apreciada pelos Pais da segunda sofística (Campbell, op. cit., p. 74), aparecendo com frequência em Nashe, especialmente em *Christs Teares*: 2.10.9-11, 35.19-20, 52.32-33, 56.19-21, 136.32-34, 179.28, 183.19-20. Ver também 1.335.9-10, 2.286.16, 323.1-2, 3.32.20-26, 195.24-26.

[38] Campbell, op. cit., p. 34-38. A anáfora é de fato um termo que designa um grupo de figuras que inclui a epífora, a símploce, a ploce, a diáfora, a epanalepse, a anadiplose, a epizeuxe, a diácope e a *traductio*. Porém o sentido em que ela aqui é utilizada é o da "paronomásia repetitiva". Uma palavra pode ser repetida numa série de contextos sem carregar qualquer sentido senão o seu sentido básico. Quando Andrewes usa essa figura, Mitchell diz que ela é "caracteristicamente 'metafórica'" (p. 152). Ele cita passagens de Henry Smith que ilustram o domínio deliberado da figura (p. 211-12).

obra: *Christs Teares*. Contudo, ele aqui a utilizou com profusão. Uma anáfora com a palavra *gathered* se estende por quase dez páginas (2.27-35.6). Outras ocorrem em 2.24-25, 42.33-44.9, 45.13-32, 55.9-17, 56-59.

O conhecimento que Nashe tinha dos Pais e do decoro retórico que eles observavam ao utilizar essa figura o levou a restringir a anáfora ao único espetáculo em que ele declaradamente almeja coletar uma "ceifa teológica". Há, porém, uma notável exceção. Ela ocorre em *Have With You* (3.33.9-26). Nashe está replicando comicamente o escárnio que Harvey dirigira a essa colheita da madura teologia; então, ele formula uma anáfora com a palavra *tongues* (não sem fazer alusão às Escrituras), ao que Carnéades responde: "(...) basta deste inglês simples". A piada está no fato de Nashe ter acabado de lançar mão daquele tipo de inglês extremamente ornado que Harvey desprezava, quando então Carnéades afirma ser esse o tipo de inglês que os puritanos aprovavam.

Desse modo, interrompo o que um dia espero ser capaz de concluir. É impossível não ter ciência dos muitos defeitos deste estudo; ao mesmo tempo, é impossível investigar o terreno em questão sem adquirir uma nítida percepção de seu caráter amplamente inexplorado. Ao aplicar a Thomas Nashe alguns dados básicos sobre o *trivium* e sobre as motivações patrísticas da *translatio studii*, vimos que perspectivas e sanções supostamente inexistentes são as principais características de sua obra. O que se aplica a Nashe se aplica também a seus contemporâneos. Encontramo-nos, portanto, diante do fato de que, embora inúmeros trabalhos excelentes e indispensáveis tenham se debruçado sobre o período elisabetano, nós mal começamos a compreender sua vida intelectual e literária sob uma perspectiva elisabetana. Muitas coisas contribuíram para fazer daquela uma época da retórica, e até mesmo de retóricas conflitantes; porém, por muito tempo continuamos a encará-la à luz da violenta reação ao que Huxley chamou de "pestilenta e decorativa retórica". Talvez precisássemos do advento de alguém como James Joyce, devoto bem-sucedido da segunda sofística, para que a literatura elisabetana começasse a ser compreendida pelos eruditos.

BIBLIOGRAFIA

Esta relação dos títulos a que se refere McLuhan é uma versão expandida da Bibliografia das Principais Obras Citadas, incluída no original. Os títulos omitidos desta última, mas citados no texto de McLuhan, aparecem precedidos por um asterisco. As referências vêm aqui apresentadas por completo, mas no texto podem aparecer de modo reduzido. Informações sobre reimpressões ou sobre edições posteriores à data indicada por McLuhan foram aqui incluídas na medida do possível. Das obras de Aristóteles, Santo Agostinho, Francis Bacon, Erasmo, Milton e outros, cujas edições específicas McLuhan não detalha, apenas os títulos são fornecidos.

– O editor

* ABELARDO. *Sic et Non*.
* ABELSON, Paul. *The Seven Liberal Arts: A Study in Mediaeval Culture*. Nova York: Russell & Russell, 1906.
* ADELMO. *De Gestis Regum Anglorum*. Rolls Series, I, p. 30.
* AGOSTINHO, Santo. *De Civitate Dei*.
* ———. *Confissões*.
* ———. *De Doctrina Christiana*.
* ———. *De Magistro* (ver LECKIE).
* ———. *De Trinitate*.
* ———. *De Utilitate Credendi*. In: MIGNE, Jacques Paul, v. 42, col. 68.
* ———. *Enchiridion*.
* AGRÍCOLA, Rodolfo. *De Inventione Dialectica*. Colônia: 1538.
* AGRIPA, Henrique Cornélio. *De Incertitudine et Vanitate Scientiarum et Artium*, 1530. In: POPKIN, Richard F. (ed.). *Agrippa Opera*. Hildesheim: Georg Olms, 1970, 2 v. Ver também SANDFORD, James (ed.). *Of the Vanitie and Uncertaintie of Artes and Sciences*, 1569. Reimpressão: DUNN, Catherine M. (ed.). Northridge, Califórnia: California State UP, 1974. [Ver também MORLEY, Henry. - N. E.]
* ALLEN, J. W. "Marsilio of Padua and Mediaeval Secularism". In: HEARNSHAW, F. J. C. (ed.). *The Social and Political Ideas of Some Great Medieval Thinkers*. Londres: Dawsons of St. Paul, 1923, p. 167-91.
ALLEN, Percy Stafford. *The Age of Erasmus*. Oxford: Clarendon Press, 1914.
* AMBRÓSIO, Santo. *Examerão*.
AMERINGER, Thomas E. *The Stylistic Influence of the Second Sophistic on the Panegyrical Sermons of St. John Chrysostom: A Study in Greek Rhetoric*. Washington, D.C.: The Catholic University of America Press, 1921. (Patristic Studies, 5)

* *Anglo-Saxon Chronicles* [Crônicas Anglo-Saxônicas]. Everyman's Library.
* ARIOSTO, *Orlando Furioso*. Trad. Sir John Harington, 1591.
* ARISTÓTELES. *De Sophisticis Elenchis*. Trad. W. A. Pickard-Cambridge. Londres, Oxford UP, 1928.
* ———. *Analíticos Anteriores*.
* ———. *Analíticos Posteriores*.
* ———. *Ética*.
* ———. *Poética*.
* ———. *Política*.
* ———. *Rethoric* [Retórica]. Trad. W. Rhys Roberts.
* ———. *Topics* [Tópicos]. Trad. W. A. Pickard-Cambridge.
* ARNÓBIO. *Adversus Nationes*.

ARNOLD, E. Vernon. *Roman Stoicism*. Oxford: Oxford UP, 1911; Londres: Methuen, 1934; Londres: Routledge and Kegan Paul, 1958.

ASCHAM, Roger. *The Scholemaster*. Ed. John Eyton Bickersteth Mayor. Londres: Bell and Daldy, 1863. [Esta é a primeira edição. McLuhan se refere a outra, de 1934. - N. E.]

* BACON, Francis. *The Advancement of Learning*. Ed. G. W. Kitchin. Londres: Dent; Nova York: Dutton, 1915.
* ———. *A Nova Atlântida*.
* ———. *A Sabedoria dos Antigos*.
* ———. *Ensaios ou Conselhos Civis e Morais*.
* ———. *Filum Labyrinthi*.
* ———. *Novum Organum*.
* ———. *The Works*. Eds. James Spedding, Robert Leslie Ellis, Douglas Heath. Londres: Longmans, 1858.
* BACON, Roger. *Opus Majus*.

BALDWIN, Charles Sears. *Medieval Rhetoric and Poetic to 1400*. Nova York: Macmillan, 1928; Gloucester, Mass.: Peter Smith, 1959.

———. *Ancient Rhetoric and Poetic Interpreted from Representative Works*. Nova York: Macmillan, 1924; Gloucester, Mass.: Peter Smith, 1959.

———. *Renaissance Literary Theory and Practice: Classicism in the Rhetoric and Poetic of Italy, France, and England 1400-1600*. Nova York: Columbia UP, 1939.

BEAUVAIS, Vicente de. *Vincent of Beauvais, Eruditione Filiorum Nobilium*. Ed. A. Steiner. Cambridge, Mass.: 1938. Reimpressão: New York Medieval Academy of America, 1970. (Publicação n° 32)

* ———. *Speculum Historiale*. Veneza, 1494.

BEDA. *Opera Historica*. Cambridge, Mass.: Loeb Classical Library, 2 v.

BENTWICH, Norman. *Philo-Judæus of Alexandria*. Filadélfia: Jewish Publication Society of America, 1910.

* BÉRARD, Victor. "Les Belles Lettres". *Introduction à l'Odyssée*. Paris: Société d'Édition, 1924, 2 v.
* BERENGÁRIO. *De Sacra Coena (Berengarii Turonensis Opera Quae Supersunt Tam Inedita Quam Edita, I, De Sacra Coena Adversus Lanfrancum Liber Posterior)*. Berlim: Visher, 1834.
* BOAVENTURA, São. *Eruditio Didascalia*. In: MIGNE, Jacques Paul, v. 176, col. 740-838.
———. *On the Reduction of the Arts to Theology*. Trad. Charles Glenn Wallis. Annapolis: The St. John's Press, 1938.

BONIFÁCIO, São. *De Metris*.

* BORN, Lester Kruger. "The Perfect Prince: A Study in Thirteenth- and Fourteenth- Century Ideals". *Speculum*, 3, 1928, p. 470-504.
* ———. *The Education of a Christian Prince*. Nova York: Columbia UP, 1936.
* BRADBROOK, Muriel C. *The School of Night: A Study in the Literary Relationships of Sir Walter Raleigh*. Cambridge: Cambridge UP, 1936.
* BREHAUT, Ernest. *An Encyclopedist of the Dark Ages*. Nova York: Columbia UP, 1912.
* ———. *History of the Franks*. Nova York: Columbia UP, 1916.

BRÉHIER, Emile. *Les Idées Philosophiques et Réligieuses de Philon d'Alexandrie*. Paris: Librairie Philosophique J. Vrin, 1925; 1950.

BRÉHIER, Louis. *L'Art Chrétien: Son Développement Iconographique des Origines à nos Jours*. Paris: H. Laurens, 1918; 1928.

* BRINSLEY, John. *Ludus Literarius or the Grammar Schoole*. Ed. Ernest Trafford Campagnac. Liverpool & Londres: Liverpool UP & Constable, 1917.
* BURGESS, Theodore C. "Epideictic Literature". *University of Chicago Studies in Classical Philology*, 3, 1902, p. 89-261.

BUTTERFIELD, Herbert. *The Statecraft of Machiavelli*. Londres: G. Bell & Sons, 1940.

CAMPBELL, James Marshall. *The Influence of the Second Sophistic on the Style and Sermons of St. Basil the Great*. Washington, D.C.: The Catholic University of America Press, 1922.

CAMPBELL, Thomas. *The Life and Times of Petrarch*. 2. ed. Londres: Henry Colburn, 1843, 2 v.

* CAPELLA, Marciano. *De Nuptiis Philologiae et Mercurii*. Ed. Adolfus Dick. Leipzig: B. G. Teubner, 1925. Reimpressão: Stuttgart: B. G. Teubner, 1969. Trad. William Harris Stahl, Richard Johnson e E. Burge, *Martianus Capella and the Seven Liberal Arts*. Nova York: Columbia UP, 1971-77.
* CAPLAN, Harry. "The Four Senses of Scriptural Interpretation and the Mediaeval Theory of Preaching". *Speculum*, 4, 1929, p. 282-90.
* CASSIODORO. *Institutiones Divinarum et Saecularum Lectionum*.
* CASTIGLIONE, Baldassare. *The Book of the Courtier*. Trad. Sir Thomas Hoby, 1556.
* CHAMBERS, Raymond Wilson. *On the Continuity of English Prose from Alfred to More and his School*. Oxford: Oxford UP, 1932.
* CHAPMAN, George. *Ovid's Banquet of Sense*, 1595.

CHARLAND, Thomas Marie. *Artes Praedicandi: Contribuition à l'Histoire de la Rhétorique au Moyen Âge*. Paris: J. Vrin, 1936.

CHATELAIN, E.; DENIFLE, H. *Chartularium Universitatis Parisiensis*. Paris: Delalain, 1889-1897, 4 v.

* CHÉNU, Marie Dominique. "La Théologie Comme Science au XIIIe Siècle". *Archives d'Histoire Doctrinale et Littéraire du Moyen Âge*. Paris, 1927; Paris: Librairie Philosophique J. Vrin, 1957. [Esta segunda versão, revisada e expandida, não mais contém a passagem que McLuhan discute. - N. E.]

* CÍCERO. *Brutus e Orator*. Trad. G. L. Hendrickson e H. M. Hubbell. Cambridge, Mass.: Harvard-Loeb Library Edition, 1939; 1971.

* ———. *Ad Herennium*. Trad. Harry Caplan. Cambridge: Harvard UP, 1977.

* ———. *De Finibus*. Trad. H. Rackham. Cambridge, Mass.: Harvard-Loeb Library Edition.

* ———. *De Inventione*. Trad. H. M. Hubbel. Cambridge, Mass.: Harvard-Loeb Library Edition; 1968.

* ———. *De Natura Deorum e Academica*. Trad. H. Rackham. Cambridge, Mass.: Harvard-Loeb Library Edition, 1933; 1967.

* ———. *De Officiis*. Trad. W. Miller. Cambridge, Mass.: Harvard-Loeb Library Edition, 1913; 1951.

* ———. *De Oratore*. Trad. E. W. Sutton e H. Rackham. Cambridge: Harvard UP, 1959, 2 v.

* ———. *Hortensius*.

* ———. *Topica*.

CLARK, Donald Lemen. *Rhetoric and Poetry in the Renaissance: A Study of Rhetorical Terms in English Renaissance Literary Criticism*. Nova York: Columbia UP, 1922; Nova York: Russell & Russell, 1963.

CLERVAL, Jules Alexandre. *Les Écoles de Chartres au Moyen Âge*. Paris: A. Picard, 1895.

* COLERIDGE, Samuel Taylor. *Biographia Literaria*. Intr. Arthur Symons. Londres & Toronto: J. M. Dent & Sons; Nova York: E. P. Dutton & Co., (Everyman's Library), 1906. Reimpr.: 1921.

* ———. *Essays and Lectures on Shakespeare*. Everyman's Library.

* COLSON, Francis Henry. *M. Fabii Quintiliani Institutiones Oatoriae, liber I*. Cambridge: Cambridge UP, 1924.

* CORNUTO, L. Anaeu. *Sobre a Natureza dos Deuses*.

* COVILLE, Alfred. *Gontier et Pierre Col et l'Humanisme en France au Temps du Charles VI*. Paris: E. Droz, 1934.

* ———. *Recherches sur Quelques Écrivains du XIVe et du XVe Siècle*. Paris: E. Droz, 1935.

* COWLEY, Abraham. *Davideis*, 1654.

CRAIG, Hardin. "Shakespeare and Formal Logic". In: MALONE, Kemp; RUUD, Martin B. (eds.). *Studies in English Philology in Honor of Frederick Klaeber*. Minneapolis: University of Minnesota Press, 1929, p. 380-96.

———. *The Enchanted Glass: The Elizabethan Mind in Literature*. Nova York: Oxford UP, 1936.

* CRANE, William G. *Wit and Rhetoric in the Renaissance: The Formal Basis of Elizabethan Prose Style*. Nova York: Columbia UP, 1937; Gloucester, Mass.: Peter Smith, 1964.

CROLL, Morris W. Ver LYLY, John.

———. "'Attic Prose' in the Seventeenth Century". *Studies in Philology*, 18, 1921, p. 79-128.

———. "Attic Prose: Lipsius, Montaigne, Bacon". *Schelling Anniversary Papers*. Nova York: 1923, p. 117-50. Reimpr.: Nova York: Russell & Russell, 1967.

———. "Marc-Antoine Muret and Attic Prose". *PMLA*, 29, 1924, p. 254-309.

* ———. "The Baroque Style in English Prose". In: MALONE, Kemp; RUUD, Martin B. (eds.). *Studies in English Philology in Honor of Frederick Klaeber*. Minneapolis: University of Minnesota Press, 1929, p. 427-56.

CURRY, Walter Clyde. *Chaucer and the Medieval Sciences*. Nova York: Oxford UP, 1926.

D'ALTON, John Francis. *Roman Literary Theory and Criticism*. Londres: Longmans, Green & Co., 1931; Nova York: Russell & Russell, 1962.

———. *Selections from St. John Chrysostom*. Londres: Bruns, Oates & Washbourne, 1940.

* DAMASCO. *On the Principles of Nature*.

* D'ANDELI, Henry. *The Battle of the Seven Arts*. Intr. Louis John Paetow. Berkeley: University of California Press, 1914.

DAWSON, Christopher Henry. *The Making of Europe*. Londres: Sheed & Ward, 1932.

DE LACY, Philip; DE LACY, Estelle Allen (eds.). *Philodemus: On Methods of Inference*. Filadélfia: The American Philological Association, 1941.

* DENIFLE, Heinrich; CHATELAIN, E. (eds.). *Chartularium Universitatis Parisiensis*. Paris: Delalain, 1889-1897, 4 v.

DICKINSON, John. *The Statesman's Book of John of Salisbury. Introduction and Translations of Books IV, V, VI, and Portions of VII and VIII*. Nova York: A. A. Knopf, 1927.

DONALDSON, John William. *The New Cratylus: or Contributions Toward a More Accurate Knowledge of the Greek Language*. Londres: J. W. Parker, 1859.

* DONATO, Élio. *Ars Donati Quam Paulus Diaconus Exposuit: Nunc Primum ex Cod. Vaticano-Palatino 1746 Monachi Archicoenobii Monti Casini in Lucem Proferunt*. Ed. A. M. Amelli. Montis Casini. Ex Typ. Archic., 1899.

DRAPER, William H. Tradução do *Secretum* de Petrarca. Londres: Chatto & Windus, 1911.

DUFF, John Wight. *A Literary History of Rome in the Silver Age from Tiberius to Hadrian*. Londres: E. Benn, 1927.

DUHEM, Pierre Maurice Marie. *Études sur Leonardo da Vinci*. Paris: A. Hermann, 1906-09, 3 v.

* ELYOT, Thomas. *Governour*. Ed. Ernest Rhys. Londres: J. H. Dent; Nova York: E. P. Dutton, 1907.

* ERASMO, Desidério. *Adagia*.

* ———. *De Pueris Instituendis*.

———. *Educação do Príncipe Cristão*.

———. *Encomium Moriae*.

———. *Similia*.

* ———. *Unus Christus Magister*.

EVANS, Elizabeth Cornelia. "Roman Descriptions of Personal Appearance". *Harvard Studies in Classical Philology*, 46, 1935, p. 43-84.

EVANS, Maurice. *Elizabethan Language Conditions*. Universidade de Cambridge, 1939. Tese de doutorado.

FAIRWEATHER, Wm. *Origen and Greek Patristic Theology*. Edimburgo: Clark, 1901. [McLuhan cita uma edição publicada, no mesmo ano, em Nova York. - N. E.]

* FARAL, Edmond. *Les Arts Poétiques du XIIe et du XIIIe Siècle: Recherches et Documents sur la Technique Littéraire du Moyen Âge*. Paris: Édouard Champion, 1924; Paris: Librairie Honoré Champion, 1971.

* FILODEMO. *On the Methods of Inference* [Sobre os Métodos de Inferência]. Editado com tradução e comentários de Phillip De Lacy e Estelle Allen De Lacy. Filadélfia: The American Philological Association, 1941.

* FILÓSTRATO. *Cartas Eróticas*.

* FIRMÍCIO MATERNO. *De Errore Profanarum Religionum*.

* FRAUNCE, Abraham. *The Arcadian Rhetorike: or the Praecepts of Rhetorike Made Plaine by Examples, etc.*, 1588.

* ———. *The Lawiers Logike, Exemplifying the Praecepts of Logike by the Practice of the Common Lawe*, 1588. [McLuhan cita uma edição de William Dunn Macray (Oxford, 1886). - N. E.]

FRIEDLÄNDER, Ludwig Heinrich. "Das Nachleben der Antike in Mittelalter". *Errinerungen, Reden und Studien*. Estrasburgo: Trübner, 1905, p. 272-391.

GARLÂNDIA, João de. *Poetria Magistri Johannis Anglici, De Arte Prosayca, et al.* Ed. Giovanni Mari. *Romanische Forschungen*, 13, 1902, p. 883-965.

GARNETT, Richard. *Prose of Milton*. Londres: Scott, 1894.

* GAUTIER DE LILLE. *Alexandreis*.

* GENTILLET, Innocent. *Contre-Machiavel*. Ver PATERICKE, Simon.

* GERSON, Jean. *De Modis Significandi*, 1426.

GILSON, Étienne. *Études sur le Rôle de la Pensée Médiévale dans la Formation du Système Cartésien*. Paris: Librairie Philosophique J. Vrin, 1930; 1951.

———. *Dante et la Philosophie*. Paris: Librairie Philosophique J. Vrin, 1939; 1953.

———. *God and Philosophy*. New Haven, Conn.: Yale UP, 1941.

———. *Hélöise et Abélard*. Paris: Librairie Philosophique J. Vrin, 1938; 1948; 1964.

* ———. *Les Idées et les Lettres*. 2. ed. Paris: Librairie Philosophique J. Vrin, 1932.

———. *The Mystical Theology of St. Bernard*. Londres: Sheed & Ward, 1940.

———. *The Philosophy of St. Bonaventure*. Trad. Dom Illtyd Trethowan e F. J. Sheed. Nova York, 1938.

———. *The Spirit of Mediaeval Philosophy*. Trad. A. H. C. Downes. Londres: Sheed & Ward, 1936; Nova York: Scribner's, 1940.
* GLABER, Rodolfo. *Historiae Libri Quinque*. In: MIGNE, Jacques Paul, v. 142, col. 609-699.
GLOVER, Terrot Reaveley. *Life and Letters in the Fourth Century*. Cambridge: Cambridge UP, 1901. (Usado nesta obra como citado por Sandys, 1903.)
GORDON, George Stuart (ed.). *English Literature and the Classics*. Oxford: Clarendon Press, 1912. Reimpr.: Nova York: Russell & Russell, 1969.
———. *Medium Aevum and the Middle Ages*. Oxford: Clarendon Press, 1925.
* GOSSON, Stephen. *Schoole of Abuse*, 1579.
GRABMANN, Martin. *Die Entwicklung der Mittelalterlichen Sprachlogik*. Fulda: Druck und Kommissions-Verlag, 1922. [McLuhan cita uma edição publicada em Munique, 1936. - N. E.]
* GRACIANO. *A Concordância dos Cânones Discordantes*, c. 1140.
* GREENE, Robert. *Upstart Courtier*, 1592.
* GREENLAW, Edwin Almiron. *Studies in Spenser's Historical Allegory*. Londres: Oxford UP, 1932.
GREGÓRIO DE TOURS. *History of the Franks*. Ver BREHAUT, Ernest (1916).
* GROOT, Gerhard. *Devotio Moderna*. In: *Opera Omnia*. Colônia: 1579.
* GROSART, Alexander B. Ver HARVEY, Gabriel.
* ——— (ed.). *The Complete Works in Verse and Prose of Samuel Daniel*. Londres: Aylesbury, 1885-96, 5 v. Reimpressão: Nova York: Russell & Russell, 1963.
* GUIZOT, François Pierre Guillaume. *Histoire de la Civilisation en France depuis la Chute de l'Empire Romain*. Paris: Didier, 1828, 4 v.
GWYNN, Aubrey. *Roman Education, from Cicero to Quintilian*. Oxford: Clarendon Press, 1926. Reimpressão: Nova York: Russell & Russell, 1964.
HAARHOFF, Theodore Johannes. *Schools of Gaul; a Study of Pagan and Christian Education in the Last Century of the Western Empire*. Londres: Oxford UP, 1920.
* HADAS, Moses. *Ancilla to Classical Reading*. Nova York: Columbia UP, 1954. Reimpressão: 1957.
HALM, Karl. *Rhetores Latini Minores*. Leipzig: Teubner, 1863.
* HARINGTON, Sir John. *Apologie of Poetrie* (prefácio à sua tradição de Ariosto).
HARVEY, Gabriel. *The Letter-Book*. Ed. Edward John Long Scott. Londres: 1883-84.
———. *The Works of Gabriel Harvey*. Ed. Alexander B. Grosart. Londres: 1884, 3 v.
* HASKINS, Charles Homer. *The Renaissance of the Twelfth Century*. Cambridge, Mass.: Harvard UP, 1927.
HEARNSHAW, Fossey John Cobb (ed.). *The Social and Political Ideas of Some Great Medieval Thinkers*. Londres: Dawsons of St. Paul, 1923.
* HENDRICKSON, G. L. "The Peripatetic Mean of Style and the Three Stylistic Characters". *American Journal of Philology*, 25, 1904, p. 125-46.

* ———. "The Origin and Meaning of the Ancient Characters of Style". *American Journal of Philology*, 26, 1905, p. 249-90.

* HESÍODO. *Theogony*. In: *Hesiod: the Homeric Hymns and Homerica*. Trad. H. G. Evelyn-White. Cambridge, Mass.: Harvard-Loeb Library Edition, 1924.

HIPÓCRATES. *Hippocrates and the Fragments of Heraclitus*. Trad. W. H. S. Jones e E. T. Withington. Cambridge, Mass.: Harvard-Loeb Library Edition, 4 v.

* HISPANO, Pedro. *Summulae Logicales*.

HOLMAN, Irmã Mary John. *Nature-Imagery in the Works of St. Augustine*. Washington, D.C.: The Catholic University of America Press, 1931. (Patristic Studies, v. 33)

* HOLYDAY, Barten. *Technogamia (1618)*. Ed. M. J. C. Cavanaugh. Washington, D.C.: The Catholic University of America Press, 1942.

* HOOKER, Richard. *Laws of Ecclesiastical Polity*, 1594.

* HORÁCIO. *Horace: Satires, Epistles, Ars Poetica*. Trad. H. R. Fairclough. Cambridge, Mass.: Harvard-Loeb Library Edition.

HOSKINS, John. *Directions for Speech and Style*. Ed. Hoyt Hudson. Princeton, N. J.: Princeton UP, 1935.

* HUGO DE SÃO VÍTOR. *Opera Omnia*. In: MIGNE, Jacques Paul, v. 176.

* HYMA, Albert. *The Christian Renaissance*. Nova York: Century, 1925.

* ISIDORO DE SEVILHA. *Etymologiae*.

* ISÓCRATES. *Isocrates*. Trad. Geo. Narlin. Cambridge, Mass.: Harvard-Loeb Library Edition, 3 v.

JAEGER, Werner. *Paideia: The Ideals of Greek Culture*. Trad. Gilbert Highet. Nova York: Oxford UP, 1939.

* JAMES, Montague Rhodes. "Latin Writings in England to the Time of Alfred". In: WARD, A. W.; WALLER, A. R. (eds.). *The Cambridge History of English Literature*. Nova York: Macmillan, 1933, p. 72-96.

JEBB, Richard Cleaverhouse. *The Attic Orators from Antiphon to Isaeos*. Londres: Macmillan, 1893, 2 v. Reimpressão: Nova York: Russell & Russell, 1962.

* JEWEL, Bispo. *Oration Against Rhetoric*. Trad. e intr. de Hoyt Hudson. *The Quarterly Journal of Speech*, 14, 1928, p. 374-92.

* JOÃO DE GARLÂNDIA. Ver GARLÂNDIA, João de.

* JOÃO DE SALISBURY. Ver SALISBURY, João de.

* JONES, Richard Foster. *Ancients and Moderns; a Study of the Background of the Battle of the Books*. St. Louis: Washington University, 1936.

JOWETT, Benjamin. *The Dialogues of Plato, Translated into English with Analyses and Introductions*. Nova York: Chas. Scribners, 1895, 4 v.

KANTOROWICZ, Hermann U. *Studies in the Glossators of the Roman Law*. Cambridge: Cambridge UP, 1938.

KELLEY, Maurice. *This Great Argument; a Study of Milton's* De Doctrina Christiana *as a Gloss upon* Paradise Lost. Princeton, N. J.: Princeton UP, 1941.

Kelso, Ruth. *The Doctrine of the English Gentleman in the Sixteenth Century*. Urbana: University of Illinois Press, 1929; Gloucester, Mass.: Peter Smith, 1964.

Ker, William Paton. *Essay on Medieval Literature*. Londres, Macmillan, 1905.

* Korzybski, Alfred. *Science and Sanity*. Lancaster, Pa.: Science Press, 1933.

Labriolle, Pierre de. *History and Literature of Christianity from Tertullian to Boethius*. Trad. Herbert Wilson. Nova York: A. A. Knopf, 1925; Londres: Routledge & Kegan Paul, 1968.

Laurie, Simon S. *Studies in the History of Educational Opinion from the Renaissance*. Cambridge: Cambridge UP, 1905.

* Leach, Arthur Francis. *Educational Charters and Documents 598 to 1909*. Cambridge: Cambridge UP, 1911. Reimpressão: Nova York: AMS Press, 1971.

———. *The Schools of Medieval England*. Londres: Methuen, 1915.

Leckie, George G. *Concerning the Teacher*. Tradução do *De Magistro* de Santo Agostinho. Nova York: Appleton Century Co., 1938.

* Lípsio. *Politica*.

* Lodge, Thomas. *Defence of Poetry, Music and Stage Plays*, 1579/80.

* Lombardo, Pedro. *O Livro das Sentenças*.

* Luciano. *Lucian*. Trad. A. M. Harmon. Cambridge, Mass.: Harvard-Loeb Library Edition, 1913, 8 v.

* ———. *Lucian's Dialogues*. Trad. Howard Williams. Londres: Methuen, 1903.

* Lyly, John. *Euphues*. Eds. Morris W. Croll e Harry Clemons. Nova York: 1916. Reimpressão: Nova York: Russell & Russell, 1964.

Macray, William Dunn. *The Pilgrimage to Parnassus: With the Two Parts of the Return from Parnassus*. Oxford: Clarendon Press, 1886.

* Macróbio. *Saturnália*.

* Mandeville, Bernard. *A Fábula das Abelhas*.

Mandonnet, Pierre Félix. *Siger de Brabant et l'Averroïsme Latin au XIIIe Siècle*. Louvain: Institut Supérieur de Philosophie de l'Université, 1908-1911, 2 v.

———. *Dante le Théologien; Introduction à l'Intelligence de la Vie, des Œuvres et de l'Art de Dante Alighieri*. Paris: Desclée de Brouwer & Cie, 1935.

Mangan, John Joseph. *Life, Character and Influence of Desiderius Erasmus of Rotterdam, Derived from a Study of his Works and Correspondence*. Nova York: Macmillan, 1927.

* Manitius, Max. *Geschichte der Lateinischen Literatur des Mittelalters*. Munique: Beck, 1911-1931, 2 v.

Maritain, Jacques. *An Introduction to Philosophy*. Trad. E. I. Watkin. Londres: Sheed and Ward, 1930.

———. *Les Degrés du Savoir*. Paris: Desclée de Brouwer & Cie, 1932.

———. *True Humanism*. Nova York: C. Scribner's Sons, 1938.

* Marlowe, Christopher. *Fausto*.

* ———. *O Massacre em Paris*.

MARROU, Henri-Irénée. *Saint Augustin et la Fin de la Culture Antique*. Paris: E. de Boccard, 1938; 1958.

* MARSTON, John. *What You Will*, 1607.

* MATEUS DE VENDÔME. *Tobias*.

* MAURO, Rabano. *De Clericorum Institutione*. In: MIGNE, Jacques Paul, v. 107, col. 293-420.

MCKEON, Richard Peter. *Selections from Medieval Philosophers*. Nova York: Scribners, 1930, 2 v.

―――. "Renaissance and Method in Philosophy". In: *Studies in the History of Ideas*. Nova York, 1935, v. 3, p. 37-114.

―――. "Rhetoric in the Middle Ages". *Speculum*, 17, 1942, p. 1-32.

MCKERROW, Ronald B. Ver NASHE, Thomas.

MIGNE, Jacques Paul (ed.). *Patrologiae Cursus Completus, Sive Bibliotheca Universalis (...) Omnium Sanctorum Patrum*. Series Latine. Paris, 1844-1864, 221 v.

MILLER, Perry. *The New England Mind: The Seventeenth Century*. Nova York: Macmillan, 1939.

* MILTON. *Paraíso Perdido*.

* ―――. *De Doctrina Christiana*.

* ―――. *Paraíso Recuperado*.

* ―――. *Tractate on Education: Of Education*.

MITCHELL, W. Fraser. *English Pulpit Oratory From Andrewes to Tillotson: A Study of its Literary Aspects*. Londres: Society for the Promotion of Christian Learning, 1932.

MOMMSEN, Theodore Ernst. "Petrarch's Conception of the Dark Ages". *Speculum*, 17, 1942, p. 226-42.

* MONTAIGNE, Michel de. *Essais*.

* MORE, Louis Trenchard. "Boyle as Alchemist". *Journal of the History of Ideas*, 2, 1941, p. 61-76.

* MORLEY, Henry. *The Life of Henry Cornelius Agripa von Nettesheim*. Londres: Chapman and Hall, 1856.

MULLINGER, James Bass. *A History of the University of Cambridge*. Londres: Longmans, Green & Co., 1888.

―――. *St. John's College*. Londres: F. E. Robinson & Co., 1901.

* NASHE, Thomas. *The Works of Thomas Nashe*. MCKERROW, R. B. (ed.). 1904-1910. Reimpressão: Oxford: Basil Blackwell, 1958; 1966.

* NIZOLIO. *De Veris Principiis et Vera Ratione Philosophandi Contra Pseudophilosophos*, Liber III. Parma, 1553.

* NOLHAC, Pierre de. *Petrarque et l'Humanisme*. Paris: H. Champion, 1907.

* NORDEN, Eduard. *Die Antike Kunstprosa vom VI. Jahrhundert v. Chr. Bis in die Zeit der Renaissance*. 4. ed. Leipzig: Teubner, 1923, 2 v.

* OCKHAM, Guilherme de. *Summa Totius Logicae*.

OLTRAMARE, André. *Les Origines de la Diatribe Romaine*. Genebra: Imprimeries Populaires, 1926.

* ONG, Walter J. "The Province of Rhetoric and Poetic". *The Modern Schoolman*, 19, 1942, p. 24-27.

Osgood, Charles Grosvenor. *Boccaccio on Poetry* (tradução dos livros 14 e 15 da *Genealogia Deorum Gentilium*). Princeton, N. J.: Princeton UP, 1930.

Ozanam, Antoine Frédéric. *History of Civilization in the Fifth Century*. Trad. Ashley C. Glyn. Filadélfia: Lippincott, 1867; Londres: W. H. Allen, 1868, 2 v.

―――. *The Franciscan Poets*. Londres: D. Nutt, 1914.

Paetow, Louis John. Ver D'Andeli.

―――. *The Arts Course at Medieval Universities with Special Reference to Grammar and Rhetoric*. Urbana-Champaign: University of Illinois Press, 1910.

Panofsky, Erwin. *Studies in Iconology*. Nova York: Oxford UP, 1939.

* Paré, Gérard; Brunet, Adrien; Tremblay, Pierre. *La Renaissance du XIIe Siècle: les Écoles et l'Enseignement*. Paris: Librairie Philosophique J. Vrin, 1933.

Patericke, Simon. Tradução de *A Discourse Upon the Meanes of Wel Governing and Maintaining in Good Peace, a Kingedome, or Other Principalitie*. Londres, 1608. [Tradução do *Contra-Machiavel*, de Gentillet. - N. E.]

* Perkins, William. *Art of Prophecying*, 1607.

Petrarca, Francesco. *Opera Omnia*. Basileia, 1581.

―――. *(Secretum) Petrarch's Secret or the Soul's Conflict with Passion*. Ed. W. H. Draper. Londres: Chatto & Windus, 1911. Reimpressão: 1978.

* Phelan, Gerald B. "St. Thomas and the Modern Mind". *The Modern Schoolman*, 20, 1942, p. 37-47.

Pike, John Brown. *Frivolities of Courtiers and Footprints of Philosophers*. Minneapolis: University of Minnesota Press, 1938.

Platão. Ver Jowett, Benjamin.

* Plínio, o Velho. *Naturalis Historia. Natural History*. Trad. H. Rackham, W. H. S. Jones e D. E. Eichholz. Cambridge, Mass.: Harvard-Loeb Library Edition, 10 v.

Poole, Reginald Lane. *Illustrations of the History of Medieval Thought and Learning*. Londres: Society for the Promotion of Christian Learning, 1920.

* Pope, Alexander. "Essay on Man".

* ―――. *Characters of Women*.

* Porfírio. *Isagoge*.

Prantl, Carl. *Geschichte der Logik im Abendlande*. Leipzig: S. Hirzel, 1855-70, 4 v.

* Prudêncio. *Psychomachia*.

* Quiller-Couch, Arthur. *The Oxford Book of English Prose*. Oxford: Clarendon Press, 1925.

* Quintiliano. *Institutio Oratoria*. Trad. H. E. Butler. Londres: Heinemann, 1921-1922, 4 v.

* Rabelais, François. *Gargântua e Pantagruel*.

Raby, Frederick J. E. *A History of Christian-Latin Poetry*. Oxford: Clarendon Press, v. 1, 1927; v. 2, 1934.

* Ramée, Pierre de la. *Dialecticae*.

―――. *In Ciceronis Oratorem, Lib. I*, col. 241. Basileia, 1569.

———. *P. Rami Scholae in Liberales Artes*. Basileia, 1569.

* RAMSAY, Mary Paton. *Les Doctrines Médiévales Chez Donne: le Poète Métaphysicien de l'Angleterre (1573-1631)*. Londres, Nova York: H. Milford, Oxford UP, 1917.

RAND, Edward Kennard. *Ovid and his Influence*. Nova York: Longmans, Green, 1925.

———. *Founders of the Middle Ages*. Cambridge, Mass.: Harvard UP, 1928; 1941.

———. "Suetonius in the Early Middle Ages". *Harvard Studies in Classical Philology*, 37, 1926, p. 1-48.

———. "The Classics in the Thirteenth Century". *Speculum*, 4, 1929, p. 249-69.

RÉNAUDET, Augustin. *Préréforme et Humanisme à Paris Pendant les Premières Guerres d'Italie (1494-1517)*. Paris: E. Champion, 1916.

REYNOLDS, Henry. *Mythomystes*.

ROBERTS, W. Rhys. *Greek and Rhetoric and Literary Criticism*. Nova York: Longmans Green & Co., 1928. Reimpressão: Nova York: Cooper Square Publishers, Inc., 1963.

ROBIN, Léon. *Greek Thought and the Origins of the Scientific Spirit*. Londres: Kegan, Paul, Trench, Trubner, 1928.

ROBINSON, Richard. *Plato's Earlier Dialectic*. Ithaca, Nova York: Cornell UP, 1941; Oxford: Clarendon Press, 1953, 1966; Toronto: Oxford UP, 1984.

ROGER, Maurice. *L'Enseignement des Lettres Classiques d'Ausone à Alcuin*. Paris: Picard, 1905.

ROSVITA. *The Plays of Roswitha*. Trad. Christopher St. John. Londres: Chatto & Windus, 1923.

———. *The Non-Dramatic Works of Hrosvitha. Text, Translation, and Commentary by Sister M. Gonsalva Wiegand*. St. Louis University, 1936. Tese de doutorado.

* SAINTSBURY, George. *A History of Criticism and Literary Taste in Europe from the Earliest Texts to the Present Day*. Edimburgo: W. Blackwood & Sons, 1922.

* SALISBURY, João de. *The Frivolities of Courtiers*. Ver PIKE, J. B.

* ———. *Metalogicus*. In: MIGNE, Jacques Paul, v. 199, col. 823-946.

* ———. *Polycraticus*. In: MIGNE, Jacques Paul, v. 199, col. 326-822.

* ———. *The Stateman's Book*. Ver DICKINSON.

* SALUTATI, Coluccio. *Epistolario di Coluccio Salutati*. Ed. F. Novati. Roma: Istituto Storico Italiano, 1891-1911, 5 v.

* SANDFORD, James (ed.). Ver AGRIPA, Henrique Cornélio.

* SANDYS, John Edwin. *A History of Classical Scholarship from the Sixth Century B. C. to the End of the Middle Ages*. Cambridge: Cambridge UP, 1903, 3 v.

SCHRAMM, Percy Ernst. *Kaiser, Rom und Renovatio*. Leipzig/Berlim: Studien der Bibliothek Warburg, 1929.

SCOTT, Inez Gertrude. *The Grand Style in the Satires of Juvenal*. Northampton, Mass.: Smith College Classical Studies, 1927.

SCOTT, Izora. *Controversies Over the Imitation of Cicero in the Renaissance*. Nova York: Columbia UP, 1910.

SEEBOHM, Frederic. *The Oxford Reformers*. Londres, Nova York: J. M. Dent & Sons; E. P. Dutton, 1929.

* SELDEN, John. *Table Talk*, 1689.
* SHAKESPEARE, William. *Henrique V*.
* ———. *A Tempestade*.
* ———. *Conto de Inverno*.
* ———. *Trabalhos de Amores Perdidos*.
* SIDNEY, Sir Philip. *An Apology for Poetry*.
* ———. *Astrophel and Stella*.
* ———. *The Countess of Pembroke's Arcadia*.

SIMPSON, Evelyn. *A Study of the Prose Work of John Donne*. Oxford: Clarendon Press, 1924.

SMITH, G. Gregory. *Elizabethan Critical Essays*. Londres: Oxford UP, 1904, 2 v.

* SMITH, Logan Pearsall. *Donne's Sermons; Selected Passages*. Oxford: Clarendon Press, 1919.
* SPENSER, Edmund. *The Faerie Queene*.
* ———. *Mother Hubbards Tale*.
* ———. *Mutability Cantos*.
* ———. *Prosopopoeia*.
* ———. *Teares of the Muses*.

SPINGARN, Joel Elias. *Critical Essays of the Seventeenth Century*. Oxford: Clarendon Press, 1908-09, 3 v.

———. *A History of Literary Criticism in the Renaissance with Special Reference to the Influence of Italy in the Formation and Development of Modern Classicism*. 2. ed. Nova York: Columbia UP, 1908; edição revisada, 1925.

* SPRAT, Thomas. *The History of the Royal Society of London for the Improving of Natural Knowledge*. Londres: J. Martyn, 1667.

SPRINGER, Irmã Mary Theresa of the Cross. "Nature-Imagery in the Works of St. Ambrose". Washington, D.C.: The Catholic University of America Press, 1931. (Patristic Studies, v. 30)

ST. JOHN, Christopher. Ver ROSVITA.

* STERN, Julius. *Homerstudien der Stoiker*. Lörrach: C. R. Gutsch, 1893.

STOKES, Francis Griffin (ed.). Ver VON HUTTEN.

SUETÔNIO. *De Grammaticis*. In: *Suetonius*. Trad. J. C. Rolfe. Cambridge, Mass.: Harvard-Loeb Library Edition, 2 v.

SWIFT, Jonathan. *Works of the Rev. Jonathan Swift, D. D. Arranged by Thomas Sheridan*. Revisado e corrigido por John Nichols. Londres: 1808, 19 v.

TATHAM, Edward Henry Ralph. *Francesco Petrarca, the First Modern Man of Letters, his Life and Correspondence; a Study of the Early 14th Century (1304-1347)*. Londres: Sheldon Press, 1925.

* TAYLOR, Henry Osborn. *Thought and Expression in the Sixteenth Century*. Nova York: Macmillan, 1920, 2 v.

———. *The Mediaeval Mind*. Londres: Macmillan, 1925, 2 v.

* TEODOLFO DE ORLEANS. *De Libris Quos Legere Solebam*. In: MIGNE, Jacques Paul, v. 105.

* Teodorico de Chartres. *Heptateuchon.*

* Teofrasto. *Caracteres.*

* Thomas More, São. *Utopia.*

Thomas, E. Crewdson. *History of the Schoolmen.* Londres: Williams & Norgate, 1941.

Thurot, Charles. *Notices et Extraits de Divers Manuscrits Latins pour Servir à l'Histoire des Doctrines Grammaticales du Moyen Âge.* Paris: Imprimerie Impériale, 1868.

* Tomás de Aquino, Santo. *Summa Theologica.*

Tooke, Horne. *The Diversions of Purley.* 2. ed. Londres: 1829, 2 v.

Toynbee, Paget. *Dantis Alagherii Espistolae.* Oxford: Oxford UP, 1920.

Tuve, Rosamund. "Imagery and Logic: Ramus and the Metaphysical Poetics". *Journal of the History of Ideas,* 3, 1942, p. 365-400.

* Valério Máximo. *Facta et Dicta Memorabilia.*

* Valla, Lorenzo. *Annotations on the New Testament.*

* Varrão, Marco Terêncio. *De Lingua Latina.* Trad. Roland G. Kent. Cambridge, Mass.: Harvard UP; Londres: W. Heinemann, 1938, 2 v.

Vicente de Beauvais. Ver Beauvais, Vicente de.

Vives, Juan Luis. *De Causis Corruptarum Artium.*

──────. *De Tradendis Disciplinis.*

* Von Hutten, Ulrich; Jaeger, Johann. *Epistolae Obscurorum Virorum (or The Letters of Obscure Men), 1516-7. Epistolae Obscurorum Virorum: The Latin Text with an English Rendering, Notes, and Historical Introduction by Francis Griffin Stokes.* Londres: Chatto & Windus, 1925.

Wallis, Glen. Ver Boaventura, São.

* Ward, Adolphus William; Waller, Alfred Rayney (eds.). *The Cambridge History of English Literature.* Nova York: Macmillan, 1933.

* Watkin, Edward Ingram. *Catholic Art and Culture.* Londres: Sheed & Ward, 1944.

Watson, Foster. *The English Grammar Schools to 1600: their Curriculum and Practice.* Cambridge: Cambridge UP, 1908.

──────. *The Beginnings of the Teaching of Modern Subjects in England.* Londres: Sir I. Pitman & Sons, 1909.

* ──────. *Vives and the Renascence Education of Women.* Nova York: Longman's Green, 1912.

* ──────. *Vives: On Education: a Translation of the De Tradendis Disciplinis of Juan Luis Vives/ Together with an Introduction by Foster Watson.* Cambridge: Cambridge UP, 1913.

Whitehead, Alfred North. *Science and the Modern World.* Londres: Pelican Books, 1938.

* Whiter, Walter. *A Specimen of a Commentary on Shakespeare.* Londres: 1794. Reimpressão: Londres: Methuen, 1967.

* Willey, Basil. *The Seventeenth Century Background.* Londres: Chatto & Windus, 1934.

* Wilson, Thomas. *The Arte of Rhetorique: Eloquence First Given by God, and after Lost by Man, and Last Repayred by God Againe.* Ed. George Herbert Mair. Oxford: Clarendon Press, 1909.

* Wingfield, Anthony. *Pedantius.* Ed. G. C. M. Smith. Louvain: A. Uystpruyst, 1905.

* WIREKER, Nigel. *Speculum Stultorum*.

WOLFF, Samuel Lee. *The Greek Romances in Elizabethan Prose Fiction*. Nova York: Columbia UP, 1912.

WOODWARD, William Harrison. *Desiderius Erasmus Concerning the Aim and Method of Education*. Cambridge, 1904; Nova York: Columbia University Teachers College, 1964.

———. *Vittorino da Feltre and Other Humanist Educators: Essays and Versions: an Introduction to the History of Classical Education*. Cambridge: Cambridge UP, 1921.

* WRIGHT, Abraham. *Five Sermons in Five Different Styles*, 1656.

* WUST, Peter. "Crisis in the West". In: MARITAIN, Jacques et al. (eds.). *Essays in Order*. Nova York: Macmillan, 1931, p. 65-152.

* YATES, Frances A. *A Study of* Love's Labour Lost. Cambridge: Cambridge UP, 1936.

* ZENÃO. *Orator*.

ÍNDICE ANALÍTICO

A

Abelardo, Pedro, 42, 56, 71n39, 123, 129, 134, 158, 160-62, 163n9, 180, 187n55, 193n67, 197, 208, 212-13, 214n13, 216, 248, 284
Abelson, Paul, 131n3, 133, 152
Addison, Joseph, 246n22, 248n25
Adelmo de Malmesbury, 103
Adeodato, 102-03
Adler, Mortimer, 8, 69
Adriano, 103
Aforismos, 71n40, 143, 251, 252n31, 264n5
Afrodite, 37
Agobardo, 133n6
Agostinho de Cantuária. Ver Agostinho, Santo.
Agostinho, Santo, 22-23, 29, 31, 35, 40, 45-49, 59n14, 70n38, 77n3, 78, 84n23, 86, 93-95, 101-02, 105-06, 133, 141n9, 178, 186, 187, 189n6, 234, 242, 270, 275
Agrícola, Rodolfo, 69n37, 91n37, 131n4, 201, 210n6, 238n8, 267
Agripa, Henrique Cornélio, 23, 31, 80n12, 177, 189, 224-25, 224n35, 232n2, 259, 262, 266, 280n27, 284
Alberico de Rheims, 180
Alberto da Saxônia, 209n5, 219
Alberto Magno, 172n27, 219
Albino, 113
Alcidamo (f. 424 a.C.), 301
Alcuíno, 23, 101, 107-14, 117, 130, 133n6, 176n35, 186n53, 241n12
Alexandre de Hales, 193n67, 219
Alexandre de Villedieu, 226, 265n9

Alexandre, o Grande, 166
Allen, cardeal William, 7
Ambrósio, Santo, 47-48, 93, 184, 188, 193n67, 194n69
Ameringer, Thomas E., 315-16
Analogia, 40-41, 43, 50, 82n19, 134, 175, 214n14
Analogistas, 39-40, 41n37, 64, 105n13
Anaxágoras, 32
Andrewes, Lancelot, 236, 251, 282n31
Anomalistas, 39-40
Anselmo, Santo, 112, 134n9, 160, 161, 193n67, 216n17, 277n25
Apolo, 32, 37
Aquino, Santo Tomás de, 31, 83n20, 89n32, 112, 161n6, 171n27, 188n57, 193n67, 219, 224, 262n3, 268n12, 298
Ares, 32
Aretino, Pietro, 259, 262n4, 265n9, 275n22, 281, 285, 295, 296n2, 298n4, 299, 301, 302, 303n13
Aristófanes de Bizâncio, 36
Aristóteles, 45n52, 53-57, 60, 61-64, 70n38, 79, 82-84, 108, 115, 117n42, 130, 131n4, 132, 139, 140, 167, 173, 179, 188n58, 196, 200, 209n5, 210n7, 214, 217n19, 227, 238n9, 272, 289, 291
Arnóbio, 48, 200n84
Arnold, E. Vernon, 21, 33-34, 37, 38n27-32, 66n31, 67, 79, 80n12, 82n15-19, 83n22
Arquesilau, 68
Arquíloco, 298n4
Artes liberais (sete), 23, 44, 49, 89, 94n45, 108n23, 110-11n32, 118, 163n9, 168, 178n39

Artes medíocres, 71
Ascham, Roger, 236n6, 241n12, 243n15, 244n19, 252n31, 267, 268n12, 269, 269n13, 270-72, 277n25
Audomarense, 171
Austen, Jane, 147, 246n22, 299
Autoridade, 161, 213-14, 252, 289
Averróis, 219
Avicena, 214

B

Bacon, Francis, 29-30, 41, 64, 109n27, 111n32, 132n4, 148n22, 169, 175, 177, 182, 189, 207n2, 231, 240n10
Bacon, Roger, 71n38, 171, 174-77, 240n10, 305n15
Baldwin, Charles Sears, 181
Bartolomeu Ânglico, 171
Barzizza, Gasparino, 241
Basileu, São, 267
Basílio, São, 108, 301, 313-14, 316
Beauvais, Vicente de. Ver Vicente de Beauvais
Becket. Ver Thomas Becket
Beda (o Venerável Beda), 102-03, 106-08, 114n38, 145n17, 193n67
Bento Biscop, São, 106
Bento, São, 195
Bentwich, Norman, 42n40
Berengário de Tours, 134n9, 248
Bernardo de Chartres, 160, 164
Bernardo de Claraval, São, 168, 187n55, 193n67
Bíblia, 107, 116, 244, 251, 315. Ver também Exegese bíblica
Boaventura, São, 11, 31, 38, 49, 58, 112, 115, 129n2, 161n6, 171n26-27, 173-75, 214n14, 249
Boccaccio, Giovanni, 82n17, 178n39, 187-92, 274n21, 278
Boécio, 68, 78, 108, 130, 132-33, 134n9, 224, 238n8
Boileau, Nicolas, 228n45
Bonifácio, São, 105-06, 277n25
Bossuet, Jacques, 121
Bowyer, James, 43n47
Bradbrook, Muriel C., 264n7
Brehaut, Ernest, 101n2
Bréhier, Emile, 33
Brinsley, John, 246n21
Brunet, Adrien, 159, 160n3, 162n7
Bruno, Giordano, 209n5, 263-64
Bruto, 95
Brisão, 64
Budé, 183, 197
Burckhardt, Jacob, 79
Buridan, João, 209
Butler, H. E., 90n35, 299
Butler, Samuel, 208

C

Caldeus, 34
Calvinismo/calvinistas, 211, 237, 269-70
Calvino, João, 209, 243, 270, 305
Campbell, James Marshall, 299-300, 313, 315
Campbell, Thomas, 82n17
Campion, Edmundo, 19, 305n15
Capella, Marciano, 110n32, 130, 138
Caplan, Henry, 279n26
Carísio. Ver Flávio Sosípater Carísio
Carlos Magno, 101, 107, 111-12n35-36, 113, 123n55, 130. Ver também Renascimento carolíngio
Carnéades de Cirene, 67
Cassiodoro, 108, 130, 138, 298n3
Castiglione, Baldassare, 56, 86, 91n37, 179, 241n12, 243-45

Cavanaugh, irmã M. Jean Carmel, 167n17
Celso, 267
Ceolfrido, 106-07
César, Júlio, 40, 147, 244n19, 297
Ceticismo/céticos, 64
Chambers, Raymond Wilson, 7-8, 107
Chapman, George, 224n36
Chatelain, E., 114
Chaucer, Geoffrey, 117n42, 138n3
Cheke, Sir John, 269n13, 290
Chénu, Marie Dominique, 215n15, 216n18
Chrétien de Troyes, 115
Cícero, 9, 11, 21-23, 34, 39, 40, 45-46, 55n7, 56, 58-59, 66, 68-69, 70n38, 71-73, 77, 81n14, 82-95, 118, 122n53, 124, 132, 138, 140, 149, 181, 187, 199n81, 214, 231, 234, 236n6, 241, 244, 269, 283-84
Cínicos, 33, 200
Cipião, 83
Cipriano, São, 95
Ciro, 83
Clayton, Richard, 269n12
Cleantes, 36-37
Clemente (Escoto), 42, 47, 112n36
Coleridge, Samuel Taylor, 43n47, 147n21
Colet, John, 23, 42, 121n53, 197n76, 198, 201n85, 202-03, 223, 266, 268n12
Colson, Francis Henry, 27n37, 91n37, 181
Comte, Auguste, 41
Condillac, Pierre de, 41
Contenda entre os antigos e os modernos, 125n58
Convenevole, 184
Córax, 54, 77
Cores do bem e do mal, 137, 240n10, 246n22

Cornuto, L. Anaeu, 39
Cosmologia, 32, 34-35, 38, 103n8
Cotton, John, 270n14
Coville, Alfred, 196
Cowley, Abraham, 120n49
Crabbe, George, 147, 246n22, 299
Craig, Hardin, 263-64
Crane, William G., 144
Crasso, 85, 95
Crátilo, 29-31, 40, 71n40, 226n43
Crisipo, 37, 65, 116, 291
Crisóstomo. Ver João Crisóstomo, São
Crítica prática, 44
Croll, Morris W., 240
Crônicas Anglo-Saxônicas, 102
Cultura medieval
   como mediadora da Antiguidade e do Renascimento, 21, 29, 36, 41-42, 46, 73, 78, 87, 90, 120-21, 129-30, 214, 243
   confiante acerca do aprimoramento da Antiguidade, 115
   doutrina da conveniência na Antiguidade e na, 121
   fundamento gramatical da, 9, 29, 45
   herança da Antiguidade, 37
   ideal ciceroniano na, 56-57, 77n2,
   influência do estoicismo na, 39
   início de seu conflito interno no século IX, 117
   lógica no início da, 131
   seu gênio antecipado em Santo Ambrósio, 47
   suposta barbárie da, 183-84
   triunfo da dialética sobre a gramática na, 71n39
Cultura/teologia cristã, 36, 93-94, 111, 116, 197, 243
Cultura/teologia patrística, 22, 31, 35, 42-43, 46-47, 56, 116-17, 121, 121-22n53,

125n58, 151n26, 171-72n26-27, 174, 175, 181, 187, 191, 195, 197-98, 202-03, 208, 216, 234, 245, 248, 266-67, 277-78, 283, 299-300, 304, 313. Ver também Exegese bíblica
Curry, Walter Clyde, 143
Cynewulf, 104

D

D'Ailly, Pierre, 219
D'Alton, John Francis, 88n31
Damáscio, 73
Dâmaso, papa, 145
Damião, Pedro, 94n45, 191, 241n12
D'Andeli, Henri, 165n14, 167-68
Daniel, Samuel, 242-43n15, 278-79n26, 304-05n15
Dante Alighieri, 43, 116, 186n53, 248-49n25
D'Arezzo, Leonardo, 241n13
Dawson, Christopher Henry, 92n38
De la Porée, Gilbert, 130
DeLacy, Estelle Allen, 65n30-32
DeLacy, Philip, 65n30-32
De Lille, Alain, 247
De Lille, Gautier, 166
De translatione studii, 113-15
De Vere, Eduardo, 260
Dekker, Thomas, 276
Denifle, Heinrich, 114
Descartes, René, 23, 31, 83n20, 87, 121n53, 175-76, 194n69, 208-09n5, 227, 289n2
Dewey, John, 228n46
Dialética
  assimilada pela lógica por meio da retórica, 131
  como base da retórica primitiva, 59
  como base do método científico, 30-31
  conceito estoico de, 65-66
  conceito platônico de, 60-61
  conceito socrático de, 59-60
  contenda com a gramática, 10, 78, 85, 152n29, 160-61, 196, 207-09, 222, 263, 273, 276, 289
  contenda com a retórica, 78, 86, 276
  discutida por Cícero, 68-69
  em relação à retórica, 53-57
  em Shakespeare, 61n20
  escopo e utilidade para Aristóteles, 62
  favorecida por Platão na ética, 32
  história da, 53-57
  revitalizada no século XII, 22, 29
  subordinação da dialética e da retórica à gramática, 131
  subordinação da gramática à, 58, 71n40
  subordinação da retórica à, 71, 69n37, 132
  vinculada à gramática pelos estoicos, 65
  vinculada à gramática por Abelardo, 212-13
Dickinson, John, 179
Diógenes, 68
Dionísio de Halicarnasso, 301
Disputa sofística, 301
Dominici, Giovanni, 195
Donato, Élio, 22-23, 33, 45, 47, 92, 108, 116, 134n9, 164, 166, 168, 187n55, 204n95, 207, 213n12, 262n3
Donne, John, 15, 21-22, 120n49, 121, 133n4, 163, 193n68, 211n9, 238n8, 246, 247n22, 248, 250-52, 253n32
Dorp, Adam, 219
Downes, Alfred Howard Campbell, 115n41
Dryden, John, 21-22, 132n4, 222n29, 299
Duns Escoto, João, 161n6, 218, 226n43

E

Educação, história da, 81n14, 207
Egídio Romano, 218-19
Egkuklios paideia. Ver Enciclopédia das artes
Einhard, 118
Eleutério, 104
Elias, Pedro, 180
Elyot, Thomas, 241n12, 243n15, 245, 283
Empédocles, 54, 73
Empório, 138
Enciclopédia das artes, 93, 105n13, 109n27, 111, 204, 231
Epicurismo/epicuristas, 32, 40, 64-65
Erasmo, Desidério, 13, 22-24, 29, 33, 42, 47-48, 56, 72n45, 78-79, 83n22, 86, 91n37, 109n27, 112n35, 120n50, 121-22n53, 129n1, 162, 168-69, 175, 177-83, 189n61, 191, 193n67, 195-204, 209n6, 213, 216n16, 223, 225, 235n4, 247n22, 249-50, 259, 262, 265-66, 268n12, 270n14, 272, 276, 278, 283, 290, 301, 313n25
Erígena, João Escoto, 112n36, 132, 133n6
Escolástica, 72n40, 112n35, 121n53, 121n4, 169, 171, 173, 175-76, 183, 190-92, 192n64, 195, 197, 200, 203-04, 208n5, 209, 213, 217n19, 218-20, 224, 227, 237
Escolásticos. Ver entrada anterior
Escoto. Ver Duns Escoto
Estácio, 133, 144-45
Estilo, 39
Estilo asiático, 56, 300-01
Estilo ático, 66, 91n37, 122n53, 139n6, 144n15, 251, 276n23, 295n1
Estoicismo/estoicos, 32-34, 36, 38-39, 42, 56, 62, 64-70, 80, 82, 82n19, 83, 88n30, 90-91, 143, 144n15, 178n39, 181, 209n5, 231, 232n2, 234

Estrabão, 161
Etevaldo, 104
Ethopoeia. Ver *Mimesis*
Ethos, 139, 139n7, 140-42, 140n8, 144, 146-47, 148n21, 295n1
Ética, 32-33, 117n42
Etimologia, 30, 36-37, 39, 41, 44, 234, 284n33
Euclides, 64
Eunômio, 268
Euphues/eufuísmo, 20, 20n1, 59n14, 141n9, 204, 246n21, 252n31, 260, 260-61n3, 276, 276n23, 300-02. Ver também Lyly, John
Evans, Elizabeth Cornelia, 142
Evans, Maurice, 88n31, 304n14
Everardo de Béthune, 226
Exegese alegórica, 30-33, 43
Exegese bíblica, 23, 29-30, 42-43, 45-50, 70n42, 103n8, 108, 116, 120-21n51, 122n53, 131, 160, 189n61, 209n5, 236, 260, 264-65n7, 272-73n19, 280-81. Ver também Teologia patrística
Exegese evemerista, 48

F

Fairweather, William, 42n39
Faral, Edmond, 120, 138, 145-47
Fichet, Guillaume, 196
Figuras de emoção, 306
Figuras de linguagem, 44, 59n14, 94n45, 269
Figuras de palavras, 321
Filelfo, Francesco, 299
Filodemo, 65
Fílon de Alexandria, 35, 42
Filóstrato, 139
Fírmico Materno, 48
Fisher, São João, 42, 203, 237n7, 268n12

Flávio Sosípater Carísio, 45
Francisco de Assis, São, 195
Fraunce, Abraham, 132n4, 209n6, 239n8, 260, 261n3, 266n10, 273n19
Freud, Sigmund, 189
Fulberto de Chartres, 124, 133
Fulgêncio, 33

G

Galeno, 143
Gardiner, L. J., 115
Garlândia, João de. Ver João de Garlândia
Garnett, Richard, 78n3
Gautier de Châtillon. Ver De Lille, Gautier
Gentillet, Innocent, 240
Gerbert d'Aurillac, 56, 123. Ver também Silvestre, papa
Gerson, Jean, 197, 219
Gibbon, Edward, 122n53
Gilbert de la Porée. Ver De la Porée, Gilbert
Gilson, Étienne, 23n4, 38, 50, 83n22, 102n5, 110, 115-16, 118, 129n1, 160, 181-82, 184, 194-95, 197, 199n81, 218-19, 227, 247n22, 248n24, 251
Glaber, Rodolfo, 125
Glover, Terrot Reaveley, 33n7
Gordon, George Stuart, 139, 183n48
Górgias, 54, 57-58, 61, 68, 301
Gosson, Stephen, 297, 298n3
Grabman, Martin, 226n43
Graciano, 68, 161
Gramática
    como exegese alegórica da história, 43
    como exegese alegórica da natureza, 30
    como fundação da cultura medieval, 45-46
    conceito estoico de, 64-65
    contenda com a dialética, 77, 86, 152n29, 160-62, 196, 207, 209, 222, 262-63, 278, 289
    contenda com a retórica, 237
    e a ciência/método científico, 29, 30-34, 37, 71n39
    e a física estoica, 64-65
    e alquimia, 23, 31
    e estudos legais, 184-85
    em declínio, 71n39
    em relação à astronomia, 33
    era de ouro da, 45, 160
    nas entrelinhas de Abelardo e outros dialéticos, 129
    predominante, 29, 164-65
    razões para seu declínio na Idade Média, 166-69
    reavivada no Renascimento, 22, 202-03
    subordinação da dialética e da retórica pela, 131
    subordinação pela dialética, 58, 71n39
    tendo seu método obscurecido pela matemática, 30-31
    treinamento ideal de Quintiliano na, 45-46
    vinculada à dialética pelos estoicos, 64-65
Grandison, Sir Charles, 299
Greene, Robert, 264, 271, 281n29, 290n4, 296, 300n7, 301-02, 308n19
Gregório de Nissa, São, 253, 315
Gregório de Tours, 101
Gregório IX, papa, 217
Gregório Magno, 105, 195
Grocyn, William, 203
Groot, Gerhard, 169, 195, 219
Grosart, Alexander B., 243n15
Grosseteste, Robert, 130, 174-75, 209
Guilherme de Conches, 164, 165n12
Guilherme de Ockham, 131n4, 161n6, 209n5, 218, 219n23, 289, 305n15

Guilherme de Shyreswood, 130
Guillaume de Machot, 138n3
Gwynn, Aubrey, 44, 68, 90

H

Haarhoff, Theodore Johannes, 101
Harington, Sir John, 278n26
Harris, James, 226n43, 247n23
Harvey, Gabriel, 56, 132n4, 252n31, 263-66, 278, 300n7
Harvey, Richard, 271, 274n21, 277, 279n27
Hegel, Georg Wilhelm Friedrich, 163
Hégio, Alexandre, 201
Heloísa, 119, 162, 187n55
Helvídio, 268
Hendrickson, Georg Lincoln, 88n31
Hera, 37
Héracles, 37
Heráclito, 29, 36, 79
Herbert, George, 131n4
Hermógenes, 21, 40
Hesíodo, 37, 38
Hilário de Poitiers, São, 108, 118, 141n9
Hildeberto de Lavardin, 125n58
Hípias de Elis, 54
Hipócrates, 143, 143n13, 15
Hispano, Pedro, 130, 226n43
Hobbes, Thomas, 264n6, 268n12
Hoby, Sir Thomas, 244, 244n19
Holman, irmã Mary John, 47n58
Holyday, Barten, 167n17
Homero, 30-33, 37, 200
Hooker, Richard, 236n6, 265, 270n14
Horácio, 104, 188n58, 298n4, 304
Hoskins, John, 261n3
Hugo de São Vítor, 12, 129, 160n3, 169, 171n27, 173, 174n32, 215n14
Humanismo, 23, 80n13, 154n36, 163n9, 171n26, 193n68, 203, 210

Hutchins, Robert Maynard, 79
Huxley, Thomas Henry, 322

I

Idade Média. Ver Cultura medieval
Ideal ciceroniano do orador, 23, 46, 54-55n7, 64, 71-72n43, 79n8, 82-87, 90-91, 124, 149, 164, 181, 188, 192n64, 197-98n77, 201n85, 225n40, 231-33, 235n5, 240, 242, 249, 250n29, 252n31, 263, 304n15, 308n19. Ver também Movimento anticiceroniano
Irnério, 160, 161n5
Isidoro de Sevilha, 93, 105n13, 111n32, 130, 241n12
Isócrates, 22-23, 59, 79, 81, 83n20, 137, 193n67, 196, 240

J

Jacopo de Varazze, 145
Jacopone da Todi, 191, 195
Jaeger, Werner, 80
James, Montague Rhodes, 107
James, William, 228n46
Jebb, Richard Cleaverhouse, 60n19, 77
Jenkinson, A. J., 62n22
Jerônimo, São, 22-23, 45, 47-49, 78, 86, 92, 101, 108, 109n26, 112n35, 145, 168, 188n58, 189n61, 194n69, 198n77, 199n81, 202-03, 210n7, 211, 219n23, 241n13, 279n27, 282n30, 298n3
Jewel, bispo John, 225n40
João Crisóstomo, São, 108, 315
João de Garlândia, 140n8, 202n88, 249n25
João de Salisbury, 83n20, 121n53, 154n36, 160, 164, 178-81, 186n53, 187n55, 190n62, 193n68, 199n81, 211, 231, 233, 236n6, 239, 241n12, 249, 284

Johnson, Samuel, 66, 87, 121-22n53, 147, 246n22, 249n25, 299
Jonson, Ben, 88, 121n53, 131n4, 139n6
Jowett, Benjamin, 34, 36, 40n35
Joyce, James, 322
Jung, Carl, 189n61
Juvenal, 298, 304, 308-09n19

K

Kempis. Ver Tomás de Kempis
Ker, William Paton, 107
Knox, John, 269n12
Korzybski, Alfred, 31, 41

L

Labriolle, Pierre de, 45-48, 92n39, 93n44
Lactâncio, 118, 188n58, 193n67, 241n13, 298n3
Lamberto de Auxerre, 130
Latimer, Hugh, 19
Laus et vituperatio. Ver Cores do bem e do mal
Leach, Arthur Francis, 21
Leckie, George G., 49n63
Lever, Thomas, 270
L'Evoque, Richard, 180
Libânio, 144n15, 301
Linacre, Thomas, 203
Linguagem
    como conciliadora do intelectual e do físico, 30
    como expressão de intenções racionais, 226
    como unidade com os pensamentos e as coisas, 66
    da natureza, cujo conhecimento se perde com a queda de Adão, 30
    e a física, 36
    e sua relação com a natureza, 35, 165
    hostilização de seu uso eloquente, 269

Lípsio, 23, 87, 313n25
Lívio, 142
Livro da Natureza, 11, 23, 169, 171n26, 175
Livro da Vida, 11, 23
Lodge, Thomas, 297-98n3
Lógica Nova, 130, 134, 219
Lógica Velha, 130-32, 219
Logos, 34, 36, 38, 40-42, 79-82, 175, 181n44, 209n5, 214n14, 233
Lombardo, Pedro, 161n6, 175
Longino, 308n19
Longo, 139
Lucano, 39, 133, 145, 147, 249n27
Luciano, 122n53, 139n6, 198n77, 281, 296n2, 301-02
Lugares-comuns, 55, 120n49
Lúlio, Raimundo, 23
Lutero, Martinho, 48, 109n27, 193n67, 198, 200, 200n84, 201n85, 209, 243
Luz (física e espiritual), 174-75
Lyly, John, 8, 20n1, 141n9, 246n21, 247, 252n31, 260, 261n3, 271n17, 275, 300n7, 302. Ver também *Euphues*/eufuísmo

M

Macaulay, Thomas, 177-78
Macróbio, 33, 188n58
Mandeville, Bernard, 122n53, 179, 243
Mandonnet, Pierre Félix, 33n9, 116, 218
Mangan, John Joseph, 202
Manitius, Max, 93, 105
Mantovano, 120
Maquiavel, Nicolau, 56, 240, 243-44, 264, 264n6
Maritain, Jacques, 217n19, 243n17
Marlowe, Christopher, 210, 210n7, 211, 290n4
Marprelate, Martin, 259, 274-75
Marrou, Henri-Irénée, 29, 31, 32n4, 44-47, 93, 299

Marsílio de Inghen, 209, 219
Marsílio de Pádua, 243n17
Marston, John, 303
Mateus de Vendôme, 138n3, 146, 166
Mateus, São, 219
Mauro, Rabano, 103n8, 117, 131, 171
McKeon, Richard Peter, 71n39, 72, 78, 130-31, 133n5, 134n10, 143, 148-49, 161n6, 163n9, 217n19, 239n9, 283n32, 289
McKerrow, Ronald B., 8-9, 19, 259-60, 262-63, 271, 282, 285, 291
Menipo, 301
Menot, Michel, 247n22, 248
Metafísica, 38, 60, 68, 130, 132n4, 176n35, 202, 208n3, 209n6, 220
Métrica, 103-04, 107, 166, 250
Michelet, Jules, 79
Migne, Jacques Paul, 46n55
Milton, John, 43, 78n3, 80n12, 91, 120, 131-32n4, 187n55, 193, 209n5-6, 211n8, 221n26, 222n29, 235, 290, 298, 313n25
Mimesis (como imitação das características de outra pessoa), 141
Mirandola, Pico della, 31, 177, 189, 189n61, 223, 279n26
Mistérios eleusinos, 37
Mitchell, W. Fraser, 251-52
Mitologia, 30, 33, 37-39, 47-48, 73, 187, 189
Mnemônica, 55, 166
Montaigne, Michel de, 23, 83n22, 84n23, 87, 91n37, 149n24, 251-52, 313n25
Moralidade / relevância moral / sabedoria moral, 32, 64-65, 137, 240
Morhof, Daniel Georg, 78
Morley, Henry, 225
Movimento anticiceroniano, 23, 84n23

Mulcaster, Richard, 267
Muret, Marc Antoine, 23, 87, 91n37

N

Nashe, Thomas
Os títulos de Nashe que vêm listados abaixo são aqueles cujo nome é indicado no texto; outros escritos também aparecem, designados apenas pelas referências númericas da edição de Nashe organizada por McKerrow.
— O editor
acerca da arte e da natureza na poesia, 222n29
acerca de Cícero, 84n23
Almond for a Parrat, 275n22
Anatomie of Absurditie, 267, 277, 282n31
Christs Teares, 262n4, 264n6, 279-80n27, 281-82, 291-92, 302n11, 306, 309n19, 310, 312n25, 314n30, 316, 316n33, 321n37
como jornalista, 20
contenda com os Harvey, 132n4, 260
desenvolvendo os objetivos e interesses da escola patrística, 163, 193n68
e o ciclo das artes liberais, 108n23
em relação à rivalidade entre dialética e retórica, 56
Foure Letters, 264n6, 295
habilidade no raciocínio dialético, 291
Have with You, 268n12, 274n21, 281n30, 292, 311, 321n36, 322
Lenten Stuffe, 266, 280n27, 312, 317, 317n34, 319
na erudição do século XIX, 19-20
panfletos com objetivos morais, 246n22
Pierce Penilesse, 274n21, 280, 290, 295, 300n7, 301n10, 311
retórica de, disputas estilísticas com Ramée, 240

Returne from Parnassus, 266n10, 290n3, 303, 317n34
  sátira de Agripa como fonte para, 224
  Strange Newes, 262n4, 274n21, 275n22, 276-77, 281, 298n4, 301, 317n34
  Summers Last Will, 313, 317n34
  técnicas de zombaria em, 222-23
  Unfortunate Traveller, 270n14, 282, 306, 314n30
Newton, Sir Isaac, 176, 224n35
Nicolas de Clamanges, 196
Nizolio, 238n8, 283n32
Nolhac, Pierre de, 184n49
Nominalismo, 45, 65, 208-09n5, 218-19, 226n43. Ver também Ramismo
Norden, Eduard, 79, 93, 101
Notker Balbulus, 113-14

O

Odo, 118
Oltramare, André, 299
Ong, Walter J., 89n32
Orador/oratória. Ver Ideal ciceroniano
Orígenes, 42, 47-48, 93n44, 189n61, 200n84, 203-04, 267
Osgood, Charles Grosvenor, 187n56, 188n57, 58, 189
Oto I, Imperador do Sacro Império Romano, 119
Overbury, Thomas, 246n22
Ovídio, 159, 187, 189n61
Owst, G. W., 248n24

P

Paetow, Louis John, 111n32, 117n43, 125n58, 152, 165-66, 202, 225
Palas, 32
Panécio de Rodes, 67
Paracelsistas, 23

Paré, Gérard, 159, 160n3, 162n7
Parsons, Robert, 19
Pascal, Blaise, 83n22, 87, 107n20, 223, 252n31
Pasquil da Inglaterra, 281, 302
Patericke, Simon, 240
Pathos, 139-40, 141n9, 142n11, 144, 146, 147n21, 152, 295n1, 319n35
Paulino de Aquileia, 112n36
Paulo, o Diácono, 112n36
Paulo, São, 203
Penélope, 32
Perkins, William, 211n9
Perséfone, 37
Perseu, 304
Pérsio, 39
Petrarca, Francesco, 22, 29, 78, 80n12, 82n17, 112n35, 114n39, 120, 122n53, 125n58, 154n36, 162, 171n26, 178, 181-87, 191-92, 199n81, 201-02, 211, 220n26, 221n26, 233, 241, 278, 281, 302
Pirro, 64
Pitágoras, 73, 162, 200
Platão, 29-30, 32, 34-35, 38, 40, 42, 56-62, 82-83, 162, 168-69, 219n23, 224, 226n43, 227, 240, 245, 270n13, 289n2
Platonismo, 35, 42
Plauto, 109, 119
Playfere, Thomas, 268n12, 277
Plínio, o Velho, 35, 40, 47, 108, 116, 182, 188, 236n7, 260-61n3, 264n6, 276-77n23, 297n3
Plotino, 73, 94, 289n2
Poggio, Valla, 193, 235, 299
Pope, Alexander, 117n42, 147n21, 218, 299, 313n25
Porfírio, 130, 133, 301
Pós-Renascimento, 23

Posídon, 32, 37
Posidônio, 39
Prantl, Carl, 133, 134n9, 226n43
Pré-socráticos, 30
Prisciano, 22, 45, 108, 111, 134n9, 138, 153, 166, 172n27, 217, 226, 262n3, 269n13, 272
Probo, 118
Pródigo, 54
Prosa sofística. Ver Segunda sofística
Prosódia, 44, 104
Protágoras de Abdera, 54, 57-58, 60, 80-81n13
Prudêncio, 166-67
Pulo, Roberto, 180

Q
Quadrivium, 108n24, 111, 175n35
Quintiliano, 21-22, 41, 44-45, 69n37, 77-78, 84, 90, 91n37, 92-95, 131, 138, 140-41, 149, 232n2, 276n23

R
Rabelais, François, 33, 91n37, 197n77, 208, 223, 240n12, 259, 262, 262n4, 265n9, 266, 285, 290, 296n2, 299n7, 300n7, 302
Raby, Frederick J. E., 93, 101
Ramismo, 265, 271, 280
Ramée, Pierre de la, 12-13, 23, 63, 70n42, 78, 91n37, 131-32n4, 163, 209, 209n6, 210n7, 228n46, 236n6, 238n8, 240, 259, 260n2, 261n3, 263-65, 265n7, 267, 268n12, 269, 269n13, 270n14, 272-74, 275n22, 276n23, 279n27, 280, 280n28, 282-84, 284n32, 289, 291, 297n3, 298, 305, 312n24
Rand, Edward Kennard, 95n46, 145, 159
Renano, Beato, 201

Renascimento carolíngio, 22, 101, 108. Ver também Carlos Magno
Renascimento, 22-24, 33, 38, 43, 46, 55n7, 73, 87, 199, 204, 209
Retórica
  assimilação da dialética à lógica por meio da, 131
  como a culinária, 61, 63n24
  contenda com a dialética, 78, 86, 276
  contenda com a gramática, 235
  e estudos legais, 152-54
  em relação à ciência, 143
  em relação à dialética, 53-57
  em relação ao ideal sofístico, 57
  estágio primitivo fundamentado na dialética, 59n14
  fonte da incompreensão moderna da, 63
  fundamentos aristotélicos *versus* fundamentos ciceronianos da, 131
  no século XVI, 21
  subordinação à dialética da, 58, 70n42, 131
  subordinação da dialética à, 72
  subordinação da dialética pela, 131
  subordinação da lógica à retórica, 133
Reuchlin, Johann, 33, 120n50, 122n53, 177, 183, 189n61, 208, 223-24, 259, 265n9, 305n15
Revolução cartesiana, 30, 173n32
Reynolds, Henry, 279n26
Richer, 133
Roberto de Melun, 180
Roberts, W. Rhys, 63n24, 79n6, 83n20
Robin, Léon, 53-54, 57
Robinson, Richard, 59, 61
Roger, Maurice, 46, 92n40, 105n13
Roscelino, João, 56, 134n9
Rosvita, 119, 120n50, 121-23
Ruperto de Deutz, 168

S

Salisbury, João de. Ver João de Salisbury
Salomão, 30, 170-71n26, 250n29, 298n3
Salutati, Coluccio, 120n50, 122n53, 191-94
Samminiato, Giovanni da, 192
Sandys, John Edwin, 31-32, 36-37, 39, 104, 108, 112n36
Savonarola, Girolamo, 191, 195
Scott, Inez Gertrude, 308n19
Scott, Izora, 91n37, 199n81, 204n97, 283n32
Sedúlio, 108, 166
Seebohm, Frederic, 47n56, 57
Segunda sofística, 151n26, 300n8, 304, 313n26, 320, 322
Selden, John, 211n9
Semântica, 41, 44, 107, 238
Sêneca, 34, 56
Servato, 118
Sérvio, 33, 45
Sexto Pompeu, 241
Shakespeare, William, 61n20, 86, 117n42, 148n21, 222n29
Shepard, Thomas, 270n14
Sidney, Sir Philip, 131n4, 141n9, 145n17, 146, 209n6, 244, 252n31, 260, 264-65n7, 272n19, 276, 290, 296-98
Silvestre, papa, 123-24, 130, 133-34. Ver também Gerbert d'Aurillac.
Sílvio, Eneias, 241-42
Smith, G. Gregory, 297
Smith, Henry, 247n23, 250n28
Smith, Logan Pearsall, 163n10
Sócrates, 29, 40, 44, 54, 57, 59, 61, 67, 121n53, 269
Sofisma, 60, 164, 221, 292
Sofistas, 52, 54-57, 59, 62, 80-81, 83-84
Spedding, James, 177
Spenser, Edmund, 120, 131n4, 139n7, 145n17, 147, 187n55, 221n26, 222n29, 241n12, 243n15, 260, 272n19, 279n26, 296, 298, 313n25
Sprat, Thomas, 211n8
Springer, irmã Mary Theresa of the Cross, 47n58
St. John, Christopher, 119n48, 122n54
Stapleton, Thomas, 7, 19
Stern, Julius, 32n4
Stokes, Francis Griffin, 222-23
Stubbs, William, 104
Sturm, Johann, 261n3
Suetônio, 44, 118, 142, 188n58
Swift, Jonathan, 66, 121n53, 139n6, 167, 194n69, 236n6, 243
Symonds, John Addington, 79

T

Tácito, 142
Taine, Hippolyte, 227
Talon, Omer, 237, 261n3, 276n23
Tatareto, Pedro, 220
Tatham, Edward Henry Ralph, 184-85, 186n54, 187n55
Taylor, Henry Osborn, 117n44, 123-24, 130, 136n6-8, 152, 153, 161n4-5, 169, 171-72, 175, 177, 233
Teágenes de Régio, 31
Teodolfo de Orleans, 112n36
Teodorico de Chartres, 165n12
Teofrasto, 64, 141, 196
Terêncio, 47, 104, 119, 121, 202
Tertuliano, 22, 92, 101, 252
Thomas Becket, 180
Thomas, E. Crewdson, 108n24
Tímon, 54
Tísias, 54
Tomás de Aquino, Santo. Ver Aquino, Santo Tomás de

Tomás de Cantuária, 179
Tomás de Kempis, 169, 195
Tooke, Horne, 226n43
Translatio studii. Ver *De translatione studii*
Tremblay, Pierre, 159, 160n3, 162n7
Trivium
    como servo da história e do significado histórico, 170
    dinâmica interna no período de Abelardo a Erasmo, 165 ss
    julgamento de sua fragmentação por parte dos dialéticos, 180
    orientado às necessidades da gramática em Erasmo, 162
    orientado sob o domínio da dialética em Abelardo, 162
    sua história como inseparável da rivalidade entre suas partes, 56-57
Túlio, 245, 267, 283
Tuve, Rosamund, 69n37

U
Ulisses, 33
Urquhart, Thomas, 41
Utilitarismo, 178

V
Valério Máximo, 137, 149n24, 223n32
Valla, Lorenzo, 78, 91n37, 194, 203
Varrão, Marco Terêncio, 22, 36, 39-42, 116, 153, 165, 172n27, 188, 189n60
Vicente de Beauvais, 114, 129, 173, 188n57, 231
Virgílio, 33, 104-05, 108, 118, 120, 139n7, 159, 184-85, 187, 192, 214, 304n15
Vives, Juan Luis, 20, 23, 72n40, 78, 91n37, 109n27, 177, 183, 209-10n6, 214n14, 221, 222, 299n7
Von Hutten, Ulrich, 259

W
Wallis, Glen, 249n26
Warton, Thomas, 21
Watson, Foster, 207, 270
Whitehead, Alfred North, 173-74n32
Willey, Basil, 71n40
Wilson, Thomas, 132n4, 209n6, 232n2, 260-61n3, 304n14
Winchester, bispo de, 105-07
Wingfield, Anthony, 265n9, 284n33
Wolff, Samuel Lee, 144, 290
Woodward, William Harrison, 241
Wordsworth, William, 87
Wust, Peter, 137n2
Wycliffe, John, 171n26, 209, 243n17

X
Xenócrates, 64
Xenofonte, 83, 245, 297

Y
Yates, Frances A., 264

Z
Zenão, 22, 36-37, 53, 57, 66, 80
Zeus, 37

Sobre as artes liberais, leia também:

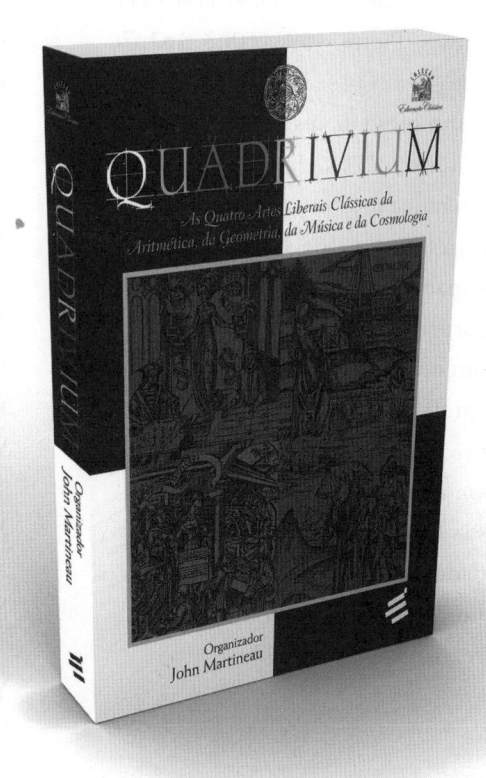

O Trivium, da Irmã Miriam Joseph, resgata a abordagem integrada dos componentes da ciência da linguagem praticada na Idade Média e conduz o leitor por uma esclarecedora exposição da lógica, da gramática e da retórica. Mais importante do que o domínio estes assuntos, este livro pretende fornecer as ferramentas necessárias para o aperfeiçoamento da inteligência.

Um almanaque ilustrado de curiosidades sobre a presença da matemática no mundo à nossa volta. Trata da simbologia dos números, das proporções na natureza, na arte e na arquitetura; mostra a relação entre música e matemática e nos ajuda a compreender o funcionamento do nosso sistema solar.

facebook.com/erealizacoeseditora
twitter.com/erealizacoes
instagram.com/erealizacoes
youtube.com/editorae
issuu.com/editora_e
erealizacoes.com.br
atendimento@erealizacoes.com.br